Högel · Embleme, Wappen, Malings
deutscher U-Boote 1939–1945

GEORG HÖGEL

EMBLEME WAPPEN MALINGS
deutscher U-Boote 1939–1945

KOEHLERS VERLAGSGESELLSCHAFT MBH · HERFORD

Der Buchumschlag zeigt den »Stier von Scapa Flow«, einst das Bootszeichen von *U-47* (Prien), nach dessen Tod das Flottillenzeichen der 7. U-Flottille. Die Rose wurde zum Emblem von *U-1223* (siehe dort) und ist eine Referenz an alle Frauen und Bräute deutscher U-Bootmänner, die den Krieg mitzutragen hatten.

Die Umschlagrückseite zeigt den »Schnurzl« von *U-30,* dann *U-110,* das Foto den Kommandanten von *U-706* bei der eigenhändigen Ausführung des gewählten Bootswappens.

Alle Illustrationen wurden vom Verfasser gezeichnet.

CIP-Kurztitelaufnahme der Deutschen Bibliothek

Högel, Georg:
Embleme, Wappen, Malings deutscher U-Boote 1939–1945 / Georg Högel. – Herford : Koehler, 1987
ISBN 3-7822-0407-7

ISBN 3 7822 0407 7; Warengruppe Nr. 21
© 1987 by Koehlers Verlagsgesellschaft mbH, Herford
Alle Rechte, insbesondere das der Übersetzung, vorbehalten
Einbandgestaltung: Ernst A. Eberhard, Bad Salzuflen
Gesamtherstellung: Ilmgaudruckerei, Pfaffenhofen
Printed in Germany

Vorwort

Nach jahrzehntelangem Bemühen des Autors, die Embleme, Wappen und Malings der deutschen U-Boote des Zweiten Weltkrieges in einer Sammlung zu vereinigen, ist nun ein umfassendes Werk entstanden, das sich jeder U-Bootfahrer wohl immer schon gewünscht hat
Hier wird eine inoffizielle Seite der U-Waffe wieder lebendig wie sie in ihrer Vielfalt und Farbigkeit allen U-Bootfahrern immer gegenwärtig war und zu ihrem Alltag gehörte. Bei allem Ernst der kriegerischen Umwelt und der begrenzten Lebenserwartung der Männer drückt dieser Aspekt doch deren Begeisterung, Optimismus und Lebensfreude aus. Auch hier ist sicherlich einer der Schlüssel zum Verständnis des deutschen U-Bootgeistes zu finden.
Das Buch stellt aber auch einen Beitrag dafür dar, die vielfältigen Schicksale der Boote und ihrer Besatzungen zu erkennen und den unerhörten Opfergang unserer gefallenen Kameraden zu ermessen.

Otto Kretschmer
ehem. Kdt. *U-23* und *U-99*

2. Vorwort

Seit der ersten privaten Herausgabe dieser Zeichensammlung (1984) erreichte mich erfreulich viel neues Material, das ich, ebenso wie notwendige Korrekturen, in dieser Ausgabe berücksichtigen konnte. Allen Mitteilern und Helfern sei aufrichtig gedankt. Daß noch manche Frage unbeantwortet blieb, ja vielleicht für immer unbeantwortet bleiben wird, ist dem nicht verwunderlich, der aufmerksam die Schicksale der Boote und ihrer Besatzungen betrachtet. Vierzig Jahre nach dem Ende des Zweiten Weltkrieges ist manches vergessen, wozu vielleicht das Vergessen-Wollen beigetragen hat.
Mein Ersuchen um weitere Mithilfe, die Sammlung so weit wie möglich zu vollenden, bleibt dennoch bestehen.
Dieses Sammelwerk unterscheidet sich wesentlich von den Büchern, in denen von den vielfältigen Erlebnissen im U-Bootkrieg erzählt wird. Hier stehen die Embleme im Vordergrund, unter denen die Besatzungen sich als Gemeinschaft verstanden und kämpften, unter denen sich das Schicksal des Einzelnen oder des ganzen Bootes erfüllte.
Die Boote, deren Embleme gezeigt werden und über deren Schicksal im einzelnen kurz berichtet wird, sind im letzten Krieg verloren gegangen.
Was blieb, ist für die Überlebenden das Wissen um das Ringen gegen die Elemente der Natur, ob im Eis der Nordmeere oder in der Tropenhitze südlicher Zonen, im Dunkel der Nächte oder an sturmgepeitschten Tagen im Atlantik.
Was blieb, ist das Erinnern an das Ausgeliefertsein an die Technik des U-Bootes mit allen Risiken, ist das Bewußtsein, Beherrscher und Abhängiger in jeder Phase einer begonnenen Fahrt gewesen zu sein.

Was blieb, ist das Andenken an das menschliche Aufeinander-angewiesen-sein auf engstem Raum für Wochen, ja Monate, unter härtesten körperlichen wie seelischen Belastungen.

Was blieb, ist das Zurückbesinnen an die Opferbereitschaft, die unerläßlich war, um der Forderung jener Zeit gerecht zu werden, die da lautete: »Raken – reißen – versenken!« – oder selbst vernichtet zu werden.

Unseren Gegnern von damals erging es nicht anders. Diese Erkenntnis hat die gegenseitige Achtung und auch das Wissen um die Leistungen des Anderen reifen lassen. Sie hat dazu geführt, daß U-Bootfahrer einst tödlich verfeindeter Nationen, Franzosen, Deutsche, Engländer und Italiener, aber auch Amerikaner und Japaner und andere, sich in diesem Jahr (1987) zum 25. Male (!) seit Kriegsende kameradschaftlich treffen, stets eingedenk der schmerzlichen Opfer, die eine leidvolle Vergangenheit beiden Seiten abverlangt hat.

Inzwischen ermittelte Zahlen besagen, daß im Zweiten Weltkrieg allein 863 deutsche U-Boote zum Fronteinsatz kamen, 148 Kriegsschiffe versenkten und weitere 45 torpedierten. An Handelsschiffen wurden vernichtet 2779 mit insgesamt 14 119 413 BRT. Die Zahl der torpedierten Schiffe ist nicht mehr festzustellen (Nach Franz KUROWSKI: Krieg unter Wasser).

Die Zahl der in diesem Ringen gefallenen deutschen U-Bootmänner konnte bis heute nicht genau ermittelt werden. Der Volksbund Deutsche Kriegsgräberfürsorge hat bisher die Zahl von 30 003 Toten verzeichnet. (Worin die Zahl der im Infanterieeinsatz gefallenen U-Bootmänner gegen Ende des Krieges nicht inbegriffen ist, da sie unter der Rubrik HEER geführt werden.)

Eine erschütternde Zahl, die sich an die 5249 gefallenen U-Bootmänner des Ersten Weltkrieges anschließt.

Wer je an die Kieler Förde kommt, möge es nicht versäumen, Laboe mit *U-995* zu besuchen, dem letzten deutschen U-Boot des Zweiten Weltkrieges. Es wurde von der norwegischen Marine zur Verfügung gestellt, mit dem Wunsch, daß es eine würdige Aufstellung finde.

Die ermittelten Namen der Männer aber, die in den eisernen Särgen Ihr Grab in den Tiefen der Weltmeere gefunden haben, findet man im nur wenige Kilometer entfernten U-Boot-Ehrenmal Möltenort zum mahnenden Gedenken.

> **Keiner stirbt von uns an Land,**
> **manchen spült die See an Strand,**
> **Mann und Maat und Kommandant.**

Einleitung zu einer ersten privaten Ausgabe 1984

Der Weg zu diesem Buch begann – zwar unbewußt – in den Mittagsstunden des 10. September 1939.
Die ersten Kriegshandlungen lagen hinter uns. Mit langsamer Fahrt durchfurchte unser Boot nordwestlich der Hebriden die See und gespannte Ruhe herrschte an Bord, als der Kommandant mich im Funkraum ansprach und fragte, ob ich nicht den Hund an den Turm malen könnte, der inmitten zerbrochenen Tafelgeschirrs, duftender Braten, verschütteten Weines, auf der heruntergezogenen Tischdecke sitzend und fröhlich grinsend, auf einem Farbdruck in seiner Wohnecke zu sehen war.
Natürlich konnte ich, denn ich begriff sofort, daß auf diese Weise sein Foxterrier »Schnurzl«, der sonst oft an Bord war, diesmal aber hatte daheimbleiben müssen, uns begleiten sollte.
Schnell waren aus der Last einige Farben geholt, etwas Schwarz, Weiß und Rot, einige Pinsel und dann unter den scharf ausspähenden Augen der Brückenwache, erst einmal an Steuerbordseite, die Malerei ausgeführt. »Schnurzl« feixte fortab in die uns umwogende See, unser Bootswappen war geboren. Einige Hundert andere Besatzungen sollten ebenfalls im Verlauf des Krieges auf sehr unterschiedliche Weise zu ihren eigenen Zeichen finden, wie dieses Buch aufzeigen wird.
Als sich 1958 aus den deutschen U-Bootfahrern, die überlebt hatten, erste Kameradschaften bildeten, wuchs das Verlangen, die Kontakte weiter zu pflegen und führte 1962 zur Gründung des Informationsblattes »Schaltung Küste«. 1963 gab ich darin die erste Anregung, ehemals geführte Bootswappen und ihre Entstehungsgeschichte zur Illustration der kleinen Zeitschrift beizusteuern. Schlechte Photos, die die Abzeichen nur mangelhaft wiedergeben würden, erbot ich mich, druckfähig umzuzeichnen, nicht ahnend, was ich damit beginnen und was fernerhin auf mich zukommen sollte.
In den folgenden Jahren mehrten sich durch Zuschriften und mündliche Mitteilungen die Kenntnisse über die einst geführten Embleme, wuchs die Zahl der ausgeführten Zeichnungen, erzählte manche Entstehungsgeschichte, auf welch originelle Weise die Besatzungen zu ihren Turmemblemen oder die mit Stolz getragenen Mützenabzeichen gefunden hatten.
Wie sehr sich die Männer auch noch nach Jahrzehnten damit verbunden fühlten (denn sie schrieben mir, ob sie einst als Flottillenchef oder als einfacher Mann in der U-Bootswaffe gedient hatten), war stets deutlich spürbar, wenn sie mir ein Photo oder ein Stückchen Blech, das einst ihre Mütze schmückte, kurzfristig zum Abzeichnen überließen.
Dies bewegte mich stets aufs Neue zur Mithilfe aufzurufen, um so viel Zeichen und somit Boote wie möglich zu erfassen, ohne die Frage nach deren Kriegsglück zu stellen, ja gerade mit dem Ziel, sonst kaum bekannte oder erwähnte Boote und ihr Schicksal in Erinnerung bringen zu können.
Nach 20 Jahren soll nun das mühsam Gesammelte veröffentlicht werden, obgleich ich mir bewußt bin, wie wenig vollständig das Erreichte sein kann bei den hohen Verlusten der deutschen U-Bootwaffe. Aber vielleicht wird hier oder dort noch ein Kamerad ermuntert zu prüfen, ob er nicht doch Kenntnisse, Photos oder dergleichen

beisteuern kann, oder Angehörige gefallener Besatzungen vermissen die Zeichen unter denen ihre Söhne, Brüder oder Väter gefahren sind. Länger mit einer Veröffentlichung zu warten scheint nicht mehr hilfreich, außerdem drängt die Zeit, letzte Quellen aufzuspüren. Trotz der gewiß unterlaufenen Irrtümer und Mängel wird die Sammlung jedem Interessierten Anlaß für vielseitige Betrachtungen sein können.

Die Hilfe jedes Einzelnen war für den Erfolg der Nachforschungen wichtig, darum gilt mein Dank vorab jedem genannten oder ungenannten Mitteiler, deren Angaben offenbar machen werden, warum ich nicht darauf verzichten wollte, auch diese mit den Wappendarstellungen zu veröffentlichen, da sie in vielfacher Hinsicht Einblick in ein Kapitel U-Bootfahrerdasein von damals vermitteln, das ebenfalls nicht vergessen werden soll.

Ich bitte daher um Nachsicht und das Einverständnis der Genannten.

Außerordentlich wichtig war für mich die Unterstützung, die mir 15 Jahre lang als Schriftleiter der »Schaltung Küste« WILHELM SPAHR in freundschaftlicher Weise zukommen ließ, bis ihn ein viel zu früher Tod aus unseren Reihen riß. Ohne den laufenden Abdruck der gefundenen Zeichen und die vielfachen Aufrufe zur Mitarbeit wäre mein Bemühen fraglos frühzeitig gescheitert. Auch seinen Nachfolgern Hein KÖTTER (†) und Jupp MAYR gilt mein Dank, aber auch den unermüdlich dem Verband dienenden Adi SCHNEE (†) und Jochen AHME, die mein Bemühen stets unterstützten.

Von ganz besonderem Wert war mir Karl GRÜTZEMACHERs kameradschaftliche Mitarbeit, sein umfangreiches Photoarchiv und sein profundes Wissen technischer Details bei der Klärung vieler unbekannter Aufnahmen.

Ebenfalls seit vielen Jahren verfolgten mit großem Interesse und gaben hilfreiche Hinweise Christer SAHLIN (†) und Lennard LINDBERG aus Schweden, ebenso der Canadier Tom HOSIE und die Engländer Harry HUTSON und Gus BRITTON.

Über eine Strecke Wegs begleitete mich die Hilfe von R. F. FELDMANN, Franz SELINGER, Lutz SCHMIDT (†) und Horst BREDOW (U-Bootsarchiv).

Glücklicherweise konnte ich einige erhalten gebliebene Gäste- und Erinnerungsbücher auswerten; so eines der Krupp-Germania-Werft, Kiel, und das der 4. U.-Fl. Stettin, ferner das persönliche Erinnerungsbuch des Ausbildungsoffiziers Klaus KORTH (27. U-Fl.), das Gästebuch des Versorgers *U-460* von Karl CONEN und das Erinnerungsbuch aus der Gefangenschaft von Kurt KINKELE.

Allen Leihgebern und Vermittlern sei herzlich gedankt.

In sehr hilfreicher Weise übermittelte mir Tom HOSIE (Canada) in einer umfangreichen Abschrift Aufzeichnungen der canad. Marine, die zumeist auf Aussagen einstiger Schiffbrüchiger fußten und die mir viele Jahre als Ausgangspunkt für weitere Nachforschungen dienten.

Nicht selten dauerte es Jahre, ja Jahrzehnte, bis ein Zeichen zugeordnet oder in seiner Darstellung geklärt werden konnte.

Zwei Beispiele sollen für viele stehen:

Das Photo eines Kameraden (1975) zeigt in etwa eine Figur am Turm – die Beschreibung sagt: Churchill mit Grubenlampe, das V-Zeichen machend. – Zeichnung gefertigt – zur Begutachtung an Mitteiler – Nachbesserung – soll ein Boot der Nrn. *U-360* bis *U-385* sein – 1978 Suchbild in »Schaltung Küste« veröffentlicht –

kein Ergebnis – neue Wappenfunde – Zahl der Boote ohne Wappen schrumpft – 1983 Mitteilung aus Schweden: Boote ab *U-371* hatten Antenneneinfuhr höher, also kein Boot von *U-371 – U-385*. – Weiterer Bildbeweis: Boote ab *U-363* (Serie *U-351 – U-370*) hatten bereits von Anfang an Umbau für die Radarantenne, also kann Boot auch nicht *U-363 – U-370* sein. – Photos von *U-360* und *U-361* fehlen, von *U-362* Photo nur nach Umbau zur Flakfalle – *U-362,* inzwischen ermittelt, führte Löwenkopf. – Verbleiben nur noch *U-360* und *U-361* – in Mitgliederliste (1984) ein »*U-361*« er entdeckt – Anfrage ergibt: Bruder eines Gefallenen von *U-361* – keine Photos – Anfrage über Adressen-Erfassungsliste (Alber BAYER/Pfalz) ehem. Besatzungsmitglied *U-361* bestätigt: Emblem gehörte zu *U-360!* (Totalverlust, 51 Mann)

In diesem Falle führte die Ausdeutung der technischen Details zu einer Aussortierung, die letztlich zum Ziele führte.

Völlig verschieden dazu das zweite Beispiel:

Die Quelle aus Canada (1976) erwähnte für *U-439* unter KL SPORN »Reitersporn« als Bootsemblem, was sich in der humorigen Darstellung (s. *U-439*) bestätigte. Für den 2. Kmdt. hieß es: »family arms (no description available – never carried). Erst als die meisten canad. Angaben ausgewertet bzw. sich als falsch erwiesen hatten, machte ich mich daran, dem Familienwappen von TIPPELSKIRCH nachzuspüren. Ein erstes Ergebnis: Familienangehörige leben in M. – Schon beim ersten Telefonkontakt: »Ja, dies war der Bruder meines Mannes, Moment, ich hole ihn an den Apparat«. – Überraschung und Bedauern auf der Gegenseite, doch Zusage, in den Familienunterlagen nachzusehen. – Nach wenigen Wochen Brief mit einliegender Briefkopie, geschrieben 1956, gerichtet an den Vater des gefallenen Kommandanten (General v. T.) mit der Schilderung eines Überlebenden *(U-439)* von der tragischen Kollision mit *U-659* in dunkler Nacht westlich Cap Ortegal und dem Untergang der beiden Boote *(U-439:* 40 Mann verloren, 7 Überlebende; *U-659:* 44 Mann verloren, 3 Überlebende).

Die Überraschung für mich war die Eingangserklärung über das gute Verhältnis zwischen Kommandant und Besatzung und die Erwähnung der »Wappen«-findung, in dem zwei an den Turm gemalte Komißstiefel und eine darübergesetzte Kirche als »tippelnde Kirche« eine humorige Verbindung zum Namen des Kommandanten herstellen sollte, was von diesem verständnisvoll akzeptiert wurde.

Kein Adelswappen also, aber ein Wappenfund besonderer Art.

Zwei Beispiele, die für sich sprechen, aber auch anregen sollen, an der Klärung noch vieler offener Fragen mitzuwirken, solange uns Zeit bleibt.

Berichtigende oder ergänzende Angaben zu dieser Sammlung sind erbeten an: Georg Högel, Emil-Riedel-Str. 3/IV, D-8000 München 22, Tel. (089) 22 99 21.

Erläuterung

Was habe ich mit dem Titel »Embleme, Wappen, Malings« eigentlich gemeint? Was ist als Emblem, was als Wappen, was als Maling anzusehen?
Wer die Bildseiten überblättert, wird eine häufige Wiederholung gleicher Zeichen feststellen, so z. B. die Olympischen Ringe oder den »Stier von Scapa Flow«. Im ersten Falle handelt es sich um ein *CREW ABZEICHEN,* also das Zeichen eines bestimmten Offiziersjahrganges, in diesem Falle das von 1936, dem Jahr der Olympischen Spiele in Deutschland. Die Kommandanten demonstrierten damit am Turm des Bootes ihre Crew-Zugehörigkeit. »Der Stier von Scapa Flow«, erstmals von PRIEN geführt, wurde nach dessen Tod zum *FLOTTILLENZEICHEN* der 7. U-Flottille bestimmt und mittels Schablone entweder an die Turmfront oder auf die beiden Turmseiten aufgemalt. (Zu beachten ist bei beidseitiger Verwendung der Embleme, daß die Blick- oder Angriffshaltung stets nach voraus gerichtet war.) Außer den Crew- und Flottillen-Wappen wurden vielfach die *WAPPEN VON PATENSTÄDTEN* sichtbar gefahren. Doch selbst wenn dies nicht zutraf, führte ich sie auf, um Zusammenhänge aufzuzeigen.
Als *EMBLEME* möchte ich jene selbstgewählten besatzungseigenen Zeichen ansehen, die auch in Mützenabzeichen, Stickereien, Keramikfliesen etc. Anwendung fanden.
Unter *MALINGS* verstehe ich kurzfristig aufgepinselte Karikaturen, auch Schriften usw., die von Fahrt zu Fahrt wechseln konnten.
Einige Boote wurden mit ihren *UAK-ZEICHEN* aufgenommen, doch werden diese zusätzlich gesondert aufgeführt, ebenso *TAKTISCHE-ZEICHEN* von Booten der Schulflottillen, soweit sie einigermaßen gesichert sind.
Unter den Wiederholungen wird, besonders gegen Ende des Krieges der Wechsel ganzer Besatzungen auf neue Boote deutlich, wozu gesagt werden muß, daß das offene Zeigen der Embleme meist unterbleiben mußte, da seit 1943 dies untersagt war, was dazu führte, montierbare Wappenschilde beim Ein- und Auslaufen zu benutzen. Aber ganz unterbunden wurde es, wie Photos beweisen, nie.
Das Studium des Textteiles wird offenbar machen wie schwer das Thema »U-Bootwappen« zu fassen war und wie breit das Motive-Spektrum ist, so daß ein Register *Figuren, Tieren, sachbezogener Themen* und *Stadtwappen* die Nachsuche erleichtern soll, falls das Motiv bekannt, doch die Bootsnummer unbekannt sein sollte. Auch ein Register der KOMMANDANTENNAMEN soll helfen, ebenso eines mit vorkommenden SCHIFFSBEZEICHNUNGEN, die (wenige Ausnahmen) an U-Boot-Versenkungen beteiligt waren.
Welchem *Bootstyp* das einzelne Boot entsprach wird aus einer weiteren Graphik ersichtlich, die *Bauwerft* der Typ VII und Typ IX-Boote ist, soweit bisher bekannt, der *UAK-Zeichenaufstellung* zu entnehmen. Andere Graphiken zeigen die *Stützpunkte der Frontflottillen* an oder geben Aufschluß über die *Lebensdauer und den Verbleib der Boote, die bei Kriegsbeginn existierten.*
Ein weiteres Kartenblatt soll helfen beim Auffinden der meistgenannten *Untergangsorte.*
In knappster Form wurden die Lebensläufe der Boote aufgeführt. Das erste Datum bezieht sich auf die Indienststellung. Es folgen die Flottillenzugehörigkeit, vielfach

mit den Abkürzungen ab = Ausbildung, sb = Schulboot, fb = Frontboot, vb = Versuchsboot, a. D. = Außerdienststellung, sp. br. = später abgebrochen, Op. Dl. = Operation Deathlight (Boote, die nach der Kapitulation nach England ausgeliefert und dort versenkt wurden), ↓ = versenkt, (↓) = selbst versenkt, (F) = durch Flugzeug vernichtet.
Die Daten und Abkürzungen sind »Lohmann-Hildebrandt, Die deutsche Kriegsmarine 1939 – 1945« entsprechend verwendet.
Die Dienstränge und Stellungen der Offiziere wie folgt abgekürzt:

KzS	=	Kapitän zur See
FK	=	Fregattenkapitän
KK	=	Korvettenkapitän
KL	=	Kapitänleutnant
OL	=	Oberleutnant
Lt	=	Leutnant
LI	=	Leitender Ingenieur
I.WO	=	erster Wachoffizier
II.WO	=	zweiter Wachoffizier

Zu den Zeichnungen ist zu sagen, daß ich mich bemüht habe, sie den jeweils vorliegenden Unterlagen entsprechend auszuführen, was oft berichtigte Neuzeichnungen nötig machte, doch konnten die Embleme zu verschiedenen Zeiten auch abweichend voneinander ausgefallen sein, da nicht immer der gleiche »Künstler« verfügbar war.
Soweit Farben bekannt sind, habe ich sie im Textteil angegeben. Nur die Schraffuren der heraldischen Wappen weisen die Farben der heraldischen Ordnung aus (siehe Farblegende).
Die Anzahl der gefallenen Besatzungsmitglieder ist jeweils unter der Bootsnummer angegeben. Verluste vor dem Bootsuntergang sind darin nicht mitgezählt (siehe: *Einzelverluste*).
Wo der Text nicht neben der Zeichen-Seite zu finden ist, bitte Bootsnummernfolge beachten, bzw. Fortsetzung im *Textanhang*.
Neu aufgenommen wurde die *Kennzeichnung der Ritterkreuzträger* und eine *vereinfachte Darstellung der Bootstypen und ihrer Daten* um Interessierten mehr Information zu geben.

Farblegende

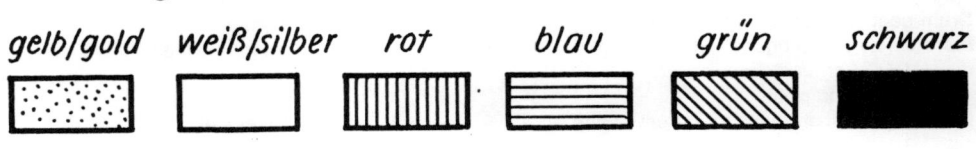

gelb/gold   weiß/silber   rot   blau   grün   schwarz

Gedicht, verfaßt vom ehemaligen Oberfunkmaat Walter BECKER auf *U-94,* als durch ein Preisausschreiben ein eigenes Bootsemblem gefunden werden sollte.

ZUM PREISAUSSCHREIBEN

Die Sendeleitung hat, wie bekannt,
ein Preisausschreiben ausgeschrieben.
Da liegt es nun jedermann klar auf der Hand,
daß sich ein jeder, vom Ehrgeiz getrieben,
über das Thema macht seine Gedanken.
So'ne Kriegsbemalung macht doch Sorgen.
Ideen geistern durchs Boot und ranken
sich in Gesprächen, so wie heut und morgen,
ans Licht der Welt. – Ich habe gelauscht
und von dem Gedankenreichtum berauscht,
will ich hier einiges zum Besten geben –
paßt auf und hört zu, Ihr könnt was erleben!

Das schlechte Wetter gibt die meisten Entwürfe,
da geht es vom Südwester bis zur Ölhose hinab,
der Schlechtwetteranzug kommt zur Sprache,
auch die Sonnenbrille ist so'ne Sache.
Am einfachsten wäre freilich, einen trockenen Lappen
beiderseits an die Turmwand zu pappen.

Schweinchen und Pilze und Glücksklee und Sterne
nehme manch einer ja auch ganz gerne,
doch die Vorlagen sind schon erschöpft,
die haben uns andere Boote abgeknöpft.
Auch mit Palmen, Weintrauben und Hufen aus Eisen
können wir unsern Scharfsinn nicht mehr beweisen.
Ebenso können Igel, Windhund und Kakteen
bei scharfer Kritik schwerlich bestehen.

So schält sich heraus mit der Zeit immer mehr –
die Kriegsbemalung zu finden ist schwer.
Hier geht nicht: Wer Vieles bringt, wird
    jedem etwas bringen,
hier muß der Wurf mit einem mal gelingen.
Soll nicht um lächerlichen Sachen handeln –
und nachher uns den schönen Turm
    verschandeln
nein soll im Gegenteil der Umwelt künden,
wes Geistes Kinder sich an Bord befinden!

Drum geht es auch in keiner Weise an,
daß man zu Ehren uns'res Steuermann
die HAPAG-Schornsteinmarke an
    die Turmwand pönt.
Oder gar, ob auch mancher darum stöhnt –
'nen Brotkorb, hochgeheißt bis Oberkante Brücke,
gefüllt mit einer Handvoll Hundekuchenstücke.
Auch täglich ein faules Ei an die Wand zu kleistern,
kann auf die Dauer nicht begeistern.

Kameraden, ich bitte Euch einzusehen:
das kann und darf und soll nicht geschehen!
Wir wollen im Allgemeinen bleiben
und weiter mit Knobeln uns die Zeit vertreiben,
Vorlage nehmen aus der Sage, dem Altertum.
Sinnbilder Symbole laßt uns suchen –
mit der Idee vom Hundekuchen
erntete am Ende Ihr doch keinen Ruhm.

Drum frisch, „enfants de la patrie"
noch ist Chance, nutzet sie!

Der Bugraum

Der Bugraum ist ein rundes Loch,
ein bißchen länglich, wenig hoch,
zu beiden Seiten Schlafgestelle,
an Backbord die Entlüftungswelle.

Voraus Torpedorohre vier,
und achteraus die Ausgangstür.
An der Decke Eisenträger,
darunter baumeln Ruheläger.

Backbord querab vom Eingangsschott
prangt frisch und gelb ein Sonnenhut,
darunter liegt ganz malerisch
das Regenzeug, verstehet sich,
und nochmals einen Meter tief
aromafrischer Eiermief,
wozwischen fand die ew'ge Ruh
ein einsamer Gummischuh.

An Steuerbord hingegen dann
dasselbe Spiel man sehen kann,
nur lieget hier, abwechslungsreich,
was Backbord unten oben gleich.

Aus grauen Säcken, tief vergraben,
kann man sich an Broten laben.
Rotkohlköpfe, Blumenkohl,
Sauergurken, Wirsingkohl,
kurze Tampen, lange Tampen,
frische Farbe, Eisenkrampen,
wollene Decken, Hartbrotecken,
Frischgemüse, die Genüsse!

Dicke Socken, Würste trocken,
Lauserechen, Schinkenflächen,
kurzum alles, alle Teile,
wurden hier mit Ruh', ohn Eile,
hingepackt und hingestaut,
und der Seemann sitzt und schaut,
schaut auf all' die Herrlichkeiten,
die stets Freude ihm bereiten,
und ergeben in sein Los,
denkt er: Alles Schicksal bloß!

Liegt er auf der Koje kaum,
träumt er seinen schönsten Traum.

Gedichtet auf Feindfahrt im Nordatlantik zum Jahrestag der Indienststellung *U-93* von Maschinengefreitem Taxacher.

Der erste Aufruf in »SCHALTUNG KÜSTE« in Nr. 8, Okt. 1963

U-Flottillen- und Bootsabzeichen.

Unser Kamerad Georg Högel von der U-K. MÜNCHEN möchte mit dem anschließenden Text und der Illustration anregen, in ähnlicher Weise mitzuteilen, wie ihre Bootsabzeichen entstanden sind.

Wir glauben, derlei Beiträge können unsere Zeitschrift sinnvoll bereichern und beitragen, die von den Besatzungen mit Stolz geführten Zeichen zu sammeln und kennenzulernen.

Gesammelt sollte jegliches Bootsabzeichen werden, ob als Foto oder als Zeichnung, ob mit oder ohne Text - aber mit Angabe der Bootsnummer und Namen des Kommandanten der es evtl. von Boot zu Boot mitnahm.

(Redaktion)

Kleine Erinnerung an "Schnurzl"
oder:
Wie kam der Hund an den Turm ?

Er war der Liebling des Kommandanten, das pfiffigste Mitglied unserer Besatzung, der treueste Kumpan aller Seeleute. Überall wo sie anzutreffen waren, war auch er. Im Stützpunkt, in der Werft, im Arsenal und auf den Tanzböden von Wilhelmshaven und Oldenburg. (Daß er die Bahn schwarz benutzte war Ehrensache.) Jede Art von Seemannskleidung war ihm vertraut, vom Takelpäckchen bis zur Paradeuniform; nur gegen Zivilisten zeigte er einen unergründlichen Groll und verkläffte sie, wo er sie traf.

Doch bei einer Gelegenheit durfte ihm auch kein Seemann zu nahe kommen, nämlich dann, wenn wir einliefen und er uns am Pier erwartete. Wehe dem, der ihm die erste Wurfleine streitig machen wollte - er machte das Boot fest ! Und das sah dann jedesmal so aus, wie ich es zu illustrieren versuchte. Dennoch - sein Stolz kannte keine Grenzen.

Der Krieg begann und Schnurzel durfte nicht mit hinaus. Aber noch mitten im Atlantik bat mich der Kommandant, Schnurzl auf dem Turm zu malen, damit er fernerhin auf diese Weise mit dabei sei.

Nach harten Wochen kehrten wir heim - Schnurzl stand nicht unter den Wartenden auf dem Pier - er machte unser Boot nicht fest.

Tagelang suchten wir ihn in allen Ecken W'havens - ohne Erfolg. Dann hieß es, er sei auf einem Zerstörer aufgesprungen, der mit Minen in die Themse gelaufen und nicht wiederkam.

Wir haben Schnurzl nicht wiedergesehen - aber nie vergessen und er fuhr mit bis zum bitteren Ende.

G.H.

Mit kameradschaftlichem Gruß

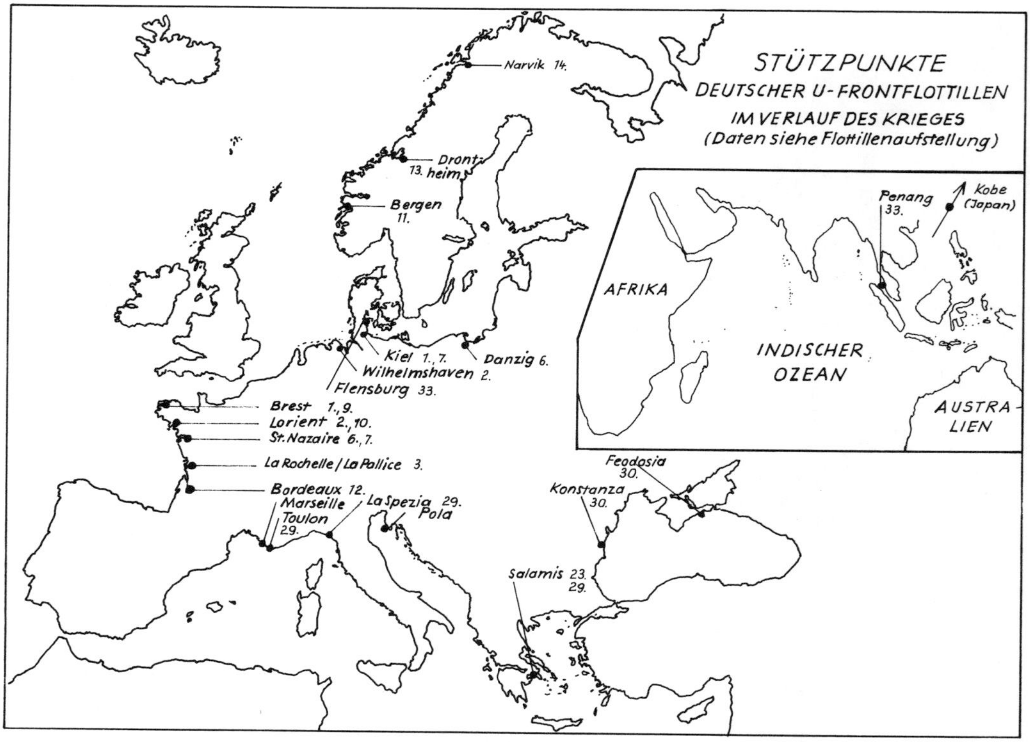

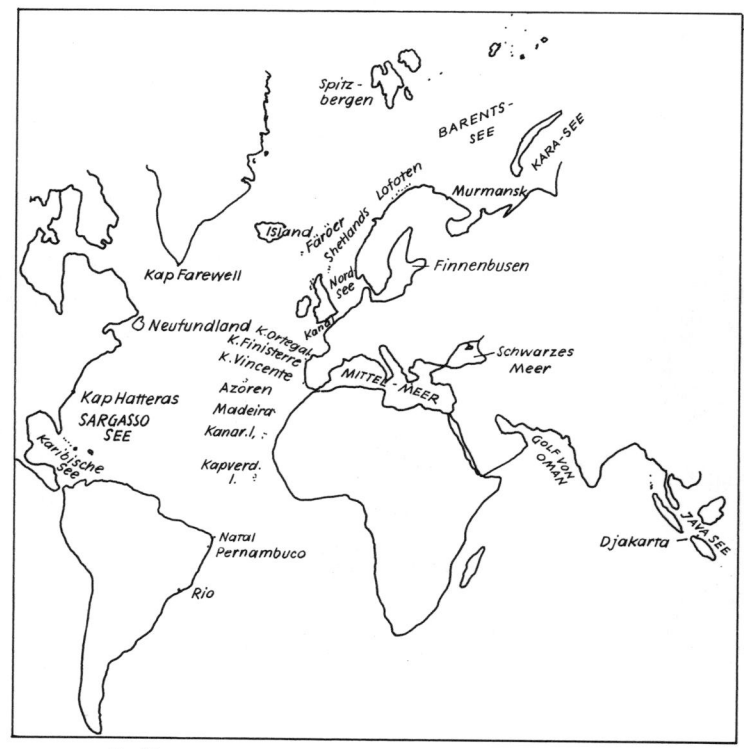

16 Häufig genannte Verlustorte deutscher U-Boote 1939/45

Vier lange Wochen Tag und Nacht
im Lederzeug geschlafen - gewacht,
vierzig Mann, die ein starker Geist
auf Tot und Leben zusammengeschweißt,
    wißt ihr was das heißt?

Tag und Nacht und Nacht und Tag
Motorengerassel, Maschinenschlag,
rastlos rasend die Kurbel kreist,
Öldunst der in Lungen und Augen beißt,
    wißt ihr was das heißt?

Wenn schäumend die Gischt das Boot umtollt
wenn es schlingert stampft und rollt,
wenn der Sturm die See auseinanderreißt,
wenn die Kälte der Wache den Atem vereist,
    wißt ihr was das heißt?

Geleitzug, Zerstörer und Kreuzer vereint,
zum Schutze der Dampfer, dann: "Ran an den Feind!"
der wütend Bombe auf Bombe schmeißt,
bis hell krachend ihn ein Torpedo zerreißt,
    wißt ihr was das heißt?

Und bei euch, wenn da ein Zeitungsblatt hängt:
Vierzigtausend Tonnen versenkt!
denkt einmal nach was es schweigend spricht:
freilich wir tun ja nur unsere Pflicht,
doch ihr ahnt es nicht was das heißt,
    denn ihr wißt es nicht!

Ein Gedicht aus dem 1. Weltkrieg. Flugzeuge werden nicht erwähnt.
Im 2. Weltkrieg fielen allein 264 U-Boote Fliegerangriffen auf See zum Opfer.

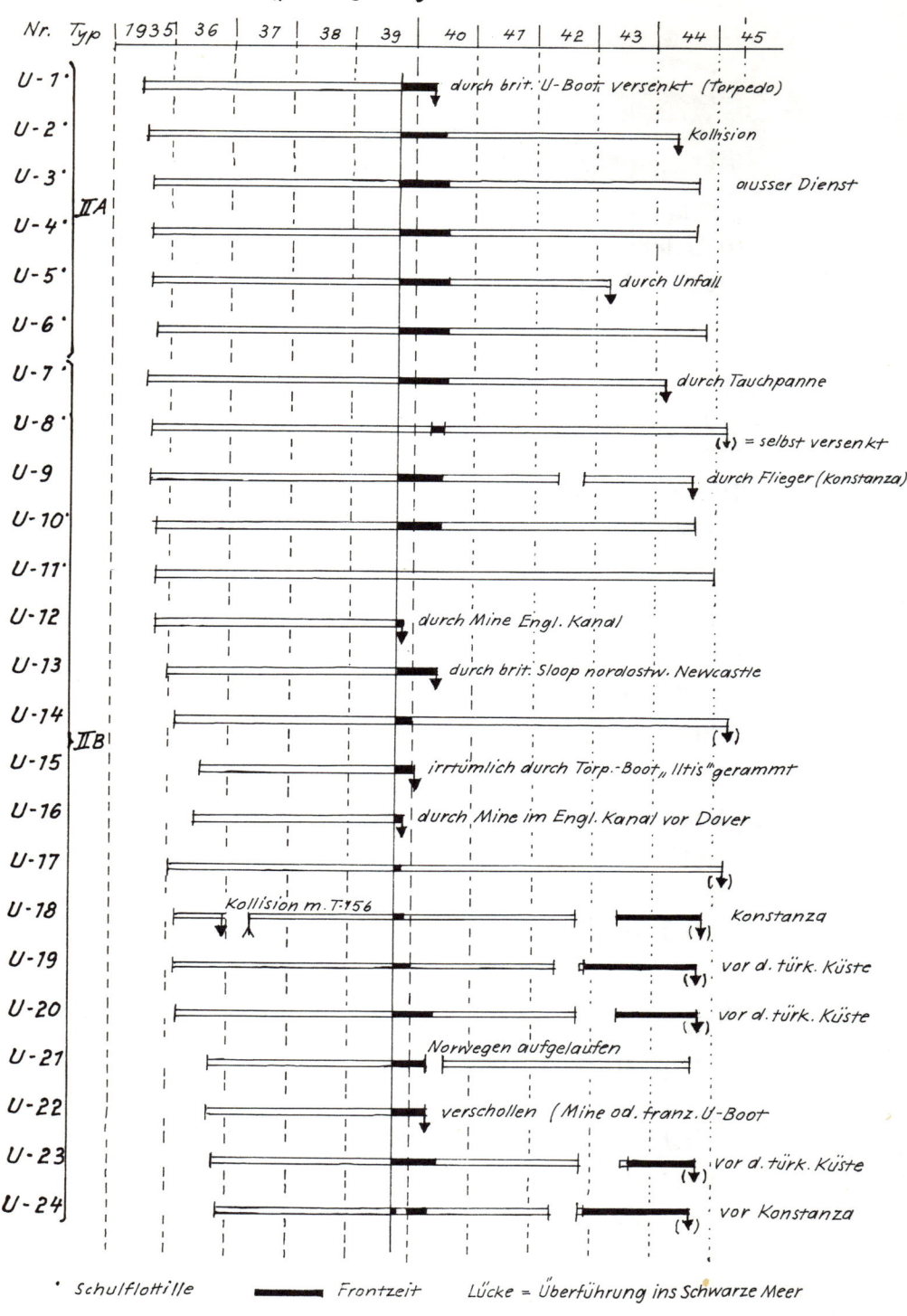

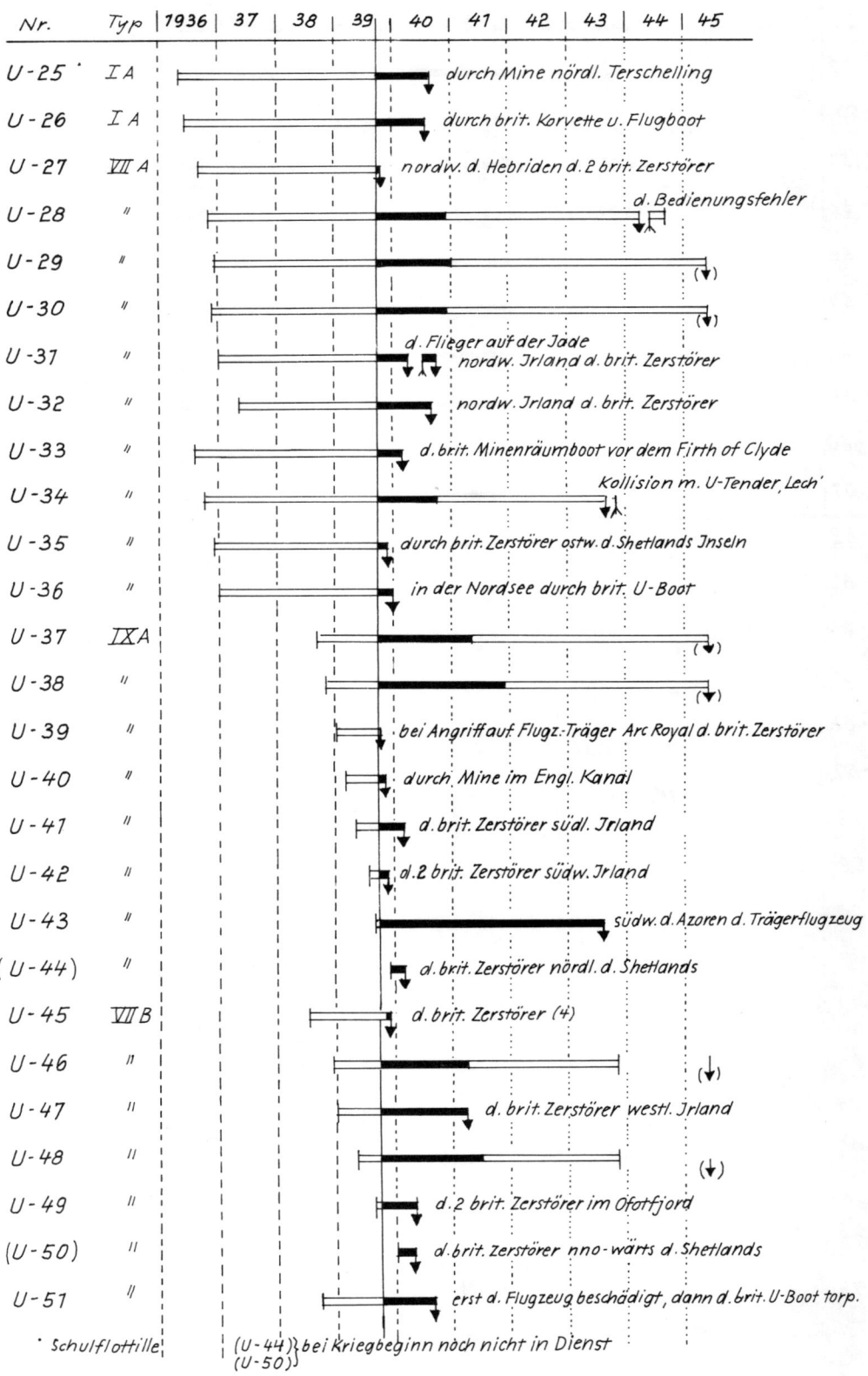

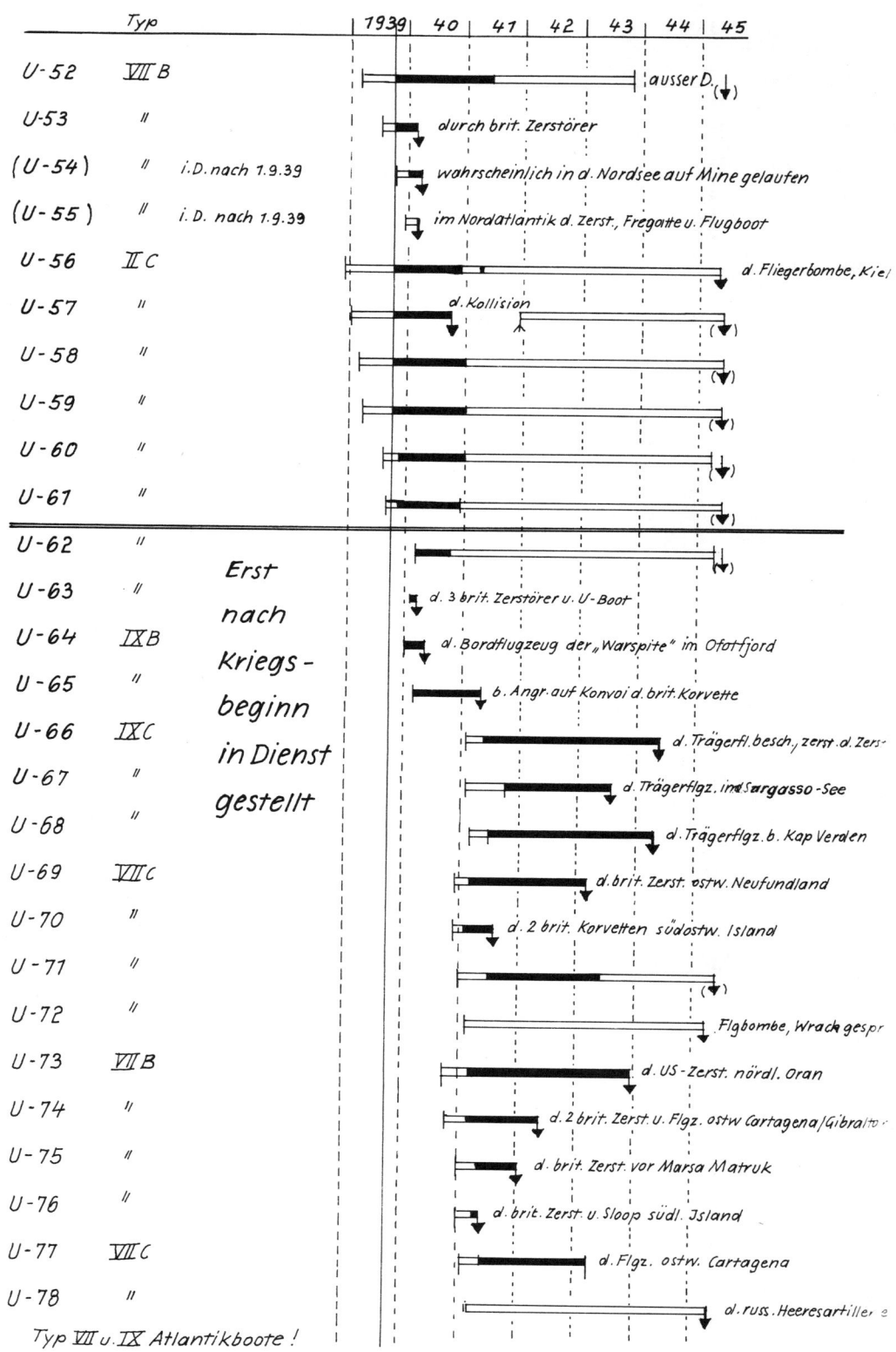

20

Stoff-abzeichen am Käppi (U-50)	Kommandant mit Mützen-abzeichen (U-380)	Stickerei auf Pullover (U-30)
Crew-Abzeichen (Offz.-Jahrg.) (U-953)	Verschiedene Kenn-zeichnung	Patenstadt-wappen (U-201)
Bootsflagge und Erfolgswimpel (U-596)	Bootsflagge und Kommandantenwimpel (U-203)	Kuren-wimpel (U-47)
UAK-Zeichen und Ostsee-streifen (U-994)	Krückstock mit Beschlag-ringen (U-177)	Flottillen- und Bootszeichen (U-217)

Fotos: *U-47, U-50* Sammlung Grützemacher, *U-201, 203* B. f. Z.; sonstige vom Verf.

Vereinfachte Daten zu den U-Bootstypen des 2. Weltkrieges

ohne Angaben über Artillerie- und Flak-Waffen, da sehr unterschiedlich.

Typ Anzahl Boote	Wasserverdr. über Wasser	Wasserverdr. unter Wasser	Motorenleistung über Wasser	Motorenleistung unter Wasser	Geschwindigk. über Wasser	Geschwindigk. unter Wasser	Fahrstrecke über Wasser	Fahrstrecke unter Wasser	Torp-Rohre	Torp-Res.	Besatzung	
	cbm		PSE		kn		sm (12 kn)	sm (4 kn)				
I 2 Boote	862	1200	2800	1000	17,8	8,3	6700	78	6	14	43	Mann
II A–D 50	254 ↓ 314	381 ↓ 460	700	360 ↓ 410	13	6,9	1050 ↓ 3500	35 ↓ 56	3	6 T oder 8 Min	25	Mann
VII A–F 675	626 ↓ 1084	915 ↓ 1345	2100 ↓ 2800	750	16	8	6100 ↓ 9500	69 ↓ 80	5 6	11 T 39 M	43 ↓ 51	Mann
IX$_{A-D}$ 194	1032 ↓ 1616	1408 ↓ 2150	2800 ↓ 4400	1000 ↓ 1100	$\frac{16}{19}$	8	8100 ↓ 11400	65	6	12 T oder 42 M	48 ↓ 57	Mann (und mehr)
XXI 126	1621	2114	4000	226	15,5	17,5	11150	285	6	23 T	57	Mann
XXIII 62	232	274	580	600 + 35	9,7 9 kn	12,5 1,9 4 kn	1350	175	2	keine	14	Mann

X B 8	Großer Minenleger, der auch als Versorger auf weite ozeanische Strecken Verwendung finden konnte
XIV 10	Treibölversorger für die ozeanisch operierenden Boote. Aus dem Typ VII entwickelt
XVII 4	Walter-Versuchsboote. Reine Unterwasserboote. (Im Gegensatz zu den Tauchbooten der anderen Typen) mit Walter-Turbinenantrieb. Die Boote hatten eine hohe Unterwassergeschwindigkeit für kurze Zeit. (26 kn!)
XXI 126	(s. oben) Sogenanntes großes Elektroboot. Echtes Unterseeboot mit Schnorchel und verdreifachter Batterie.
XXIII 62	(s. oben) Kleiner Paralleltyp zum großen Elektroboot.
1132	Boote insgesamt

Größenvergleich verschiedener Bootstypen

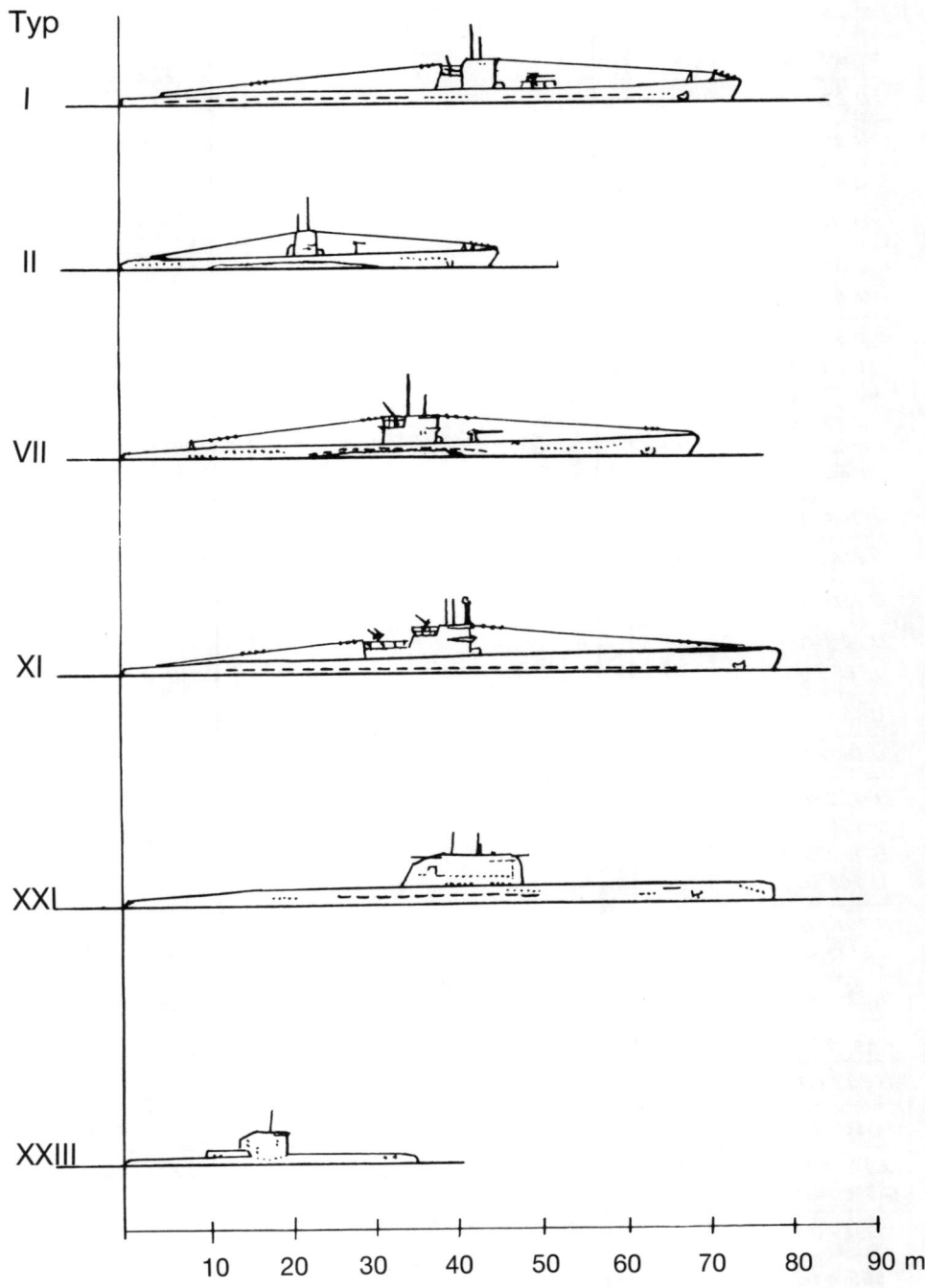

Nummernfolge der Boote und Ordnung nach Typen

Boote	I	II	VII	IX	Sonst.
U 1 - U 6		A			
U 7 - U 24		B			
U 25 / U 26	A				
U 27 - U 36			A		
U 37 - U 44				A	
U 45 - U 55			B		
U 56 - U 63	C				
U 64 / U 65			B		
U 66 - U 68			C		
U 69 - U 72			C		
U 73 - U 76			B		
U 77 - U 82			B		
U 83 - U 87			C		
U 88 - U 98			C		
U 99 - U 102			B		
U 103 - U 111				B	
U 116 - U 119					X B×
U 120 / U 121		B			
U 122 - U 124				B	
U 125 - U 131				C	
U 132 - U 136			C		
U 137 - U 152		D			
U 153 - U 176			C		
U 177 - U 182 *			D₂		
U 183 - U 195 *			C		
U 196 - U 200			D₂		
U 201 - U 212			C		
U 213 - U 218			D		
U 219 / U 220					X B×
U 221 - U 232			C		
U 233 / U 234					X B×
U 235 - U 328			C		
U 329 nicht ermittelt			C		
U 330 Auftrag sistiert			C		
U 331 - U 458			C		
U 395 n.i.D.			C		

Hochsee-/Atlantik-U-Boote (Küsten-U-Boote) ozeanische Wendung

Boote	VII	IX	Sonst.
U 459 - U 464			XIV Versorger
U 465 - U 486	C		
U 487 - U 490			XIV Versorger
U 501 - U 550		C	
U 551 - U 779	C		
U 792⊙, U 793			XVII Walter Vers. B
U 794, U 795			XVII Vers. B.
U 801 - U 806		C	
U 821 - U 828	C		
U 841 - U 846		C	
U 847 - U 852		D₂	
U 853 - U 858		C	
U 859 - U 864		D₂	
U 865 - U 870		C	
U 871 - U 876		D₂	
U 877 - U 881		C	
U 883		D₂	
U 889		C	
U 901, U 903-U 907		C	
U 921 - U 930		C	
U 951 - U 1025		C	
U 1051 - U 1058		C	
U 1059 - U 1062		F	
U 1063 - U 1065		C	
U 1101 - U 1110		C	
U 1131 - U 1132		C	
U 1161 - U 1172		C	
U 1191 - U 1210		C	
U 1227 - U 1235	C		
U 1271 - U 1279	C		
U 1405 - U 1407			XVII B Vers. B.
U 2111 - U 2113			KLEINST-U-BOOTE
U 2251 - U 2295			
U 2321 - U 2374			XXIII (kl Kampfboot)
U 2501 - U 2552			XXI (Elektroboot)
U 3001 - U 3051			
U 3501 - U 3537			
U 4701 - U 4714			XXIII (Elektroboot)
U 4720 - U 4891 im Bau			(Kl. Kampfboot)

× große Minenleger   * U-180 u. U-195 Typ D1   ⊙ U-792 Kreislaufversuchsboot
TYP XXIII = Küsten-U-Boot

U-757	U-95	U-711
U-178	Turm-Embleme Beispiele	?
U-57	U-1101	U-10
U-554	U-751	U-172

1. U-Flottille   Frontflottille; Stützpunkt Kiel, ab Juni 1941 Brest, im September 1944 aufgelöst.
Fl.-Chefs: KK ECKERMANN 1. 1940 – 10. 1940; KK COHAUSZ – 2. 1942; KL BUCHHOLZ i. V. – 7. 1942; KK WINTER Werner – 9. 1944.

2. U-Flottille   Frontflottille; Stützpunkt Wilhelmshaven, ab Juni 1940 zusätzlich Lorient, ab Juni nur Lorient. Die im Spätsommer einsatzfähigen Boote verlegten bis August 1944 nach Norwegen.
Fl.-Chefs: KK HARTMANN W. (zugleich Kommandant *U-37*, 9. 1939 – 5. 1940); KK FISCHER H. in V. 1. 1940 – 10. 1940; KK FISCHER H. – 9. 1941; KK SCHÜTZE Viktor – 1. 1943; KK Kals – Ende.
* Die Rune war das Emblem von *U-103* unter Viktor SCHÜTZE und wurde, als dieser die 2. Flottille übernahm, in das Flottillenzeichen eingebracht.
* Claus MARLOH: Das Wappen der 2. U-Fl. war eine Siegrune, durch die ein U-Boot von rechts nach links fuhr, und zwar im oberen Teil.
* Ernst KALS: . . . ich habe es als letzter Chef einmal als Kachel geschenkt bekommen.

3. U-Flottille   Frontflottille; Neuaufgestellt März 1941.
Die im Spätsommer 1944 noch einsatzfähigen Boote wurden bis August 1944 nach Norwegen verlegt.
Stützpunkt Kiel, ab Oktober 1941 zusätzlich La Pallice, dann La Rochelle.
Fl.-Chefs: KK RÖSING 3. 1941 – 7. 1941; KL SCHULTZE Herbert 7. 1941 – 3. 1942; KL v. REICHE i. V. 3. 1942 – 6. 1942; KK ZAPP Richard 6. 1942 – 10. 1944.

5. U-Flottille   Ausbildungsflottille; Stützpunkt Kiel; aufgestellt Juni 1941.
Fl.-Chefs: KK MOEHLE 6. 1941 – Ende; KK PAUCKSTADT i. V. 9. 1942 – 11. 1942.
* Karl Heinz MOEHLE: . . . übersende ich Ihnen ein Photo des Flottillenwappens der ehemaligen 5. U-Fl. in Kiel, die ja bekanntlich für die Frontausrüstung aller aus der Heimat auslaufenden U-Boote verantwortlich gewesen ist. Insgesamt sind 806 U-Boote von der 5. U-Fl. für den Fronteinsatz ausgerüstet worden. Wappendeutung: Die Hand des Arbeiters übergibt in die geharnischte Faust des Ritters die Waffe. Das Herz mit dem kleeblattförmigen Ausschnitt ist ein altes heraldisches Attribut, das sogenannte Seeblatt. Es kann als Sinnbild des starken Herzens gedeutet werden. Der stilisierte Fisch ist als Attribut des Meeres beigefügt.
* Verf.: Das rote Seepferd auf grünem Grund soll ebenfalls für die 5. U-Fl. entworfen worden sein.

6. U-Flottille   Frontflottille; (bis Mitte 1942 zugleich Ausbildungsflottille); neuaufgestellt August 1941, aufgelöst August 1944. Stützpunkt Danzig, ab Februar 1942 St. Nazaire.
Fl.-Chefs: KK SCHULZ Wilhelm 9. 1941 – 10. 1943; KL EMMERMANN – 8. 1944.
Der Wikingerboot-Steven von *U-404* (6. U-Fl.) wurde zur Grundlage für die Flottillenwappen der 6. und 23. U-Flottille.

7. U-Flottille   Stützpunkt Kiel, ab Oktober 1940 zusätzlich St. Nazaire. Die einsatzfähigen Boote verlegten bis August 1944 weitgehend nach Norwegen.
Fl.-Chefs: KK RÖSING 1. 1940 – 5. 1940; KK SOHLER – 2. 1944; KK PIENING – Ende.
* SOHLER: »Nach dem Verlust von *U-47* PRIEN habe ich als Chef der 7. U-Flottille, der erfolgreichsten, angeordnet, daß nunmehr alle Boote der Flottille Priens Bootszeichen tragen sollten.«

8. U-Flottille   Ausbildungsflottille; Stützpunkt Königsberg, ab Februar 1942 Danzig. Aufgestellt Oktober 1941, aufgelöst Januar 1945.
Fl.-Chefs: KL SCHULZ Wilhelm 10. 1941 – 1. 1942; KK ECKERMANN – 1. 1943; KK v. SCHMIDT – 4. 1944; KzS MAHN i. V. 1. 1943 – 3. 1943; FK PAUCKSTADT – 1. 1945.
* Leo KLEIN: . . . entdeckte ich zufällig das Wappen der 8. U-Fl. (Danzig). Ich habe diese Flottille mit aus der Taufe gehoben und war dort bis zur Räumung Danzigs 1945 als 2. Fl.-Ing. tätig.

1. U-Flottille
Brest

5. U-Flottille
Kiel

2. U-Flottille
Lorient

6. U-Flottille
St. Nazaire

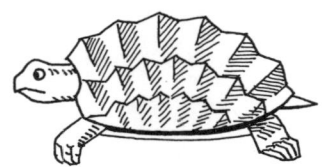

3. U-Flottille
La Pallice
La Rochelle

7. U-Flottille
St. Nazaire

Nachtrag: 5. U-Fl.

9. U-Flottille		Frontflottille; Stützpunkt Brest, aufgestellt November 1941, aufgelöst August 1944.
	Fl.-Chefs:	KL OESTEN 11. 1941 – 3. 1942; KK LEHMANN-WILLENBROCK 5. 1942 – 8. 1944.

* War erst das Bootsemblem von *U-96* unter LEHMANN-WILLENBROCK. Als dieser als Fl.-Chef die 9. U-Fl. übernahm, wurde es das Zeichen der 9. U-Fl.

10. U-Flottille   Frontflottille; Stützpunkt Lorient, aufgestellt Januar 1942, aufgelöst Oktober 1944.
    Fl.-Chefs: KK KUHNKE 1. 1942 – 10. 1944.

* Aus »SCHALTUNG KÜSTE«: Das Wappen der 10. U-Fl. in Lorient wurde von dem damaligen Fl.-Chef und heutigen Konteradmiral KUHNKE entworfen. Die Zahl »10«, eben außerhalb des linken Randes des Horizontalbalkens, symbolisiert die 10,5 Kanone. In verkleinerter Form – etwa 25 × 25 mm – wurde es als Mützenabzeichen, ohne die Zahl 10 getragen. Auf Veranlassung der Flottille hat die Keramische Fabrik HENRIOT in Quimper eine größere Anzahl von Kacheln mit diesem Emblem gefertigt.

11. U-Flottille   Frontflottille; Stützpunkt Bergen, aufgestellt Mai 1942, Neugliederung September 1944.
    Fl.-Chefs: FK COHAUSZ 5. 1942 – 12. 1944.

* Im November 1942 erhielt das Boot *(U-591)* das Wappen der 11. U-Fl. auf schildförmiges Stahlblech gemalt und an den beiden Turmseiten befestigt: U-Bootsilhouette von vorn mit Bugwelle, dahinter Eisbär. Dieses Wappen hatte der damalige I. WO von *U-519* LzS Jochen SAUERBIER entworfen.
* K.-H. SCHUBERT: In einem Wettbewerb der Flottille war sein Entwurf ausgewählt worden.

12. U-Flottille   Frontflottille; Stützpunkt Bordeaux, aufgestellt Oktober 1942, aufgelöst August 1944.
    Fl.-Chefs: KK SCHOLTZ Klaus 10. 1942 – 8. 1944.

* Willi RINKEL: Emblem zugeschickt.
* Helmut BREMIKER: . . . deren KL beim Stabe ich lange Zeit war. Sehr kleine Kopie zur Verfügung. Das große »U« und das Boot waren schwarz gemalt, der Wolfskopf und die halbe Erdkugel grau.

13. U-Flottille   Frontflottille; Stützpunkt Drontheim, aufgestellt Juni 1943.
    Fl.-Chefs: FK RÜGGEBERG 6. 1943 – Ende.

14. U-Flottille   Frontflottille; Stützpunkt Narvik, aufgestellt Dezember 1944.
    Fl.-Chefs: KK MÖHLMANN 12. 1944 – Ende.

19. U-Flottille   Ausbildungsflottille; Stützpunkt Pillau, ab Februar 1945 Kiel, aufgestellt Oktober 1943. (Kommandanten-Vorschule Ausguckschulung, Hafengrundausbildung für U-Boote).
    Fl.-Chefs: KK METZLER 10. 1943 – Ende.

21. U-Flottille   Ursprünglich der U-Bootschule unterstellt, am 1. Juni 1940 in 21. U-Fl. umbenannt. Aufgelöst März 1945. Standort Pillau.
    Fl.-Chefs: KL BEDUHN 11. 1937 – 3. 1940; KK BÜCHEL – 6. 1943; KK SCHUHART – 9. 1944; KL COLLMANN Herwig – 3. 1945.

* Farben: schwarz – blau – weiß.

23. U-Flottille   Frontflottille; vom September 1941 bis Mai 1942 Stützpunkt Salamis.
    Fl.-Chefs: KK-Ing. HERING.

23. U-Flottille   Ausbildungsflottille; Stützpunkt Danzig, August 1943 – März 1945 (Kommandantenschießausbildung).
    Fl.-Chefs: KK v. BÜLOW Otto 8. 1943 – 3. 1945.

* WIRTH
* Otto v. BÜLOW: (siehe *U-404*).

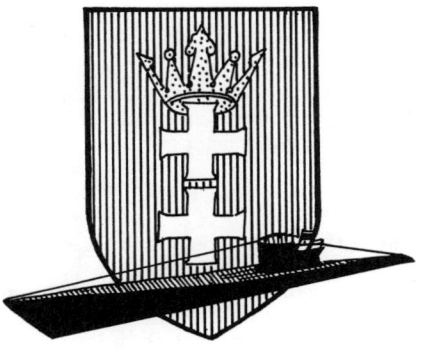

8. U-Flottille Danzig

11. U-Flottille Bergen

9. U-Flottille Brest

12. U-Flottille Bordeaux

10. U-Flottille Lorient

13. U-Flottille Drontheim

24. U-Flottille		Ausbildungsflottille; Stützpunkt ursprünglich Danzig, dann Memel, dazwischen Juni bis September 1941 Drontheim*, Ende des Krieges Gotenhafen und zuletzt Eckernförde. Aufgelöst März 1945 (Kommandantenschießausbildung) später auch Unterwasserortungsausbildung.
	Fl.-Chefs:	KK WEINGARTNER 11. 1939 – 7. 1942; KzS PETERS Rud. – 1. 1943; FK MERTEN – 3. 1945; KK JASPER Karl i. V. – 7. 1944.

* K.-F. MERTEN: Die Zeit bringt vieles an den Tag! Beim Aufräumen fand ich dieses Bild vom Flottillenwappen der 24. U-Flottille in Memel.
Es wurde von mir nach einem Preisausschreiben innerhalb der 24. U-Flottille im August 1943 in einem größeren Festakt und am Tor zum Flottillen-Gelände angebracht.
Das Hafentor und die beiden Seezeichenbaken sind die Wahrzeichen der Stadt Memel.
* Siehe Textanhang.

25. U-Flottille		Stützpunkt Danzig, Juni 1941 – September 1941 Drontheim, dann kurz Memel und anschließend Libau. Ende 1944 Gotenhafen und 1945 Travemünde. Aufgestellt April 1940 als 2. Unterseebootsausbildungsflottille, die jedoch bereits Juli 1940 in 25. U-Flottille umbenannt wurde. (Schießausbildung Unterseeboote).
	Fl.-Chefs:	KK HASHAGEN E. – 12. 1941; KK JASPER K. – 8. 1943; FK NEITZEL i. V. 8. 1943 – 12. 1943; KK GYSAE – 4. 1945; KK SCHULZ W. – Ende.
26. U-Flottille		Ausbildungsflottille, Stützpunkt Pillau, ab 1945 Wesermünde, aufgestellt April 1941 (Schießausbildung U-Boote).
	Fl.-Chefs:	KK v. STOCKHAUSEN H.-G. 4. 1941 – 1. 1943; KK MERTEN – 4. 1943; FK BRÜMMER-PATZIG – 3. 1945; KK JASPER K. i. V. – 7. 1944.
29. U-Flottille		Frontflottille, Hauptstützpunkt La Spezia – 8. 1943, Toulon ab 8. 1943, Pola, Marseille und Salamis. Aufgestellt Dezember 1941, aufgelöst Dezember 1944.
	Fl.-Chefs:	KK BECKER Franz 12. 1941 – 5. 1942; KK FRAUENHEIM – 7. 1943; KK JAHN Gunter – 9. 1944.
29. U-Flottille		(Toulon) Ein junger Offizier, beauftragt Trinkbares für den Stützpunkt zu besorgen, sei eine Peitsche schwingend, auf einem Bauernwägelchen vom Einkauf zurückgekommen. (Die Weinbauern hatten ihm einen furchtbaren Fusel angedreht.) Fortab diente die Peitsche mit ihrem Schnalzen dazu, die Boote zu verabschieden. Kaum getan, überraschte der englische Soldatensender Calais mit der Meldung: Der Flottillenchef sei bereits gezwungen, die Besatzungen mit der Peitsche an die Front zu treiben. Klar, daß daraufhin die Peitsche zum Flottillenzeichen wurde.

AGRU-FRONTREIFEZEICHEN (Zeichen siehe Seiten 149 und 195)

* Max SCHADHAUSER: Nach bestandener Ausbildung erhielt jedes Boot dieses Abzeichen mittels Schablone aufgemalt. * K. GRÜTZEMACHER: Der rote Winkel wurde bei Kriegsbeginn, als alle Autos registriert wurden, den Personenkraftwagen auf das Nummernschild aufgestempelt, um äußerlich eine Fahrgenehmigung zu kennzeichnen. Die U-Bootfahrer übernahmen symbolhaft diesen Winkel.
Canadische Notizen – This indicates that the U-boat which wears it has been accepted as satisfactory and ready to go on war cruises.
Reported on only a few U-boats – is it not a universal practice.

1. UAA	= 1. Unterseebootausbildungsabteilung Plön Kommandeure: FK ROSE Hans 2. 1940 – 5. 1940; FK SCHMIDT Albrecht – 11. 1941; KzS ZECHLIN – 4. 1943; FK SCHÜNEMANN – 2. 1945; FK PAUCKSTADT – Ende.

14. U-Flottille
Narvik

23. U-Flottille
Salamis

19. U-Flottille
Pillau

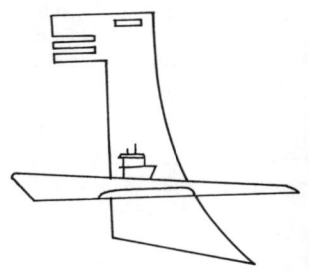

23. U-Flottille
Danzig

21. U-Boots-Schulflottille
Pillau

24. U-Flottille Memel

1. ULD   Die Unterseebootschule Neustadt wurde 1940 dem B.d.U./Org. unterstellt und am 1. 5. 1940 in 1. Unterseebootschule umbenannt und nach Pillau verlegt, wobei der Standort jedoch Neustadt in Holstein verblieb. Am 13. 6. 1940 in Unterseebootlehrdivision umbenannt und 1944 nach Hamburg-Finkenwärder verlegt. Aufgelöst Februar/März 1945.
* Gerh. BORGHARD

2. ULD   (Unterseebootlehrdivision) Wurde im Juni 1940 aufgestellt. Lehrbetrieb ab 1. 11. 1940. Standort Gotenhafen. Aufgelöst Januar/März 1945.
* Gustav FISCHER

Werftkompanie La Pallice
Die Männer der Werftkompanie trugen als Mützenabzeichen den Schattenriß eines 7c-Bootes aus Messing.

LORIENTABZEICHEN

* Ewald ENGLER: Das Abzeichen erscheint auf Einband und Hülle des Buches »LORIENT«/Gen. FAHRMBACHER/Adm. MATTHIAE) 1956 und im Vorspann als Lorient-Abzeichen, entworfen von Marine-Baurat FEHRENBERG bezeichnet. Eventuell Werftabzeichen? Siehe Werftleistungsabzeichen im Anhang.

U-A   = (ex türk. »BATIRAY«)
20. 9. 1939//U-Fl. WEGENER – 12. 1939; 7. U.-Fl. – 8. 1942; dann U-Abwehrschule – 2. 1943; 4. U-Fl. – 11. 1944; 24. U-Fl. bzw. 18. U-Fl.; (↓) am 3. 5. 1945 in Kiel.
KL COHAUSZ 9. 1939 – 11. 1940; KK ECKERMANN – 1. 1942; KK COHAUSZ – 5. 1942; OL SCHNOOR – 8. 1942; KK SCHÄFER Friedr. – 3. 1943; OL Graf von und zu ARCO-ZINNEBERG – 3. 1945; unbesetzt bis Ende.
* Hans COHAUSZ: . . . da war während der ersten beiden Feindfahrten meines U-A im Jahre 1940 auf den hinteren Teil des Turmes (der als ex »Batiray« nicht die übliche deutsche Turmform hatte) das Wort »OPTIMIST« in stilisierter Form aufgemalt. Das »O« war in einer Art Kopfform stilisiert und daran in sich reduzierender Form das Wort »PTIMIST« angehängt. * Georg WOLF in SCHALTUNG KÜSTE, H. 84, S. 15: Ich habe über drei Jahre auf U-A gefahren als Ob.Masch.Mt.,; den OPTIMISTEN habe ich gemalt, und der sah so aus . . .
* Benno KOLLER: Foto. * Ulrich Philipp Graf von und zu ARCO-ZINNEBERG: Als letzter Kommandant des U-Bootes »U-A«, Operationsbereich 1944/45 östliche Ostsee, kann ich . . . lediglich mitteilen, daß U-A auf dem Turm die Helmzier meines Familienwappens – einen Bogenschützen – geführt hat. Das Abzeichen war 25 cm hoch und war auf der Vorderkante Schanzkleid-Turm angebracht. Das Boot ist mitsamt diesem Zeichen in den letzten Kriegstagen in Kiel durch einen Bombenvolltreffer verlorengegangen. Ich habe das Boot zum Schluß für Kommandanten-Lehrgänge in Pillau gefahren.

UC-1   (ex norw. »B 5«) Indienststellung 20. 11. 1940//U – Abwehrschule – 3. 1942; außer Dienst 28. 3. 1942, später abgebrochen.
KL KIESEWETTER – 5. 1940; KL LANGE Georg – 3. 1942.
* Bei Überführung von Norwegen nach Kiel an Backbord weiße Zahl 85.

UD-3   = (ex holländ. »O 25«)
8. 6. 1941//3., 5., 2. und 10. U-Fl. – 2. 1943; U-Abwehrschule – 10. 1944; außer Dienst, (↓) am 3. 5. 1945 in Kiel.
† 1   KK RIEGELE 6. 1941 – 7. 1941; KK KÖLLE – 9. 1942; OL SEEGER Joachim – 10. 1944.
* Max SCHADHAUSER: Foto

24. U-Flottille
Juli – Sept. 1941 in Drontheim

26. U-Flottille
Pillau

24. U-Flottille
Memel

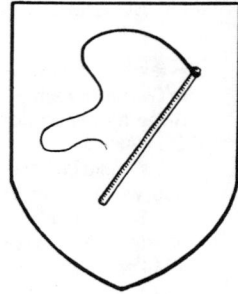

29. U-Flottille
Toulon

25. U-Flottille
Libau
Gotenhafen
Travemünde

29. U-Flottille
Mittelmeer

UD-4	= (ex holländ. »O 26«) KK BRÜMMER-PATZIG 1. 1941 – 10. 1941; KK SINGULE – 4. 1942; KL BERNBECK – 10. 1942; KK SCHÄFER Friedr. – 11. 1944; KL BART – 3. 1945; unbesetzt bis Ende. * Aus Erinnerungsbuch der 27. U-Fl. (Korth)
UD-5	= (ex holländ. »O 27«) 1. 11. 1941//5. U-Fl., 10. U-Fl.; U-Abwehrschule. 30. 4. 1945 von Bergen nach England, später nach Holland zurück und dort wieder »O 27«. KzS MAHN 11. 1941 – 1. 1943; KL von KAMEKE – 4. 1943; * Harry HUTSON/England: »SS PRIMROSE HILL«, Survivors saw a white circle on the conning tower (29. 10. 1942).
UIT-22 † 43	= (ex ital. »Alpino BAGNOLINI«) 11. 10. 1943//12. U-Fl.; am 11. 3. 1944 südlich von Kapstadt durch Fliegerbomben vernichtet. OL WUNDERLICH Karl
UIT-24	= (ex ital. »COMMANDANTE CAPELLINI«) In Singapore am 6. 12. 1943 übernommen. 12. U-Fl. – 9. 1944; 33. U-Fl. – 5. 1945. In Kobe an Japan übergeben, dort als »I 503« in Dienst. OL PAHLS * Aus »Haie im Paradies« von Jochen BRENNECKE: . . . Für das andere Boot, *UIT-24*, das, wie bekannt, schon auf dem Wege nach Europa stand und nach der Versenkung der *Brake* durch *U-532* versorgt wurde, bevor es nach Penang zurückmarschierte, wurde ein Batteriewechsel dringend. Es trat den Marsch nach Japan am 15. Januar 1944 an. Diese Reise verlief insofern äußerst dramatisch, als sie durch das Kampfgebiet bei den Okinawas hindurchführte. Dennoch erreichte *UIT-24* Kobe. Repariert wurde es indessen nie.
UIT-25	= (ex ital. »LUIGI TORELLI«) In Singapore am 6. 12. 1943 übernommen. 12. U-Fl.; 33. U-Fl.; Mai 1945 an Japan übergeben, dort als »I 504« in Dienst. * Aus »Haie im Paradies« von Jochen BRENNECKE: Eine Fahrt von Penang nach Japan dauerte im Schnitt acht Tage. Da *UIT-25* nun überhaupt keine Kampfaufgabe mehr hatte, entwarf der humorvolle Kommandant Alfred MEIER als taktisches Zeichen einen Kuli mit typisch flacher breitrandiger Kopfbedeckung. Dieser dahinschreitende Chinese, der am Tragstock ein Colli und einen Rettungsring schleppte, wurde in fröhlich leuchtenden Farben beiderseitig an den Turm des Bootes gemalt. Später hat ein japanischer Künstler dieses taktische Zeichen als Flachrelief in Messing gearbeitet. Jedes Besatzungsmitglied erhielt es zur Erinnerung an eine U-Bootzeit, die zwar keine Erfolge, wohl aber Strapazen ganz besonderer Art mit sich brachte.
Crew 36	Die Olympischen Ringe wurden aus Anlaß der Olympischen Spiele 1936 in Deutschland gewählt.
Crew 37b	* Verf.: Das Zeichen wurde charakterisiert durch den Spruch: »Erst siegen, dann heiraten!«
Crew 39	* Rolf W. WENTZ: »Wir nannten uns damals (1939) Kriegscrew 1939. Dann kam die Crew XI/39 und wir wurden C 39 A. Heute wird unsere Crew als X/39 bezeichnet. Das X/39-Zeichen zierte bereits unser erstes Crewbuch, das 1940 gedruckt wurde. Die Crew XII/39 wurde damals als C 39 B bezeichnet.«

CREW-ABZEICHEN

Crew 28

Crew 36

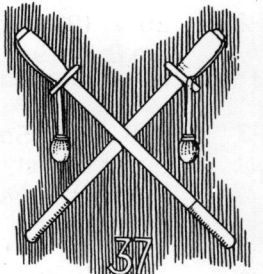
Crew 37a

Crew 37b

Crew 37b/²

Crew 38

Crew X/39
früher auch als C 39a

Crew XII/39

Crew 40

Crew 5/41

Crew VI/42

Crew XII/42

U-2 25. 7. 1935/Schulflottille sb+fb – 6. 1940, dann 21. U-Fl. sb – 4. 1944 ↓ am 8. 4. 1944 nach Kollision mit Fischdamper. »H. FRÖSE« vor Pillau;
† 16 KL ROSENBAUM 3. 1939 – 7. 1940 und andere Kommandanten.

U-3 6. 8. 1935//Schulflottille sb+fb – 6. 1940, dann 21. U-Fl. sb – 1. 8. 1944 außer Dienst.
KL SCHEPKE 10. 1938 – 1. 1940; KL SCHREIBER Gerd – 7. 1949 und andere Kommandanten.

U-8 5. 8. 1935//Schulflottille U-Abwehrschule – 6. 1940, 1. U-Fl. sb+fb, 24. U-Fl. – 12. 1940, 22. U-Fl. sb – 5. 1945. Selbst gesprengt am 2. 5. 1945 in Wilhelmshaven.
KL MICHEL 12. 1939 – 5. 1940 und andere Kommandanten.

U-9 21. 8. 1935//U-Fl. WEDDIGEN sb+fb – 12. 1939, 1. U-Fl. fb – 5. 1942. Überführung in das Schwarze Meer – 10. 1942.
28. 10. 1942//30. U-Fl. fb – 8. 1944. ↓ durch Fliegerbomben am 20. 8. 1944 vor Konstanza/Rumänien. Besatzung gerettet.
KL PETERSEN u. and. Kommandanten.
* M. SCHULZE: »Bei meinem Boot wurde im September 1939 das Eiserne Kreuz entfernt als auch von den übrigen Booten die taktischen Nummern abgenommen wurden. * Ein Foto des Bootes unter OL LÜTH 1939/40 zeigt die leere Halterung, ein Foto aus dem Schwarzen Meer wieder das Eiserne Kreuz des I. Weltkrieges, das nur *U-9* als Traditionsboot zu *U-9* des I. Weltkrieges unter KL WEDDIGEN führen durfte.

U-10 9. 9. 1935//Schulflottille sb+fb – 6. 1940, 21. U-Fl. sb – 8. 1944 am 1. 8. 1944 in Danzig außer Dienst und sp.br.
OL LORENTZ Günter 10. 1939 – 1. 1940; OL PREUSS J. – 6. 1940 und andere Kommandanten.
* Alois FASSBENDER: Foto gemacht in den ersten Kriegstagen an der Tirpitzmole in Kiel-Wik. Es handelt sich um Boot der damaligen U-Fl. LOHS oder WEDDIGEN.

U-13 OL Schulte: kein Emblem. Waren der Meinung, daß die »13« allein schon genüge.

U-14 18. 1. 1936//U-Fl. LOHS fb – 10. 1939, U-Ausbildungsfl. fb+ab – 6. 1940, 24. U-Fl. u. 22. U-Fl., 3. 1945 außer Dienst Wilhelmshaven
KL WELLNER Horst – 10. 1939 und andere Kommandanten.
* Unter PETERSEN Klaus 2. 1942 – 6. 1942 führte *U-14* die Olymp. Ringe. Ein Foto von 1941 zeigt den torpedospeienden Walfisch, das Kreuz und den Kurenstander. * Nach Rammstoß unter WOHLFAHRT, 10. 1939 – 5. 1940 kam der Ausspruch: »Es ging kein Daumen mehr dazwischen!« * Hein BAHNSEN: Das Boot wurde von Besatzung *U-16* übernommen (etwa Okt. 1939). Besatzung *U-14* stieg geschlossen auf *U-16* ein, KL WELLNER u. *U-16* blieben auf dieser Fahrt am Feind. * DIERKS H. Joach.: *U-14* war im Juli 1944 Schulboot bei der 22. U-Fl. in Gotenhafen und trug zu diesem Zeitpunkt bis zur Außerdienststellung in Wilhelmshaven nur ein taktisches Zeichen. Unser taktisches Zeichen war ein weißes Kreuz. Aus: »Die Kurische Nehrung in Wort und Bild« von Oscar Schlicht, 1924. Zur Erleichterung der Aufsicht (Verf.: Für den Zoll und die gesunde Heimkehr der Fischerboote) brachte man im Jahre 1844 Ordnung in die zu führenden Bootswimpel, nachdem diese bisher eigentlich nur als Schmuck gedient hatten, sind doch die Wimpel der Nehrungsortschaften besondere Prunkstücke, wie sie wohl anderweitig kaum vorkommen

U-2

U-2

U-3
Frühjahr 42

Turm von U-3 mit Emblem und taktischem Zeichen

U-3

An Turmfront
U-3

U-8

U-9

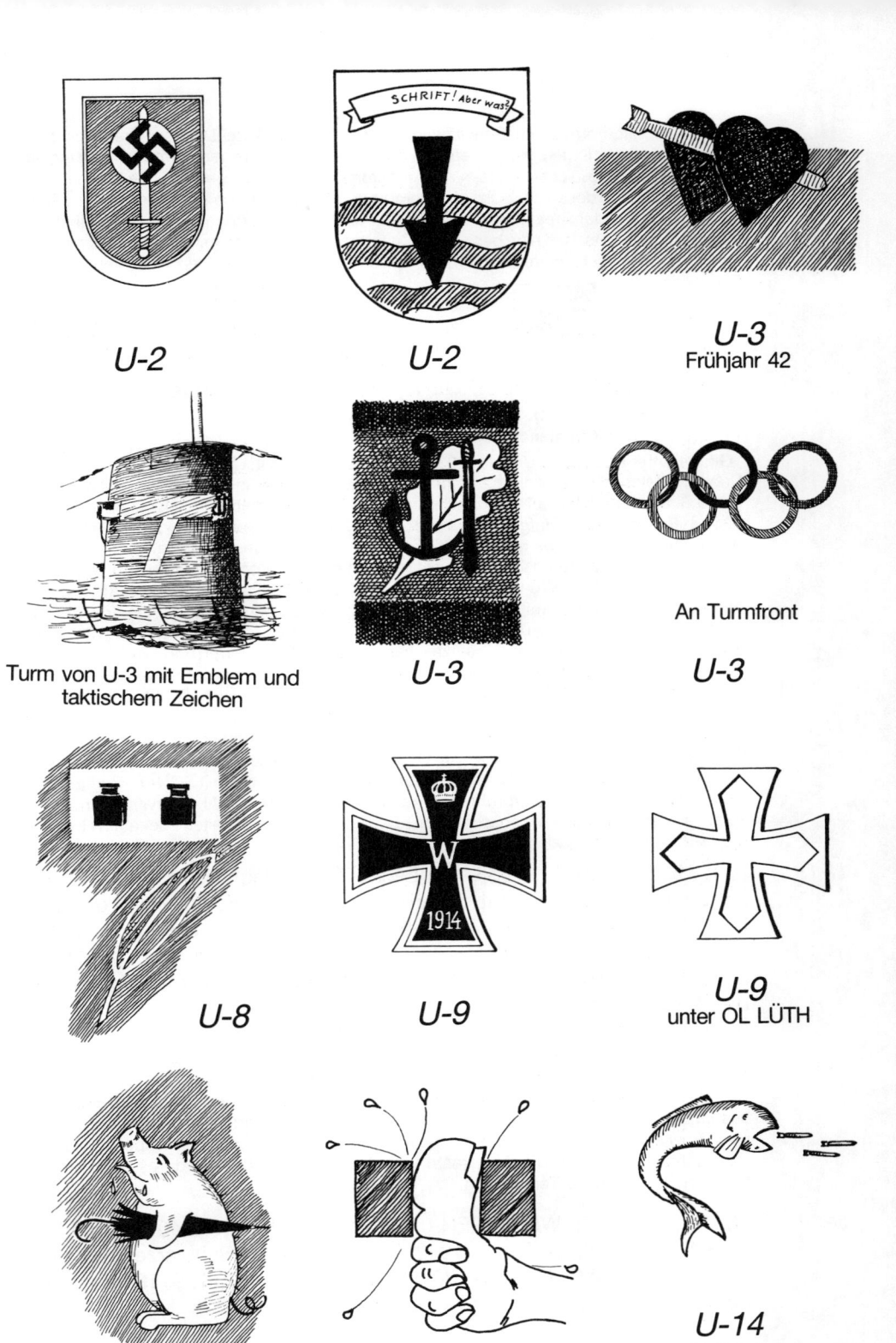

U-9
unter OL LÜTH

U-10

U-14

U-14
(1941)

37

dürften. In der Form ihres Schnitzwerkes will man stilisierte Darstellungen aus dem Heimatdorf wiederfinden, wenigstens bevorzugt jedes Dorf eine bestimmte Darstellung, an denen der Kundige leicht den Heimatort des Dorfes feststellt. Das eigentliche Erkennungszeichen ist jedoch der an der Holzschnitzerei angebrachte Zeugwimpel von etwa ½ m Länge und entsprechender Breite, dessen Farben für die Nehrungsdörfer schwarz/weiß sind, die jedoch für jede Ortschaft eine besondere Zusammenstellung haben. Die in erster Linie vom Fisch lebenden Dörfer waren Sarkau, Pillkoppen, Preil, Perwelk, Nidden, Rossitten, weniger Schwarzort.

Für Nidden galt:

für Pillkoppen:

Für Preil:

?????

U-17 3. 12. 1935//U-Fl. WEDDIGEN fb+sb, U-Ausbildungsfl. – 3. 1943, 22. U-Fl. sb (↓) 2. 5. 1945 Wilhelmhaven.
11 verschiedene Kommandanten.

* Giraffe unter BEHRENS Udo 11. 1939 – 7. 1940. * Unter OL COLLMANN: kein Wappen. Crew-40-Zeichen unter Kommandant OL BAUMGÄRTL geführt. * Hellmut ROHWEDER: Diese Giraffe haben wir auf U-17 nach der ersten Feindfahrt mit *U-17*, ich meine im Januar 1940 aufgemalt, da wir aufgrund des miserablen Zustandes der Batterie zu der Erkenntnis gekommen waren, daß wir gerade immer noch die Nase aus dem Wasser stecken konnten. *U-17* hatte gleich zu Kriegsbeginn zwei Unternehmungen unter KL REICHE durchgeführt. Dann übernahm sein 1. WO OLzS JEPPNER-HALTENHOFF das Boot für wenige Monate, in denen wir zu Versuchen mit Torpedo-Zündern und Netzsägen bei der TVA in Eckernförde eingesetzt waren. Dann übernahm m. E. im November 1939 KL BEHRENS, zuvor Kommandant *U-24*, das Boot. Wir setzten verschiedene Versuche fort und machten dann ab Januar 1940 drei Unternehmungen. Die letzte Reise war im Rahmen der Norwegenaktion, zu der wir Ende März aus Wilhelmshaven ausliefen. Dabei hatten wir vor allem Aufklärungsaufgaben, weil die kleinen IIb-Boote sich ausgezeichnet für die Erkundung von engen Fahrwässern und Fjorden eigneten. Nach dem Norwegen-Unternehmen übernahm OLzS COLLMANN das Boot. Es wurde zur U-Boot-Abwehrschule überwiesen, die damals in Gotenhafen aufgemacht worden war. Wir unternahmen Versuche mit SONAR-Geräten und wurden für verschiedenste Erprobungen im Rahmen von U-Boots-Abwehrverfahren eingesetzt, die der Besatzung ein anschauliches Bild von den Möglichkeiten aber auch Grenzen der U-Bootsabwehr gaben.

U-18 4. 1. 1936// ↓ 20. 11. 1936 in Lübecker Bucht nach Kollision mit *T 156*, gehoben und außer Dienst, repariert und 1937 wieder in Dienst gestellt. U-Fl. LOHS und U-Ausb. Fl. – 6. 1940, 24. u. 22. U-Fl. – 9. 1942, Überführung ins Schwarze Meer und wieder in Dienst 6. 5. 1943. 30. U-Fl. – 8. 1944 (↓) 25. 8. 1944 vor Konstanza/Rumänien. Später von den Sowjets gehoben.
OL FLEIGE ✠ E 12. 1942 – 8. 1944 und andere Kommandanten.

* N. N. Der Stern rettete uns das Leben, weil ein angreifendes russisches Flugzeug uns dadurch für ein russisches U-Boot hielt und deshalb nicht bombardierte.
* H. W. MARTIN: Im Buch »Auch kleine Igel haben Stacheln« von Gerd ENDERS wird beschrieben, wie ein deutsches Flugzeug (eine BV 138) *U-18* angreift, gerade weil es den roten Sowjetstern am Turm führte. Ferner ist darin zu erkennen, daß das Wappen auch auf dem Schal von KL FLEIGE angebracht war. Als Stoffabzeichen wurde es auch an der Mütze getragen. Siehe Textanhang.

U-19 16. 1. 1936//U-Fl. WEDDIGEN u. 1. U-Fl. fb+sb – 4. 1940; Ausb. Fl. – 6. 1940, 24. u. 22. U-Fl. – 4. 1942. Überführung ins Schwarze Meer und wieder in Dienst 9. 11. 1942, 30. U-Fl. – 9. 1944 (↓) 11. 9. 1944 vor der türkischen Küste.

Takt. Z.
U-14

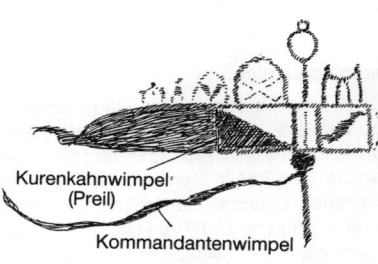

Kurenkahnwimpel (Preil)
Kommandantenwimpel
U-14

U-14

U-17

U-17

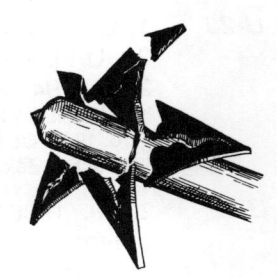

U-18
unter OL FLEIGE

U-19
◆ UAK-Zeichen (1940)

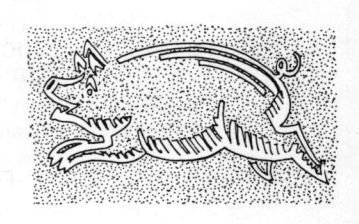

U-19
Backbordseite

Was stellt es dar? *U-19*
Wilhelmshaven 9. 2. 1940

U-19

U-19
Mützenabzeichen

11 verschiedene Kommandanten.
* MÜLLER-ARNECKE: fuhr am Turm einen Regenschirm (Chamberlain). * PRELLBERG: kein Wappen. * Foto vom 9. 2. 1940 unter SCHEPKE zeigt nicht entzifferbare Darstellung. * Hans STÜBIG: von Juni bis Dez. 1940 bei Peter LOHMEIER gefahren. U-19 hatte an BB-Seite das hochgestellte Quadrat in Schwarz (auf weißem Grund), das Schwein und an STB-Seite mit demselben Quadrat den reitenden Teufel auf einem Torpedo. LANGE bestätigt 1982: Teufel wurde von *U-19* im Herbst 1940 geführt. * Heinz NETKOWSKI: ... im Winter 1940 eingestiegen – 22. Schulfl. – kein Emblem. Während unserer 1. Feindfahrt im Schwarzen Meer (21. 1.–19. 2. 1943) entstand dann das beiliegende Symbol (Foto des Mützenabzeichens). Bis zur Selbstversenkung des Bootes am 11. Sept. 1944 wurde das Emblem nicht mehr verändert.

U-20 1. 2. 1936//U-Fl. LOHS und 1. U-Fl. – 5. 1940, U-Ausb.-Fl. – 6. 1940, 21. U-Fl. – 9. 1942. Überf. ins Schwarze Meer.
27. 5. 1943//30. U-Fl. (↓) 10. 9. 1944 v. d. türk. Küste.
KL MOEHLE 10. 1937 – 1. 1940; KL von KLOT-HEIDENFELDT – 4. 1940; OL SCHÖLER – 10. 1943; OL GRAFEN – 9. 1944 u. and. Kommandanten.
* EGGERT, Zeichnungen * Fotos.

U-22 20. 8. 1936//U-Fl. LOHS u. 1. U-Fl. fb – 3. 1940, 20. 3. 1940 zur Unternehmung vor Kap Lindesnes ausgelaufen und seitdem verschollen.
KL WINTER 10. 1937 – 10. 1939; KL JENISCH – 4. 1940
† 27 Totalverlust

U-23 24. 9. 1936//U-Fl. WEDDIGEN u. 1. U-Fl. fb 6. 1940, 21. U-Fl. sb – 10. 1942. Überführung ins Schwarze Meer.
3. 6. 1943//30. U-Fl. 10. 9. 1944 (↓) vor der türkischen Küste.
KL KRETSCHMER 10. 1937 – 3. 1940; KL BEDUHN – 5. 1940; KL WAHLEN 3. 1942 – 6. 1944; OL ARENDT – 9. 1944 und andere Kommandanten.
* EGGERT: Band am Turm zeigte die Farben des Hamburger Alster-Piratenclubs.
* Entstehung des Wappens siehe unter *U-2514*.

U-24 10. 10. 1936//U-Fl. LOHS u. U-Fl. WEDDIGEN, 1. U-Ausbildungsfl. u. 21. U-Fl. fb+sb – 4. 1942. Überführung ins Schwarze Meer.
14. 10. 1942//30. U-Fl. (↓) 25. 8. 1944 vor Konstanza. Später von den Sowjets gehoben.
11 verschiedene Kommandanten; OL LENZMANN – 8. 1944.
* Sch.K.S. 850, *U-24* führte dieses Bootszeichen unter OL LENZMANN. * »Stalin auf Torpedos reitend« nach Foto von 1944.

U-25 6. 4. 1936//Schulflottille – 9. 1939, 1. U-Fl. u. 2. U-Fl. – 8. 1940. ↓ am 3. 8. 1940 in der Nordsee nördl. Terschelling auf eine Mine gelaufen und gesunken.
OL MICHEL – 9. 1939; KK SCHÜTZE Victor – 5. 1940; KL BEDUHN – 8. 1940.
† 50 Totalverlust
* Ein Pilz wurde im Februar 1940 unter SCHÜTZE in See aufgemalt. Unter BEDUHN kam ein zweiter dazu. * Sch.K.S. 40: *U-25* fuhr unter KK SCHÜTZE von Okt. 1939 – April 1940. Es wurde von einem Frachter unter Wasser gerammt und verlor fast die ganze obere Hälfte des Turmes. Das veranlaßte den letzten Kommandanten KK BEDUHN nach Übernahme die Glückspilze als unser Bootszeichen zu wählen. Er ging mit dem Boot am 3. August 1940 nördlich Terschelling (Westwall) verloren.

U-20

unter OL SCHÖLER

»Hans im Glück«
U-20

U-20

U-22

U-23
(Konstanza)

U-23
Mützenabzeichen

U-23

U-24

U-24
Mützenabzeichen

U-24 (1944)

U-24

U-24

U-26 11. 5. 1936//U-Fl. SALTZWEDEL und 2. U.Fl. – 7. 1940, ↓ 1. 7. 1940 im Nordatlantik durch britische Korvette Gladiolus und Flugboot.

† 7 FK SCHOMBURG Oskar 11. 1938 – 8. 1939; KK EWERTH – 1. 1940; KL SCHERINGER – 7. 1940.

* GÖTHLING E.: Die Micky Mouse lebte nur einige Tage – ohne Wissen des Kommandanten – mußte entfernt werden. * Sch.K. Febr. 1983: Diese Summe wurde dem Volksbund Deutscher Kriegsgräberfürsorge zur zweckgebundenen Verwendung Deutscher Soldatenfriedhof CANNOCK CHASE/Großbritannien und dem Schmuck der Gräber unserer sechs dort beigesetzten Besatzungsmitglieder überwiesen. Unsere Kameraden sind bei dem versehentlichen Angriff einer HE-111 auf ein Gefangenenlager in Schottland gefallen.
* Unter EWERTH ein vierblättriges Kleeblatt.

U-28 12. 9. 1936//U-Fl. SALTZWEDEL u. 2. U-Fl. -fb 11. 1940, 24. U-Fl. ab, 22. U-Fl. sb; ↓ März 1944 in Neustadt durch Bedienungsfehler, ein Toter, gehoben und der 3. U-Lehrdivision zugeteilt. außer Dienst 4. 8. 1944.

† 1 KL Kuhnke ✠ 4. 1939 – 11. 1940; OL GUGGENBERGER – 2. 1941 und andere Kommandanten.

U-29 16. 11. 1936//U-Fl . SALTZWEDEL und 2. U.-Fl. – 12. 1940, 24. U-Fl., 23. U-Fl., 21. U.Fl. – 4. 1944. 17. 4. 1944 außer Dienst. Noch Schießstandboot – 8. 1944. (↓) am 4. 5. 1945 in der Kupfermühlenbucht.
KL SCHUHART ✠ 4. 1939 – 1. 1941; OL LASSEN – 9. 1941; OL HASENSCHAR – 5. 1942 und andere Kommandanten.

U-30 8. 10. 1936//U-Fl. SALTZWEDEL und 2. U-Fl. fb – 11. 1940, 24. U-Fl. ab – 12. 1942, außer Dienst – 5. 1943, 24. U-Fl. – 11. 1943, 22. U-Fl. sb 1. 1945, Schießstandboot Kupfermühle. 5. 5. 1945 (↓) in der Flensburger Förde.
KL LEMP ✠ 11. 1938 – 9. 1940 und andere Kommandanten.

Entstehung des Emblems siehe Einleitung. Aus der unterlegten Scheibe in Weiß wurde später ein roter bzw. grüner Ring (BB. und StB). Den echten Schnurzl, den Foxterrier des Kommandanten, sahen wir nie wieder. Nie wieder schnappte er sich die erste Wurfleine, die wir zum Festmachen des Bootes an den Pier warfen, denn er war während unserer Abwesenheit, wie unsere verzweifelte Nachsuche ergab, auf einen der beiden Zerstörer *Leberecht Maas* bzw. *Max Schultz* gesprungen und mit ihnen nicht wiedergekehrt. Sie waren einem irrtümlichen deutschen Luftangriff ausweichend in der Themsemündung in eine englische Minensperre gelaufen und gesunken. Siehe Textanhang.

U-31 28. 12. 1936//U-Fl. SALTZWEDEL und 2. U-Fl. ↓ am 11. 3. 1940 auf der Jade vor Wilhelmshaven durch englische Flieger während eines Probetauchens entdeckt und mit zwei Bomben getroffen. Gesamte Besatzung einschließlich Werftarbeiter und Ingenieuren gefallen. Insgesamt 58 Mann. (Bestattet auf dem Soldatenfriedhof in Wilhelmshaven.) Das Boot wurde gehoben und unter KL PRELLBERG wieder in Dienst gestellt. Bereits am 2. 11. 1940 wurde es nordwestlich Irland durch britischen Zerstörer *Antelope* und durch Flugboot vernichtet.

† 4 KL HABEKOST – 3. 1940; KL PRELLBERG

* W. PRELLBERG: *U-31* fuhr ein Schwert, Parierstange, ein U-Boot, darüber ein Hufeisen. Der Entwurf stammt von einem sehr bekannten Marinemaler, dessen Namen ich vergessen habe.

U-25 unter KK SCHÜTZE

U-25
unter KK-Schütze
(Febr. 1940)

U-25
unter Korv. Kpt.
Heinz BEDUHN

unter EWERTH
U-26

U-26

U-28   U-29

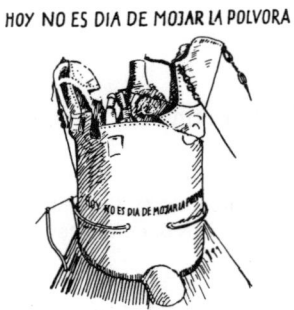

U-30 nach einer Unterwasserkollision mit
Kreuzer Emden bei Angriffsübungen vor
Helgoland.
(10.–13. Juli 1939)

HOY NO ES DIA DE MOJAR LA POLVORA

U-30

U-30

U-30
takt. Zeichen

U-30
unter BABERG
24. U-Fl.

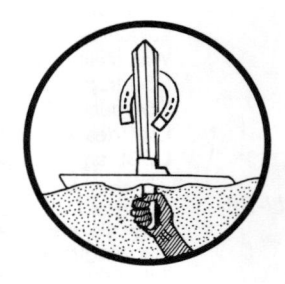

U-31

U-32 5. 4. 1937//U-Fl. SALTZWEDEL und 2. U-Fl. ↓ 30. 10. 1940 nordwestlich Irland durch britischen Zerstörer *Harvester* und *Highlander*.
† 9   KK BÜCHEL 2. 1939 – 2. 1940; OL JENISCH ✠.
* Gefahren nach einer Minenunternehmung im März 1940 nach Liverpool/Irische See. Soll darstellen: Zur Osterzeit, Korb mit Eiern = Minen.

U-33 25. 7. 1936//U-Fl. SALTZWEDEL, 2. U-Fl. – 2. 1940; Am 12. Februar 1940 vor dem Firth of Clyde beim Minenlegen durch britisches Minensuchboot *Gleaner* versenkt.
† 25 KL von DRESKY Hans-Wilhelm.
Siehe Textanhang.

U-34 12. 9. 1936//U-Fl. SALTZWEDEL und 2. U-Fl. – 9. 1940; 21. U-Fl. sb – 11. 1940; 24. U-Fl. ab – 8. 1943; 5. 8. 1943 vor Memel nach Kollision mit U-Tender *Lech* gesunken. 4 Tote. Gehoben und außer Dienst
† 4   KL. ROLLMANN ✠ 10. 1938 – 9. 1940 und andere Kommandanten.
* W. Prellberg: Auf U-34 von 11. 1938 – 1. 1940. Das Boot habe Hans Huckebein, den Unglücksraben (Wilhelm Busch) geführt. Das Wappen sei aber nach seiner Abkommandierung geändert worden. Siehe Textanhang.

U-35 3. 11. 1936//U-Fl. SALTZWEDEL; Am 29. 11. 1939 durch britischen Zerstörer *Kingston*, *Kashmir* und *Icarus* ostwärts der Shetland Inseln versenkt. Teil der Besatzung einschließlich Kommandant gerettet.
† ?   KL LOTT
Siehe Textanhang.

(*U-36*) Siehe Textanhang.

U-37 4. 8. 1938//U-Fl. HUNDIUS und 2. U-Fl. – 4. 1941; 26. und 22. U-Fl. sb; 4. U-Fl. eb – 8. 5. 1945; (↓) in Sonderburger Bucht.
KK HARTMANN ✠ 9. 1939 – 5. 1940; KL OEHRN ✠ – 10. 1940; KL CLAUSEN N.
* H WESSELS (LI): HARTMANN hatte am Turm seines ersten Frontbootes *U-37* Westward Ho aufgemalt (= Wikingerruf). Dieses Zeichen hat dann Nico CLAUSEN übernommen und auch sein letztes Boot *U-182* so gekennzeichnet.

U-38 24. 10. 1938//U-Fl. HUNDIUS und 2. U-Fl. – 11. 1941; 24. U-Fl. ab – 3. 1942; 21. U-Fl. sb, 4. und 5. U-Fl. eb; (↓) 5. 5. 1945 Wesermünde.
KL LIEBE H. ✠ E 10. 1938 – 7. 1941; KK SCHUCH – 1. 1942 und andere Kommandanten.
* H. BRÜNINGHAUS: Nach der 2. Feindfahrt, etwa November 1939, entwarf der II. WO OL HANSCHEL (gefallen am 27. 5. 1941 auf der *Bismarck*) das Bootsabzeichen, welches sowohl beim Kommandanten als auch bei der Besatzung und in der Flottille Beifall fand. Was stellt es dar? Amor, den Liebesgott mit Pfeil und Bogen, bekannt als guter Schütze (übertragen auf den Kommandanten). Im Köcher die Reservepfeile sind Sinnbild für die Oberdecks-(Reservetorpedo)Tuben des Typ IX-Bootes. Amor reitet auf dem Gefechtskopf des Torpedos. Dieses Emblem wurde auf weiteren sieben Feindfahrten unter KL LIEBE am Turm geführt.

U-39 * G. GLATTES: Teile Ihnen mit, daß mein Boot *U-39* kein Emblem geführt hat. Mein Boot ging als erstes am 14. 9. 1939 verloren. * Verf.: Beim Angriff auf den englischen Flugzeugträger *Arc Royal!* Vom gleichen Träger und am gleichen Tag starteten Flugzeuge zum Angriff auf *U-30* (siehe dort).

U-32	U-33	U-34
U-34	U-34	U-37
Westward-Ho! U-37 unter HARTMANN	U-37	U-38 unter KL Heinrich LIEBE
U-38	U-40 Turm-Stirnseite	U-40 rechte Turmseite – links entspr.

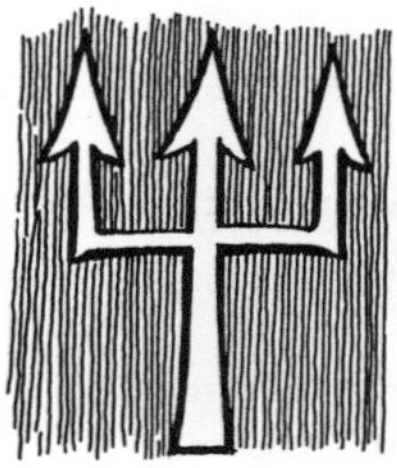

U-40 11. 2. 1939//U-Fl. HUNDIUS, ↓ nach Minentreffer im Englischen Kanal am 13. 10. 1939

† 45 KL v. SCHMIDT 2. 1939 – 9. 1939; KL BARTEN

* Klaus EHRHARDT: Kommandant dieses Bootes war KL Wolfgang BARTEN, vorher Kommandant von *U-52*. Auf der ersten Fahrt von *U-40* war KL v. SCHMIDT Kommandant. Er stieg nach dieser ersten Fahrt wegen Krankheit aus und der Kommandant von *U-52* übernahm *U-40*. *U-52* mußte die Motorengestelle wechseln und daher für längere Zeit in die Werft. Von *U-40* wurden nach vielstündigem Schwimmen im eisigen Kanalwasser noch zwei Mann gerettet, darunter der Ob.Gefr. Weber, der ebenfalls von *U-52* auf *U-40* umgestiegen war. Ich kenne diese Ereignisse deshalb so gut, weil ich LI auf *U-52* war und zwischenzeitlich ebenfalls auf ein anderes Boot für eine Fahrt umstieg; es war dies *U-46* unter KL Herbert SOHLER mit Erich TOPP als I. WO.

U-43 26. 8. 1939//U-Fl. HUNDIUS und 2. U-Fl. ↓ am 30. 7. 1943 südwestlich der Azoren durch Flugzeuge des amerikanischen Trägers *Santee*.

† 56 KL AMBROSIUS 8. 1939 – 10. 1940; KL Lüth – 4. 1942; OL SCHWANDTKE

* Foto und Keramikfliese belegen Hufeisen und Hauptgefreitenwinkel. * Mündl.: Ältestes Boot der Flottille HUNDIUS, deswegen Hauptgefreitenwinkel.

U-44 4. 11. 1939//U-Fl. HUNDIUS, 2. U-Fl. Am 20. 3. 1940 nördlich der Shetlands durch britischen Zerstörer *Fortune* versenkt.

† 47 KL MATHES Ludwig

* E. WINTER: *U-44* war Patenboot von Kaiserslautern, davon habe ich Unterlagen vom Archiv der Stadt. (Verf.: KL MATHES war in Kaiserslautern geboren.)

U-46 2. 11. 1938//U-Fl. WEGENER und 7. U-Fl. – 3. 1941; 26. und 24. U-Fl. ab; außer Dienst 10. 1943 und als Schießstandboot verwandt bis zur Selbstversenkung in der Kupfermühlenbucht am 4. 5. 1945

KL SOHLER 11. 1938 – 5. 1940; KL ENDRASS ✠ E – 9. 1941 und andere Kommandanten.

U-47 17. 12. 1938//U-Fl. WEGENER und 7. U-Fl.; am 8. 3. 1941 westlich Irland durch britischen Zerstörer *Wolverine* versenkt.

† 45 KK PRIEN ✠ E
Totalverlust

* Wilhelm SPAHR (Ob.Strm. auf *U-47*): Vom Osten kommend lief das Boot in der Neumondnacht vom 13. auf 14. Oktober 1939 auf seiner zweiten Unternehmung mit langsamer Fahrt über Wasser durch den Holmsund in die Bucht von Scapa Flow ein. Nachdem die Blockschiffsperre passiert war und die Besatzung mäuschenstill auf Gefechtsstation stand, machte unser neu an Bord kommandierter II. WO OL z. S. Amelung von Vahrendorff, ohne sich von der Brücke abzumelden, einen Mitternachtsspaziergang an Oberdeck. Das Boot hatte W-Kurs, im Süden war die Sperre vom Hoxa-Sund mit seinen Wachschiffen klar zu erkennen. Nur im Flüsterton wurden Befehle durchgegeben, aber wie der Kommandant den II. WO an Deck sah, ging ein kurzes Donnerwetter in gedämpftem Grollen über das Deck. Nach seiner Rückmeldung auf dem Turm meinte er in seiner jugendlichen Begeisterung: »Herr Kaleu, in dieser Stierkampfarena ist nichts los, wo sind denn die Schlachtrösser?". Von Zeit zu Zeit wurde die Bucht durch ein helles Nordlicht in allen Regenbogenfarben unangenehm erhellt und dabei entdeckte unser II. WO und der Brückenmaat Dziallas zugleich den Schatten eines großen Schiffes. Nachdem das Ziel erkannt war, wurde der Kurs sofort geändert und die Unternehmung so durchgeführt, wie es unser Kamerad Dr. Wolfgang Frank in seinem Buch »Der Stier von Scapa Flow« geschildert hat. Die eigentliche Aufgabe war durchgeführt, das Boot befand sich auf Heimatkurs, da saßen der I. WO OLzS Engelbert Endrass, die Nr. 1 Hans Samman und der Matr.Gfr. Peter Dittmer zusammen und der I. WO entwarf, inspiriert durch die

U-43

U-43
(Orig. Hufeisen an Turmfront)

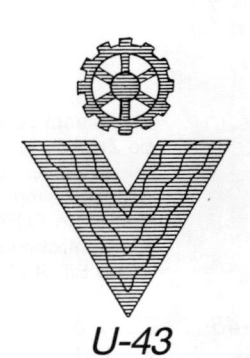

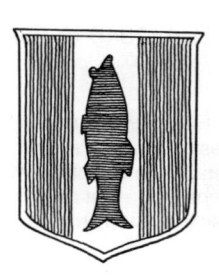

U-43

Patenstadt Kaiserslautern
U-44

U-46

U-46
Backbordseite Turm

Steuerbordseite Turm
U-46

U-46
an Turmfront Zahl 211 008

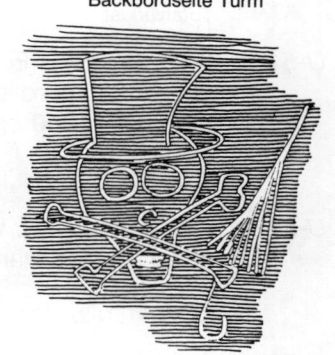

U-47
Nach 1. Feindfahrt

U-47

U-47
Kurenwimpel

U-47

»Stierkampfarena« des II. WO, den angreifenden Stier. Dittmer vergrößerte mit Samman die Zeichnung und fertigte eine Schablone, damit dieses Zeichen auch gleichmäßig an beiden Seiten des Turmes aufgetragen werden konnte. Kurz vor dem Einlaufen in Wilhelmshaven war es angebracht und fand großen Anklang. Der Flottillenchef der 7. U-Flottille KK SOHLER ordnete nach dem Verlust von *U-47* an, daß dieses Emblem fortan von sämtlichen Booten der Flottille geführt werden sollte.
* Thilo BIEGLER: Bei dem Kurenwimpel handelt es sich um den von PILLKOPPEN!

U-48 22. 4. 39//U-Fl. WEGENER und 7. U-Fl. – 6. 1941; 26. U-Fl. ab – 3. 1942; 21. U-Fl. und 3. ULD. (↓) am 3. 5. 1945 in Neustadt.
KL SCHULTZE Herbert ✤ 4. 1939 – 5. 1940; KK RÖSING – 8. 1940
KL BLEICHRODT ✤ E – 12. 1940 und andere Kommandanten.

U-49 12. 8. 1939//U-Fl. WEGENER und 7. U-Fl.; (↓) am 15. 4. 1940 durch britische Zerstörer *Faerless* und *Brazen* im Ofotfjord.
† 1   KL von GOSSLER.

* Hans Kaldeweyher: Als Symbolfigur haben wir uns damals einen Elefanten vorgestellt, dessen nachstehende Eigenschaften in leicht lustiger Weise dargestellt werden sollten: stark und mutig beim Angriff mit aufgerecktem Kopf, aufgestellten Ohren, erhobenem Rüssel, einen Fuß vorgestellt und etwas angehoben. Schlau und beharrlich – mit listigen Augen und Andeutung des dicken Felles. – Zur Ausführung des beschriebenen Emblems *U-49* ist es wegen Verlust des Bootes nicht mehr gekommen.

U-50 12. 12. 1939//U-Fl. WEGENER und 7. U-Fl.; ↓ am 10. 4. 1940 durch britischen Zerstörer *Hero* nordnordostwärts der Shetlands.
† 44 KL BAUER Max Hermann.
Totalverlust

U-51 6. 8. 1938//U-Fl. WEGENER und 7. U-Fl. Bei Flugzeugangriff am 16. 8. 1940 nördlich von England schwer beschädigt. ↓ durch Torpedo am 20. 8. 1940 durch britisches U-Boot *Cachalot* in der Biskaya.
† 43 KL HEINICKE E.-G. 8. 1938 – 8. 1939; KL KNORR.
Totalverlust

U-52 4. 2. 1939//U-Fl. WEGENER und 7. U-Fl. – 5. 1941; 26., 24., 23. U-Fl. außer Dienst Danzig Oktober 1943 und 3. ULD. zugeteilt. (↓) Kiel 3. 5. 1945
KL BARTEN 2. 1939 – 9. 1939; KL SALMAN – 6. 1941 und andere Kommandanten.

U-53 24. 6. 1939//U-Fl. WEGENER und 7. U-Fl.; ↓ am 23. 2. 1940 durch britischen Zerstörer *GURKHA*
† 42 OL KNORR 6. 1939 – 8. 1939; KL HEINICKE – 12. 1939;
OL SCHONDER – 1. 1940; KK GROSSE.
Totalverlust

U-48

U-48
7. U-Flottille

U-48

U-48
Mützenabzeichen

Maling an BB-Seite U-48

U-49

U-50
(2. 3. 1940)
Mützenabzeichen

U-51

U-52

U-52

U-53
(B.-B.)

U-53
(St.-B.)

U-56 26. 12. 1938//U-Fl. EMSMANN und 1. U-Fl. − 11. 1940; 24. U-Fl., 22. U-Fl., 19. U-Fl.; durch Fliegerbombe zerstört am 28. 4. 1945 in Kiel.
KL ZAHN 11. 1938 − 1. 1940; OL HARMS − 10. 1940; KL PFEIFER W. − 4. 1941; OL RÖMER − 1. 1942 und andere Kommandanten.
(Verfasser: Siehe dazu Bericht im Textanhang)

U-57 29. 12. 1938//U-Fl. EMSMANN und 1. U-Fl.; gesunken am 3. 9. 1940 nach Kollision mit norwegischem Dampfer *Rona* vor Brunsbüttel bei Heimkehr von Feindfahrt (6 Tote). Gehoben und am 11. 1. 1941 neu in Dienst gestellt. 22. U-Fl.; 19.. U-Fl.; außer Dienst 4. 1945; (↓) 3. 5. 1945 in Kiel.

† 2 KL KORTH 12. 1938 − 6. 1940; OL TOPP − 9. 1940 und andere Kommandanten.

* Klaus KORTH in Sch.K.: Ein Turmwappen mußten wir haben, das war ja ganz klar. Die Schwierigkeit blieb, wer sollte es entwerfen? In der ganzen Besatzung hatte ich nur einen, der zur Fachschaft Bildende Künste hätte gehören können, den Masch-Gfr. Sattler. Der mußte es schaffen. Sattler malte auf meinen Befehl zwei Tage lang Wappenentwürfe. Seine Schlager blieben dabei bezaubernde Mädchenköpfe und Teufel, wie man sie sich wilder nicht hätte vorstellen können. Ich wollte so gerne einen Haifisch mit aufgesperrtem Rachen haben, der zwischen seinen Zähnen etwa ein Schiff zermalmt, vielleicht auch Mr. Churchill. − Doch mein Sattler hatte noch in seinem ganzen Leben keinen Haifisch gesehen und meine künstlerische Idee fiel damit leider unter den Tisch. Da ja ein Mädchenkopf wirklich nicht als Wappen auf einen U-Bootturm paßte, suchte ich mir den wildesten Teufel aus, denn von fremder Hand wollten wir uns das Wappen nicht malen lassen. Das ging gegen unseren Stolz. So wurde unser Wappen geboren. Der Künstler erhielt dafür den Namen »Iwan der Schreckliche«. Wir aber steuerten seitdem mit einem fackelschwingenden roten Teufel gegen England.

U-58 4. 2. 1939//U-Fl. EMSMANN fb − 12. 1939; 1. U-Fl. fb − 12. 1940; 22. U-Fl. sb − 6. 1944; 19. U-Fl. sb − 4. 1945; außer Dienst 4. 1945. (↓) 3. 5. 1945 in Kiel.
KL KUPPISCH − 6. 1940; OL SCHONDER − 11. 1940 und andere Kommandanten.

U-59 4. 3. 1939//U-Fl. EMSMANN und 1. U-Fl. fb − 12. 1940; 22. und 19. U-Fl.; außer Dienst und (↓) am 3. 5. 1945 in Kiel.
KL JÜRST 3. 1939 − 7. 1940; KL MATZ − 11. 1940;
KL Frhr. von FORSTNER Siegfried − 4. 1941 und andere Kommandanten.

U-60 22. 7. 1939//U-Fl. EMSMANN und 1. U-Fl. fb − 11. 1940; 21. U-Fl.; außer Dienst und (↓) am 2. 5. 1945 in Wilhelmshaven.
KL SCHEWE 7. 1939 − 8. 1940; OL SCHNEE − 11. 1940 und andere Kommandanten.

* Konr. LEWITZ: Maling Chamberlain als Strohpuppe ursprünglich mit Friedenstaube, mußte, da natürlich weiß, übertönt werden, wegen Feindsicht. − Unser Smutje hatte ausgerechnet, daß wir auf 10 kleinen Fahrten 4200 Eier gegessen hatten. Um mit der Versenkungsziffer übereinzukommen, habe ich daraufhin »42 000 Spiegeleier« daraus gemacht. Prompt wurden wir beim Einlaufen gefragt, ob wir einen Eierdampfer versenkt hätten.

U-61 12. 8. 1939//U-Fl. EMSMANN und 1. U-Fl. − 11. 1940; 21. U-Fl.; außer Dienst und (↓) 2. 5. 1945 in Wilhelmshaven.
KL OESTEN 8. 1939 − 8. 1940; KL STIEBLER − 1. 1940 und andere Kommandanten.

* Frau FREUDENREICH, Foto

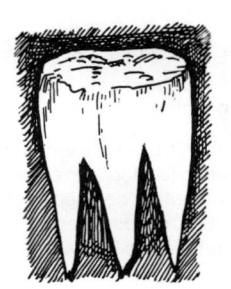

U-56
unter KL ZAHN

U-56

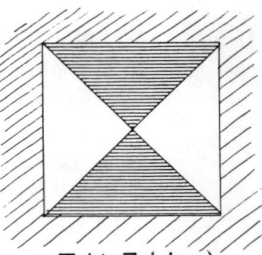

(Takt. Zeichen)
U-56

U-57

U-57

BB
an Turmfront ein schräg
befestigtes Hufeisen
U-58

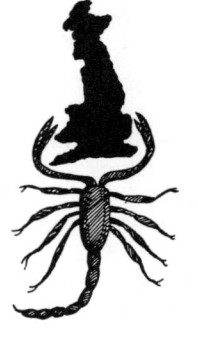

U-59

U-59
unter KL MATZ

U-59
unter OL POSER

U-59

U-60
unter OL SCHEWE

U-62 21. 12. 1939//1. U-Fl. fb – 9. 1940; 21. U-Fl.; außer Dienst (↓) 2. 5. 1945 in Wilhelmshaven.
KL MICHALOWSKI 12. 1939 – 11. 1940 und andere Kommandanten.

* Horst SLEVOGT: Als ich 1943 *U-62* als Kommandant übernahm, trug diese einen nach unten weisenden Pfeil als taktisches Zeichen der U-Bootabwehr (U-Bootabwehrschule 1935 – 1945). Das wollte ich nicht spazieren führen und ließ daraufhin den senkrechten Balken nach unten durchziehen, so daß daraus eine Lebensrune wurde. Dies ist dann auch bis zu seiner Selbstversenkung am 3. 5. 1945 das Wappen meines Typ XXI-Bootes *U-3022* gewesen.

U-63 18. 1. 1940//1. U-Fl. ↓ am 25. 2. 1940 südlich der Shetland-Inseln durch britische Zerstörer *Escort, Inglefield, Imogen* und U-Boot *Narwhal*.

† 1 OL LORENTZ Günther.

* Eine Suchmeldung in SCHALTUNG KÜSTE Nr. 77/S. 24 bezieht sich auf Walter Kurt REICH, einen Überlebenden von *U-63*, dem im St. Lorenzstrom die Flucht vom polnischen Schiff *Sobieski* glückte und der über die USA-Japan-Rußland im Frühjahr 1941 Deutschland erreichte!

U-64 16. 12. 1939//2. U-Fl. ↓ am 13. 4. 1940 im Ofotfjord durch Bordflugzeug der *Warspite*.

† 8 KL SCHULZ Wilhelm.
(siehe *U-124*)

U-65 15. 2. 1940// 2. U-Fl. ↓ am 28. 4. 1941 im Nordatlantik südostwärts Island bei Angriff auf Konvoi HX 121 durch britische Korvette *Gladiolus*

† 50 KK v. STOCKHAUSEN H. G. ✣ 2. 1940 – 3. 1941; KL HOPPE Joachim.
Totalverlust

U-66 2. 1. 1941//2. U-Fl. westlich der Cap Verden durch Flugzeuge vom amerikanischen Träger *Block Island* beschädigt und durch Zerstörer *Buckley* am 6. 5. 1944 ↓.

† 25 KK ZAPP Richard ✣ 1. 1941 – 6. 1942; KL MARKWORTH Friedrich ✣ – 9. 1943; OL SEEHAUSEN.

* HSTA-Stuttgart: Das »Bayerische Schützenkorps« führte als Abzeichen einen Löwenkopf aus Messing auf schwarzer Raute am linken Ärmel. Führer des am 11. 2. 1919 auf dem Truppenübungsplatz Ohrdruf errichteten Schützenkorps war Oberst Ritter von Epp.

U-67 22. 1. 1941//2. U-Fl. ↓ am 16. 7. 1943 im Mittelatlantik /Sargasso-See durch Flugzeuge des amerikanischen Trägers *Core*.

† 48 KL BLEICHRODT 1. 1941 – 5. 1941; OL PFEFFER – 6. 1941;
KL MÜLLER-STÖCKHEIM ✣ .
(siehe *U-109*)

* Can. III/17: Blue circle with yellow star in the centre and/or red point star with read streamers below a silver bucking ram or goat. – Versenkt am 10. 7. 1942 *Benjamin Brewster* auf 29°59 N und am 13/7/42 *R.W. Gallacher* auf 28°32 N, 90°59 W inadequate to reach Gulf of Mexico. Device worn as cap device by crew member seen in January 1943 La Boule, sunk 16/7/1943.

Ein strammes Tierchen ist die Ratte.....
U-60

U-60
unter OL SCHNEE

U-60

U-61

Turmfront
U-61

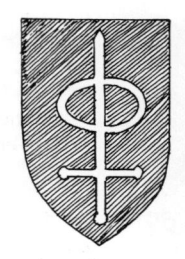

U-61

U-61
»Das Saurierboot«

U-62

als Schulboot
U-62

U-62

U-62
Frühjahr 1942

U-63

53

U-68
† 56

11. 2. 1941//2. U-Fl. ↓ am 10. 4. 1944 nahe der Kap Verden durch Flugzeuge des US-Trägers *Guadalcanal*.
KK MERTEN ✠ E 2. 1941 – 1. 1943; OL LAUZEMIS.

* Aus SOS-Schicksalen deutscher Schiffe, *U-68* von Jens HANSSEN: Im Stützpunkt hatte ein Werftmaler das von Seewasser und Rost unkenntlich gewordene »Treff-As«, welches an die Vorderkante vom Turm gemalt war, fälschlich als Kleeblatt angesehen und in ahnungslosem, aber gut gemeintem Eifer in ein vierblättriges Kleeblatt, zwar fein säuberlich, aber doch verkehrt, hingezaubert. – Der Kommandant sah diesen verzeihlichen Mißgriff des Malerjüngers als gewollte Fügung an. Er beließ es dabei. Und da das Boot nun bereits ein Jahr am Feind stand, ließ er noch einen Winkel darunter zeichnen. An Bord konnte zunächst keiner den Sinn des Winkels deuten, und ansprechen wollte man den »Alten« deswegen auch nicht. Bis es dem I. WO einging, daß MERTEN mit diesem Winkel doch nur einen Einjährigen-Winkel meinen könne. So war es auch, denn der Kommandant hatte Freude an solchen sinnreichen Dingen. »Ach was«, sagte MERTEN mit einer verächtlichen Handbewegung: »Talisman her und Talisman hin, geduldig sein – zäh bleiben, auch ein Talisman will erobert werden, wie ein vierblättriges Kleeblatt auch gesucht und gefunden werden will.«

* Can. III/18 a: Gave 1st aid to injured also cigarettes, matches. (Bei Versenkung von *Arriaga* am 23/6/1942.)

U-69
† 46

2. 11. 1940//7. U-Fl. ↓ im Nodatlantik am 17. 2. 1943 ostwärts Neufundland durch britischen Zerstörer *Viscount* bei Verfolgung eines Geleits im schweren Weststurm.
KL METZLER ✠ 11. 1940 – 8. 1941; KL ZAHN – 3. 1942; KL GRÄF.

* METZLER: Als die verschiedenen Einzelteile wieder ihren Platz im Innern des Bootes gefunden hatten, ging man daran, das Äußere des Bootes zu verschönern. Jeder Seemann liebt den Umgang mit Pinsel und Farbe. Jetzt erwarb sich OLzS AUFFERMANN ein besonderes Verdienst um das Boot. Er gab ihm den Namen unter dem es bald weithin bekannt werden sollte.
Als PRIEN vor dem Feind geblieben war, beschloß man, dessen Stier als allgemeines Zeichen der 7. U-Flottille anzunehmen. Da die Flottille in St. Nazaire lag, kam der Befehl an *U-69* schriftlich. Natürlich war keine Skizze des Wappenbildes beigefügt. Das Pech wollte es, daß gerade in dieser Woche all die alten Männer, die den Stier von Scapa Flow noch kannten, auf Urlaub waren. So sah sich AUFFERMANN vor der Aufgabe gestellt, den Stier malen zu lassen. Er hätte sich ja beim Nachbarboot erkundigen können, aber welcher Seemann wird sich so blamieren und sich nach dem Aussehen des eigenen Flottillenwappens erkundigen? – So ging AUFFERMANN auf die Suche nach einer Vorlage. Die Versuche, selbst ein solches Ding zu entwerfen, waren völlig gescheitert. Schließlich fand er auf der Verpackung einer in Frankreich bekannten Käse-Dosenmilch-Firma den Kopf einer lachenden Kuh abgebildet. Im Werftgelände lag sogar ein Kistendeckel dieser Firma, auf dem dieses Bild in genügender Größe abgebildet war. Man konnte es bequem als Vorlage für das Kunstgemälde auf dem Turm des Bootes nehmen. Den Kistendeckel übergab AUFFERMANN einem Mann der Werft, der sich sofort an die Arbeit machte. Als er seine Arbeit beendet hatte, erregte die „lachende Kuh" nicht nur die Zufriedenheit des I. Wachoffiziers, sondern auch der gesamten Besatzung. Der »Stier von Scapa Flow« hatte sein weibliches Gegenstück gefunden: »Die lachende Kuh von Lorient!«. Der brave Werftarbeiter hatte vorlagengetreu in der gleichen Schrift wie auf dem Kistendeckel und den französischen Milchdosen darunter die Worte gesetzt: »La Vache qui rit«. Diese Worte wurden sofort der Schlachtruf und der Name des deutschen Kampfbootes. Wer die Kuh vom Turm des Bootes grinsen sah, der mußte selbst lachen. Selbst von hohen Vorgesetzten wurde das übermütige Abzeichen belächelt, geduldet und somit inoffiziell anerkannt. Auch der Kommandant hatte nichts dagegen, obwohl sein alter Weidmannsruf »Horrido« durch die neue Zutat sehr entwertet wurde. * Can. III/19 a:

U-64

U-65

U-65

U-66

U-66
Lorient II/42

U-66
Mützenabzeichen

U-67

U-67

U-67

UAK-Zeichen
U-68
B.B. u. St.B.

U-68
Auf einer Keramikfliese

James E. Newson versenkt 1/5/1942 35°50 N, 59°40 W. Possible 517 ton U-Boat. C.O. allowed survivors to pick up gear from ships wreckage, gave bread to them. Young blond crew. – Can. III/19 b: *Norlantic* versenkt am 13/5/1942 auf 12°13 N, 66°30 W. C.O. spoke English with US accent.

U-70

† 20

23. 11. 1940//7. U-Fl.; ↓ am 7. 3. 1941 südostwärts Island durch britische Korvetten *Camelia* und *Arbatus;*
KL MATZ Joachim.

U-71

14. 12. 1940//7. U-Fl. – 5. 1943; 24. U-Fl. und 22. U-Fl. außer Dienst; (↓) am 2. 5. 1945 in Wilhelmshaven.
KL FLACHSENBERG 12. 1940 – 6. 1942; OL RODLER von ROITHBERG – 7. 1943 und andere Kommandanten.

* Hubert PLAUTENBERG: Unter diesem Symbol hat *U-71* nach dem Stapellauf am 31. 10. 1940 (Germania-Werft Kiel) und der Indienststellung am 30. 4. 1940 in Kiel (7. U-Fl.) ab 14. 6. 1941 seine Fronteinsätze in Frankreich getätigt. Ab April 1943 war *U-71* als Schulboot eingesetzt und wurde am 5. 5. 45 in Wilhelmshaven in der Großadmiral Raeder-Schleuse gesprengt.

U-72

4. 1. 1941//21. U-Fl.; Schulboot bis zur Sprengung am 30. 3. 1945 nach Bombentreffer in Bremen.
KK NEUMANN und andere Kommandanten.

U-73

† 17

30. 9. 1940//7. U-Fl. – 1. 1942; nach Überführung ins Mittelmeer 29. U-Fl.; ↓ am 16. 12. 1943 nördlich Oran durch US-Zerstörer *Woolsey* und *Trippe.*
KL ROSENBAUM ✱ 9. 1940 – 9. 1942; OL DECKERT.
Das Boot wurde nach Wasserbomben-Verfolgung im Artilleriegefecht versenkt. 17 Mann gefallen. 34 von *Edison* aufgenommen.

* Helmut KRÄMER: Unser Boot trug ausser dem Wappen unserer Patenstadt Duisburg nach einer Feindfahrt im Jahre 1943 eine Axt an beiden Seiten des Turmes als besonderes Emblem. Der Anlaß für diese besondere Kennzeichnung war folgender: aus einem Geleitzug versenkten wir einen Außenseiter auf sehr kurze Entfernung. Der Dampfer hatte Munition geladen und flog buchstäblich in die Luft. Erhebliche Teile des Schiffes sowie große Mengen Munition fielen auf unser Boot. Einige Teile verklemmten sich im vorderen Tiefenruder, so daß dieses auf 20 Grad festsaß. Nur mit Mühe konnten wir das Boot während der stundenlangen Wabo-Verfolgung halten. Als wir endlich auftauchten, fanden wir außer den vielen Wrackteilen und einer Menge Munition auch eine Axt. Der Stiel war verkohlt, die scharfe Schneide der Axt war vermutlich durch die starke Hitze abgeplatzt, den Namen des Schiffes und seine Herkunft konnten wir jedoch noch lesen. Auf der Axt stand *Cheresville USA*. Ich sagte: »Diese Streitaxt hat uns der Ami noch nachgeworfen.« Noch während dieser Feindfahrt fertigten unsere Männer für jedes Besatzungsmitglied eine kleine Streitaxt aus Messing an. Dieses Zeichen trugen wir fortan an unseren Mützen. Das Boot bekam dieses Emblem in der folgenden Werftliegezeit zu beiden Seiten des Turmes aufgemalt. * Verf.: »Der Rosenbaum« entsprach dem Namen des 1. Kommandanten.

U-74

† 46

31. 10. 1940//7. U-Fl. – 11. 1941; Überführung in das Mittelmeer; 29. U-Fl.; 2. 5. 1942 ostwärts Cartagena/Gibraltar durch britische Zerstörer *Wishart, Wrestler* und Flugzeuge ↓ .
KL KENTRAT   10. 1940 – 3. 1942; OL FRIEDRICH.
Totalverlust

* Foto von Ulrich DRENKHAHN zeigt Emblem am Turm, Schwertgriff mit Hakenkreuz.

U-68

LA VACHE QUI RIT
U-69

U-69

U-69

7. U-Flottille
U-69

Götz von Berlichingen
U-70

7. U-Flottille
U-71

U-71
Kptln. FLACHSENBERG

U-71
Mützenabzeichen

U-72

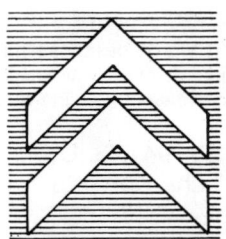

(Takt. Zeichen)
U-72
ab 1943

U-75 † 14	19. 12. 1940//7. U-Fl. – 10. 1941; Überführung in das Mittelmeer; 23. U-Fl. ↓ am 28. 12. 1941 vor Marsa Matruk durch britischen Zerstörer *Kipling* KL RINGELMANN Helmut.	

U-75 † 14 — 19. 12. 1940//7. U-Fl. – 10. 1941; Überführung in das Mittelmeer; 23. U-Fl. ↓ am 28. 12. 1941 vor Marsa Matruk durch britischen Zerstörer *Kipling*
KL RINGELMANN Helmut.

U-76 † 1 — 3. 12. 1940//7. U-Fl. Frontboot seit März 1941; ↓ am 5. 4. 1941 südlich Island durch britischen Zerstörer *Wolverine* (siehe U-47) und Sloop *Scarborough*.
OL von HIPPEL.

U-77 † 38 — 18. 1. 1941//7. U-Fl. – 12. 1941; Überführung in das Mittelmeer; 23 U-Fl. – 4. 1942; 29. U-Fl. ostwärts Cartagena durch Fliegerbomben vernichtet. 38 Mann gefallen und auf dem Friedhof von Calpe bei Alicante beigesetzt. 3 Mann gerettet.
KL SCHONDER ✣ 1. 1941 – 9. 1942; OL HARTMANN Otto.

U-78 — 15. 2. 1941//22. U-Fl. Schulboot und kurz Stromboot. Am 16. 4. 1945 durch russische Heeres-Artillerie in Pillau vernichtet. Besatzung gerettet.
KL DUMRESE und andere Kommandanten.

U-79 † 2 — 13. 3. 1941//1. U-Fl. – 9. 1941; Überführung in das Mittelmeer; 23. U-Fl.; ↓ am 23. 12. 1941 nördlich von Sollum durch britische Zerstörer *Hasty* und *Hotspur*.
KL KAUFMANN Wolfgang.
* Wappen von Würzburg auch Emblem des 7. Sturzkampfgeschwaders.
* U. DRENKHAHN: Nach Georg GIESEN, ehemaliges Besatzungsmitglied von *U-79*, habe die Besatzung einen Teddy-Bären als Maskottchen gehabt. (Fotos) Als weiterer Talisman trugen die Männer von *U-79* eine runde Plakette mit einem Glücksschweinchen darauf am Schiffchen.

U-80 † 48 — 8. 4. 1941//1. U-Fl.; 26. U-Fl.; 24. U-Fl.; 23. U-Fl.; 21. U-Fl.; Ausbildungs- und Schulboot. Am 28. 11. 1944 westlich Pillau durch Tauchpanne gesunken.
OL STAATS und andere Kommandanten (siehe U-291).

U-81 † 2 — 26. 4. 1941//1. U-Fl. – 12. 1941; Überführung in das Mittelmeer; 29. U-Fl. Am 9. 1. 1944 in Pola durch Fliegerbomben vernichtet.
KL GUGGENBERGER ✣ E 4. 1941 – 12. 1942; OL KRIEG Johann.
* Jaffa wurde beschossen im Frühjahr 1942.
* Verf.: Zeichen war am Turm und auch Mützenabzeichen. Farben: Himmel-hellblau; Segel-rot/weiß; Schilde-gelb; Welle-weiß.

U-82 † 45 — 14. 5. 1941//3. U-Fl.; ↓ am 7. 2. 1942 nordostwärts der Azoren durch britische Korvette *Tamarisk* und Sloop *Rochester*.
KL ROLLMANN Siegfried.
Totalverlust
* Wappen von Coburg/Oberfranken. Im von Schwarz und Gold gespaltenen Schilde ein ebenfalls, aber in verwechselten Farben gespaltenes, gestürztes Schwert mit Hakenkreuz auf dem Knauf.

U-73

Wappen von Duisburg
U-73

U-73

U-74
seitlich

U-74
Turmfront

7. U-Flottille
U-74

U-74
Mützenabzeichen

7. U-Flottille
U-75

U-76

auch 7. U-Fl.-Z.
U-77

U-78

U-79

U-83	8. 2. 1941//1. U-Fl. – 12. 1941; Überführung in das Mittelmeer; 23. U-Fl.; 29. U-Fl.; am 9. 3. 1943 vor Oran durch britische Fliegerbombe ↓.
	KL KRAUS H. W. ✣ 2. 1941 – 10. 1942; OL STRÄTER i. V. 12. 1941 1. 1942; OL WÖRISHOFFER.
† 50	Totalverlust
U-84	29. 4. 1941//1. U-Fl. ↓ im Mittelatlantik am 24. 8. 1943 durch Flugzeuge des US-Trägers *Core*.
	KL UPHOFF.
† 46	Totalverlust
U-85	7. 6. 1941//3. U-Fl. ↓ am 14. 4. 1942 bei Cap Hatteras (Nordatlantik) durch amerikanischen Zerstörer *Roper*.
	OL GREGER Eberhard.
† 45	Totalverlust
	* Can. III/24: Boar, with rose in its mouth, sank 14/4/1942.
U-86	8. 7. 1941//5. U-Fl. ab; 1. U-Fl.; ↓ am 29. 11. 1943 ostwärts der Azoren durch Trägerflugzeuge des US-Trägers *Bogue*.
	KL SCHUG.
† 50	Totalverlust
U-87	19. 8. 1941//6. U-Fl.; ↓ am 4. 3. 1943 im Nordatlantik durch canadischen Zerstörer *St. Croix* und Korvette *Shediac*.
	KL BERGER Joachim.
† 49	Totalverlust
U-88	15. 10. 1941//8. U-Fl. ab – 4. 1942; 7. U-Fl. fb – 6. 1942; 11. U-Fl. fb 7. 1942 – 9. 1942; ↓ am 12. 9. 1942 im nördlichen Eismeer südlich von Spitzbergen durch Zerstörer *Faulknor*.
	KL BOHMANN.
† 46	Totalverlust
	(Angabe ursprünglich auf *U-589* angewandt. Da *U-589* jedoch am 13. 9. 1942 noch Angriffe auf den Konvoi PQ 18 meldete, kann dieses Boot nicht schon am 12. 9. 1942 gesunken sein und es tritt so die Verwechslung mit *U-88* zutage.)
	(Verf.: Boot fuhr mit einem hellblau gestrichenen Turm.)
U-89	19. 11. 1941//8. U-Fl. ab; 9. U-Fl.; ↓ am 14. 5. 1943 im Nordatlantik durch Flugzeuge des britischen Trägers *Biter* und britischen Zerstörer *Broadway* und Fregatte *Lagan*.
	KK LOHMANN Dietrich
† 48	Totalverlust
U-91	28. 1. 1942//5. U-Fl. ab; 9. U-Fl.; ↓ am 25. 2. 1944 im mittleren Nordatlantik durch britische Eskorter *Afflek, Gore* und *Gould*.
† 37	KL WALKERLING – 4. 1943; KL HUNGERSHAUSEN.
	* Rudolf HEYMANN: *U-91* gehörte zur 9. U-Fl. in Brest und führte kein eigenes Emblem, sondern das der 9. U-Fl., den Sägefisch.
U-92	3. 3. 1942//5. U-Fl. ab; 9. U-Fl.; am 4. 10. 1944 durch Fliegerbomben schwer geschädigt und in Bergen außer Dienst und sp. abgebrochen.
	KL OELRICH – 8. 1943; KL Queck – 6. 1944; KL Brauel.

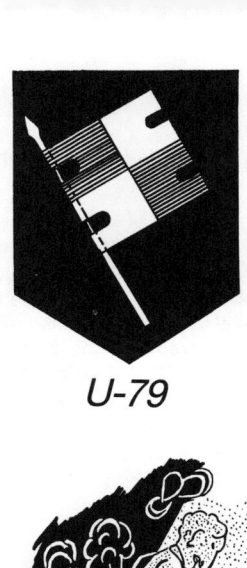

U-79

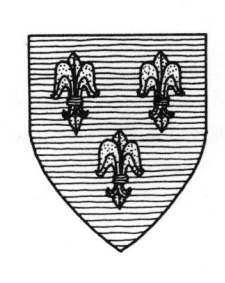

Wappen von Wiesbaden
U-80

U-81

U-81

U-82

U-83

U-84

U-84

U-85

Wappen von Kulmbach
U-86

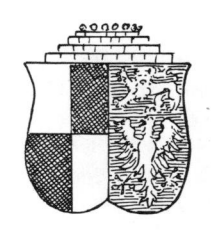

U-86
Mützenabzeichen

U-87

U-93 30. 7. 1940//7. U-Fl. ↓ am 15. 1. 1942 nördlich Madeira durch britischen Zerstörer *Hesperus* an einem Geleit.
† 6 KL KORTH ✠ – 9. 1941; OL ELFE.
* Aus Bericht von Klaus KORTH in SCHALTUNG KÜSTE (s. U-57): Später wurde ein neues Wappen von OLzS HARTMANN, der ein geschickter Zeichner war, an den Turm gemalt. Denn so ganz ohne roten Teufel wollten wir doch nicht bleiben. Unser Wappen sieht etwas anders aus (Verf.: als das von *U-57*). Der jetzige rote Teufel fängt listig lächelnd mit einem Käscher einen Dampfer, in dem Mr. CHURCHILL, die unvermeidliche Zigarre rauchend, ahnungslos daherfährt. * Zum Spruch »HALLO, WIE GEHTS?«: Das war stets der Ruf der Nr. 1 des Tenders *Lech*, einst das Mutterschiff von *U-57* der 5. U-Fl., auf dem ich vorher mit den meisten meiner Besatzung im Frieden und Krieg gefahren war. Dieser Oberbootsmann war Ostpreuße und begrüßte uns beim Anlegen stets mit »Hallo, wie gehts?«. * Can. III/25: »Uns geht die Sonne nicht unter« and rising sun. Sunk 1942 – 517 ton U-Boat – U-93 KORTH. Meaning of motto: »The sun never sets on us!«.

U-94 10. 8. 1940//7. U-Fl.; ↓ am 28. 8. 1942 durch canadische Korvette *Oakville*, nachdem U-94 im Karibischen Meer südwestlich von Haiti am Tankergeleit durch Wabos beschädigt worden war.
† 19 KL KUPPISCH ✠ – 9. 1941; OL ITES ✠ .
* Walter BECKER: von der Baubelehrung bis Ende 2. Feindfahrt an Bord, als Ob.Fk.Maat. Beiliegend die Turmmaling, die aufgrund eines Preisausschreibens (das nie stattfand) ermittelt werden sollte, ferner das von mir verbrochene Gedicht (s. a. O.). Der II. WO, der die Maling für die erste Feindfahrt geliefert hatte, schuf auch obige Maling.
(siehe Textanhang)

U-95 31. 8. 1940//7. U-Fl.; ↓ am 28. 11. 1941 auf Überführungsfahrt in das Mittelmehr südwestlich Almeria durch holländisches U-Boot *O 21*.
† 35 KL SCHREIBER Gerd.

U-96 14. 9. 1940//7. U-Fl.. – 3. 1943, dann 24. U-Fl. ab; 22. U-Fl. sb; außer Dienst; ↓ am 30. 3. 1945 in Wilhelmshaven durch Fliegerbomben.
KL LEHMANN-WILLENBROCK ✠ E – 3. 1942; OL HELLRIEGEL – 3. 1943 und andere Kommandanten.
* Verf.: Foto zeigt einen Freund des 1. Kommandanten (Name: KOSSATZ) beim Aufpinseln des Sägefisches, der seiner, von ihm als Grafiker gefertigten Karikatur entstammte. LEHMANN-WILLENBROCK führte vom Mai 1942 bis August 1944 die 9. U-Fl., die sein Wappentier übernahm. * Das Zeichen entstand nach der 3. Feindfahrt.

U-97 28. 9. 1940//7. U-Fl. – 10. 1941; Überführung in das Mittelmeer; 23. U-Fl.; 29. U-Fl.; ↓ am 16. 6. 1943 nahe Haifa durch Fliegerbomben. 21 Mann in Gefangenschaft.
† 30 KL HEILMANN Udo – 5. 1942; OL BÜRGEL – 8. 1942; KL TROX.
* Heinz ZWARG; Viktor NONN: Das Seepferdchen, der Indienststellungskommandant Udo HEILMANN hat es anbringen lassen. * Das Boot lief 1943 zu seiner letzten Feindfahrt aus Pola aus. Ich habe noch ein Bild von der Verabschiedung, wo das Zeichen genau erkenntlich ist. Die gesamte Besatzung trug damals gelbe Halstücher.
* Seepferd war schwarz, wie 5. U-Fl. auf blauem Feld.

U-88
auch als Mützenabzeichen

U-89

U-91

U-92

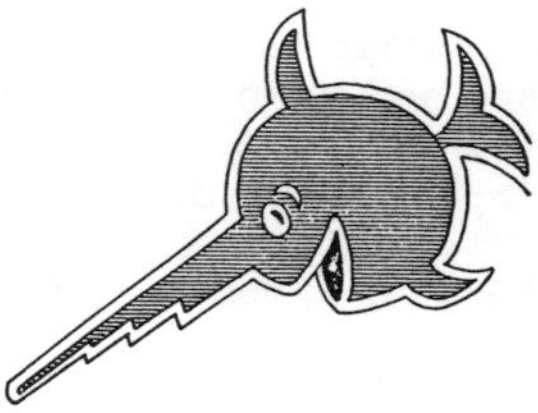

U-92

U-93

Mützenabzeichen
U-93

Hallo, wie gehts?

U-93

U-94
unter KL KUPPISCH

U-94
15. 4. 1941

U-94 *U-96*

U-95

U-98 12. 10. 1940//7. U-Fl.; ↓ am 19. 11. 1942 südwestlich Kap Vincent (Atlantik) durch britische Flieger.
KL GYSAE ✠ – 3. 1942; KK SCHULTE Werner i.V. 4. 1941 – 6. 1941; KK SCHULZE Wilhelm – 11. 1942; OL EICHMANN.

† 46 Totalverlust

* Robert GYSAE: Dieses Boot hatte kein Wappen, was wegen der vielen Wappen bei den anderen Booten auch eine Art Wappen war. Hintergrund: Beim Zusammentreffen mit Schiffbrüchigen, Flugzeugen, usw. sollte das Boot nicht identifiziert werden können.

U-99 18. 4. 1940//7. U-Fl.; ↓ am 17. 3. 1941 südostwärts Island durch britischen Zerstörer *Walker*.

† 3 KK KRETSCHMER Otto ✠ S.

* Otto KRETSCHMER: Wir führten auf jeder Seite des Turmes ein echtes goldbronziertes Hufeisen mit den Öffnungen nach unten. Die beiden Hufeisen befanden sich beim Ankerlichten auf dem Anker, als das Boot nach dem Ablegen von der Germaniawerft in Kiel wegen Ausfalls des E-Antriebs im Hörn ankern mußte. – Die weißen Erfolgswimpel von *U-99* zeigten keine Zahlen, sondern lediglich das goldene Hufeisen, ähnlich den Renn- und Siegesstandern der Yachten nach Segelregatten. Mein Patenboot der Bundesmarine *U-1* hat das goldene Hufeisen in sein Bootswappen übernommen, auf meinen Rat hin jedoch mit der Öffnung nach oben, damit das Glück nicht herausfallen kann. * Gus BRITTON/England: Der Zerstörer *Walker*, der *U-99* versenkte, führte ebenfalls das Hufeisen als Glückssymbol, doch mit der Öffnung nach oben, damit nach englischem Glauben das Glück nicht herausfällt. *Walker* blieb das Glück, bei *U-99* fiel es heraus.

U-100 30. 5. 1940//7. U-Fl.; ↓ etwa zur selben Zeit am 17. 3. 1941 und nicht weit weg von U-99 durch Rammstoß und Wabos der britischen Zerstörer *Walker* und *Vanoc*. 6 Überlebende.

† 36 KL SCHEPKE ✠ E.

U-101 11. 3. 1940//7. U-Fl. – 2. 1942, dann Schul- und Ausbildungsboot; außer Dienst Oktober 1943 und am 3. 5. 1945 in Neustadt auf Strand gesetzt und gesprengt.
KL FRAUENHEIM ✠ – 11. 1940; KL MENGERSEN ✠ – 12. 1941; OL MARBACH i.V. – 1. 1942.

* MÜNSTER: Das Wappen war schwarz-weiß. Unter der Tonnageaufschrift fand sich eine Elchschaufel zum Zeichen, daß dort wo *U-101* fuhr, in Memel auf der Nehrung noch Elche angetroffen wurden.
* Verf.: Es war keine aufgemalte, sondern eine reale Elchschaufel.

U-103 5. 7. 1940//2. U-Fl. bis zur Außerdienststellung im Januar 1944, dann nochmals bei der 2. und 4. ULD; am 15. 4. 1945 in Kiel durch Fliegerbomben vernichtet.
KK SCHÜTZE Victor ✠ E – 8. 1941; KL WINTER ✠ – 7. 1942; KL JANSSEN – 1. 1944 und andere Kommandanten.

* Auch wenn das Symbol heute nicht mehr zeitgemäß ist, so hat das brave Runenzeichen es doch verdient, im Rahmen der Erinnerungen an alte Bootsabzeichen genannt zu werden. Unter Viktor SCHÜTZE, Reddel WINTER und Gustav Adolf JANSSEN fuhr das Boot allezeit glücklich zur See. Blus auch kräftig dazwischen – über 300000 Brt.! – zappelte im November 1943 vor Takoradi sogar im Netz und kam doch immer gesund heim. Im Februar 1944 wurde das Boot in Stettin außer Dienst gestellt. Als Strom-Aggregat hat es Ende des Krieges in Finkenwerder das Zeitliche gesegnet. * Verf.: Das Runenzeichen Viktor SCHÜTZES wurde das Flottillenzeichen der 2. U-Fl. als SCHÜTZE deren Chef wurde.

U-96
unter KL LEHMANN-WILLENBROCK

+ 7. U-Fl.

U-97

U-99

U-100

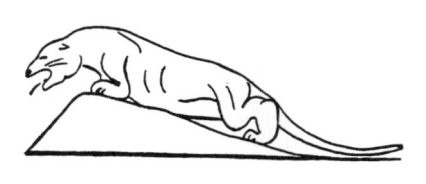

U-100

U-101

U-101

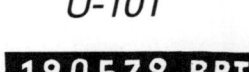

190572 BRT
Tonnageaufschrift U-101

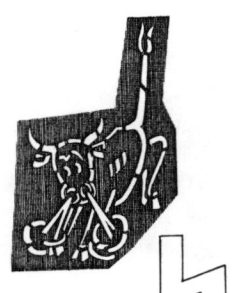

U-103

Mützenabzeichen

U-103

187843

Verleihung des Eichenlaubes zum Ritterkreuz
U-103

U-105

† 53

10. 9. 1940//2. U-Fl.; ↓ am 2. 6. 1943 vor Dakar von französischen Flugzeugen.
KL SCHEWE ✠ – 1. 1942; KL SCHUCH – 10. 1942; KL NISSEN. Totalverlust
* August BISCHOFF: U-105 führte einen Stern als Bootswappen. Wir nannten ihn den »Stern von Rio«. Später kamen wir mit diesem Boot tatsächlich weit über den Äqutor hinaus. * E.-W. RAVE: . . . jedenfalls schmückte eines Tages ein vierzackiger blauer Stern mit weißem Band die beiden Seiten des Turmes. * Verf.: Der I. WO von U-105 WINTERMEYER, später Kommandant von U-190, führte, in diesen Stern versetzt eingelegt, einen gleichen, etwas kleineren Stern. (s. dort)

* Rudolf HELMS: U-105 hatte als Turmzeichen einen 4-zackigen auf der Spitze stehenden blauen Stern mit weißer Umrandung. Etwa August/September 1942, bei längerer Werftliegezeit in Lorient, nach schwerer Beschädigung durch Fliegerbomben in der Biskaya und anschließender Internierung in El-Ferrol (Spanien), mußten wir das Boot an die Besatzung von U-154 abgeben. Beide Besatzungen nahmen ihr Bootszeichen mit. Der Stern von U-105 kam somit auf U-154 und das Abzeichen von U-154 auf U-105.

U-106

† 25

24. 9. 1940//2. U-Fl.; ↓ am 2. 8. 1943 im Nordatlantik nordwestlich Kap Ortegal durch britische Flieger.
KL OESTEN ✠ – 10. 1941; KL RASCH ✠ – 3. 1943; OL DAMEROW.

U-107

† 59

8. 10 1940//2. U-Fl.; ↓ am 18. 8. 1944 auf Überführungsfahrt von Lorient nach La Pallice durch britische Flugzeuge.
KK HESSLER ✠ – 11. 1941; KL GELHAUS ✠ – 6. 1943; KL SIMMERMACHER – 8. 1944; LT FRITZ.
Totalverlust

* Kommandant HESSLER war leidenschaftlicher Patience-Spieler, daher das Spielkartenmotiv als Wappen. * Helmut WITTE: Von mir als I. WO entworfen.
* Gus BRITTON, aus dem Brief eines englischen Handelsschiff-Seemannes:
». . . The same officer whom we thought to be the Captain then asked us (in perfect English) did we have any injured, did we need any food and water, did we specially need anything at all. We thanked him and answered »no« to his questions. He then appolgised for sinking us and told us how far it was to St. Miguel, gave us a course to steer by wished us good luck and left. The U-Boat which I have since learned was the U-107 had a large painting of a charging bison on the fore port of her conning tower and on each side of the tower an equally large painting of four aces. (Harry Weeks) Able Seaman in the refrigerated Merchant ship Roseburgh Castle. Torpeded 22. February 1943 40 miles to the North West of the Azores island of St. Miguel.
* Verf.: Versenkt also unter Kommandant GELHAUS.

U-108

22. 10. 1940//2. U-Fl. – 8. 1943; 8. U-Fl. ab; am 11. 4. 1944 in Stettin gebombt worden, gehoben und am 17. 7. 1944 außer Dienst; am 24. 4. 1945 gesprengt.
KK SCHOLTZ Klaus ✠ E – 10. 1942; KL WOLFRAM R. – 10. 1943; OL BRÜNIG – 4. 1944.

U-109

† 52

5. 12. 1940//2. U-Fl.; Am 7. 5. 1943 in der Biskaya auf dem Ausmarsch durch britische Flugzeuge ↓.
KK FISCHER – 6. 1941; KL BLEICHRODT ✠ E– 2. 1943; OL SCHRAMM.
* Entstehungsgeschichte des Wappens siehe Textanhang. * Can. III/88: Bei Versenkung von Tuscan Star am 6. 9. 1942. Officers said: »Tell your government you were sunk with the compliments of U . .«. German bread given survivors. Siehe Textanhang.

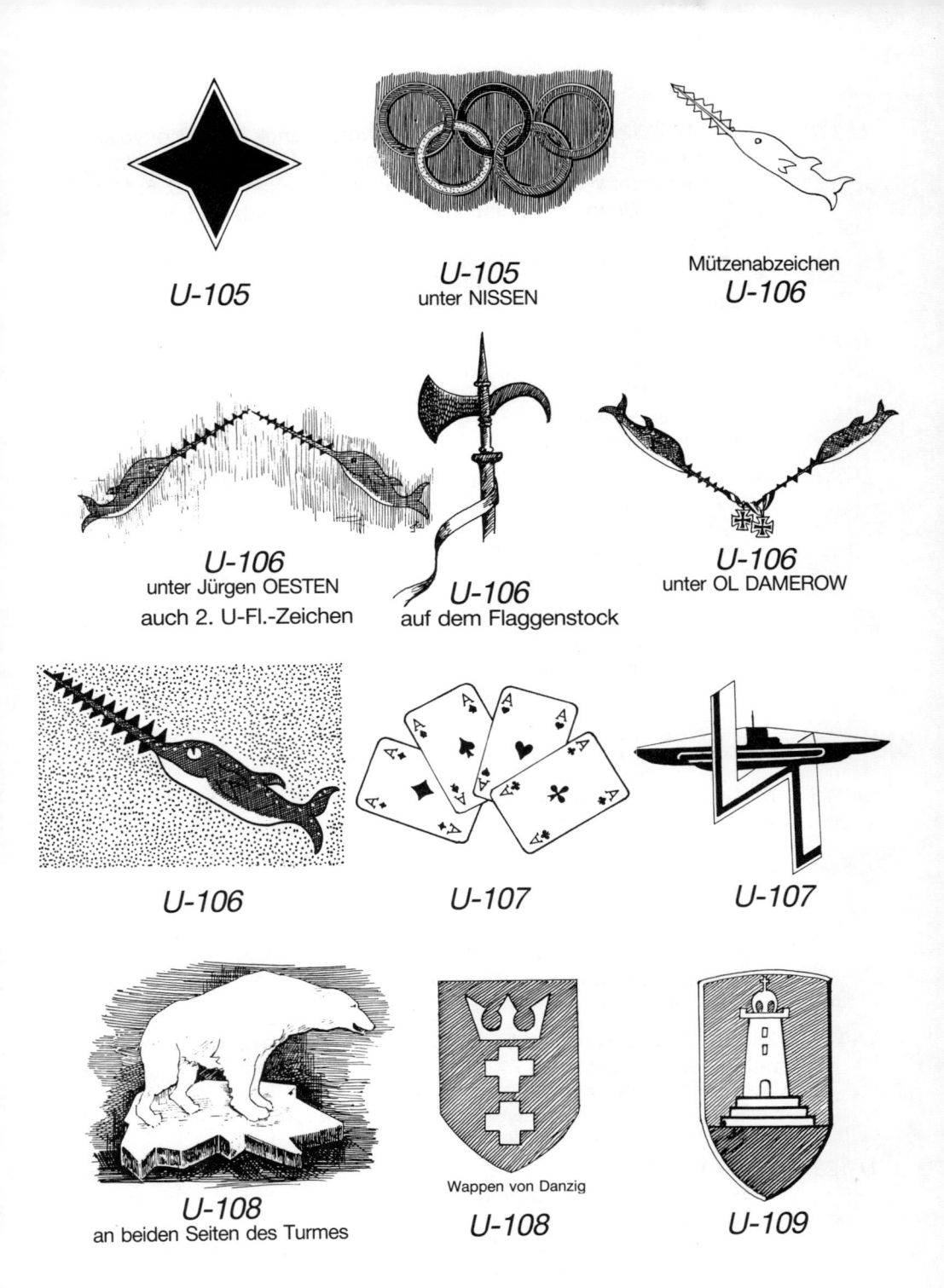

U-105

U-105
unter NISSEN

Mützenabzeichen
U-106

U-106
unter Jürgen OESTEN
auch 2. U-Fl.-Zeichen

U-106
auf dem Flaggenstock

U-106
unter OL DAMEROW

U-106

U-107

U-107

U-108
an beiden Seiten des Turmes

Wappen von Danzig
U-108

U-109

U-110 21. 11. 1940//2. U-Fl.; am 9. 5. 1941 im Nordatlantik durch Konvoisicherung OB 318, britische Korvette *Aubretia* und Zerstörer *Bulldog* und *Broadway* unter Wabos zum Auftauchen gezwungen. Am 10. 5. 1941 im Schlepp der *Bulldog* auf dem Weg nach Reykjavik/Island gesunken.
† 14 KL LEMP.
* Entstehungsgeschichte des Wappens siehe Einleitung und Textanhang. * Der »Schnurzl« für *U-110* war von den Arbeitern und Ingenieuren als Überraschung für die Besatzung gegossen und angebracht worden.

U-111 19. 12. 1940//2. U-Fl.; ↓ am 4. 10. 1941 durch britischen Trawler *Lady Shirley* mit Wabos und Artillerie.
† 10 KL KLEINSCHMIDT.
* Can. I/7 a: Black heart.
Siehe Textanhang.

U-116 26. 7. 1941//2. U-Fl. und 1. U-Fl.; Frontboot seit 4. 1942; gesunken nach dem 6. 10 1942 im Nordatlantik aus unbekannter Ursache. (Amtlicher Todestag 15. 10. 1942)
† 55 KK von SCHMIDT – 9. 1942; OL GRIMME.
* Verf.: Typ X-Boot, Minenleger, auch Versorger in ozeanischen Gewässern.

U-117 25. 10. 1941//2. U-Fl. ab – 4. 1942; 1. U-Fl. fb – 10. 1942; 11. U-Fl. fb – 11. 1942; 12. U-Fl. fb – 8. 1943; ↓ am 7. 8. 1943 im mittleren Nordatlantik durch Flugzeuge des amerikanischen Trägers *Card*.
KK NEUMANN Hans-Werner.
† 62 Totalverlust
* TRIERWEILER: Nach Tischkarte bei Indienststellungsfeier, sonst kein Wappen geführt.
* Verf.: Typ wie *U-116*.

U-118 6. 12. 1941//4. U-Fl. ab; 10. und 12. U-Fl.; ↓ am 12. 6. 1943 im Nordatlantik westlich der Kanarischen Inseln durch 8 Flugzeuge des amerikanischen Trägers *Bogue*.
† 44 KK CZYGAN.
Siehe Textanhang.

U-119 2. 4. 1942//4. U-Fl. ab – 1. 1943; 12. U-Fl. fb – 6. 1943; Am 26. Juni 1943 nordwestlich Kap Ortegal durch britische Fregatte *Starling* mit Wasserbomben versenkt. (Boot war großer Minenleger)
† 57 KL ZECH – 4. 1943; KL von KAMEKE.

U-121 28. 5. 1940//U-Schulflottille und 21. U-Fl. sb. Am 2. 5. 45 in Wesermünde selbst gesprengt.
KL SCHROETER Karl-Ernst und andere Kommandanten.
* Willi LÜDERS: schickt Foto, das deutlich das Boots- wie das Flottillenwappen zeigt. War ein Jahr Ausbilder in der Torpedobewaffnung.

U-123 30. 5. 1940//2. U-Fl. Am 18. 8. 1944 in Lorient außer Dienst gestellt. 1945 nach Kapitulation französische Kriegsbeute. Als französische *Blaison* bis etwa 1955.
KL MOEHLE ✠ – 5. 1941; KL HARDEGEN ✠ E – 7. 1942; OL v. SCHROETER Horst ✠ .
* N. N.: MOEHLE hatte bereits Verwundetenabzeichen, das HARDEGEN übernahm, dann die Ritterkreuze hinzufügte. * HARDEGEN: Als ich im Februar 1942 mit U-123 von meiner

U-109

U-110

U-111
Wappen von Oldenburg

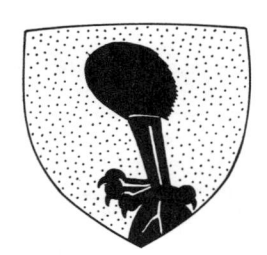

U-116

Villach
U-116

U-117

U-118
Mützenabzeichen

Patenstadt Bad Gastein
U-118

U-121

U-119

U-123

U-123

69

Unternehmung »Paukenschlag« von der USA-Küste zurückkehrte (Von DÖNITZ als »Paukenschlag« benannt), hatten wir am Turm, zusätzlich zu unseren Bootszeichen vorn die Pauke gemalt, dazu die Zahl 224865 t. Das war die bisherige Gesamtversenkungszahl von U-123 unter MOEHLE und mir. Darüber war das von der Besatzung gebastelte Ritterkreuz und unsere Haifischflosse von einer früheren Südfahrt. Die Pauke verschwand wieder, gleich nach dem Einlaufen, war also nur eine Zusatzmaling für wenige Tage.
* Verf.: Ritterkreuzträger von U-123:

Kommandant KL MOEHLE – Verleihung	26. 2. 1941
Kommandant KL HARDEGEN – Verleihung	23. 1. 1942
erhält Eichenlaub z. RK – Verleihung	23. 4. 1942
Nr. 1. und WO Ob.Strm. Walter KAEDING – Verleihung	15. 5. 1944
Kommandant OL von SCHROETER – Verleihung	1. 6. 1944
L.I. OL KÖNIG Reinh. – Verleihung	8. 7. 1944

U-124

† 53

11. 6. 1940//2. U-Fl. Am 2. 4. 1943 im Nordatlantik westlich Oporto durch britische Fregatten *Stonecrop* und *Blackswan* ↓.
KL SCHULZ Wilhelm ✠ – 9. 1941; KL MOHR ✠ E.

* Wilhelm SCHULZ: Die Besatzung ging aus dem vor Narvik gesunkenen U-64 hervor. Als wir mit *U-64* in See gingen, hatten wir noch keine Idee, wie unser Abzeichen aussehen sollte. Durch das Narvik-Unternehmen kamen wir dann nach Versenkung des Bootes mit den Gebirgsjägern in Kontakt, die sich rührend um unsere Rettung bemüht hatten. Meine Leute bekamen damals das Edelweißabzeichen geschenkt und trugen es zunächst an der Mütze. Als wir dann über Schweden heimkehrend *U-124* in Dienst stellen sollten, äußerte die Besatzung den Wunsch, das Edelweiß als Turmabzeichen zu fahren. Dieser Gedanke wurde dann auch in die Tat umgesetzt.

U-125

† 54

3. 3. 1941//2. U-Fl.; fb seit 7. 1941; Am 6. Mai 1943 bei Geleitangriff östlich Neufundland durch britischen Zerstörer *Vidette* gerammt und vernichtet.
KL KUHNKE – 1. 1942; KL FOLKERS ✠.

* Verf.: Unter FOLKERS kein Wappen, ob unter KUHNKE unbekannt.

U-126

† 55

22. 3. 1941//2. U-Fl. Am 3. 7. 1943 im Nordatlantik nordwestlich Kap Ortegal durch britische Flugzeuge ↓.
KL BAUER Ernst ✠ – 3. 1943; OL KIETZ.

U-128

† 7

12. 5. 1941//2. U-Fl.; am 16. 5. 1943 durch amerikanische Flugzeuge beschädigt und am 17. 5. 1943 südlich Pernambuco durch US-Zerstörer *Moffet* und *Jouett* ↓.
KL HEYSE ✠ – 2. 1943; KL STEINERT.

* Karl BÖHM: Das Emblem »Hüaho alter Schimmel, Hüaho« wurde übernommen von dem OT-Lehrlager, Frontführerschule (Sitz Schloß Calleck). * Aus englischen Notizen: (1) White Horse. This device was carried on both sides of the conning tower. It stemmed from the adoption of *U-128* by the organisation TODT, which had a song about a white horse. (2) Coat of arms of the City of Ulm.Ulm was the City which had adopted *U-128* and which had entertained some of her crew between the fifth and sixth patrols. (3) Olympic Rings. This device was painted on the conning tower when Oberleutnant STEINERT succeeded Kapitänleutnant HEYSE in February 1943. (O. N. T. Note: The Olympic Rings are the device of several U-boat-commanders of the 1936 term.) (4) Gray U-boat with streak of lightning across it. This is the flotilla device of the second flotilla at Lorient. * Can.III/82: *Polybus* 27/6/1942 C.O. spoke good English with US accent. * Can. III/83 a: *South Africa* 8/6/1942 survivors given bread, rum, course to land. * Can. III/83 b: *Start Point* 10/11/1942 C.O. seemed very young, medium build, claimed to have sunk tanker (probably *Corinthus* 9/11/1942. * Can. III/83 d: *Steel Engineer* 27/6/1942 C.O. red faced with small goatee.

224 865 t U-123	304975 + Verw.-Abz. mit 2 Ritterkreuzen U-123	U-124
U-124	U-126	U-126 Auf Keramikfliese
U-128	U-128	U-128
U-128 Stadtwappen von Ulm	U-128	U-128

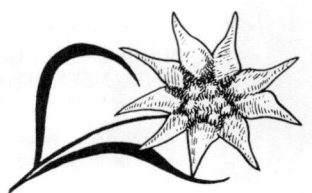

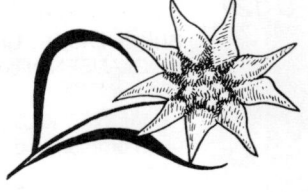

U-129 21. 5. 1941//4. U-Fl. ab – 6. 1941; 2. U-Fl.; am 4. 7. 1944 in Lorient außer Dienst und am 18. 8. 1944 selbst gesprengt.
KL CLAUSEN Nicolai ✱ – 5. 1942; KK WITT Hans ✱ – 7. 1943; OL von HARPE – 7. 1944.
* Hans WESSELS (s. U-37): Dieses Zeichen (WESTWARD HO) hat dann Nico CLAUSEN übernommen und auch sein letztes Boot *U-182* so gekennzeichnet.
* Can. III/30 c: A junior officier was sorry to have sunk a Mexican ship. *Tuxpam* and *Las Choapas*, 26/6/1942. * Can. III/30 d: U-Boat commander had dark hair but red beard. *Tachira*, 12/7/1942.

U-130 11. 6. 1941//4. U-Fl. ab; 2. U-Fl.; am 12. 3. 1943 im Nordatlantik westlich der Azoren durch US-Zerstörer *Champlin* ↓.
KK KALS – 1. 1943; OL KELLER Siegfried.
† 53 Totalverlust
* Can. II/28 b: *Esso Boston*, 12/4/1942. Two periscopes seen. Officer with US accent said: »You will be picked up by a convoy in two hrs. Steer SW. Bread and water given to survivors. – Knight helmet.
* Patenstadt war Bregenz am Bodensee. Das Wappen ist ein Pelzwappen. Die äußeren Felder zeigen einzelne Felle, während der Pfahl in der Mitte aus Hermelin mit drei Hermelinschwänzchen ist. Die Außenfelder sind stahlblau, die Mittelstraße weiß, die drei Hermelinschwänzchen schwarz.

U-132 29. 5. 1941//3. U-Fl. am 5. 11. 1942 südöstlich von Cape Farewell/ Grönland durch feindliche Flugzeuge ↓.
KL VOGELSANG.
† 47 Totalverlust

U-133 5. 7. 1941//7. U-Fl. – 12. 1941; 23. U-Fl.; am 14. 3. 1942 im Ägäischen Meer vor Salamis auf eine eigene Mine gelaufen und gesunken.
KL HESSE Hermann – 2. 1942; OL MOHR Eberhard.
† 45 Totalverlust

U-134 26. 7. 1941//5. U-Fl. ab; 3. U-Fl.; ↓ am 24. 8. 1943 im Nordatlantik vor Vigo durch britische Flugzeuge.
KL SCHENDEL – 3. 1943; KL BROSIN.
† 48 Totalverlust
* Rudolf SCHENDEL: ... wurde das Wappen der Patenstadt Neunkirchen/Saar von *U-134* unter Rudolf SCHENDEL an der Vorderseite des Turmes geführt. Die Besatzung trug das Wappen als Mützenabzeichen. Das Boot war von November 1941 bis August 1943 im Eismeer, Nordatlantik und Karibik eingesetzt und ging im August 1943 unter OL BROSIN beim Rückmarsch in der Biskaya verloren, nachdem es kurz zuvor vor der nordamerikanischen Küste ein Luftschiff der amerikanischen Marine (Blimp) abgeschossen hatte. – Das gleiche Wappen wurde ab Aug. 1944 nochmals von *U-2509* unter KK SCHENDEL R. geführt.

U-135 16. 8. 1941//5. U-Fl. ab; 7. U-Fl.; ↓ am 15. 7. 1943 zwischen Kap Juby (Afrika) und den Kanarischen Inseln durch britische Sloop *Rochester* und Korvetten *Mignonette* und *Balsam*. 42 Mann in Gefangenschaft.
KL PRAETORIUS Friedrich-Hermann. – 11. 1942; OL SCHÜTT – 6. 1943; OL LUTHER.
† 7
* Werner TECHAND: Ich war als I. WO von August 1941 bis Juli 1942 auf *U-135*. In dieser Zeit hatten wir außer dem Abzeichen der 7. U-Fl. – Stier von Scapa Flow – keine Abzeichen.

unter KL STEINERT
U-128

U-129

U-129

U-129

U-130
Wappen von Bregenz

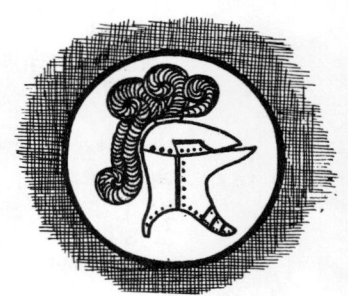

U-130
unter KK KALS

U-132

U-133

U-134

7. U-Flottille
U-135

U-136

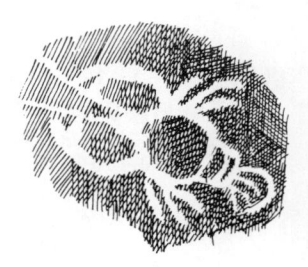

U-136

U-136   30. 8. 1941//6. U-Fl.; ↓ am 11. 7. 1942 westlich Madeira durch britische Sloop *Spey* und *Pelican* und französischen Zerstörer *Leopard*.
KL ZIMMERMANN H. ✠
Totalverlust

U-137   15. 6. 1940//1. U-Fl. – 12. 1940; 22. U-Fl. sb; am 2. 5. 1945 in Wilhelmshaven selbst gesprengt.
KL WOHLFARTH und andere Kommandanten.
* H.-Joachim DIERKS: Ich übernahm *U-137* am 7. 3. 1945 und versenkte es im Mai 1945 in der Raeder-Schleuse. Während meiner Dienstzeit an Bord wurde ein Wappen neu in Gemeinschaftsarbeit entwickelt, das am Turm gefahren wurde.

U-138   27. 6. 1940//1. U-Fl. fb seit 9. 1940 – 12. 1940; 22. U-Fl. sb – 4. 1941; 3. U-Fl. 6. 1941; am 18. Juni 1941 westlich Cadiz durch britische Zerstörer *Faulknor, Fearless, Forester* und *Foxhound* versenkt.
† 2   OL LÜTH Wolfgang ✠ E – 10. 1940; KL LOHMEYER – 12. 1940; OL GRAMITZKY – 6. 1941.
* Inf.: Kein Wappen bekannt.

U-141   21. 8. 1940//1. U-Fl. ab; 21. U-Fl. sb; 3. U-Fl. fb 4. 1941 – 9. 1941, dann 21. U-Fl. sb; am 2. 5. 1945 in Wilhelmshaven selbst gesprengt.
OL SCHULZE Heinz-Otto – 3. 1941; OL SCHÜLER Philipp – 11. 1941 und andere Kommandanten.

U-142   4. 9. 1940//1. U-Fl.; 24. U-Fl. ab; 22. U-Fl. Schulboot. Am 2. 5. 1945 in Wilhelmshaven selbst gesprengt.
OL CLAUSEN Nico – 10. 1940; KL KETTNER – 10. 1941 und andere Kommandanten.

U-143   18. 9. 1940//1. U-Fl. Schul- und Ausbildungsboot der 22. und 24. U-Fl.; Frontboot bei der 3.U-Fl. vom April 1941 bis September 1941. Am 30. 6. 1945 von Wilhelmshaven nach England abgeliefert. In Operation »DEADLIGHT« versenkt.
KL MENGERSEN – 11. 1940 und andere Kommandanten.
* W. KOCH: Patenstadt Reichenberg.

U-146   30. 10. 1940//1. U-Fl. ab und 22. U-Fl. sb; kurzfristig Frontboot der 3. U-Fl. (Juni/Juli 1941). Am 2. 5. 1945 in Wilhelmshaven selbst gesprengt.
KL HOFFMANN Eberh. – 4. 1941; OL ITES – 8. 1941 und andere Kommandanten.
* Dr. Hans SANDA schickt Foto und schreibt: »... auf dem das Wappen, ein durch ein U springender Leopard (farbig), gut erkennbar ist.«
Verf.: Kommandanten in der Zeit als U-146 Schulboot war: LT HÜLSENBECK – 10. 1941; LT GRIMME – 6. 1942; OL GMEINER – 7. 1942; OL NISSEN – 10. 1942; OL HILSENITZ – 7. 1943; OL WALDSCHMIDT – 12. 1944; OL WÜST – 4. 1945; OL SCHAUROTH – 5. 1945.

U-147   11. 12. 1940//1. U-Fl. ab; 22. U-Fl. sb; 3. U-Fl.; ↓ am 2. 6. 1941 nordwestlich Irland durch britischen Zerstörer *Wanderer* und Korvette *Periwinkle*.
† 26   KL HARDEGEN – 5. 1941; OL WETJEN.
* Reinh. HARDEGEN: Ich übergab mein Boot im April 1941 an meinen I. WO WETJEN, um *U-123* zu übernehmen. *U-147* fuhr weiter unter meinem Wappen. ... Da ich als ehemaliger Seeflieger zur U-Waffe gewechselt war, entwarf ich dieses Wappen für mein Boot. Farben: blau – weiß – schwarz.

U-137

U-137

1. U-Flottille
U-141

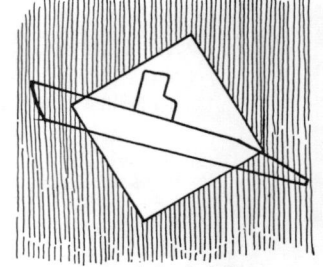

U-141

U-142

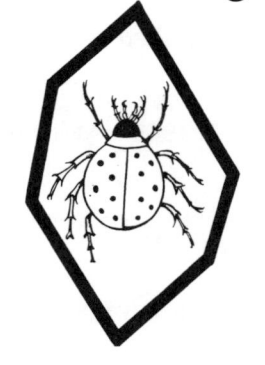

U-143
Unterscheidungszeichen
in der Flottille

Crewzeichen 37/b
U-143

Reichenberg
U-143

U-146

U-147

U-148

U-148 28. 12. 1940//24. U-Fl. ab; 21. U-Fl. sb; am 2. 5. 1945 in Wilhelmshaven selbst gesprengt.
OL RADKE und andere Kommandanten.

U-149 13. 11. 1940//1. U-Fl. ab; 22. U-Fl. sb; Juni/Juli 1941 Frontboot; am 3. 6. 1945 von Wilhelmshaven nach England. In Op.Dl. ↓.
KL HÖLTRING – 11. 1941; KL BORCHERS Rolf – 7. 1942; OL Frhr. von HAMMERSTEIN-EQUORD – 5. 1944; OL PLOHR.

* Von HAMMERSTEIN-EQUORD: Der LI, ein Rheinländer, war ein großer Jäger und frönte seiner Leidenschaft auch in der Nähe von Gotenhafen. Eines Tages kehrte er mit einer erlegten Wildsau an Bord zurück und die Jagd wurde nach gebührlicher Schilderung mit einem Wildschweinessen der Besatzung gefeiert. * Erich SCHEFFEL: Foto.

U-150 27. 11. 1940//1. U-Fl. ab; 22. U-Fl. sb; am 30. 6. 1945 nach England. ↓ am 22. 10. 1947 bei Manövern der canad. Marine.
OL KELLING und andere Kommandanten.

* N. N.: Windrose. * Herm. SCHULTZ: ... war ich Kommandant der *U-150* bei der 22. U-Fl. (Schulflottille in Gotenhafen). Wir hatten kein Wappen. Es wurde nur das taktische Zeichen gefahren.

U-151 15. 1. 1941//24. U-Fl. ab; 21. und 31. U-Fl. Am 2. 5. 1945 in Wilhelmshaven selbst gesprengt.
KL OESTERMANN und andere Kommandanten.

* Viktor NONN: *U-151* hatte als Unterscheidungszeichen innerhalb der Boote der Flottille das liegende Stundenglas.

U-152 29. 1. 1941//24. U-Fl. ab; 21. und 31. U-Fl.; am 2. 5. 1945 in Wilhelmshaven selbst gesprengt.
KL CREMER und andere Kommandanten.

* Viktor NONN: *U-152* Schulflottille in Pillau, Bootszeichen war ein stehendes Stundenglas in weißer Farbe. * Verf.: unter NONN 9. 1942 – 7. 1943 Crew-Abz. 37a.

U-153 19. 7. 1941//4. U-Fl. ab; 2. U-Fl.; ↓ am 13. 7. 1942 im Karibischen Meer vor Colon/Panama durch amerikanischen Zerstörer *Landsdowne*.
KK REICHMANN.
† 52 Totalverlust

* Aus Gästebuch der 4. U-Fl. *U-Axt*, Motto: Frisch, fröhlich, drauf und immer gebackst! Das ist der Wahlspruch von *U-Axt*! * Verf.: Lt. canad. IV/10: Blanker Schild mit goldenem Drachen und gekreuzte Zimmermannsbeile.

U-154 2. 8. 1941//4. U-Fl. ab; 2. U-Fl.; ↓ am 3. 7. 1944 westlich Madeira durch amerikanische Eskorter *Inch* und *Frost*.
KK KÖLLE – 9. 1942; KK SCHUCH – 2. 1943; OL KUSCH – 1. 1944; OL GMEINER.
† 58 Totalverlust

* QUEDA: Die speiende Kuh wurde bei Indienststellung vom Kommandanten gemalt.
* Lindberg: Das Foto zeigt *U-154* im Jahr 1943 nach Turmumbau mit doppeltem Wintergarten. Kommandant war KK SCHUCH, zuvor Kommandant von *U-105* (1. 1942 – 10. 1942).

U-148

U-149

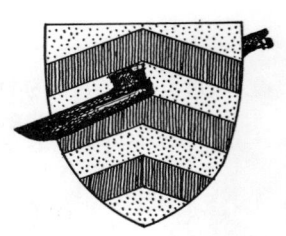

unter OL PLOHR
U-149

U-150

als Schulboot
U-150

U-151   *U-152*

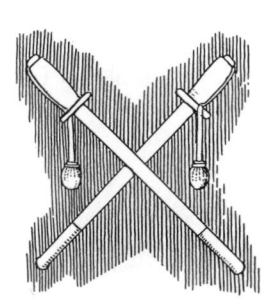

U-152
unter OL NONN

U-153

U-154
unter KK KÖLLE

unter SCHUCH
U-154
s. Nachtrag: *U-152, U-155*

U-155
Traditionsboot zu U-DEUTSCHLAND
des I. Weltkrieges

Wappen von Schwelm
U-155
unter Adolf PIENING

U-155   23. 8. 1941//4. U-Fl. ab; 10. und 33. U-Fl. Am 30. 6. 1945 von Wilhelmshaven nach England zur Op.Dl. ausgeliefert.
KK PIENING ✠ – 2. 1944; OL RUDOLPH Joh. – 12. 1944; LT von FRIEDEBURG Ludw. – 10. 1944; KL WITTE Erwin – 3. 1945; OL ALTMEIER.
* Unter Adolf PIENING Wappen von Schwelm.
Siehe Textanhang.

U-156   4. 9. 1941//4. U-Fl. ab; 2. U-Fl.; ↓ am 8. 3. 1943 ostwärts Barbados durch amerikanische Flieger.
KK HARTENSTEIN ✠
† 45   Totalverlust

U-158   25. 9. 1941//4. U-Fl. ab – 2. 1942; 10. U-Fl. fb 6. 1942. Am 30. Juni nordwestlich der Bermudas durch amerikanische Flieger vernichtet.
† 53   KL ROSTIN ✠.
Siehe Textanhang.

U-159   4. 10. 1941//südlich von Haiti am 15. 7. 1943 durch amerikanische Flieger ↓.
KL WITTE Hellmut ✠ – 6. 1943; OL BECKMANN.
† 54   Totalverlust
* N. N.: »Im Zeichen des Widders«.
Siehe Textanhang.

U-160   16. 10. 1941//4. U-Fl. ab; 10. U-Fl. Südlich der Azoren durch amerikanische Trägerflugzeuge von *Santee* ↓ am 14. 7. 1943.
KL LASSEN ✠ E – 6. 1943; OL POMMER-ESCHE.
† 54   Totalverlust

U-161   8. 7. 1941//4. U-Fl. ab; 2. U-Fl.; am 27. 9. 1943 im Südatlantik vor Bahia durch amerikanische Flieger ↓.
KL WITT Hans-Ludwig – 12. 1941; KL ACHILLES ✠
† 52   Totalverlust
* Klaus EHRHARD: Es handelt sich um *U-161*. Es war das erste Boot vom Typ IX C, das auf der Seebeck-Werft in Wesermünde gebaut wurde und das 1. Boot in Lorient in der 10. U-Fl. Kommandant war KL WITT, die WOs OL BENDER und LT ROTH. Das Bootswappen wurde von der Kameradschaft »WIKINGERWAPPEN«, den Paten, übernommen. Die Kameradschaft »WIKINGERWAPPEN« war eine aus dem Unternehmen »SEELÖWE« hervorgegangene Vereinigung des Heeres. Die Geschichte, wie ich damals als Führer der Baubelehrung U-Boote in Wesermünde zu den Männern des »WIKINGERWAPPEN« fand, ist lang.
Farben des emaillierten Mützenabzeichens: Grund–weiß; Wasser – preußischblau; Segel, Mast, Schiffsrumpf – flaschengrün; Rand und Schilde – schwarz.

U-162   9. 9. 1941//4. U-Fl. ab; 2. U-Fl. Im Mittelatlantik vor Trinidad durch britische Zerstörer *Vimy, Pathfinder* und *Quentin* am 3. 9. 1942 ↓. 42 Mann in Gefangenschaft.
† 3   FK WATTENBERG.

U-163   21. 10. 1941//4. U-Fl. ab; 10. U-Fl.; nach Auslaufen aus Lorient am 15. 3. 1943 in der Biscaya verschollen. Möglicherweise durch Mine gesunken oder durch US-U-Boot *Herring* am 21. 3. 43 torpediert.
† 57   KK ENGELMANN Kurt Eduard.

Stadtwappen
Plauen/Vogtl.
U-156

2. U-Flottille
U-156

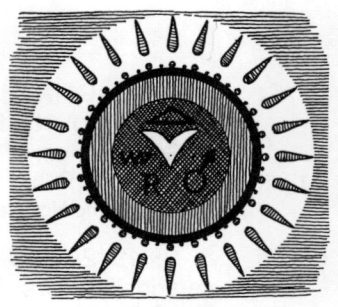

U-159

10. U-Flottille
U-160

U-161

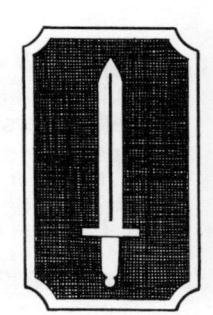

U-162

U-163

U-163

Mützenabzeichen
U-163

U-164
Mützenabzeichen

U-165

U-164 28. 11. 1941//4. U-Fl. ab; 10 U-Fl. Am 6. 1. 1943 im Südatlantik nordwestlich von Pernambuco von amerikanischen Fliegern ↓. 2 Mann in Gefangenschaft.
† 54 KK FECHNER Otto.
Lt. canadische Notizen: Eichenblatt mit Eichel als Mützenabzeichen. Nicht am Turm.

U-165 3. 2. 1942//4. U-Fl. ab; 10. U-Fl. Seit 27. 9. 1942 in der Biscaya verschollen. Ursache unbekannt.
† 50 KK HOFFMANN Eberhard.
* Emblem aus dem Gästebuch der 4. U-Fl. Stettin. Farben: Schildrand – schwarz, Schildfläche – weiß, Tor – rot.

U-167 4. 7. 1942//4. U-Fl. ab; 10. U-Fl. Nach schweren Bombenschäden durch britische Flugzeuge bei den Kanarischen Inseln von der Besatzung selbst versenkt (6. 4. 1943). Boot wurde 1951 gehoben und nach Spanien gebracht.
KL NEUBERT – 2. 1943; KK STURM.
* Gerhard BORGHARD: *U-455* hat uns aus Las Palmas abgeholt. *U-455* wurde am 6. 4. 1944 im Mittelmehr versenkt.

U-168 10. 9. 1942//4. U-Fl. ab; 2. U-Fl. und 33. U-Fl. Am 6. 10. 1944 vor Samarang/Java-See durch holländisches U-Boot *Zwardvisch* torpediert. 27 Mann gerettet.
† 23 KL PICH.

U-169 16. 11. 1942//4. U-Fl. ab; 10. U-Fl.; ↓ am 27. 3. 1943 durch britische Flieger südlich Island.
† 54 OL BAUER Hermann
Aus Gästebuch der 4. U-Fl. Farben ungekannt, doch Schildfarben wahrscheinlich schwarz/silber (weiß), da der Kommandant aus Ulm war.

U-170 19. 1. 1943//4. U-Fl. ab; 10. U-Fl.; 33. U-Fl. Im Mai 1945 in Horten/Norwegen an England ausgeliefert. In Op.Dl. ↓.
KL PFEFFER – 7. 1944; OL HAUBER.
* Gerold HAUBER: Im Oktober 1942 sank *U-171* (PFEFFER) durch Minentreffer vor Lorient. Die gerettete Restbesatzung erhielt einen gemeinsamen Skiurlaub in Krumhübel. Dort hatten sie offensichtlich an »Skihasen« so viel Gefallen gefunden, daß sie dieses Symbol als Wappen für ihr neues Boot *U-170* erkoren haben. * Wolfgang DANZER: ... zeigt einen bronzefarbenen Skihasen, das obere Feld ist hellblau, die untere Hälfte schwarz. Der Kommandant von *U-170* war KL Günter PFEFFER, Kiel, später OL Gerold HAUBER, Nürtingen. Das Wappen geht auf *U-171* zurück, ein IX C Boot von der DESCHIMAG-Bremen, am 25. 10. 1941 in Dienst gestellt. Nach üblicher Ausbildung und langem eingefrorenem Winter in der Danziger Werft, lief das Boot 1942 zur ersten großen Fahrt aus. (siehe U-171)

U-171 25. 10. 1941//4. U-Fl. ab; 10. U-Fl. Am 9. 10. 1942 in der Biscaya vor Lorient auf eine Mine gelaufen und gesunken. 22 Mann gefallen.
† 22 KL PFEFFER.
* Wilhelm SPAHR: Dieses Emblem gehörte zu *U-171*. Wie die Zeichnung andeutet, war das Boot ein Versorger. * Forts. (s. *U-170*): Ausgerüstet für Eismeereinsatz, wurden wir im Nordatlantik zur Karibischen See und in den Golf von Mexiko umgelenkt. In der Missisippi-Mündung wurden zwei Tanker und vor Galveston ein Frachter versenkt. Nach fast

U-167

U-167

U-168

U-169
»U-Bauer«

U-169

U-170

U-170

10. U-Flottille

U-170

U-171

Auf Geschützrohr in weißer Farbe

auf U-172
für Motortanker Motorex

18wöchiger Feindfahrt sollte *U-171* am 9. 10. 1942 in Lorient einlaufen. Etwa 6 Stunden vor Ankunft lief das Boot in der Biskaya auf eine Magnetmine und sank in weniger als 30 Sekunden. 22 Kameraden fanden dabei den Tod. 17 blieben im Boot, die anderen starben nach der Rettung oder wurden an Land gespült. 31 wurden gerettet. Davon stiegen 16 aus einer Tiefe von 40 m aus, vier sogar ohne Tauchretter. *Aus Gästebuch der 4. U-Fl. Stettin, Motto: Eins zurück, gut schnell!

U-172

† 14

5. 11. 1941//4. U-Fl. ab; 10. U-Fl. Am 12. 12. 1943 nordwestlich der Cap Verden durch 6 Flugzeuge des US-Trägers *Bogue* und Zerstörer *George Badger, Clemson, George W. Ingram* und Hilfsschiff *Dupont* ↓.
KL EMMERMANN ✠ E – 10. 1943; OL HOFFMANN Hermann.
* Hermann HOFFMANN

U-173

† 57

15. 11. 1941//4. U-Fl. ab; 2. U-Fl. Am 16. 11. 1942 durch US-Zerstörer *Woolsey, Swanson* und *Quick* im Mittelatlantik vor Casablanca ↓.
FK Beucke – 9. 1942; OL SCHWEICHEL.
Totalverlust
* Heinrich BEUCKE: Als ich im November 1941 *U-173* auf der Werft in Bremen in Dienst stellte, hatte ich keine besondere Vorstellung für ein U-Boot-Wappen. Ich wählte später das Wappen der Stadt Bremen, als ich feststellte, daß dies auf keinem der in Bremen gebauten Boote verwendet worden war.

U-174

† 53

26. 11. 1941//4. U-Fl. ab; 10. U-Fl. Am 27. 4. 1943 im Nordatlantik südlich Neufundland durch amerikanische Ventura-Bomber mit dekkend liegendem Wabo-Angriff ↓. 3 Mann auf deutsches Schiff gerettet und später in Gefangenschaft geraten.
FK THILO – 3. 1943; OL GRANDEFELD Wolfgang.
* Farben: Himmel – hellblau, Wasser – dunkelblau, Segel – weiß, Boot – braun, Dreizack – grau.

U-175

† 12

5. 12. 1941//4. U-Fl. ab; 10. U-Fl. Am 17. 4. 1943 südwestlich Irland durch US-Küstenwachkutter *Spencer* ↓.
KL BRUNS Heinrich.
* Peter WANNEMACHER: Paragraphen waren schwarz, das verschobene Rechteck weiß.
* Im Gästebuch der 4. U-Fl. mit Schwert.

U-176

† 53

5. 12. 1941//4. U-Fl. ab; 10. U-Fl. ↓ am 15. 5. 1943 nördlich Habana in der Florida-Straße durch amerikanische Flieger und kubanisches Motorboot *SC 13*.
KK DIERKSEN Reiner
Totalverlust
* Von EICK: I. WO auf *U-176*. Die Heimat des Kommandanten war Dithmarschen. »Sla'n doot!« war ein Dithmarscher Wahlspruch. = »Schlag ihn tot!«

U-177

† 51

14. 3. 1942//4. U-Fl. ab; 10. und 12. U-Fl. Am 6. 2. 1944 im Südatlantik südwestlich Asuncion durch amerikanische Flieger ↓.
KL SCHULZE Wilhelm – 3. 1942; KK GYSAE ✠ – 11. 1943; KK BUCHHOLZ Heinz
* Auf Foto von Kriegsberichter Hermann KIEFER, Bordeaux 9. 10. 1943: *U-Krücke* haben die Männer ihr Boot getauft. Mit dieser Krücke, die vor dem Einlaufen des Bootes auf der Brücke als Wahrzeichen des Bootes befestigt wird, stieg der Kommandant, von einer schweren Verwundung kaum genesen, ein. Diese Krücke ist der Talisman des Bootes geworden.
Siehe Textanhang.

U-172

10. U-Flottille
U-172

U-173

U-174

10. U-Flottille
U-174

U-175

U-175

10. U-Flottille
U-175

U-176

Sla'n doot!
U-176

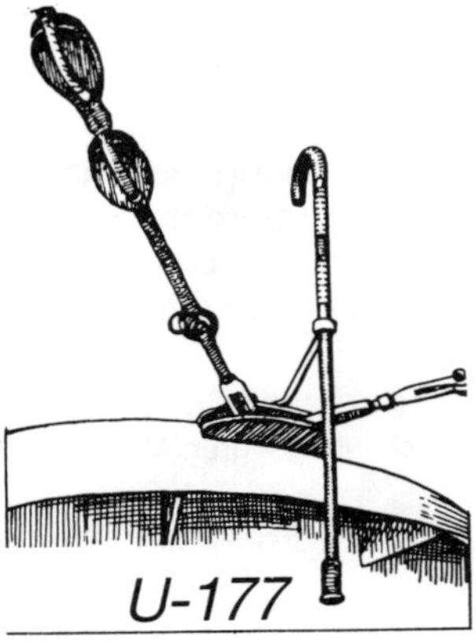

U-177

60 Tage?!
U-178
unter SPAHR
Maling

U-178

83

U-178 14. 2. 1942//4. U-Fl. ab; 10. U-Fl. und 12. U-Fl. Am 20. 8. 1944 in Bordeaux selbst gesprengt.
KzS IBBEKEN – 2. 1943; KK DOMMES – 11. 1943; KL SPAHR.

* Wilhelm SPAHR: *U-178* fuhr unter IBBEKEN und SPAHR den Schwan und zwischenzeitlich unter DOMMES an der Vorderkante des Turmes das Wort HORRIDO, wie U-69. Nach der ersten Ausrüstung machte das Boot im vereisten Hafenbecken der DESCHIMAG (A.G. WESER) seinen Trimmversuch. Der Kommandant beobachtete durch das Sehrohr einen jungen Schwan, der über dem Vorschiff schwamm. Nach dem Auftauchen saß das Tier auf der Back. Der Kommandant sagte spontan: »Das wird unser Bootszeichen!«. Eine nette Zeichnerin der Werft entwarf den angeregten Schwan und die Blechwerkstatt fertigte für jede Turmseite ein abnehmbares Emblem. In See, während der Unternehmungen, wurden diese Zeichen unter Deck gefahren. Die Besatzung trug das Emblem an Schirm- bzw. Bordmützen.
Siehe Textanhang

U-180 16. 5. 1942//4. U-Fl. ab; 12. U-Fl. Umbau zum Transportboot; Auslaufen nach Ostasien im August 1944 12. U-Fl. am 22. 8. 1944 in der Biskaya westlich Bordeaux durch Minentreffer ↓ .
FK MUSENBERG – 1. 1944; OL LANGE Harald – 11. 1943; OL RIESEN Rolf.

† 56 Totalverlust

* *U-180* war das erste Boot, das mit 6 Schnellboot-Dieselmotoren a je 20 Zylinder ausgerüstet wurde. Daher der Mercedesstern. Je drei Diesel waren auf eine Welle geschaltet. Jeder Diesel hatte 1500 PS = insgesamt 9000 PS. Die Boote *U-180* und *U-195* waren für Spezialaufgaben gebaut.
Siehe Textanhang.

U-181 9. 5. 1942//4. U-Fl. ab; 10., 12., 33 U-Fl. Im Mai 1945 an Japan übergeben. Als *I 501* in Dienst. Im August 1945 in Singapore kapituliert.
KK LÜTH Wolfgang ✠ – 10. 1943; KzS FREIWALD.

* Unter KzS FREIWALD kein EMBLEM. * Verf.: Foto vor dem Einlaufen in Penang/Indonesien zeigt Hakenkreuz am Turm als Erkennungszeichen gegenüber den Japanern. Pik-As ist UAK-Zeichen.

U-182 30. 6. 1942//4. U-Fl. ab; 12. U-Fl. Am 16. 5. 1943 im Südatlantik bei Tristan da Cunha durch amerikanische Seestreitkräfte (US-Zerstörer *Mackenzie)* ↓ .

† 61 KL CLAUSEN Nicolai.

U-184 29. 5. 1942//4. U-Fl. ab; 2. U-Fl. Ostwärts Neufundland durch norwegische Korvette *Potentilla* ↓ .

† 50 KL DANKSCHAT

* Emblem aus Gästebuch der 4. U-Fl. vom 17. 10. 1942; Motto: »Lieber kämpfend sterben – als in Ketten verderben!«. Farben: Wappenrand – schwarz, Schildfläche – weiß, Wolfsangeln – rot, Streitkolben – metall und schwarz.

U-185 13. 6. 1942//4. U-Fl. ab; 10. U-Fl. Im Mittelatlantik durch Flugzeuge des US-Trägers *Core* am 24. 8. 1943 ↓ . An Bord waren außerdem Kommandant und Teilbesatzung von *U-604*. 29 Gefallene für *U-185* auf Ehrentafel in Möltenort angegeben. (Für *U-604* insgesamt 16 Gefallene, siehe dort).

† 29 KL MAUS ✠

* Aus Gästebuch der 4. U-Fl., Farben: Wappenschild – rot, Drachenbug – grün, Wasser – blau, Wellengischt – weiß.

U-178
unter DOMMES

U-180

U-181

Wappen von Stadt Posen
U-181
unter LÜTH

U-181
Kein Bootszeichen.
Erkennungszeichen gegenüber
den Japanern
beim Einlaufen in Penang

U-181
Nach Heimkehr
von 7-Monats-Reise 1943

U-182

U-184

U-185

U-187

U-188

U-189

U-187 23. 7. 1942//4. U-Fl. ab; 10. U-Fl. Am 4. 2. 1943 im Nordatlantik durch britische Zerstörer *Vimy* und *Beverley* ↓.
† 9 KL MÜNNICH
Siehe Textanhang.

U-188 5. 8. 1942//4. U-Fl. ab; 10. U-Fl. Am 20. 8. 1944 in Bordeaux selbst gesprengt.
KL LÜDDEN ✱
Siehe Textanhang.

U-189 15. 8. 1942//4. U-Fl. ab; 2. U-Fl. Am 24. 4. 1943 ostwärts Cape Farewell durch britische Flieger ↓.
† 54 KL KURRER

U-190 24. 9. 1942//4. U-Fl. ab; 2. U-Fl., 33. U-Fl. Nach Kapitulation am 14. 5. 1945 in Halifax/Kanada eingelaufen. Vom 13. 5. 1945 bis 21. 10. 1947 unter englischer Flagge als *Halifax* gefahren. Später bei Versuchen im Nordatlantik ↓.
KL WINTERMEYER – 9. 1944; OL REITH
Siehe Textanhang.

U-191 20. 10. 1942//4. U-Fl. ab; 2. U-Fl. Am 23. 4. 1943 südostwärts Cape Farewell durch britischen Zerstörer *Hesperus* ↓.
† 55 KL FIEHN
* Aus Gästebuch der 4. U-Fl.: Ob Bootszeichen, nicht sicher!

U-192 16. 11. 1942//4. U-Fl. ab; 10. U-Fl. Am 5. 5. 1943 im Nordatlantik durch britische Korvette *Pink* ↓.
† 55 OL HAPPE
* Aus Gästebuch der 4. U-Fl., beide Zeichen. Farben: Innerer Wappenschild – rot/weiß, Wappendecke – rot/silber, Helmzier/Federn – blau/rot/grün.

U-193 10. 12. 1942//4. U-Fl. ab; 2. und 10. U-Fl. Am 28. 4. 1944 in der Biscaya westlich Nantes durch britische Flieger ↓.
† 60 KK PAUCKSTADT – 3. 1944; OL Dr. ABEL
* Hans PAUCKSTADT: Das Wappen von *U-193* war ein Wappenschild mit einem Querband, darauf stand der Spruch: »Durst ist schlimmer als Heimweh«.
Siehe Textanhang.

U-194 8. 1. 1943//4. U-Fl. ab; 10. U-Fl. Am 24. 6. 1943 südlich von Island durch britische Flieger ↓.
† 54 KL Hermann HESSE
* Aus Gästebuch der 4. U-Fl.; Wappenschild – rot, Löwe – gold, Blätter – grün.

U-195 5. 9. 1942//4. U-Fl. ab; 12. U-Fl. Umbau zum Transportboot, 12. U-Fl.; 33. U-Fl.; im Mai 1945 an Japan übergeben. Dort als U-Boot *I 506* in Dienst. Im August 1945 in Djakarta kapituliert.
KK BUCHHOLZ Heinz – 10. 1943; OL STEINFELD
Damp 2000/1984 mündlich: *U-195* nicht an Japan übergeben. Als Beuteboot unter englischer Bewachung durch Ob.Masch. Fritz HAFER versenkt!

U-190

U-190
bereits unter kanad. Flagge

U-191

U-192

U-192

U-193

U-194
Stadt Hannover

U-195
unter KL BUCHHOLZ

U-195
unter OL STEINFELD

U-196

U-198

U-199

87

U-196 11. 9. 1942//4. U-Fl. ab – 3. 1943; 12. U-Fl. fb – 9. 1944; 33. U-Fl. – 11. 1944; Seit Mitte November 1944 in der Sunda-Straße verschollen.
† 65 KK KENTRAT– 9. 1944; OL STRIEGLER
Siehe Textanhang.

U-198 3. 11. 1942//4. U-Fl. ab; 12. U-Fl. ↓ am 12. 8. 1944 bei den Seychellen-Inseln im Indischen Ozean durch britische Fregatte *Findhorn* und indische Fregatte *Godavari*.
† 66 KzS HARTMANN Werner – 1. 1944; OL HEUSINGER von WALDECK.
Totalverlust
* WESSELS: Werner HARTMANN, KzS, Kommandant von *U-198*, hatte am Turm seines ersten Frontbootes »*U-37*« »WESTWARD-HO« aufgemalt. Dieses Zeichen hat dann Nico CLAUSEN übernommen und auch sein letztes Boot *U-182* so gekennzeichnet. – Als wir im März 1943 mit *U-198* den Äquator auf dem Weg zum Indischen Ozean untertauchten, haben wir auch eine zünftige Äquatortaufe durchgeführt und als Bootswappen »WESTWARD-HO« im Dreizack gewählt. – Dieses Emblem wurde auch als Mützenzeichen getragen.

U-199 28. 11. 1942//4. U-Fl. ab; 12. U-Fl. ↓ am 31. 7. 1943 im Südatlantik vor Rio de Janeiro durch 2 brasilianische und ein amerikanisches Flugzeug.
† 50 KL KRAUS Hans Werner
H. W. KRAUS: Das Bootsemblem wurde mir, damals Kommandant von *U-83*, vom Kommandeur der Kampfgruppe 100, Major ASCHENBRENNER, zum Zeichen des engen, herzlichen Kontaktes zwischen unserer Besatzung und der Kampfgruppe persönlich übergeben. Der Kontakt rührte her aus der Zeit, als ich auf *U-47* bei Prien als I. WO fuhr. Das Wappen habe ich nach dem Wechsel von *U-83* auf *U-199* mitgenommen.

U-200 22. 12. 1942//4. U-Fl. ab; 12. U-Fl. ↓ am 24. Januar 1943 im Nordatlantik südwestlich Island durch amerikanische Flieger.
† 62 KL SCHONDER
* Laut canadischen Angaben: Flywheel – silver on red field (arms of Erfurt).

U-201 25. 1. 1941//1. U-Fl. ↓ am 17. 2. 1943 ostwärts Neufundland durch britischen Zerstörer *Fame*.
† 50 KL SCHNEE ✣ E – 7. 1942; OL ROSENBERG
* Wappen von Remscheid. Farben: halber roter Löwe auf silbernem Feld, silberne Sichel auf blauem Feld. * Adalbert SCHNEE: Fotos. * Can. III/105 c: »JOHN CARTER ROSE« 8/10/1942. Survivors given supplies.

U-202 22. 3. 1941//1. U-Fl.; ↓ am 2. 6. 1943 bei Cape Farewell/Grönland durch britische Sloop *Starling*.
† 18 KL LINDER Hans-Heinz – 9. 1942; KL POSER
* Aufschrift »Innsbruck« mußte nach Canaris-Unternehmung entfernt werden. *U-202* unter LINDER setzte bei Long Island Agenten des Unternehmens »PASTORIUS« im Schlauchboot an Land, die mit Spionage- und Sabotageaufträgen vom Amt Ausland-Abwehr II des OKW nach Amerika entsandt worden waren.
* Can III/102 b: »RIO TERCERO« 22/6/1942. KL LINDER described as 38, blond, blue eyed, 6', spoke English, French, German. *U-202* is alleged to have white porcupine emblem. This was not seen by »RIO TERCERO« survivors. *U-202* handed saboteurs on Long Island. One of his crew spoke Italian.

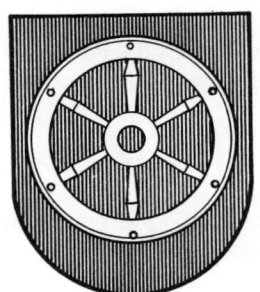

Wappen von Erfurt
U-200

U-201
– vor –

Wappen von Remscheid
U-201

U-201
KL SCHNEE
– nach Ritterkreuzverleihung –

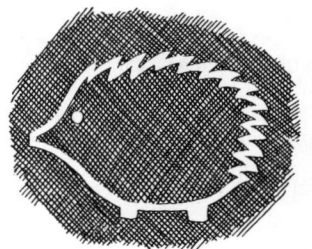

U-202
am Turm

Innsbruck
U-202

U-202
Mützenabzeichen

Wappen von Essen
U-203

U-203

U-203
unter KL KOTTMANN

U-203
unter KL MÜTZELBURG

U-203
Mützenabzeichen

89

U-203 18. 2. 1941//1. U-Fl.; ↓ am 25. 4. 1943 südostwärts Cape Farewell/
Grönland durch Flugzeuge des britischen Trägers *Biter* und britischen
Zerstörer *Pathfinder*.
† 11 KL MÜTZELBURG ✠ E – 9. 1942; KL KOTTMANN
Siehe Textanhang.

U-204 8. 3. 1941//1. U-Fl.; ↓ am 19. 10. 1941 westlich Gibraltar durch
britische Sloop *Rochester* und US-Küstenwachkutter *Swallow*.
† 46 KL KEIL

U-205 3. 5. 1941//3. U-Fl. – 11. 1941; 29. U-Fl. Am 17. 2. 1943 im östlichen
Mittelmeer durch Flugboot und britischen Zerstörer *Paladin* ↓.
† 9 KL RESCHKE – 10. 1942; OL Bürgel

* Franz-Georg RESCHKE: . . . daß auch mein Boot *U-205* die Schildkröte als Emblem an
einer Turmseite und an den Bordmützen der Besatzung führten. Auf der anderen Turmseite war das Wappen unserer Patenstadt Salzburg, unter deren Beisein das Boot am 3.
Mai 1941 in Kiel von mir im Auftrag der Ob.d.M. in Dienst gestellt wurde. Die Schildkröte
führten wir erst seit August 1941. Diesbezügliche Erlebnisse waren auf unserer 1.
Feindfahrt bei den Azoren vorangegangen (Juli 1941).

U-206 17. 5. 1941//3. U-Fl. ↓ am 30. 11. 1941 beim Auslaufen aus der Biscaya
von britischen Flugzeugen.
† 46 KL OPITZ

U-207 7. 6. 1941//7. U-Fl. Am 11. 9. 1941 Südausgang der Dänemarkstraße
durch britische Zerstörer *Leamington* und *Veteran* ↓.
† 41 OL MEYER Fritz (war Kommandant auf *U-34* von 9. 1940 – 5. 1941).

U-208 5. 7. 1941//5. U-Fl. ab; 1. U-Fl. Am 11. 12. 1941 westlich der Straße von
Gibraltar durch britische Korvette *Bluebell* ↓.
OL SCHLIEPER Alfred
† 45 Totalverlust

U-209 11. 10. 1941//6. U-Fl. – 6. 1942; 11. U-Fl. – 2. 1943; 1. U-Fl.; Auf dem
Rückmarsch durch den Nordatlantik nach 9. 5. 1943 verschollen. Britische Meldung: versenkt am 19. 5. 1943 im Nordatlantik nahe Grönland
durch die britischen Fregatten *Jed* und *Sennen,* mag zutreffen.
KL BRODDA
† 46 Totalverlust

* Herm. SCHULTZ: Das Wappen wurde am Turm gefahren. Ich traf *U-209* noch einmal
kurz vor dem letzten Auslaufen. Es hatte damals an Backbord das Wappen der 11. U-Fl.,
an Steuerbord das Wappen der Patenstadt Brünn und vorne das Bootswappen. * Werner
HOFFMANN: Das Bootsemblem ist zur Indienststellung von der Fa. Friedr. Krupp,
Germaniawerft Kiel-Gaaden, in Metall gegossen worden. Größe 70 × 35 cm. Es wurde
»Unser Panier« genannt.

U-210 21. 2. 1942//6. U-Fl. ab – 7. 1942; 9. U-Fl. fb; Am 6. August 1942 südlich
Cape Farewell von kanadischem Zerstörer *Assiniboine* versenkt.
† 6 KL LEMCKE Rudolf

* Karl MÜLLER schickt Krebsabbildung.

U-204

U-204
Stadt Krefeld

"....on les aura"

an B.B.-Seite Turm
U-204

U-205

U-205
Salzburg

U-205
Mützenabzeichen

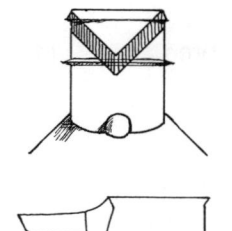

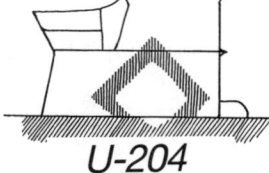

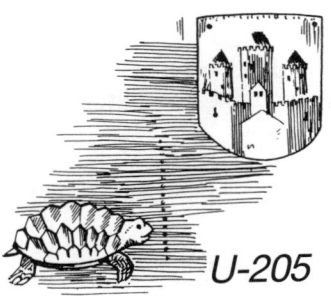

Reichenberg
U-206

7. U-Flottille
U-207

U-207

Köln
U-208

U-209

IN TREU UND GLAUBEN

Wappen von Brünn
U-209

U-211 7. 3. 1942//8. U-Fl. ab; 9. U-Fl. Ostwärts der Azoren am 19. 11. 1943 durch britische Fliegerbomben ↓.
KL HAUSE
† 54 Totalverlust

* Aus Erinnerungsbuch der Werft.

U-212 25. 4. 1942//8. U-Fl. ab; 11. U-Fl. – 5. 1943; 13. U-Fl. – 10. 1943; 3. U-Fl. Am 21. 7. 1944 im Englischen Kanal, südlich Brighton, durch britische Eskorter *Curzon* und *Ekins* ↓.
KL VOGLER
† 50 Totalverlust

* Friedr. STEGE: Ich war I. WO. *U-212* hatte das Wappen des Kreises Stormarn. Kommandant KL VOGLER stammte aus Bad Oldesloe. Bad Oldesloe war Patenstadt, daher das Wappen als Emblem.

U-213 30. 8. 1941//5. U-Fl. ab; 7. U-Fl. – 7. 1942; 9. U-Fl. Am 31. 7. 1942 im Nordatlantik westlich Punta Delgada durch britische Fregatten *Erne*, *Rochester* und *Sandwich* ↓.
OL von VARENDORFF
† 50 Totalverlust

* Flottillenzeichen an Turmfront.

U-214 1. 11. 1941//5. U-Fl. ab; 9. U-Fl. Am 26. 7. 1944 im Englischen Kanal, südostwärts Eddystone-Leuchtturm (Start Point), durch britischen Eskorter *Cooke* ↓.
KL REEDER – 5. 1943; LT FISCHLER Graf von TREUBERG i.V. – 7. 1943; KL STOCK Ruppr. – 7. 44; OL CONRAD
† 48 Totalverlust

* Ruppr. STOCK: Der recht schlanke Bär, wohl kriegsmäßig unterernährt, bezog sich auf vorausgegangene Zeichnung, ist Berliner und trägt unter sich den markanten Spruch »Uns kann keener«. Kommandant des Bootes war seinerzeit OL REEDER. * Foto von Frau Karin HANDRICK, Schwester des gefallenen Grafen von TREUBERG, belegt Mützenabzeichen und Sägefisch der 9. U-Fl.

U-216 15. 12. 1941//5. U-Fl. ab; 9. U-Fl. Auf Rückmarsch im Nordatlantik südwestlich Irland am 20. 10. 1942 durch britische Flieger ↓.
KL SCHULTZ Karl Otto
† 45 Totalverlust

* Aus dem Erinnerungsbuch der Germaniawerft, Kiel.

U-217 31. 1. 1942//5. U-Fl. ab; 9. U-Fl. Am 5. 6. 1943 im Mittelatlantik (ca. 30°18 N, 42°50 W) durch Flugzeuge des US-Trägers *Bogue* ↓.
KL REICHENBACH-KLINKE
† 50 Totalverlust

* Harry HUTSON/England: Survivors from *Rhexenor* saw on the conning tower, on both sides a swordfish with a devils head and on the front of the conning tower a shield with a white ross on the front. * Verf.: Die *Rhexenor*, ein britischer Dampfer von 7957 t, wurde am 3. 2. 1943 auf 24°59 N, 43°37 W, versenkt, durch Torpedo und Artilleriefeuer. Überlebender der *Rhexenor*, der Engländer Charles WALKER bestätigt den Sägefisch.
Siehe Textanhang

U-209  — U-210  — U-211

9. U-Flottille
U-211

Wappen des Kreises Stormarn
U-212

7. U-Flottille
U-213

Wappen von Berlin
U-214
Mützenabzeichen

U-214

9. U-Flottille
U-214

U-216
so am Turm

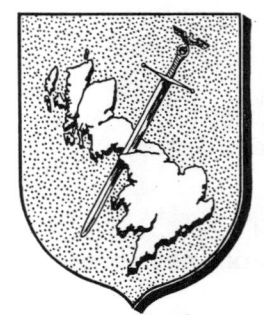

U-216
so im Werftbuch

U-217

U-218 24. 1. 1942//9. U-Fl. – 9. 1944; 8. U-Fl. fb; 11. U-Fl. Am 12. 5. 1945 in Bergen eingelaufen. Am 30. 5. 1945 nach England überführt und in Op.Dl. ↓.
KL BECKER Richard – 9. 1944; KL STOCK Rupprecht.
* Rich. BECKER: Die Entstehungsgeschichte des Wappens hat ihren Anfang genommen bei einer Seefernaufklärungsstaffel, die 1937 bei der Küstenfliegergruppe 706 auf dem Seefliegerhorst Kamp in Pommern aufgestellt wurde und zu der ich, damals Leutnant zur See, versetzt wurde.
Siehe Textanhang.

U-219 12. 12. 1942//4. U-Fl. ab; 12. U-Fl. (Schnorcheleinbau); 33. U-Fl. Im Mai 1945 an Japan übergeben. Als *I 505* im August 1945 in Djakarta kapituliert.
KK BURGHAGEN
* H. Joach. KRUG: Farben oben – weiß, unten – grün, Häschen – braun/weiß, Eier – gelb/rot/blau. * Verf.: Die 4 Häschen symbolisierten die 4 Kinder des Kommandanten * Helmut SCHOTTSTÄDT: Die Farben weiß/grün deuteten auf die Landesfarben von Sachsen, woher der Kommandant stammte, die Eier auf die Minen, die wir legten.

U-221 9. 5. 1942//5. U-Fl. ab; 7. U-Fl. ↓ am 27. 9. 1943 südwestlich von Irland durch britische Flugzeuge.
† 50 KL TROJER ✠
* Verf.: *U-221* = *U-LINDWURM* rammte unglücklicherweise am 8. 12. 1942 im Nordatlantik *U-254*. 42 Mann gingen verloren, 4 wurden von *U-221* aufgefischt.
Siehe Textanhang

U-223 6. 6. 1942//8. U-Fl. ab; 6. U-Fl. (5. 1943 gerammt und bis 9. 1943 Reparatur); 29. U-Fl. Am 30. 3. 1944 im westlichen Mittelmeer nördlich Palermo durch britische Zerstörer *Laforey, Tumult, Hambledon* und *Blencathra* ↓.
† 24 KL WÄCHTER – 1. 1944; OL GERLACH
* W. REISENER: Das Bootswappen entstand während der Baubelehrung in Kiel auf einem Messeabend beim fröhlichen Knobeln. Ein gelungener Wurf mit der Bootsnummer in der Ansicht gab den Anstoß. Farben: Untergrund – weiß/grün, Becher – braun.

U-224 20. 6. 1942//5. U-Fl. ab; 7. U-Fl. Auf Überführungsfahrt in das Mittelmeer am 13. 1. 1943 westlich Algier durch canadische Korvette *Ville de Quebec* ↓. Ein Mann der Besatzung in Gefangenschaft geraten.
† 48 OL KOSBADT
* Lt. Mitteilung aus Canada: Pinguin als Bootszeichen. Ein Offizier soll gefangen worden sein.
Siehe Textanhang

U-225 11. 7. 1942//5. U-Fl. ab; 1. U-Fl. Am 21. 2. 1943 im Nordatlantik durch amerikanische Fregatte *Spencer* ↓.
† 46 OL LEIMKÜHLER

U-227 22. 8. 1942//5. U-Fl. ab; 7. U-Fl.; ↓ am 30. 4. 1943 im Nordmeer nordostwärts der Färöer durch britische Fliegerbomben.
† 49 KL KUNTZE Jürgen

U-217    U-218    U-217   U-218

U-219    U-219   U-221

Wappen von Klagenfurt

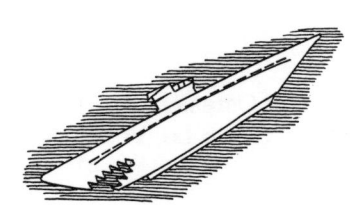

U-221
Mützenabzeichen

U-221   U-223    7. U-Flottille

U-221   U-224

U-225    U-227     U-227

s. Nachtrag: *U-217, U-221, U-225*

U-228 12. 9. 1942//5. U-Fl. ab; 6. U-Fl. In Bergen durch Fliegerangriff am 4. 10. 1944 schwer beschädigt und dort außer Dienst gestellt.
KL CHRISTOPHERSEN —·9. 1944; KL ENGEL
Deckname *U-ERIKA*
Siehe Textanhang.

U-230 24. 10. 1942//5. U-Fl. ab; 9. U-Fl. – 11. 1943; 29. U-Fl. Am 21. 8. 1944 auf der Reede von Toulon festgeraten, Boot gesprengt. Besatzung wurde bei dem Versuch, mit einem Trawler zu flüchten, von amerikanischen Seestreitkräften gestellt und gefangengenommen.
KL SIEGMANN – 8. 1944; OL EBERBACH
* Rolf FEISE: Der Sägefisch ist eigentlich das Zeichen der 9. U-Fl. (Brest). Ab November 1943, nach gelungenem Durchbruch durch die Meerenge von Gibraltar, gehörte unser Boot zur 29. U-Fl. (Toulon, La Spezia). * N. N.: Wappen der 9. U-Fl. wurde bis zum Ende gefahren.

U-231 14. 11. 1942//5. U-Fl. ab; 3. U-Fl. Am 13. 1. 1944 im Nordatlantik nordöstlich der Azoren durch britische Fliegerbomben ↓.
† 7 KL WENZEL Wolfgang
* Joachim HÜNEFELD: Mein 2. Boot, *U-231* hatte die Sachsenschwerter als Zeichen. Mein ehemaliger Kommandant dieses Bootes, KL Wolfgang WENZEL war Sachse, daher das Wappen. (Schwarz und Silber geteilter Schild, zwei schräggekreuzte rote Schwerter)

U-233 22. 9. 1943//4. U-Fl. ab – 5. 1944; 12. U-Fl. fb-m; Am 6. Juli 1944 im Nordatlantik östlich Halifax/Kanada durch Geleitzerstörer *Baker* und *Thomas* gerammt und vernichtet.
† 32 KL STEEN
* Wilhelm BRENNTFÜHRER schickt Zeichnung.

U-234 2. 3. 1944//5. U-Fl. ab; 33. U-Fl. Ausmarsch nach Ostasien. Am 16. 5. 1945 in Porthmouth/New Hampshire eingelaufen. 1946 bei Versuchen der US-Marine ↓.
KL FEHLER
Siehe Textanhang.

U-235 19. 12. 1942//5. U-Fl. Am 14. 5. 43 in Kiel durch Fliegerbombe ↓ und neu in Dienst gestellt am 29. 10. 1943. Schulboot bei der 22. U-Fl. 31. U-Fl. fb. Am 14. 4. 1945 im Kattegat durch deutsches Torpedoboot *Z 17* versehentlich durch Wasserbomben ↓.
† 47 OL von MÖLLENDORF – 1. 1943; OL BECKER – 5. 1943; OL KUMMETZ – 3. 1945; KL HUISGEN.
Siehe Textanhang

U-236 9. 1. 1943//5. U-Fl. ab; Am 14. 5. 1943 in Kiel durch Fliegerbombe gesunken. Wieder gehoben und in Dienst gestellt 29. 9. 1943. Als Ausbildungs- und Schulboot bei der 24., 21. und 31. U-Fl. Am 4. 5. 1945 wieder durch Fliegerbomben beschädigt. Am 5. 5. 1945 südlich Schleimündung selbst versenkt.
OL ZIESMER – 5. 1943; OL HARTMANN Curt – 7. 1944; OL MUMM Herb.
Siehe Textanhang

U-228

Talisman

Bootszeichen

Flott.-Zeichen 6. U-Flottille

U-230

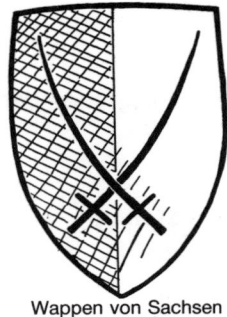

Crew-Zeichen des Kmdt.

U-228

Wappen von Sachsen
U-231

U-233

U-234

U-235

U-236

Mützenabzeichen

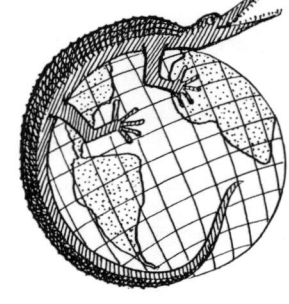

U-237

U-237

U-238

U-237 30. 1. 1943//5. U-Fl. ab; durch Fliegerbomben am 14. 5. 1943 gesunken, wieder in Dienst am 8. 10. 1943. Anschließend bei der 24., 21. und 31. U-Fl. Am 4. 4. 1945 in Kiel in der Werft durch Fliegerbomben zerstört.
KL NORDHEIMER – 5. 1943; OL KÖNIG – 9. 1944; OL von STIPRIAAN – 10. 1944; KL MENARD
* Siegfr. BERLETT und Otto GREVE: Das Mützenabzeichen war ursprünglich rund. Wurde von einigen Kameraden etwas angefeilt zwecks besserem Halt am Bordkäppi.

U-238

† 50

20. 2. 1943//5. U-Fl. ab; ↓ am 9. 2. 1944 im Nordatlantik südwestlich von Irland durch britische Flugzeuge und die Sloops *Kite, Magpie* und *Starling* bei Angriff auf Träger.
KL HEPP
* Aus Erinnerungsbuch der Krupp-Germaniawerft Kiel-Gaaden.

U-239

† 1

13. 3. 1943//5. U-Fl. ab; am 24. 7. 1944 in Kiel durch Fliegerbomben schwer beschädigt außer Dienst gestellt.
OL VÖGE Ulrich.
* Aus Erinnerungsbuch der Krupp-Germaniawerft.

U-241

† 51

24. 7. 1943//5. U-Fl. ab; 3. U-Fl.; ↓ am 18. 5. 1944 im Nordmeer nordöstlich der Shetland-Inseln durch britische Flugzeuge.
OL WERR.
* Aus Erinnerungsbuch der Krupp-Germaniawerft.

U-242

† 44

14. 8. 1943//5. U-Fl. ab; in der Irischen See am 30. 4. 1945 westlich Blackpool durch Flugzeuge und Wabos der britischen Zerstörer *Hesperus* und *Havelock* ↓.
OL PANCKE – 2. 1945; OL RIEDEL Heinrich.
* Aus Erinnerungsbuch der Krupp-Germaniawerft. Boot gehört zur Bauserie U-235 / U- 250, Typ VII C. OL PANCKE war in Husum geboren, daher das Stadtwappen von Husum.

U-244 9. 10. 1943//5. U-Fl. ab; 9. U-Fl.; 11. U-Fl. Am 14. 5. 1945 in Loch Foyle/England eingelaufen. ↓ in Op.Dl.
KL FISCHER Ruprecht – 4. 1945; OL MACKEPRANG.
* Werner SUMPF

U-245 18. 12. 1943//5. U-Fl. ab; 3. U-Fl.; 33. U-Fl. Am 10. 5. 1945 in Bergen eingelaufen und von dort am 30. 5. 1945 nach England. In Op.Dl. ↓.
KK SCHUMANN-HINDENBERG.
* N. N.: Die langen Beine eines Wachoffiziers erinnerten an die von Jagdrüden, daher Jagdruf. (Eigentlich »HA-RÜDO-JOHO«) bzw. »HORRIDO-JOHO«.

U-247

† 52

23. 10. 1943//5. U-Fl. ab; 1. U-Fl.; 9. U-Fl. Am 1. 9. 1944 im Englischen Kanal durch canadische Fregatten *St. John* und *Swansea* ↓.
OL MATSCHULAT
Siehe Textanhang.

U-249 20. 11. 1943//5. U-Fl. ab und fb. Am 9. 5. 1945 in Portland eingelaufen und in Op.Dl. ↓.
OL LINDSCHAU – 7. 1944; KL KOCK.

U-239

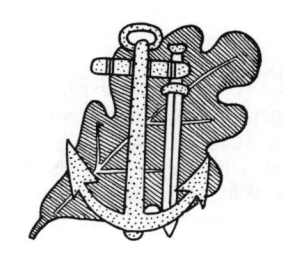

U-241

Wappen von Husum
U-242

Mützenabzeichen
U-244

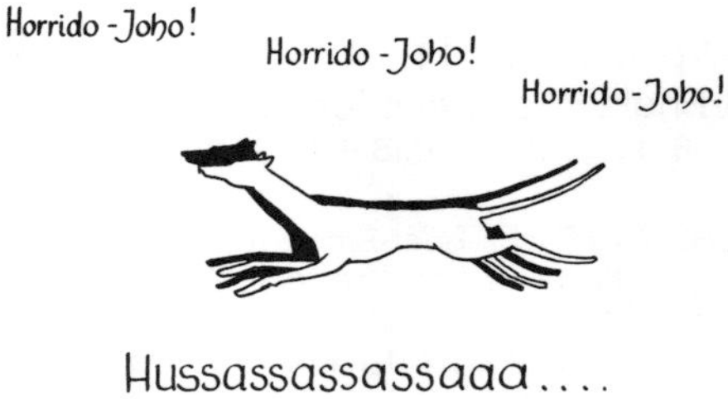

Horrido-Joho! Horrido-Joho! Horrido-Joho!
Hussassassassaaa....
U-245

1. U-Flottille
U-247

U-249
Mützenabzeichen

U-249
an Turmfront
in England nach Kapitulation

U-251

W.d.13.U.Fl.
mit rotem Teufel
U-251

U-255

U-255

U-251 20. 9. 1941//in 6., 11. und 13. U-Fl. – 7. 1943 als Frontboot, in 24., 21. und 31. U-Fl. Ausbildungs- und Versuchsboot.

† 39 KL TIMM Heinrich – 9. 1943; OL SÄCK; (OL SAUERBIER sollte in Norwegen eine neue Dienststellung antreten und war nur zur Überfahrt an Bord *U-251* kommandiert. Zur Besatzung gehörte er nicht. *U-251* ist also unter OL SÄCK am 19. 4. 1945 im Kattegat durch Fliegerbomben versenkt worden.) OL SÄCK war einer der zwei Überlebenden.
Siehe Textanhang.

(U-253) Siehe Textanhang.

U-255 29. 11. 1941//8. U-Fl. ab; 11.,, 13., 7. und 13. U-Fl.. Nach Kapitulation in Loch Eriboll/England eingelaufen. In Op.Dl. ↓.
KL RECHE ✳ – 6. 1943; OL HARMS – 8. 1944; LT BRISCHKE – 9. 1944; OL HEINRICH Helmut.

* Reinhard RECHE: Das Fuchs-Boot-Emblem bezieht sich auf den Namen des Kommandanten Reinhard, der Fuchs vertrat in der alten Tierfabel, die das höfische Leben ihrer Zeit verspotten wollte, den verarmten Kleinadel, der sich durch Wegelagerei versorgte. Zu diesem listigen Vergleich entwarf der Kommandant den roten Fuchskopf auf weißem Dreiecksschild, der an die Stirnseite des Turms von U-255 gemalt wurde. Dazu trat dann beidseitig das Eisbärwappen der 11. U-Fl. in Bergen. – Eine Sonderanfertigung des Emblems wurde der Patenstadt Rostock bei einem Besuch übergeben. Als Mützenabzeichen wurden zuerst Werftausführungen in rot und weiß, später dreifarbige in Emaille getragen. Die drei weiteren Kommandanten hielten das Fuchs-Zeichen in Ehren und führten das alte Nordmeerboot auch im Atlantik noch erfolgreich bis zur Kapitulation. HARMS schrieb in das Kriegstagebuch: »Es ist eine Freude mit solch einer Besatzung zu fahren!«.
Siehe Textanhang.

U-256 18. 12. 1941//9. U-Fl. November 1942 außer Dienst und im August 1943 als Flakfalle in Dienst. Nach einer Unternehmung Dezember 1943 wieder zum normalen Kampfboot umgebaut. 5. 10. 1944 Havarie und am 23. 10. 1944 in Bergen außer Dienst 1945 nach England ausgeliefert.
KL LOEWE Odo – 11. 1942; OL BRAUEL – 8. 1944; KK LEHMANN-WILLENBROCK – 10. 1944.

* Egon TSCHIERSCHKE (erst auf *U-573*): »Ich kam nach Spanien (s. *U-573*) nach Brest zur 9. U-Fl. auf U-256, das als Flak-U-Boot umgebaut wurde. Kommandant wurde OL Wilhelm BRAUEL, der später *U-92* übernahm. Das Wappen (Patenstadt LANDECK) trug nur *U-573* und *U-256*. * W. WIEDEY: Wappen als Flakboot.
Siehe Textanhang.

U-257 14. 1. 1942//5. U-Fl. ab; 3. U-Fl. Am 24. 2. 1944 im Nordatlantik durch canadische Fregatte *Waskesin* ↓. 31 Mann (mit Kommandant) gefallen.

† 31 KL RAHE

* Rudi PLATE: Zum Namen »FLORIANER«. Er soll auf Vorschlag eines Seemannes (Heinz SINGER) als Deckname für das Boot vorgeschlagen und von Kommandant und Besatzung angenommen worden sein. Von einer Patenstadt ist mir nichts bekannt.

U-256

U-256

Auf der letzten Fahrt von
Brest nach Bergen

U-256

U-257

U-258

U-260

U-262

8.8.43
U-262

U-264

U-264

U-264

U-264

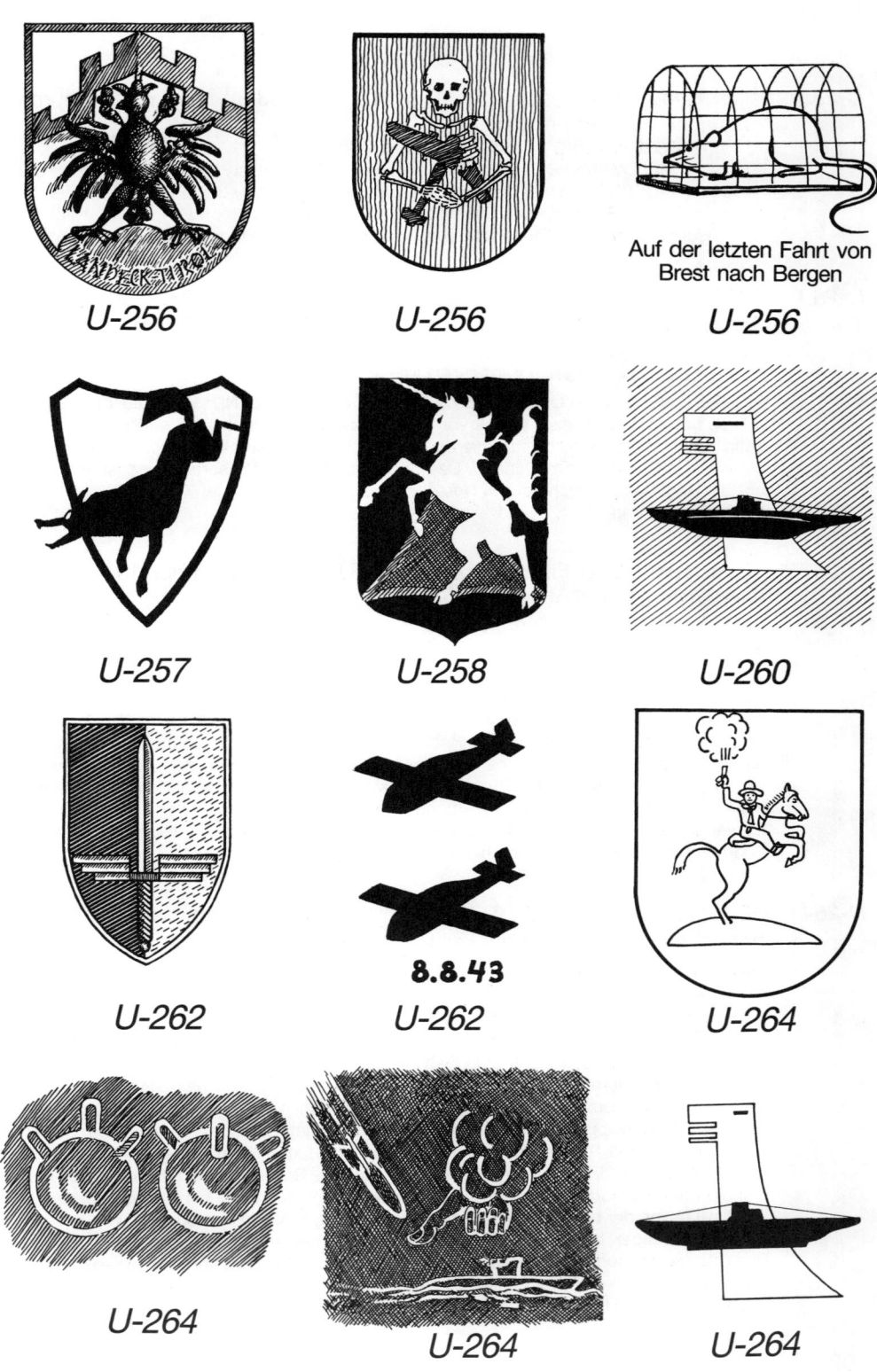

siehe Nachtrag: *U-255, U-264,*

U-258   4. 2. 1942//5. U-Fl. ab; 3. U-Fl. Am 21. 5. 1943 im Nordatlantik durch englische Fliegerbomben ↓.
† 49   KL von MÄSSENHAUSEN – 5.43; OL KOCH.
* Edmund BELLMANN: Das Wappen (springendes Einhorn) ist das Familienwappen der MÄSSENHAUSENS. Ich war damals I. WO auf dem Boot und stieg nach drei Fahrten im März 1943 in La Rochelle aus. Das Boot wurde auf der nächsten Fahrt im Mai 1943 auf dem Rückmarsch durch Fliegerbomben versenkt, mit der gesamten Besatzung.

U-260   14. 3. 1942//8. U-Fl. ab; 6. U-Fl.; 33. U-Fl. Am 12. 3. 1945 südostwärts Fastnet durch Mine schwer beschädigt und anschließend von der Besatzung selbst versenkt. Gesamte Besatzung in Irland interniert.
KL PURKHOLD – 4. 1944; OL BECKER Klaus.
* David CASWELL, AVOCA ARKLOW Co. WICKLOW/IRELAND: Während des letzten Jahres habe ich nach dem Wrack von *U-260* gesucht, welches 1945 südlich von Irland sank. Ich möchte Sie gerne informieren, daß ich das Boot gefunden habe, und zwar 7 km südlich von Glandore, Cork, Irland. Das Boot liegt in 70 m Wassertiefe und ist intakt bis auf die Bugfittings, welche durch Netze abgerissen sind.
Siehe Textanhang.

U-262   15. 4. 1942//5. U-Fl. ab; 3. U-Fl.; 33. U-Fl. Im Dezember 1944 durch Fliegerbombe in Gotenhafen beschädigt und nicht einsatzfähig. In Kiel im April 1945 außer Dienst
KL SCHIEBUSCH – 10. 1942; KL FRANKE ✢ – 2. 1944; OL WIEDUWILT – 11. 1944; KL LAUDAHN.
* Heinz FRANKE: »Das Boot gehörte zur 3. U-Fl. in La Rochelle. In La Rochelle verband uns ein besonders kameradschaftliches Verhältnis mit den Jagdfliegern der 2. Jagd-Gruppe Ost, die in der Nähe von La Rochelle für den Fronteinsatz geschult wurden. Einer dieser Luftwaffenoffiziere, der damalige Oberleutnant KRUPINSKI, der spätere General-leutnant der Bundesluftwaffe, überreichte uns 1943 als Zeichen besonderer Verbunden-heit mit unserem Boot dieses Emblem, das wohl das »Fliegende Schwert« darstellen soll. Es war gleichzeitig das Emblem dieser Jagdgruppe. – Das Geschenk, das mit einer netten Widmung versehen ist, ist noch heute in meinem Besitz.«

U-264   22. 5. 1942//5. U-Fl. ab; 6. U-Fl. Am 19. 2. 1944 im Nordatlantik durch britische Sloops *Woodpecker* und *Starling* ↓. Kommandant und 51 Mann in Gefangenschaft.
KL LOOKS
* Hartwig LOOKS: *U-264* wurde im Mai 1942 beim Bremer Vulkan Vegesack in Dienst gestellt. Kurz nach der Indienststellung übernahm die Heimatstadt meines damaligen I. WO, Leutnant zur See Günther LÖSCHKE, die Patenschaft über das Boot. Es war die Stadt Trier. Es wäre nicht ungewöhnlich gewesen, wenn *U-264* das Stadtwappen der Stadt Trier als Bootszeichen übernommen hätte. Doch Aberglauben hin – Aberglauben her, das Trierer Wappen zeigte den Petrus mit dem Himmelsschlüssel in der Hand. Sollten wir uns das an den Turm hängen und darauf hinweisen, daß Petrus bereits den Himmels-schlüssel für *U-264* bereit hält? Nein, lieber nicht. – So haben wir mit dem Boot fünf Feindfahrten im Nordatlantik ohne Wappen am Turm gemacht, bis wir schließlich am 19. 2. 1944 von der berühmten Suchgruppe des Capt. WALKER geschnappt wurden und nach 12stündiger Wabo-Verfolgung das Boot versenken mußten, nachdem alle 51 Besatzungsangehörigen das Boot verlassen konnten. – Das beigefügte Bootswappen ist erst in der englischen Gefangenschaft entstanden. *U-264* hatte im Heimatstützpunkt St. Nazaire bei der 6. U-Fl. den Tarnnamen »U-AMIGO« erhalten. Daher die Anregung zu dem

U-265

U-267

U-267

U-269

U-269

U-270

U-270
Mützenabzeichen

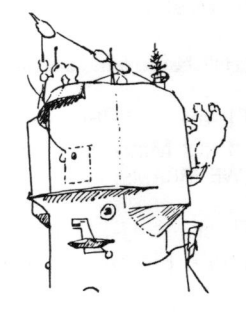

U-270
6. U-Flottille

U-271

U-275

U-277

U-277

103

Wappen, welches nie am Turm von *U-264* gewesen ist. Mein LI OL (Ing.) Karl FUEST hat es damals entworfen. – Mein I. WO war vor der letzten Feindfahrt von *U-264* ausgestiegen. Er übernahm ein Schulboot und ist mit seiner Besatzung in der Ostsee in Verlust geraten.
Siehe Textanhang.

U-265
† 48

6. 6. 1942//8. U-Fl. ab – 1. 1943; 7. U-Fl. fb – 2. 1943; ↓ durch Flugzeuge am 3. 2. 1943 im Nordatlantik südlich Island.
OL AUFFHAMMER.

U-267

11. 7. 1942//8. U-Fl. ab; 7. U-Fl.; 33. U-Fl. In der Flensburger Förde am 4. 5. 1945 selbst versenkt.
KL TINSCHERT – 7. 1943; OL v. WITZENDORF – 11. 1943 i. V.; OL KNIEPER.
* KATTELANZ, ObMasch. LINDBERG: »Kommandant TINSCHERT war WO auf *U-97*.«

U-269
† 16

19. 8. 1942//8. U-Fl. ab; 11. U-Fl.; 6. U-Fl. AM 25. 6. 1944 im Englischen Kanal (LYME-BAY) durch britischen Eskorter *Bickerton* ↓.
KL HARLFINGER – 3. 1944; KL HANSEN Otto i. V. 6. 1943 – 9. 1943; OL UHL.
* Willingen 1982 N.N.

U-270

5. 9. 1942//8. U-Fl. ab; 6. U-Fl. Am 12. 8. 1944 westlich La Rochelle in der Biskaya durch britische Flieger ↓. Besatzung in Gefangenschaft.
KL OTTO Paul-Friedrich – 7. 1944; OL SCHREIBER.
* Erich BÖTTCHER: »Links und rechts am Turm«.

U-271
† 51

23. 9. 1942//8. U-Fl. ab; 1. U-Fl. vorübergehend Flakfalle. Am 28. 1. 1944 im Nordatlantik westlich Limerick (Irland) durch Flieger ↓.
KL BARLEBEN.
* Walter BLATT: Farben: Hellebarde – metall, Untergrund – blaugrau.

U-275
† 49

25. 11. 1942//8. U-Fl. ab; 3. U-Fl.; 11. U-Fl. Am 10. 3. 1945 im Kanal südlich Beachy Head auf Mine gelaufen und gesunken.
OL BORK – 7. 1944; OL WEHRKAMP.

U-277
† 50

21. 12. 1942//8. U-Fl. ab; 6. U-Fl.; 13. U-Fl. Am 1. 5. 1944 südlich der Bäreninsel im Nördlichen Eismeer durch britisches Flugzeug vom Träger *Fencer* ↓.
KL LÜBSEN.
* Günther KELLER, I. WO auf *U-277*: LÜBSEN war Crew 37. Wenn ich mich recht erinnere, hat er das Wappen seiner Crew – zwei gekreuzte Schwerter – als Bootswappen übernommen (Verf.: nach Foto zwei Marine-Dolche). Zusätzlich führte das Boot einen Tigerkopf mit aufgerissenem Rachen, so zwischen 30 und 45° von der Mittschiffslinie weg angebracht, wohingegen die Schwerter an der entsprechenden Stelle der linken Turmseite befestigt waren. Beide Embleme waren nicht direkt auf dem Turm aufgemalt, sondern es handelte sich um bemalte Bleche in der entsprechenden Form, die am Turm aufgeschraubt oder aufgeschweißt waren. – Habe einmal gehört, daß eine Minensuchflottille von Bergen ebenfalls einen Tigerkopf als Flottillenemblem geführt hat. Eventuell handelt es sich um das gleiche Bild, da LÜBSEN meiner Erinnerung nach früher bei dieser Flottille gefahren ist. * Willingen 1982: Hat den Tigerkopf ebenfalls von dem Küstensicherungsverband des KK BARTEN übernommen. Verf.: Das Wappen von M1 bestand aus dem Tigerkopf mit 2 darunter gekreuzten Schwertern (s. Abb.).

U-278

U-281

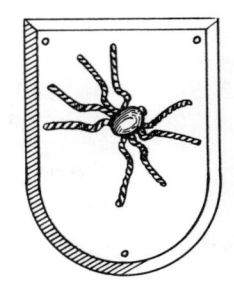

U-281
Mützenabzeichen

U-282
(U-Müller)

U-283

U-287

U-287

Patenstadt Wiesbaden
U-291

U-292

U-293

U-293

U-294

105

U-278 16. 1. 1943//8. U-Fl. ab; 7. U-Fl.; 11. U-Fl.; 13. U-Fl. Am 16. 5. 1945 in Loch Eriboll/England eingelaufen. In Op.Dl. ↓.
KL FRANZE.

* Joachim FRANZE: Das Wappen hat keine eigentliche Entstehungsgeschichte. Es wurde unter Mitwirkung der gesamten Besatzung geschaffen als ästhetische Zusammenstellung zweier Glückssymbole. Die Zeichnung übermittelte der ehemalige Obermaschinist Otto WAGNER.

U-281 27. 2. 1943//8. U-Fl. ab; 7. U-Fl.; 33. U-Fl. Am 29. 5. 1945 von Kristiansand nach England ausgeliefert. In Op.Dl. ↓.
KL v. DAVIDSON Heinrich.

* Heinz v. DAVIDSON: Das von mir geführte Boot *U-281* gehörte als Frontboot zur 7. U-Fl. in St. Nazaire und trug daher auch das Fl.-Wappen »La Vache qui rit« am Turm. (Verf.: Stier von Scapa Flow s. U-69) In der Werftliegezeit hatten die Boote empirisch gewählte Decknamen. *U-281* hieß »U-Spinne«. Die mit Bordmitteln gefertigte Spinne trugen wir im U-Bootsanzug an der Mütze. Der Name kam spontan zustande, da der LI (SCHWESSINGER XI/39) diesen Spitznamen wegen seiner Länge und Dünne hatte.

U-282 13. 3. 1943//9. U-Fl. Am 29. 10. 1943 im Nordatlantik durch britische Zerstörer *Duncan* und Korvette *Sunflower* ↓.
† 48   OL MÜLLER Rudolf.

* Verf.: mündliche Angabe – Kommandant und I. WO sollen MÜLLER geheißen haben. * K. GRÜTZEMACHER: I. WO war LT Joachim MÜLLER (40).

U-283 31. 3. 1943//8. U-Fl. ab; 9. U-Fl. Am 11. 2. 1944 im Nordmeer südwestlich der Färöer-Inseln durch britische Flieger ↓.
† 50   OL SCHOLZ Heinz-Günther – 8.43; OL NEY.

U-287 22. 9. 1943//24. U-Fl. ab 2. 1945; 31. U-Fl. fb – Ende. Am 16. Mai 1945 in der Elbmündung durch Minentreffer gesunken.
† ?   OL MEYER Heinrich.

* Foto von H.-D. TAMKE, ehemaliger WO von U-287.

Gerhard KOPP: . . . Wir hatten als Zeichen (am Turm und an der Bordmütze) einen Stern. Die Farben waren weiß und blau, und ich meine, das blau war jeweils im linken Feld.

U-291 4. 8. 1943//Schul-, Versuchs- und Ausbildungsboot in der 21., 23. und 31. U-Fl. Am 24. 6. 1945 von Wilhelmshaven nach England überführt und in Op.Dl. ↓.
OL KEERL – 11. 1943; OL STEGE – 7. 1944; OL NEUMEISTER.

* Emil WENDT: Wiesbaden war unsere Patenstadt. Von *U-291* sind wir alle auf *U-80* abkommandiert worden (s. d.).

U-292 25. 8. 1943//8. U-Fl. ab; 1. U-Fl. Am 27. 5. 1944 nördlich der Shetlands durch britische Flieger vernichtet.
† 51   OL SCHMIDT Werner.

U-295 　　　U-295 　　　U-295 »frontreif«

»Noch einmal Schwein gehabt!«
Mützenabzeichen
U-296

Mützenabzeichen
U-300

U-302

U-302 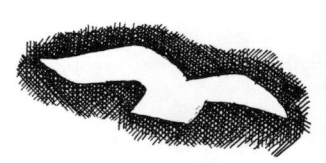　　　Mützenabzeichen
U-305　　　U-306

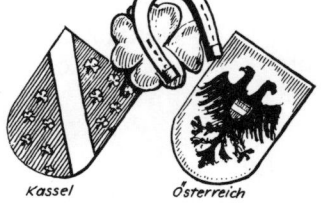

U-306
Oblt. z.S. v. TROTHA

U-307

U-309

U-293   8. 9. 1943//8. U-Fl. ab; 9. U-Fl.; 13. U-Fl. Am 11. 5. 1945 in Loch Ailsh/ England eingelaufen. In Op.Dl. ↓ .
KL KLINGSPOR.
* Karl WITTE.

U-294   6. 10. 1943//8. U-Fl. ab – 7. 1944; 11. U-Fl. (fb – oE) – 10. 1944; 13. U-Fl. fb – 2. 1945; 14. U-Fl. bis Ende. 16. 5. 1945 von Narvik nach England. In Op.Dl. ↓ .
OL SCHÜTT Heinz.
* Zeichnung: Erinnerungsbuch KINKELE.

U-295   20. 10. 1943//8. U-Fl. ab; 11. und 13. U-Fl. Am 16. 5. 1945 von Narvik nach England. In Op.Dl. ↓ .
KL WIEBOLDT.

U-296   3. 11. 1943//8. U-Fl. 9. und 11. U-Fl. Am 22. 3. 1945 im Nordkanal vor Irland durch feindliche Flugzeuge ↓ .
† 43   KL RASCH
* Rudolf GRASSELLI.

U-300   29. 12. 1943//8. U-Fl. ab; 7. und 11. U-Fl. Am 22. 2. 1945 vor Cadiz/ Spanien durch britische Minensucher *Pincher* und *Recruit* und bewaffnete Yacht *Evadine* ↓ .
† 11   OL HEIN.
* N. N. Damp. 2000/1980.

U-302   16. 6. 1942//8. U-Fl. ab; 11., 13. und 9. U-Fl. Am 6. 4. 1944 im Nordatlantik westlich der Azoren durch britische Fregatte *Swale* ↓ .
† 51   KL SICKEL.

U-305   17. 9. 1942//8. U-Fl. ab; 1. U-Fl. Am 17. 1. 1944 im Nordatlantik südwestlich Irland durch britischen Zerstörer *Wanderer* und Landungsschiff *Glenearn* ↓ .
† 51   KL BAHR.
* BRENNER übermittelt Mützenabzeichen.

U-306   21. 10. 1942//8. U-Fl. ab; 1. U-Fl. Am 31. 10. 1943 im Nordatlantik nordostwärts der Azoren durch britischen Zerstörer *Whitehall* und Korvette *Geranium* ↓ .
† 51   KL v. TROTHA Claus.

U-307   18. 11. 1942//8. U-Fl. ab; 1. und 13. U-Fl. Am 29. 4. 1945 im Nördlichen Eismeer vor Murmansk durch britische Fregatte *Loch Inch* ↓ .
OL HERRLE – 12. 1944; OL KRÜGER.

U-309

U-310

U-311

U-312

U-312

Mützenabzeichen
U-313

Mützenabzeichen
U-313

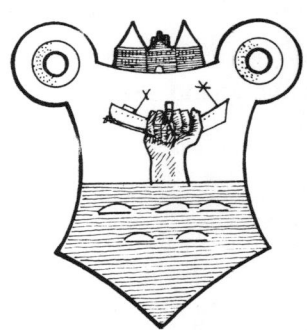

Mützenabzeichen
U-315

U-318

U-318
Mützenabzeichen

U-320

U-321

U-309 21. 1. 1943//8. U-Fl. ab; 11., 9. und 33. U-Fl. Am 16. 2. 1945 vor dem Moray Firth, nordwestlich Peterhead (Nordsee) durch canadische Fregatte St. John ↓.

† 48 OL MAHRHOLZ Hans-Gert – 9.44; OL LOEDER.

* H.-Gert MAHRHOLZ: Ich stellte im Januar 1943 U-309 (U-MATZ) in Dienst mit nachstehendem Bootswappen. Das Boot wurde im Herbst 1944 nach sieben Feindfahrten an meinen Nachfolger OL LOEDER übergeben, der 1945 mit der gesamten Besatzung untergegangen ist.

U-310 24. 2. 1943//8. U-Fl. ab; 7. und 13. U-Fl. Am 29. 5. 1945 von Drontheim nach England ausgeliefert.
OL FRIEDLAND – 9. 1943; OL LEY.

* Wilhelm REIF: »U-LANDSKNECHT«.

U-311 23. 3. 1943//8. U-Fl. ab – 11. 1943; 1. U-Fl. Versenkt durch Flugzeug südwestlich Irland am 24. 4. 1944.

† 51 KL ZANDER Joachim.

U-312 21. 4. 1943//8. U-Fl. ab; 6., 11. und 13. U-Fl. Am 16. 5. 1945 von Narvik nach England ausgeliefert. In Op.Dl. ↓.
KL NICOLAY – 12. 1944; OL HERRLE – 2. 1945; OL v. GAZA.

* JANSON: Soweit ich mich erinnere, entstand das Emblem folgendermaßen: Nach Wassereinbruch sollte die Hauptlenzpumpe angestellt werden. Als das Ding nicht anlief, soll ihr der Zentralmaat ein paar Schläge mit dem Hammer draufgegeben haben und die Pumpe lief wieder. Daher der Hammer mit dem Amboß.

U-313 20. 5. 1943//8. U-Fl. ab; 11. und 13. U-Fl. Am 19. 5. 1945 von Narvik/Norwegen aus nach England ausgeliefert. In Op.Dl. ↓.
KL SCHWEIGER.

* Rolf BRAUNE: Das Abzeichen wurde an der Bordmütze getragen. Es symbolisiert die vielen Rohrläufer, die wir hatten. Heißt also, der böse Teufel hält den Torpedo fest. Farben: Teufel – rot, Torpedo – metall. Verf.: Wappendarstellung aus Erinnerungsbuch KINKELE und Rolf BRAUNE.

U-315 10. 7. 1943//8. U-Fl. ab; 11. und 13. U-Fl. Am 1. 5. 1945 in Drontheim außer Dienst gestellt. Ende Mai nach England überführt.
OL ZOLLER

U-318 13. 11. 1943//4. U-Fl. ab; 11., 13. und 14. U-Fl. Am 19. 5. 1945 von Narvik/Norwegen nach England überführt. In Op.Dl. ↓.
OL WILL.

* Verf.: Figur des Lyrikers Joachim Ringelnatz.

U-320 30. 12. 1943//4. U-Fl. ab und fb. Am 7. 5. 1945 westlich Bergen/Norwegen durch britische Flugzeuge gebombt. Totalverlust.

† ? OL BREINLINGER – 7. 44; OL EMMRICH.

* H. KERN: »U-PINGUIN«.

U-321 20. 1. 1944//4. U-Fl. ab – 2.. 1945; 11. U-Fl. fb – 4. 1945; Am 2. 4. 1945 südwestlich Irland durch polnische Flugzeuge versenkt.

† 41 KL DREWS – 8. 1944; OL BERENDS.

U-323

U-324

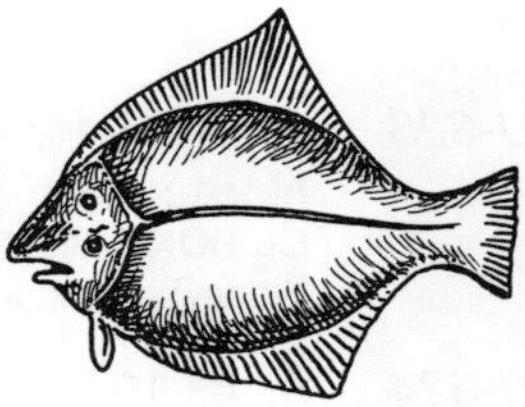

U-328

»Die Rheinschlange«
U-331

U-332
»U-Heidelberg«

U-332

U-333

U-334

U-334

U-334

U-338

U-340

U-323 2. 3. 1944//4. U-Fl. ab – 5. 1945; Selbst versenkt am 3. 5. 1945 Nordenham.
OL BOKELBERG – 7. 1944; KL PREGEL – 2. 1945; OL BOBINSKY.
Siehe Textanhang.

U-324 5. 4. 1944//4. U-Fl. ab; 11. U-Fl. Ende Mai 1945 in Bergen alliierte Kriegsbeute.
OL EDELHOFF.

U-328 19. 9. 1944//4. U-Fl. ab – 5. 1945; 11. U-Fl. fb – oE; 30. 5. 1945 von Bergen nach England ausgeliefert. In Op.Dl. versenkt.
OL LAWRENCE Peter – 12. 1944; OL SCHOLLE.
* Unter OL SCHOLLE, nicht unter LAWRENCE geführt.

U-331 31. 3. 1941//1. U-Fl. ab; 1., 23. und 29. U-Fl. Am 17. 11. 1942 nordwestlich Algier (im Mittelmeer) durch Flugzeuge des britischen Trägers *Formidable* ↓. 33 Mann gefallen, 16 Gefangene.

† 33 KL Frhr. v. TIESENHAUSEN ✣.
Siehe Textanhang.

U-332 7. 6. 1941//3. U-Fl. Am 2. 5. 1943 in der Biskaya bei Cap Finisterre durch britische Flieger gebombt. 45 Mann einschließlich Kommandant gefallen.

† 45 KL LIEBE – 1. 1943; OL HÜTTEMANN.
* Johannes LIEBE: Das Abzeichen war von mir entworfen und von zwei deutschen Graphikerinnen nach meinem Einlaufen in La Pallice in die vorliegende Form gebracht worden. * Helmut EBELL: »U-HEIDELBERG«.

U-333 25. 8. 1941//5. U-Fl. ab; 3. U-Fl. Am 31. 7. 1944 im Nordatlantik bei Bishop-Rock durch britische Sloop *Starling* und Fregatte *Loch Killin* ↓.

† 46 KL CREMER – 10. 1942; OL SCHWAFF – 5. 1943; KL CREMER ✣ – 7. 1944; KL FIEDLER.
* Walter KOST (s. U-1004): Unter KL CREMER hatte U-333 das Zeichen der drei kleinen Fische. * R. WIESER (Foto), Hellmut EBELL: Spruch des Kommandanten »Alles kleine Fische«.

U-334 9. 10. 1941//8. U-Fl. ab; 3. und 11. U-Fl. Am 14. 6. 1943 im Nordatlantik südwestlich Island durch britische Fregatte *Pelican* und Sloop *Jed* ↓.

† 47 KL SIEMON Hilmar – 4. 1943; OL EHRICH.

U-338 25. 6. 1942//8. U-Fl. ab; 7. U-Fl. Am 20. 9. 1943 im Nordatlantik südwestlich Island durch Fliegerbomben ↓.

† 52 KL KINZEL Manfred.
Siehe Textanhang.

U-340 16. 10. 1942//8. U-Fl. ab – 4. 1943; 6. U-Fl. fb – 11. 1943; Versenkt am 1. 11. 1943 bei Gibraltar durch britische Zerstörer *Active, Witherington*, Sloop *Fleetwood* und Flieger.

† 1 OL KLAUS Hans-Joachim

U-344 26. 3. 1943//8. U-Fl. ab; 3. und 11. U-Fl. Am 24. 8. 1944 im Eismeer durch britische Fregatte *Loch Dunvegan,* Sloops *Mermaid, Peacock*

U-344

U-345 u. U-821

U-348/U-369

Wappen von Hamburg
U-351

U-351

U-352
Wappen von Flensburg

U-353 (?)

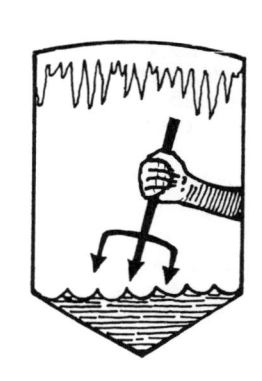

U-354

U-354

U-354

U-354

U-355

113

und Zerstörer *Keppel* ↓. (Diese Versenkung wird auch von den Sowjets am gleichen Datum in Anspruch genommen. *U-344* soll danach bei den Bären-Inseln durch sowjetischen Zerstörer *Derzkij* versenkt worden sein. 1. Meldung wahrscheinlicher.)

† 50   KL PIETSCH.

U-345   4. 5. 1943//8. U-Fl. ab; 13. U-Fl. Am 13. 12. 1943 in Kiel durch Mine und Fliegerbomben schwer beschädigt. Außer Dienst und später nach Warnemünde überführt. Am 27. 12. 1945 bei Ablieferung an England vor Warnemünde auf eine Mine gelaufen und gesunken. (Keine Verlustangabe in Möltenort.)
OL KNACKFUSS Ulrich.

* Ernst SCHMIDT: Ich fuhr auf beiden Booten und mit KNACKFUSS von Anfang an als I. WO. Das Wappen habe ich selber im Mai 1943 entworfen und fand es erst vor kurzem hier zwischen meinen Papieren. Es ist von mir damals in alle Gästebücher der verschiedenen Ausbildungsflottillen und bei Stützpunkten in Norwegen und Brest eingetragen worden. * Verf.: War Flak-Boot, lt. Foto.

U-348   10. 8. 1943//8. U-Fl. ab; 9., 8. und 5. U-Fl. ab; Am 30. 3. 1945 bei einem Luftangriff auf Hamburg ↓.

† 3   OL SCHUNCK Hans-Norbert – 3. 1945; OL SEEGER Sigurd i. V. 6. 1944 – 7. 1944

* H. N. SCHUNCK: Die Stadt Soest war unsere Patenstadt und das geschnitzte Wappen begleitete uns auf allen Feindfahrten. Wie Sie wissen, war Soest eine alte Hansestadt, darum auch der Schlüssel. Nach der Versenkung von *U-348* nahm ich das Wappen mit auf *U-369*, welches ich vier Wochen nach der Kapitulation in der Irischen See an die Engländer übergab. Das Bootswappen selber nahm ich mit in die Gefangenschaft und konnte es zwei Jahre lang vor dem Zugriff der Engländer bewahren. Jetzt schmückt es die Eingangshalle meiner Yachtschule in Gollenshausen. Das Wappen war ein Geschenk der Stadt Soest. * Thilo BIEGLER: Der Schlüssel hat nichts mit der Hanse zu tun, sondern ist das Attribut des hl. Petrus, Patron des Erzstifts Köln (einer früheren Landeshoheit).

U-351   20. 6. 1941//Ausbildungs- und Schulboot der 26., 24., 22. und 4. U-Fl. Am 5. 5. 1945 bei Höruphaff selbst versenkt.
OL HAUSE und 6 weitere Kommandanten.

* Verf.: OL ROSENBERG Günther, Kommandant von 12. 1941 – 8. 1942 war in Hamburg geboren, daher wohl Hamburger Wappen. Er gehörte der Crew 36 an, daher die Olympischen Ringe. * Durch Foto identifiziert.

U-352   28. 8. 1941//3. U-Fl. Am 9. 5. 1942 im Nordatlantik bei Kap Hatteras (amerikanische Küste) durch US-Coast Guard Cutter *Ikarus* durch Wabos ↓. 16 Mann gefallen, Kommandant und 32 Mann gefangen.

† 16   KL RATHKE.

* Kommandant soll Flensburger gewesen sein (nicht dort geboren).

U-353   31. 3. 1942//5. U-Fl. ab; 1. U-Fl. Am 16. 10. 1942 im mittleren Nordatlantik durch britischen Zerstörer *Fame* ↓.

† 6   OL RÖMER Wolfgang.

* Laut canadischer Angabe.

U-354   22. 4. 1942//5. U-Fl. ab; 1. U-Fl.; 11. und 13. U-Fl. Am 25. 8. 1944 bei Operation gegen Konvoi JW 59 durch britische Sloops *Mermaid, Pea-*

U-355   U-357   U-360

U-362   U-362   U-362

U-363   U-365   Stadt Soest
U-369

Wappen von Karelien
Am Turm
U-370

als Mützenabzeichen
U-370

Patenstadt Mönchen-Gladbach
U-371

115

| † 51 | cock, britische Fregatte *Dunvegan*, britischen Zerstörer *Keppel* und ein Flugzeug des britischen Trägers *Vindex* ↓.
KL HERBSCHLEB – 2. 194; KL STHAMER Hans-Jürgen.
* Emil SCHMEICHEL.

U-355

† 52

29. 10. 1941//5. U-Fl. ab; 11. U-Fl. Am 1. 4. 1944 südwestlich der Bäreninsel durch britischen Zerstörer *Beagle* und Flugzeug des britischen Trägers *Tracker* ↓.
KL LA BAUME.
* Hermann OESTREICHER und N. N.: Quersumme ergab 13 (3 + 5 + 5 = 13).

U-357

† 38

18. 6. 1942//8. U-Fl. ab; 6. U-Fl. Am 26. 12. 1942 im Nordatlantik nordwestlich Irland durch britische Zerstörer *Hesperus* und *Vanessa* ↓.
KL KELLNER.

U-360

† 51

12. 11. 1942//5. U-Fl. ab – 6. 1943; 13. U-Fl. – 4. 1944. ↓ am 2. 4. 1944 nordwestlich Hammerfest durch britischen Zerstörer *Keppel*.
OL BÜHRING Klaus Jürgen – 5. 1943; KL BECKER Klaus.

U-362

† 51

4. 2. 1943//8. U-Fl. ab; 13. U-Fl. Am 5. 9. 1944 (amtliche Todeserklärung 6. 9. 1944) in der Karasee bei Krakowka-Insel durch russischen Minenleger *T 116* ↓.
OL FRANZ Ludwig.
* Otto MIETHE: Ich war bis zum Sommer 1944 Besatzungsmitglied von U-362. Wir hatten in der Werft von Gotenhafen einen monströsen Turmvorbau als Flakstand und der Schild wurde dann auch nicht wie vorgesehen an der Turmmitte montiert.
Siehe Textanhang.

U-363

18. 3. 1943//8. U-Fl. ab; 11. und 13. U-Fl. Am 16. 5. 1945 von Narvik nach England überführt. In Op.Dl. ↓.
OL WILZER – 8. 1943; KL NEES.
* Heinz HANKE: . . . entworfen vom ehemaligen Zentralmaat Walter LAMBERTI.

U-365

† 50

8. 6. 1943//5. U-Fl. ab; 9. und 13. U-Fl. Am 13. 12. 1944 in der Barents-See im Nördlichen Eismeer durch Flugzeuge des britischen Trägers *Campania* ↓.
KL WEDEMEYER – 12. 1944; OL TODENHAGEN.
Siehe Textanhang.

U-369

15. 10. 1943//22. U-Fl. ab; 31. U-Fl. sb; Am 29. 5. 1945 von Kristiansand nach England überführt. In Op.Dl. ↓.
KL SCHAAFHAUSEN – 4. 1945; OL SCHUNCK (s. U-348).

U-370

19. 11. 1943//4. U-Fl. ab; 1. und 8. U-Fl.; (4. U-Fl. ab). Am 5. 5. 1945 in der Geltinger Bucht selbst versenkt.
OL NIELSEN.
* Gero PETERS und Paul WEISS: Wappenfarben: Schild – blau, Schwertarm und Rand – silbern. Ausschnitt aus einem finnischen Wappen. Gerades Germanenschwert gegen Krummschwert des Ostens.

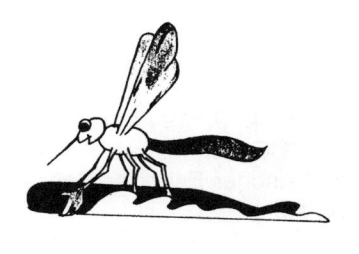

U-371

U-371

U-372

Mützenabzeichen
U-372

unter OL v. LEHSTEN
U-373

Mützenabzeichen
U-373

Wappen von Graz
U-373

am Turm
U-373

Patenstadt Aussig/Böhmen
U-375

am Turm
U-375

Patenstadt Karlsbad
U-376

U-376

U-371 15. 3. 1941//1. U-Fl.; 23. U-Fl.; 29. U-Fl. Am 4. 5. 1944 vor der algerischen Küste nördl. Constantine durch US-Schnelltransporter *Joseph E. Campbell,* Eskorter *Pride* und französischer Eskorter *Senegalans* (torpediert) und britischen Eskorter *Blankney* ↓.

† 3   KL DRIVER – 4. 1942; KL NEUMANN Heinz-Joachim i. V. 4. 1942 – 5. 1942; KL MEHL ✠ – 3. 1944; OL FENSKI.

* Sch.K. Nr. 49, * N. N. Damp 2000/1980: Zeichen der 29. U-Fl. unter DRIVER, NEUMANN, MEHL: »Esel in Flakstellung«. * Willingen 1982 – Patenstadt war Mönchen-Gladbach. * Thilo BIEGLER: Namensänderung München-Gladbach in Mönchen-Gladbach erfolgte erst 1950.
Die Deutung des Wappens der Patenstadt führte zum Spruch: »Brav sein wie Engel, kämpfen wie Löwen!«

U-372 19. 4. 1941//1. U-Fl.; 29. U-Fl. Am 4. 8. 1942 im östlichen Mittelmeer durch britische Zerstörer *Sigh, Zulu,* Eskorter *Croome* und *Tetcott* ↓, die durch ein Flugzeug unterstützt wurden. Besatzung in Gefangenschaft.
KL NEUMANN Heinz-Joachim.

* Günther KELLER: Das Bootswappen von *U-372*, auf dem ich als Fähnrich gefahren habe, ist dem Stadtwappen von Viersen nachgebildet worden. Viersen war die Patenstadt des Bootes.

U-373 22. 5. 1941//3. U-Fl. Am 8. 6. 1944 vor Brest durch britische Flugzeuge gebombt.

† 4   KL LOESER – 9. 1943; OL v. LEHSTEN.

* Günter RAUTENBERG: ... als Mützenabzeichen 1944 getragen ... – ... das Motiv wurde gewählt, weil eine ganze Reihe der Besatzungsangehörigen verheiratet war und überwiegend Jungen hatten. So die Angaben des Mixers R. GALL von *U-373* vor 10 Jahren (1972).

U-375 19. 7. 1941//5. U-Fl. ab; 3. und 29. U-Fl. Am 30. 7. 1943 nordwestlich von Malta durch US-U-Jäger *PC-624* ↓.

† 45   KL KÖNENKAMP.

* Patenstadt Aussig im Sudetenland.

U-376 21. 8. 1941//6. U-Fl.; 11. U-Fl.; 3. U-Fl. Am 10. 4. 1943 westlich von Nantes in der Biskaya durch britische Flugzeuge ↓.
KL MARKS Friedrich Karl.

* Patenstadt Karlsbad.

U-378 30. 10. 1941//8. U-Fl. ab; 3., 11. und 3. U-Fl. Am 20. 10. 1943 nördlich der Azoren durch Flugzeuge des US-Trägers *Core* ↓. 48 Mann gefallen, 1 Mann gefangen.

† 48   KL HOSCHATT – 10. 1942; KL MÄDER.

U-379 29. 11. 1941//8. U-Fl. ab – 6. 1942; 1. U-Fl. fb – 8. 1942. Am 8. 8. 1942 im Nordatlantik südostwärts Cape Farewell im Geleitzugsgefecht Konvoi SL 94 durch Wabos beschädigt, aufgetaucht und durch britische Korvette *Dianthus* gerammt.

† 40   KL KETTNER Paul-Hugo.

U-378

U-378

U-379
auch Mützenabzeichen

U-379

U-380
– U-Kleeblatt –

U-380
Mützenabzeichen

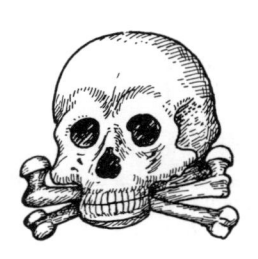

U-381

U-382

U-382

7. U-Flottille
U-382

U-383

U-385

U-380

† 2

22. 12. 1941//5. U-Fl. ab; 6. U-Fl.; 29. U-Fl. Am 11. 3. 1944 in Toulon durch US-Flieger gebombt.
KL RÖTHER – 11. 1943; KL BRANDI – 3. 1944.

* Josef RÖTHER: Der Vorschlag, einen Talisman in Form eines »Vierklees« kam aus den Reihen der Besatzung. Nach Auslaufen Kiel-Wik (HOWALD-Werft, Bauwerft) zur 1. Feindfahrt durch die Islandpassage in den Atlantik, trugen mir I. WO LOEDER, BICKEL und ein Seemann (Mechaniker 2 im Flak) folgende Begebenheit vor: Bei Übersiedlung der Besatzung und Einräumen des Bootes vor der 1. Unternehmung fiel ein Seemann auf der Wiese zwischen Kaserne (SAS) und der Pier mit all seinen Klamotten und Utensilien ins Gras. Dabei fand er im Liegen ein vierblättriges Kleeblatt. Er pflückte es und nahm es für sich als Talisman mit an Bord. Nach dem Auslaufen erzählte er diese Begebenheit seinen Kameraden. – Dies war die Geburtsstunde für das Bootswappen von U-380. Das Original kam unter Glas und erhielt einen Ehrenplatz im Turm. * Ernst VOGEL: (Vierblättriges Kleeblatt auch am Turm unseres Bootes einfach, schlicht, grün, aufgemalt. * Rolf Werner WENTZ: U-380 hatte in den Werften usw. den Namen »U-KLEEBLATT« (nicht »Vierklee«) und wir sind unter diesem Emblem glückhaft mit unserem Kommandanten Josef RÖTHER gefahren.

U-381

† 47

25. 2. 1942//5. U-Fl. ab; 7. U-Fl. Am 19. 5. 1943 im Nordatlantik südostwärts Cape Farewell durch britischen Zerstörer *Duncan* und Korvette *Snowflake* ↓.
KL Graf v. PÜCKLER und LIMPURG.

* Konrad A. MUELLER: Mein erstes Boot war U-381. Es wurde im Mai 1943 im Nordatlantik versenkt. Keine Überlebenden. Ich hatte das Glück, vor der letzten Reise abkommandiert zu werden. U-381 hatte als Bootswappen einen Totenkopf und unser Name war »U-VEILCHEN«. Den Namen Veilchen hatten wir von unserem ersten Einsatz im Oktober/November in der Nähe von Neufundland angenommen. Es war die Gruppe VEILCHEN, zu der wir gehörten. Totenkopf – Der Kommandant war irgendwie mit dem preußischen Generalfeldmarschall August von Mackensen (Totenkopfhusaren) verwandt.

U-382

25. 4. 1942//5. U-Fl. ab; 7. U-Fl. und 33. U-Fl. Im Januar 1945 durch Bombentreffer beschädigt und am 20. 3. 1945 außer Dienst. Im Mai 1945 in Wilhelmshaven selbst versenkt.
KL JULI – 5. 1943; OL KOCH – 11. 1943; OL ZORN und andere Kommandanten. .

* Herbert JULI: Die Zahl 13 mußte einfach die Glückszahl unseres Bootes sein, da die Quersumme der Bootsnummer 13 ergibt. Unsere Feldpostnummer war M 46120, also Quersumme auch wieder 13. Es war das 13. Boot der deutschen Werft in Kiel. Siehe Textanhang.

U-383

† 54

6. 6. 1942//8. U-Fl. ab – 9. 1942; 9. U-Fl. fb – 8. 1943. Am 1. 8. 1943 im Nordatlantik südwestlich von Irland durch Fliegerbomben ↓.
KL KREMSER Horst.

* Karl CONEN: Gästebuch von U-460 (Versorger).

U-385

† 1

29. 8. 1942//5. U-Fl. ab; 6. U-Fl. Am 11. 8. 1944 in der Biskaya westlich von La Rochelle nach Beschädigung durch britisches Flugzeug und durch britische Sloop *Starling* ↓.
KL VALENTINER Hans-Guido.

* Soll angeblich im Schneckentempo aus der AGRU-Front gekommen sein.

U-389

† 50

6. 2. 1943//5. U-Fl.; 9. U-Fl. Am 5. 10. 1943 in der Dänemarkstraße durch britische Flugzeuge ↓.
KL HEILMANN Siegfried.

U-389

U-393

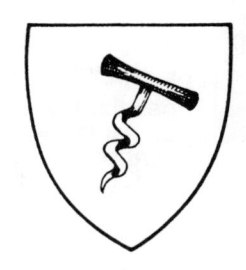

U-396

U-397

U-402

U-403 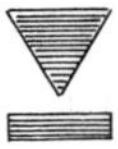
Wappen an Turmseite
leicht schräg
Takt. Z. in Rot

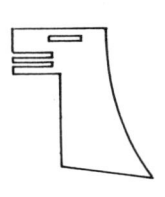

U-404
Mützenabzeichen

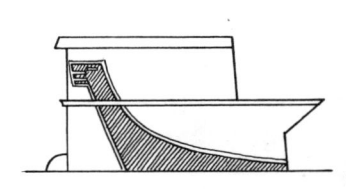

U-404

U-405
Eisbär auch plastisch

U-405

U-405

U-405

121

U-393

† 2

3. 7. 1943//5. U-Fl. ab; 24. U-Fl. ab; 5. U-Fl. Durch Bordwaffenbeschuß schwer beschädigt und bei Holmis (Flensburger Förde) auf Strand gesetzt und gesprengt.
OL RADERMACHER – 9. 1944; OL ZENKER – 1. 1945; OL SEEGER – 3. 1945; OL HERRLE.
* Lothar ZINNAU: *U-393*, Typ VIIC, Howaldtwerke Kiel gebaut. – Im November 1943 zur Erprobung eines neuen Unterwasser-Ortungsgerätes von OKM abgestellt. Die Erprobungsgruppe hatte den Namen SULTAN. Aus diesem Grunde wurde uns beim nächsten Werftbesuch ein bunter Sultan an die Vorderseite des Turmes gemalt. Die Erprobungsfahrten fanden meistens in den Gewässern um Bornholm statt. Dabei besuchten wir oft den Hafen von Rönne. Für uns war die Insel in der damaligen Zeit ein Paradies, wo Milch und Honig floß. Was war natürlicher, als daß beim Rückmarsch nach Deutschland von jedem Besatzungsmitglied für seine Lieben größere Mengen Butter, Wurst, Käse, Speck, Eier und sonstige Fressalien mitgenommen wurden. Wir haben einmal während eines Rückmarsches die eingekauften Eier gezählt, es waren etwa 800 Stück. Um auch diese Nebenrolle als Eierdampfer zu symbolisieren, wurde beim nächsten Werftbesuch der Sultan mit einem weißen, eierförmigen Untergrund versehen.
Siehe Textanhang.

U-396

† 45

16. 10. 1943//1. U-Fl.; 11. U-Fl. Am 23. 4. 1945 im Nordatlantik südwestlich der Shetland-Inseln von britischen Flugzeugen gebombt.
KL UNTERHORST – 3. 1945; KL SIEMON Hillmar.

U-397

20. 11. 1943//5. U-Fl. ab; 7., 23., 31. U-Fl. Am 5. 5. 1945 in der Flensburger Förde selbst versenkt.
OL KALLIPKE – 7. 44; OL STEGE Friedrich. – 4. 1945; KL GROTH Gerhard.
* Fritz KALLIPKE: Der Elchkopf sollte den Hinweis auf meine Heimat Ostpreußen geben. Das Wappen wurde von den Howaldt-Werken, Kiel (Lehrlingsabteilung) in gehämmerter Ausführung hergestellt, nach dem kleinen Silberrelief (Mützenabzeichen), das auch hier als Vorlage diente.

U-402

† 50

21. 5. 1941//3. U-Fl. Am 13. 10. 1943 nordwestlich der Azoren durch Flugzeuge des US-Trägers *Card* ↓.
KK Frhr. v. FORSTNER Siegfried ✠.
* Wolf Frhr. v. FORSTNER: Das Boot führte einen Bommel (Pompon wie an Pudelmütze) . . . * Canada Wappen von Karlsruhe. Auf einem roten Feld ein goldenes diagonales Band mit »FIDELITAS« in Schwarz. * Canada: U-boat is named »BOMMEL« and members of crew wear red pompons in their cape.

U-403

† 50

25. 6. 1941//5. ; ab – 8. 1941; 7. U-Fl. – 6. 1942; 11. U-Fl. – 2. 1943; 9. U-Fl. – 8. 1943. Am 17. 8. 1943 vor Dakar durch englische und französische Flugzeuge ↓.
KL CLAUSEN – 6.43; KL HEINE.
Heinz HORN: Siehe Geschichte Indienststellung im Textanhang.

U-404

† 50

6. 8. 1941//6. U-Fl. ab; 6. U-Fl. fb. Am 28. 7. 1943 nordwestlich Kap Ortegal (in der Biskaya) durch amerikanische und britische Flugzeuge ↓.
Siehe Textanhang.
KK v. BÜLOW Otto ✠ E – 7. 1943; OL SCHÖNBERG.

»U-Spatz«
U-406

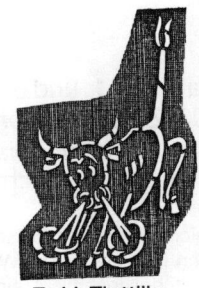

7. U-Flottille
U-406

unter KL BRÜLLER
an Backbordseite
U-407

U-407

U-407
unter KL BRÜLLER
an Steuerbordseite
U-407

U-407

U-408

U-409

U-409

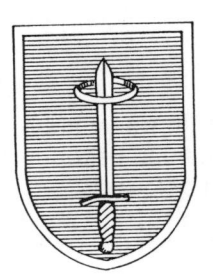

U-410

U-411

Mützenabz. (Kupfer)
U-413

U-405

† 49

17. 9. 1941//8. U-Fl. ab; 1., 11. und 6. U-Fl. Am 1. 11. 1943 nordwestlich der Azoren durch US-Zerstörer *Borie* gerammt, freigekommen, versucht den Zerstörer zu rammen, durch Wasserbomben ↓. *Borie* sank auf Grund der erlittenen Rammbeschädigungen einige Stunden später.
KK HOPMAN R. H.

* Karl VEIT: Das Bootszeichen von *U-405* ist mehr zufällig entstanden. Wir haben im Winter 1941/1942 eine Fahrt in die Nähe der Westküste von Spitzbergen gemacht. Dabei wurde auf einem Eisfeld (schollenähnlich) eine Eisbärfamilie gesichtet. Dies gab den Anstoß für das noch fehlende Bootszeichen.

U-406

† 12

22. 10. 1941//8. U-Fl. ab; 7. U-Fl. Am 18. 2. 1944 im Nordatlantik durch britische Sloop *Spey* ↓.
KL DIETTRICHS Horst.

* FELSMANN: Damp 2000/1980 – *U-406* hatte an Turmseite Stier der 7. U-Fl., als Mützenabzeichen einen Spatz – Deckname »U-Spatz«. * Patenstadt war Berlin.

U-407

† 6

18. 12. 1941//5. U-Fl. ab; 9. U-Fl. – 11. 1942; 29. U-Fl. Am 19. 9. 1944 im Mittelmeer südlich Milos durch britische Zerstörer *Terpsichore*, *Troubridge* und *Garland* ↓.
KL BRÜLLER – 1. 1944; OL KORNDÖRFER – 9. 1944; OL KOLBUS.

* Hans MICHAEL: Wie auf dem Foto ersichtlich, waren am Turm noch die olympischen Ringe und »Los gehts« zu sehen. »Los gehts« war gleichzeitig das Mützenabzeichen. Nach der Einfahrt ins Mittelmeer (9. 11. 1942) wurde dies geändert, es blieb der Sägefisch und das Wappen von Danzig. Mützenabzeichen wurde der Sägefisch (!).

U-408

† 45

19. 11. 1941//5. U-Fl. ab; 9. U-Fl.; 11. U-Fl. Am 5. 11. 1942 in der Dänemarkstraße nördlich Island durch Fliegerbomben ↓.
KL v. HYMMEN.

U-409

† 12

21. 1. 1942//5. U-Fl. ab; 9. U-Fl.; 29. U-Fl. Am 12. 7. 1943 nordostwärts Algier (Mittelmeer) durch britischen Zerstörer *Inconstant* ↓.
OL MASSMANN H.-F.
Siehe Textanhang

U-410

† 1

23. 2. 1942//5. U-Fl. ab; 7. U-Fl.; 29. U-Fl. Bei einem Luftangriff auf Toulon am 11. 3. 1944 ↓.
KK STURM Kurt – 2. 1943; OL FENSKI ✠.

U-411

† 46

18. 3. 1942//8. U-Fl. ab; 6. U-Fl. Am 20. 11. 1942 im Mittelmeer vor Bone Algier durch britischen Zerstörer *Quentin* und australischen Zerstörer *Quiberon* ↓.
OL LITTERSCHEID – 10. 1942; KL SPINDLEGGER.

U-413

† 45

3. 6. 1942//8. U-Fl. ab; 1. U-Fl. Am 20. 8. 1944 im Kanal südlich von Brighton durch britische Zerstörer *Forester*, *Vidette* und Eskorter *Wensleydale* ↓. 45 Mann gefallen, vermutlich 1 Mann gefangen.
KL POEL ✠ – 4. 1944; OL SACHSE Dietrich.

* POEL: Rose zu Liedtext »Du sollst niemals rote Rosen schenken«. Kein Fl.W. und Crew-Wappen gefahren.

U-414

U-415

U-415

Wappen Bad Harzburg
U-415

U-415

unter OL WERNER
U-415

U-419

U-421

U-422

U-423

U-425

U-427

U-414 1. 7. 1942//8. U-Fl. ab; 6. U-Fl.; 29. U-Fl. Am 25. 5. 1943 im Mittelmeer bei Oran durch britische Korvette *Vetch* ↓.
† 47 OL HUTH Walther.
* Deckname bei Gibraltardurchbruch »U-ARMLEUCHTER«.

U-415 5. 8. 1942//8. U-Fl. ab; 1. U-Fl. Am 14. 7. 1944 in Brest vor Torpedo-Netzsperre auf Mine gelaufen und gesunken.
† 2 KL NEIDE – 4. 1944; OL WERNER Herbert.
* Günter RAUZENBERG: Unter Kurt NEIDE fuhren wir die Olympia-Ringe am Turm. Verf.: An Turmstirnseite unter NEIDE das Stadtwappen von Harzburg, unter OL WERNER den römischen Soldatenkopf (Prätorianer), an der Mütze das Wappen der 1. U-Fl..

U-419 18. 11. 1942//8. U-Fl. ab; 11. U-Fl. Am 8. 10. 1943 im Nordatlantik durch britische Flugzeuge gebombt und ↓. 48 Mann gefallen, Kommandant als einziger gerettet und gefangen.
† 48 OL GIERSBERG.

U-421 13. 1. 1943//8. U-Fl. ab – 10. 1943; 9. U-Fl. – 3. 1944; 29. U-Fl. AM 29. 4. 1944 durch Fliegerbomben in Toulon schwer beschädigt und am 27. 6. 1944 außer Dienst gestellt.
OL KOLBUS.
* Fritz KRAUSE: Auf Balkanrückzug 2 Gefallene, in Berlin 3 Gefallene bei »Wachbataillon Dönitz«.

U-422 10. 2. 1943//8. U-Fl. ab – 7. 1943; 1. U-Fl. – 10. 1943. Am 4. 10. 1943 im Nordatlantik nördlich der Azoren durch amerikanische Trägerflugzeuge von *Card* ↓.
† 49 OL POESCHL Hans-Wolfgang.
* Karl CONEN: Gästebuch von U-460 (Versorger).

U-423 3. 3. 1943//8. U-Fl. ab; 3. U-Fl. Am 17. 6. 1944 im Nordmeer nordwestlich der Färöer Inseln durch norwegische Flugzeuge ↓.
† 53 OL METHNER – 9. 1943; OL KELLING i. V. – 10. 1943; OL HACKLÄNDER Klaus.

U-425 21. 4. 1943//8. U-Fl. ab; 9., 11. und 13. U-Fl. Am 17. 2. 1945 im Eismeer vor Murmansk durch britische Sloop *Lark* und Korvette *Alnwick Castle* ↓. 53 Mann gefallen, 1 Mann in Gefangenschaft.
† 53 KL BENTZIEN.

U-427 2. 6. 1943//8.U-Fl. ab; 7., 11., 13. und 14. U-Fl. Am 16. 5. 1945 von Narvik/Norwegen nach England ausgeliefert und in Op.Dl. ↓.
OL GRAF v. GUDENUS.
* K.-Wilh. GRÜTZEMACHER: Außer der roten Bootsflagge war dieser Knabe noch an jeder Seite des Turmes weiß aufgemalt. Patenstadt THORN fand sich lediglich im Schild des Kriegers angedeutet.

U-428 Als italienische *S 1* am 26. 6. 1943 in Dienst gestellt und im September 1943 von der Kriegsmarine übernommen. Von der 8. U-Fl. in die 23. und 31. U-Fl. als Schul- und Strom-(erzeugungs-)Boot. Am 4. 5. 1945 (OL G.

Patenstadt Thorn
U-427

U-428

U-429

Patenstadt Danzig
U-431

U-431

U-431

U-431

U-432

U-433

Wappen von Liegnitz
U-434

7. U-Flottille
U-434

Wappen Stadt Marienburg
U-435

ROTH ist am 3. 5. 1945 in Rendsburg von einer Fliegerbombe getroffen worden!), auf der Obereider nahe Rensburg/Audorf selbst versenkt.
OL MÜNSTER – 5. 1944; OL HANITSCH.
* Der Elch war silberfarben auf mittelmeerfarbigem (blauem) Grund mit silbrigem Wappenrand. – »Bei U-428, das ich von einer italienischen Besatzung übernahm, habe ich einen Elchkopf als Wappen gewählt.« »Metallembleme wurden, glaube ich, von der Besatzung nicht getragen."

U-429 14. 7. 1943//Als italienische »S 4« bei 8. U-Fl. ab; d. KM übernommen und 23. U-Fl. sb – 2. 1945. 31. U-Fl. ab – 3. 1945; ↓ (F) 30. 3. 1945 in Wilhelmshaven.
OL RACKY – 10. 1944; OL KUTTKAT.
* Werner REICHERTZ.

U-431 5. 4. 1941//3. U-Fl.; 29. U-Fl. Am 30. 10. 1943 im Mittelmeer durch britisches U-Boot *Ultimatum* torpediert und ↓.
† 52 KL DOMMES ✠ – 12. 1942; OL SCHÖNEBOOM ✠.
* FELDMANN: Patenstadt Danzig. * *U-431* unter Wilhelm DOMMES »HORRIDO, HORRIDO« und »64 Tage Wartezeit und 16 Tage zweite Front«. Anfang September 1942 läuft das Boot zu seiner 8. Unternehmung im Mittelmeer aus. Nach 3 Wochen Schaden am Sehrohr, der mit Bordmitteln nicht zu beheben war. Daher Einlaufen zur Reparatur. In 24 Stunden Schaden behoben und sofort wieder ausgelaufen. Dieses Auslaufen wurde als 9. Reise gewertet. Erfolgloser Angriff auf einen Trägerverband. Dann wieder Fliebo-Angriff, bei dem beide Sehrohre ausfielen. Wieder ging es zurück nach La Spezia. Dort herrschte inzwischen emsiges Treiben. Abermals ist *U-431* nur 24 Stunden im Hafen, um zu reparieren, Aale und Verpflegung zu übernehmen. Inszwischen sind die Alliierten gelandet. (Verf.: in Italien) Auch U-431 wird sofort eingesetzt. Daher also die »64 Tage Wartezeit und 16 Tage zweite Front« vor Algier und Oran.

U-432 26. 4. 1941//3. U-Fl. Am 11. 3. 1943 im Nordatlantik durch französische Korvette *Aconit* ↓.
† 26 KL SCHULTZE Heinz-Otto ✠ ; KL ECKHARDT.

U-433 24. 5. 1941//3. U-Fl. Am 16. 11. 1941 im Mittelmeer südlich Malaga durch britische Korvette *Marygold* ↓.
† 6 OL EY.

U-434 21. 6. 1941//7. U-Fl. Am 18. 12. 1941 im Nordatlantik westlich Cap Vincent durch britische Eskorter *Blankney* und *Stanley* ↓.
† 3 KL HEYDA.
* Canada – W. v. LIEGNITZ.
Aus Suchanzeige in Heimatzeitschrift: »Dieses Boot hatte die Ausnahmegenehmigung, am Turm das Wappen der Stadt Liegnitz und bei festlichen Anlässen außerdem noch einen Wimpel mit den Liegnitzer Stadtfarben zu führen. Schildfarben: Untergrund – blau, Löwe – gold, Schlüssel – silber.

U-435 30. 8. 1941//5. U-Fl. ab; 1., 11., 1. U-Fl. Am 9. 7. 1943 im Nordatlantik westlich Figueirira/Portugal gebombt.
† 48 KL STRELOW ✠.
* Wappen der Stadt Marienburg.

U-436 27. 9. 1941//5. U-Fl. ab; 7., 11. und 6. U-Fl. Am 26. 5. 1943 im

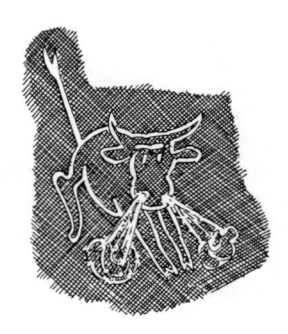

U-436

W. v. Posen an Turmfront
U-436

U-437

Mützenabzeichen
U-437

Patenstadt Berlin
U-438

U-439

U-439

U-440

U-Flak 1/U-441

7. U-Flottille
U-442

U-444

U-445

| | Nordatlantik westlich Cap Ortegal durch britische Fregatte *Test* und Korvette *Hyderabad* ↓.
KL SEIBICKE ✠ . |
|---|---|
| † 47 | * GRÄEMER Heinz. Deckname »U-POSEN«. |

U-437 25. 10. 1941//6. U-Fl. Am 4. 10. 1944 durch Luftangriff britischer Flugzeuge auf Bergen schwer beschädigt und anschließend außer Dienst gestellt.
KL SCHULZ Werner Karl – 12. 1942; KL LAMBY.
* Hubert JESCHKE: *U-437* . . . hatte als Wappen einen roten Elefanten, Seitenansicht, Kopf links – auf weißem Grund, Wappenrand schwarz. Als Mützenabzeichen wurde ein Elefant aus vernickeltem Blech getragen.
* FELSMANN: Deckname »U-WERNER«

U-438 22. 11. 1941//8. U-Fl. ab; 9. U-Fl. Am 6. 5. 1943 im Nordatlantik nordostwärts Neufundland durch britische Sloop *Pelican* ↓.
† 48   KL FRANZIUS – 3. 1943; KL HEINSOHN Heinrich.
* Siegfried BERLET: Berlin war die Patenstadt dieses Bootes. Wir trugen den Bären an der Mütze, am Turm ebenfalls. Hatten an Bord einen lebenden Waschbären als Maskottchen mit dem Namen »FIETJE«. Der Kommandant war KL FRANZIUS. * Alois FASSBENDER: . . . von dem ich am Tage des letzten Auslaufens am 7. 4. 1943 zusammen mit meinem ehemaligenn Kommandanten abkommandiert wurde.

U-439 20. 12. 1941//5. U-Fl. ab; 1. U-Fl. Am 3. 5. 1943 im Nordatlantik westlich Kap Ortegal durch Kollision mit U-659 gesunken. 40 Mann gefallen, Rest in Gefangenschaft.
† 40   KL SPORN – 2. 1939; OL v. TIPPELSKIRCH.
* Verf.: Zeichen ist deutlicher Hinweis auf den Namen des Kommandanten SPORN.
* Ulrich RAHN in einem Brief an den Vater des gefallenen Kommandanten General von TIPPELSKIRCH: ». . . ich möchte fast sagen, daß wir nach außen hin wie eine große Familie wirkten. Dies geht wohl auch besonders daraus hervor, daß auf Vorschlag aus den Unteroffizierskreisen unser Bootswappen in engste Verbindung mit unserem Kommandanten gebracht wurde, nämlich: eine Kirche, welche auf zwei Knobelbechern ging, was so viel wie »tippelnde Kirche« bedeutete. Ihr Herr Sohn hatte für Humor viel Verständnis und akzeptierte gern dieses Wappen . . .".

U-440 24. 1. 1942//5. U-Fl. ab; 1. U-Fl. Am 31. 5. 1943 nordwestlich Kap Ortegal durch eine Sunderland gebombt.
† 46   KL GEISSLER – 5. 1943; OL SCHWAFF.
* Lt. CANADA

U-441 21. 2. 1942//5. U-Fl. ab; 1. U-Fl. zeitweise Flakfalle. Am 28. 6. 1944 nordwestlich Brest durch polnische Flieger ↓.
† 58   KL HARTMANN Klaus – 5. 1943; KL v. HARTMANN G. – 8. 1943; KL HARTMANN Klaus

U-442 21. 3. 1942//5. U-Fl. ab – 9. 1942; 7. U-Fl. fb – 2. 1943; Versenkt durch Flieger am 12. 2. 1943 im Nordatlantik westnordwestlich von Kap Vincent.
KK HESSE Hans-Joachim.

U-444 9. 5. 1942//8. U-Fl. ab – 12. 1942; 3. U-Fl. fb – 3. 1943; Am 11. 3. 1943

so am Turm
U-445

Mützenabzeichen
U-445

Patenstadt Rendsburg
U-445

U-447

U-448

U-448

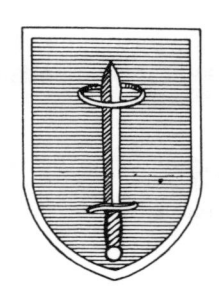

U-448

U-450

U-450

U-451

U-451

U-453

im mittleren Nordatlantik durch britischen Zerstörer *Harvester* und französische Korvette *Aconit* ↓.
OL LANGFELD Albert.
* Rudolf SPITZ: Skizze, Gemse, evtl. Wappen von Kitzbühel.

U-445

† 53

30. 5. 1942//8. U-Fl. ab; 6. U-Fl. Am 24. 8. 1944 südwestlich St. Nazaire durch britische Fregatte *Louis* ↓.
OL FENN Heiko – 1. 1944; OL FISCHLER Graf v. TREUBERG Ruppr.
* Heiko FENN: Dieses Motiv wurde gewählt, weil die 1. U-Bootsgruppe, der mein Boot nach Auslaufen zur 1. Unternehmung im Spätherbst 42 zugeteilt wurde, den Namen Gruppe-BÜFFEL erhalten hatte. Der Büffel war ohne Umrandung auf die beiden Turmseiten gemalt, Blick in Fahrtrichtung. * Mützenabzeichen nach Foto v. Schwester des Grafen v. Treuberg.
Aus Schleswig-Holsteinische Landeszeitung, Rendsburg: ».. . daß das mit dem Rendsburg-Wappen gezeichnete Paten-U-Boot, das am 30. Mai 1942 unter OL FENN in Dienst gestellte *U-445* gewesen ist.«

U-447

† 48

11. 7. 1942//8. U-Fl. ab; 9. U-Fl. Am 7. 5. 1943 westlich Gibraltar durch britische Flieger ↓.
OL BOTHE Friedr.

U-448

† 10

1. 8. 1942//8. U-Fl. ab; 7. U-Fl. Am 14. 4. 1944 nordostwärts der Azoren durch canadische Fregatte *Swansea* und britische Sloop *Pelican* ↓.
OL DAUTER
* ERBSCHWENDNER: 1943 Patenschaft mit Pionierabteilung St. Nazaire. Zeichen nicht am Turm, nur intern.

U-450

† 1

12. 9. 1942//8. U-Fl. ab; 9. und 29. U-Fl. Am 10. 3. 1944 im Mittelmeer südlich von Ostia durch britischen Zerstörer *Exmoor,* Eskorter *Blankney, Blencathra* und *Brecon* ↓. 42 Mann, darunter Kommandant, gefangen.
OL BÖHME Kurt.
* Kurt BÖHME: *U-450* hatte kein eigenes Wappen, sondern führte am Turm in der Mitte das Crew-Abzeichen meiner 37b-Crew und an den beiden Turmseiten den Sägefisch, das Zeichen der 9. U-Fl., zu der *U-450* bis zum ersten Anlegen in Toulon nach Durchbruch durch Gibraltar gehörte.

U-451

† 44

3. 5. 1941//3. U-Fl. Am 21. 12. 1941 vor der Straße von Gibraltar durch britische Flugzeuge gebombt.
KL HOFFMANN Eberhard.
* Kommandant war Crew-Kamerad zu Reinhard HARDEGEN, der ebenfalls Seeflieger war. Patenstadt Kaiserslautern.

U-453

† 3

26. 6. 1941//7. U-Fl.; 29. U-Fl. Am 21. 5. 1944 im Ionischen Meer durch britische Zerstörer *Termagant, Tenacious* und Eskorter *Liddesdale* ↓.
KL HETSCHKO – 7. 1941; KL Frhr. v. SCHLIPPENBACH ✠ – 12. 1943; OL LÜHRS Dirk.
* »U-NÜRNBERG«

U-454

† 34

24. 7. 1941//5. U-Fl. ab; 7. U-Fl. Am 1. 8. 1943 nordwestlich Kap Ortegal durch ein Sunderland-Flugboot ↓.
KL HACKLÄNDER Burkhard.
* Karl CONEN: Gästebuch von *U-460* (Versorger).

»U-Nürnberg«
U-453

U-453

U-453

Wappen von Osnabrück
U-454

U-454

bei der Versorgung durch *U-460*
U-454

U-454

Patenstadt Forst i. d. L.
U-455

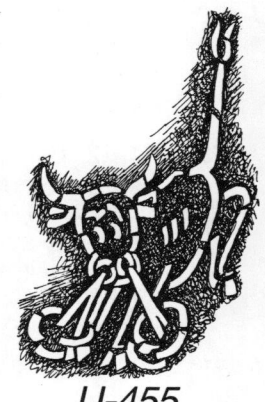

U-455

U-456

U-457

133

U-455 21. 8. 1941//7. U-Fl. – 2. 1944; 29. U-Fl. Am 6. 4. 1944 im Mittelmeer beim Einlaufen in den Hafen von La Spezia vermutlich durch Minentreffer verloren gegangen.
† 51 KL GIESSLER Hans Heinrich; KL SCHEIBE.
* Gerh. SCHWARZ: Am Turm wurde, solange das Boot zur 7. U-Fl. gehörte, der Stier von Scapa Flow geführt. Das Patenstadtwappen von Forst in der Lausitz wurde lediglich als Mützenabzeichen getragen.

U-456 18. 9. 1941//6. U-Fl.; 11. U-Fl.; 1. U-Fl. Am 13. 5. 1943 im mittleren Nordatlantik durch britische Fregatte *Lagan,* Korvette *Drumheller* und ein Flugzeug ↓.
† 49 KL TEICHERT Max-Martin ✣.
* Rainer LANG: Ich bin als Fähnrich und als Wachoffizier auf *U-456* und *U-921* gefahren. Das Wappen von *U-456* war ein Hufeisen, in der Mitte ein Würfel.

U-457 5. 11. 1941//6. U-Fl. ab; 11. U-Fl. Am 16. 9. 1942 westlich Nowaja Semlja (Barents-See) durch britischen Zerstörer *Impulsive* ↓.
† 45 KK BRANDENBURG.
* Ruth GRAEFF: Wappen.

U-458 12. 12. 1941//8. U-Fl. ab; 3. U-Fl.; 29. U-Fl. Am 22. 8. 1943 südostwärts Pantelleria (Mittelmeer) durch britischen Eskorter *Easton* und griechischen Eskorter *Pindos* ↓.
† 8 KL DIGGINS.

U-459 15. 11. 1941//4. U-Fl. Am 24. 7. 1943 nordwestlich Kap Ortegal durch Fliegerbomben ↓.
† 20 KK v. WILAMOWITZ-MÖLLENDORF.
* Zeichen ab 3. Feindfahrt.

U-460 24. 12. 1941//4. U-Fl. ab; 10. und 12. U-Fl. Am 4. 10. 1943 nordwestlich der Azoren durch Flugzeuge des US-Trägers *Card* ↓.
† 62 KL SCHÄFER Friedr. – 8. 1942; KL SCHNOOR.
* Fritz ROGASCH: . . . war im Wappen nur der amerikanische Kontinent ausgeführt. Die Farbe . . . dürfte der Kontinent vermutlich schwarz oder dunkelgrün auf hellem (hellblauem) Untergrund gemalt worden sein. Das Wappen einer Patenstadt wurde nicht geführt.

U-461 30. 1. 1942//4. U-Fl. ab; 10. U-Fl.; 12. U-Fl. Am 30. 7. 1943 im Nordatlantik nordwestlich Kap Ortegal durch britische Flieger ↓.
† 54 OL BERNBECK – 4. 1942; KK STIEBLER.
* Wolf STIEBLER: Anbei (Foto) einer Kreidezeichnung auf dem Turm. – Ich meine, daß diese jeweils vor dem Einlaufen aufgetragen wurde. Wir hatten wohl ab und an eine Maling am Turm, jedoch keine bestimmte. * Bruno VOWE: . . . leider hatte *U-461* die säugende Wölfin.

U-462 5. 3. 1942//4. U-Fl. ab; 10. U-Fl.; 12. U-Fl. Am 30. 7. 1943 im Nordatlantik nordwestlich Kap Ortegal ↓.
† 3 OL VOWE.
* Bruno VOWE: So mußte ich mich nach einem anderen Motiv umsehen und wählte einen Tintenfisch. Helfende Arme konnten wir nie genug haben. Bei Gefahr unsichtbar machen

wohl Vorlage		
U-457	U-457	U-457
U-458 	U-458
mit Mittelmeerwinkel	U-459
U-460	U-461	U-461
U-462 	Patenstadt Fürstenwalde
U-462	Turmaufschrift
U-462

gelang uns leider nicht. Außerdem hatte ich noch das Stadtwappen meiner Paten- und Heimatstadt Fürstenwalde/Spree am Turm.
* »U-POLYP«.

U-463
† 56

2. 4. 1942//4. U-Fl. ab – 7. 1942; 10. U-Fl. (fb-v) – 10. 1042; 12. U-Fl. (fb-v) – 5. 1943. ↓ (F) 15. 5. 1943 südwestlich der Scilly-Inseln.
KK WOLFBAUER.
* Can. I/35: Pelican with 4 young, autumn 1942. Supply U-boat. *U-463* one of a series of supply boats carrying device of parent animal with 4 young. * Bestätigung durch Herm. WIEN, Bruder eines gefallenen Besatzungsmitgliedes.

U-466

17. 6. 1942//5. U-Fl. ab; 3. U-Fl.; 29. U-Fl. Am 19. 8. 1944 in Toulon selbst gesprengt.
KL THÄTER Gerhard.
* THÄTER G.: Die Idee des Wappens »Hab Sonne im Herzen« geht zurück auf Kommandant Ritter von GEORG aus dem 1. Weltkrieg, auf dem der Vater des Kommandanten als Leitender Ingenieur fuhr. – *U-466* . . . war nach 6 Feindfahrten das letzte VII C Boot des 2. Weltkrieges, das im März 1944 die Straße von Gibraltar einlaufend ins Mittelmeer passierte und am 30. 3. 1944 in Toulon einlief. Nach schweren Fliegerangriffen wurde das Boot kurz nach der Invasion 1944 durch seinen leitenden Ingenieur Wolfram AHRENS gesprengt.
Aus SCHALTUNG KÜSTE, Nr. 105/November, Dezember 1985: SEEMANNSGRAB FÜR U-BOOT-OFFIZIER BEI KAPSTADT. Vor der Südspitze Afrikas hat ein Unterseeboot der südafrikanischen Marine den aus Dortmund stammenden ehemaligen ersten Offizier des U-Bootes 466 der deutschen Kriegsmarine, Hein HAGENKOTTER, auf seemännische Weise bestattet. – Von Bord des Bootes aus wurde die Asche des Verstorbenen ins Meer gestreut. Der 58 Jahre alt gewordene HAGENKOTTER hatte zuletzt in Namibias Hauptstadt Windhuk gelebt, wo er 1953 das inzwischen geschlossene deutsche Konsulat aufbaute. In der einstmals deutschen Kolonie Südwestafrikas ließ er sich später als Geschäftsmann nieder. Als er einem Herzschlag erlag, folgte die Besatzung des südafrikanischen U-Bootes *Maria von Riebeeck* seinem Wunsch nach Beisetzung auf hoher See, wie Frau Hagenkotter in Windhuk bestätigte.
Während des zweiten Weltkrieges war HAGENKOTTER bei Einsätzen im Atlantik Wachoffizier auf mehreren Unterseebooten, darunter *U-648* und *U-323*.

U-467

15. 7. 1942//5. U-Fl. ab; 11. U-Fl. Am 25. 5. 1943 westlich der Färöer durch US-Catalina Flugboot gebombt
KL KUMMER

U-468
† 46

12. 8. 1942//5. U-Fl.; 3. U-Fl. Am 11. 8. 1943 im Mittelatlantik ostwärts Dakar durch britische Flieger ↓. Kommandant und sieben Mann gerettet.
OL SCHAMONG.
* Lied aus Berlin Anlaß zum Wappen: »Warte, warte nur ein Weilchen . . .«

U-471

5. 5. 1943//5. U-Fl. ab; 1. U-Fl.; 29. U-Fl. Am 6. 8. 1944 bei einem Luftangriff auf Toulon gesunken. 1945 franz. Kriegsbeute. Französische *Mille* (nach Christopher SAHLIN/Schweden nicht erwiesen).
KL KLOEVEKORN.
* Fritz KLOEVEKORN: Das Wappen zeichnete unser Funkgefreiter Hans FENNINGER aus Österreich (Wien). Er sah in meinem Kommandanten-Raum einen kleinen Elefanten, den ich als Talisman von zu Hause mitbekommen hatte. Dann sah er auch einen Regenschirm, in dessen Innenleben der Sternhimmel der nördlichen Halbkugel gezeichnet war. Den

gleichz. Frontreif-Zeichen am Turm
U-462

U-463

U-466

U-467

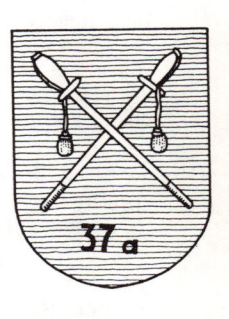

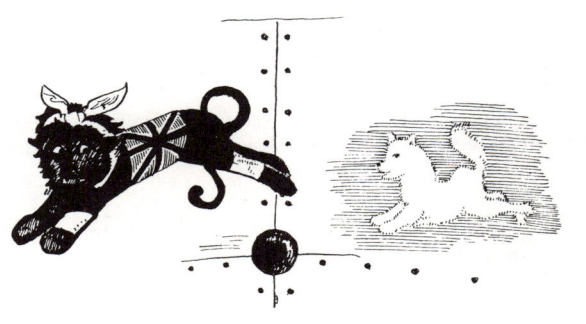

U-468

»U-Hackebeil«
U-468

U-471

U-472

U-473

ab Januar 1944
U-473

bekam ich während meiner Ausbildung zum U-Boot-Kommandanten durch Vermittlung eines Marineoffiziers aus Hamburg. Es gab davon nur einige Exemplare. BOBBY, das war mein Spitzname, wie überhaupt viele meiner Bootskameraden mit solchen Namen gerufen wurden.
Siehe Textanhang.

U-472

† 22

26. 5. 1943//5. U-Fl. ab; 11. U-Fl. Am 4. 3. 1944 südostwärts der Bäreninsel durch britischen Zerstörer *Onslaught* und Flugzeuge des britischen Trägers *Chaser* ↓.
OL Frhr. v. FORSTNER Wolfgang Friedrich.

* v. FORSTERN W. Fr.: Mein Boot *U-472* trug öffentlich kein Wappen, hatte jedoch eines von der Werft gefertigt an Bord und führte es während der Ausbildungszeit in der Heimat. Es war das Zeichen der Crew 37a . . . Es waren zwei gekreuzte Dolche auf blauem Grund.

U-473

† 24

16. 6. 1943//5. U-Fl. ab; 9. U-Fl. Am 5. 5. 1944 südwestlich Irland durch britische Sloops *Starling, Wren* und *Wild Goose,* auch Flugzeugträger *Treker* ↓.
KL STERNBERG.

* Walter ILLIG: Am 18. 12. 1943 stieg ich in Kiel von der 11. U-Fl. Bergen/Norwegen kommend, auf diesem Boot ein und habe die weiteren Fahrten bis zum Untergang mitgemacht. Dem Boot wurde von irgend einer Seite, ob es der Kommandant war, ist mir nicht mehr bekannt, ein Spitzkopf-Welpe, weiß, geschenkt. Jedenfalls trug *U-473* während der Ausbildung in der Ostsee eine diesbezügliche Maling am Turm. Als ich am 18. 12. 1943 beim Boot einstieg, war der Hund, inzwischen groß geworden, nicht mehr an Bord. Die Frau des Kommandanten hatte das Tier in Obhut genommen, weil verschiedene Besatzungsmitglieder nicht gerade zärtlich mit ihm umgegangen waren. (Er hatte zu viel angestellt.) Jedenfalls wurde das Bootsemblem im Januar 1944 beim Antritt der Feindfahrt in einen »Spitz-Kopf« geändert. *U-473* hatte den Beinamen »U-SPITZKOPF«. Der Spitzkopf war an Steuerbordseite am Turm, sah mit der Schnauze voraus und das Maul war etwas offen, so daß die Zunge leicht heraushing. – Das Boot ist am 6. 5. 1944 zwischen 2.00 Uhr und 2.30 Uhr untergegangen und nicht am 5. 5. 1944. Ausgeführt ehemals vom Kameraden BREDENBRÖKER.

U-475

7. 7. 1943//5. U-Fl. ab; 8. U-Fl.; 4. U-Fl. ab. Am 3. 5. 1945 in Kiel selbst gesprengt.
KL STOEFFLER.

* Rudi TEICHGRÄBER: Das Zeichen wurde von *U-475* unter KL Otto STOEFFLER gefahren. Der Kommandant war aus Düsseldorf und erhielt dieses Zeichen von der Stadt als Patengeschenk. Nach der Kapitulation konnte das Wappen wieder nach Düsseldorf gebracht werden. Kinder benutzten es als Zielscheibe oder Kugelfang für Luftgewehrmunition. Wie man auf dem Bild erkennen kann, ist es voller Abpraller. Heute befindet sich das Abzeichen im Besitz der U-Kameradschaft Düsseldorf.

U-480

† 48

6. 10. 1943//5. U-Fl. ab; 9. U-Fl.; 11. U-Fl. Am 24. 2. 1945 im Englischen Kanal durch britische Eskorter *Duckworth* und *Rowley* ↓.
OL FÖRSTER Hans-Joachim ✠ .

* Heinz PLUTA: Unser Zeichen am Boot war ein springender schwarzer Panther durch ein Kleeblatt. * Verf.: Sogenanntes »ALBERICH«-Boot mit schwarzer Gummihaut gegen Ortung.

U-481

10. 11. 1943//5. U-Fl. ab; 17. U-Fl.; 8. und 5. U-Fl. Am 19. 5. 1945 von Narvik nach Loch Eriboll/England überführt und in Op.Dl. ↓ .
OL PICK 11.43 – 2.44; KL ANDERSEN Klaus.

Patenstadt Düsseldorf
U-475

U-480

U-481

Mützenabzeichen
U-481

U-481

U-483

U-486

U-487

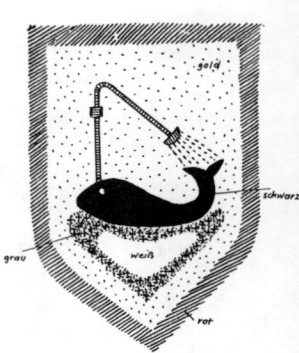

U-487

U-489

U-490

U-501

U-483 22. 11. 1943//5. U-Fl. ab; 3. und 11. U-Fl. Am 29. 5. 1945 von Drontheim nach England abgeliefert und in Op.Dl. ↓.
KL v. MORSTEIN.
* Karl BÖHM: Das Bootszeichen von *U-483* war der weiße Elefant, vom Kommandanten und I. WO entworfen, wurde es von uns als Abzeichen an den Mützen getragen. (Schilderung einer Rammung und glückliches Entkommen.) Wir hatten eben einen Glücks-Elefanten, den weißen Elefanten.

U-486 22. 3. 1944//5. U-Fl. ab – 10. 1944; 11. U-Fl. fb; Am 12. 4. 1945 nordwestlich Bergen durch britisches U-Boot *Tapir* torpediert.
† 48 OL MEYER Gerhard.
* Herbert KISTENMACHER ehemaliger Ob.Masch. schickt Urkunde, Erinnerung an U-Bootweihnachtsreise im Nordatlantik 1944.
* Wappen zeigt Sternbild »ORION«.

U-487 21. 12. 1942//4. U-Fl. ab; 12. U-Fl. Am 13. 7. 1943 im Mittelatlantik durch Flugzeuge des US-Trägers *Core* ↓.
† 31 OL METZ
* Hans WAHLS, Zeichnung.

U-489 8. 3. 1943//4. U-Fl. ab; 12. U-Fl. Am 4. 8. 1943 im Nordatlantik südöstlich Island durch canadische Flieger ↓. (LI Ltn. MUDER gefallen).
† 1 OL SCHMANDT.
* Willi WEBER siehe Bericht in Schaltung Küste Nr. 83/S. 18/19.
* Emblem vom Kommandanten gemalt.
Siehe Textanhang.

U-490 27. 3. 1943//4. U-Fl. ab – 3. 1944; 12. U-Fl. fb-Versorger – 6. 1944. ↓ am 11. 6. 1944 nordwestlich der Azoren durch Flugzeuge des Trägers *Croatan* und Eskorter *Frost, Inch* und *Huse*.
† 1 OL GERLACH Wilhelm
* Kraft BEHRENS
Siehe Textanhang.

U-501 30. 4. 1941//2. U-Fl. Am 10. 9. 1941 in der Dänemarkstraße durch canadische Korvetten *Chambly* und *Moosejaw* ↓.
† 12 KK FÖRSTER Hugo.
Siehe Textanhang.

U-502 31. 5. 1941//2. U-Fl. Am 5. 7. 1942 in der Biskaya westlich La Rochelle durch britische Flieger ↓.
† 52 KL v. ROSENSTIEL.

U-504 30. 7. 1941//4. U-Fl. ab; 2. U-Fl. Am 30. 7. 1943 im Nordatlantik nordwestlich Kap Ortegal durch britische Sloops *Kite, Woodpecker, Wren* und *Wildgoose* ↓.
† 53 KK POSKE ✠ – 1. 1943; KL LUIS Wilhelm.
* Sch.K. Heft 43. * Aus Gästebuch der 4. U-Fl. Stettin. Wappenfarben: Drache – grün, Wellen – blau, Ring – rot. Spruch: »Große Schnauze – dickes Fell«. * Harry HUTSON/ England: Survivors saw an 18 inch circular shield with two blue fields divided in half horizontally by two white wave lines, with a figure resembling a dragon in the top half.

U-502

U-504

unter Axel Olaf LOEWE
U-505

unter Peter CZECH
U-505

unter Harald LANGE
U-505

2. U-Flottille
U-505

U-506

U-506

10. U-Flottille
U-506

unter Harro SCHACHT
U-507

U-509

10. U-Flottille
U-509

U-505   26. 8. 1941//4. U-Fl. ab; 2. U-Fl. Am 4. 6. 1944 westlich Blanco im Mittelatlantik durch US-Eskorter *Pillsbury* zum Auftauchen gezwungen und mit Unterstützung von 2 Flugzeugen des US-Trägers *Guadalcanal* aufgebracht und via Bermuda nach den USA eingeschleppt. Bis 1953 Versuchsboot der US-Marine, ab 1954 Ausstellungsstück im Museum in Chikago.
KK LOEWE – 9. 1942; KL ZSCHECH – 10. 1943; OL MEYER i. V. – 11. 1943; OL LANGE.
* Axel Olaf LOEWE: Bleibt noch die Entstehung des von mir gefahrenen Emblems nachzutragen. Entwurf stammt von mir; der springende Löwe mit der Crew-Axt aus dem Wappen C/28. Ich führe seit langem mein U-Bootswappen als Familienwappen.
Aus dem Buch »Verdammter Atlantik« von Hans HERLIN: Eine halbe Stunde vor dem Auslaufen kam ZSCHECH zum Bunker. Am Turm sah er das frischgemalte Zeichen, eine große Axt. LOEWEs Zeichen war ein springender Löwe gewesen, der eine Axt in der Pranke schwang. Er, TSCHECH, hatte die Axt beibehalten und vorn an den Turm noch zusätzlich fünf olympische Ringe aus dem Crew-Wappen seines Offiziers-Jahrganges 1936 malen lassen . . . Als am ersten Weihnachtstag 1943 *U-505* unter seinem neuen Kommandanten, Harald LANGE auslief, trug es ein neues Zeichen: Eine Muschel. * Verf.: ZSCHECH ging am 24. 10. 1943 durch Freitod aus dem Leben.

U-506   15. 9. 1941//4. U-Fl. ab; 10. U-Fl. Am 12. 7. 1943 im Nordatlantik westlich Vigo durch amerikanische Heeresflugzeuge ↓. 48 Mann gefallen, 3 Überlebende.
† 48   KL WÜRDEMANN ✠ .
* Klaus SCHÄLE: Ich war von der Indienststellung bis zum Juli 1942 als 1. E-Maat auf dem Boot. Das Emblem wurde aus mehreren Vorschlägen der Besatzung ausgewählt. Es zierte beiderseits den Turm (1942) und wurde von der Besatzung auch als Mützenabzeichen getragen. Der Autor ist unbekannt.

U-507   8. 10. 1941//4. U-Fl. ab; 2. U-Fl. Am 13. 1. 1943 vor der nordbrasilianischen Küste durch amerikanische Flieger ↓.
† 55   KK SCHACHT Harro ✠ .
* Canad. Angabe: »Pig, laughing, with pink nose and mouth«. Am 4. 5. 1942 bei der Versenkung der *Norlindo* auf 24°53 N, 84°00 W. * Engl. Mitt.: Survivors on one merchant ship observed a carricature BONZO with the word underneath, on the conning tower.
* Survivors from SS YORKWOOD saw a dogs head in darker grey on the side of the conning tower. The Master was taken Prisoner of War on the submarine 8. 1. 1943.

(*U-508*)   20. 10. 41//4. U-Fl. – 6. 1942; 10. U-Fl. fb 11. 1943. Am 12. 11. 1943 vor der Biskaya durch amerikanische Flieger gebombt.
† 60   KL STAATS ✠ .
* Verf.: Bisher kein Wappen etc. bekannt.

U-509   4. 11. 41/4. U-Fl. ab; 10. U-Fl. Am 15. 7. 43 im Mittelatlantik nordwestl. Madeira d. Flugzeuge des US-Trägers *Santee* ↓.
† 54   KK WOLFF Karl-Heinz – 10. 42; KL WITTE Werner.
* Wolf ACKERMANN: Der Wolfskopf gehörte zu *U-509,* einem Boot, das bei der Deutschen Werft in Hamburg gebaut worden ist und zur 750 Tonnen-Klasse gehörte. Der erste Kmd. war KK WOLFF, Crew 1928. Der Wolfskopf wurde von KF WOLF als Bootszeichen festgelegt, was seine Begründung sicherlich in dessen Namen hatte. – Kapitän WOLFF konnte nur eine Feindfahrt, die uns in die Karibische See führte, mitmachen und mußte aus gesundheitlichen Gründen aussteigen. – Sein Nachfolger wurde KL WITTE, der zwei Feindfahrten im Op.-Gebiet Kanarische Inseln und Nordafrika, sowie Op.-Gebiet um

10. U-Flottille
U-510

(?)
U-511

als jap. *RO-500*
U-511

U-511

U-512

An Steuerbord
U-512

Mützenabzeichen
U-513

10. U-FLOTTILLE
U-513

U-513

U-514

10. U-Flottille
U-514

U-515

143

Kapstadt mit dem Boot in der Nähe der Azoren einem Flugzeugangriff zum Opfer fiel. – Unser Boot *U-509* bezeichneten die Besatzungsangehörigen von sich aus immer als »U-SEEWOLF«. Von jedem der Besatzungsangehörigen wurde das Bootszeichen (in Leichtmetall hergestellt) an der Mütze getragen. – *U-509* führte außerdem an den Turmvorderseiten im unteren Drittel das Flottillenzeichen der 10. U-Fl. Lorient. – Wolfskopf an beiden Seiten des Turmes.
* Aus Gästebuch der 4. Fl. (Stettin) Motto: »Es wird sofort und auf alles geschossen! (Egal gegen wen). Schlachrruf: »Bube – Dame – König – As, was du Aas? Du röchelst noch?«

U-510   25. 11. 41/4. U-Fl. ab; 10. U-Fl.; 33. U-Fl. Wurde am 8. 5. 45 in St. Nazaire franz. Beute und fuhr in der franz. Marine als *Bouan*.
FK NEITZEL ✠ – 5. 43; KL EICK Alfred ✠ .
* NEITZEL Foto: Spruch in Sch.K. Heft 78 S. 25. »Bedenket und verlaßt Euch darauf – *U-510* taucht immer wieder auf«.

U-511   8. 12. 1941//4. U-Fl. ab; 10. U-Fl. Am 16. 9. 1943 an Japan verkauft. Dort als »RO 500«. Im August 1945 kapituliert.
KL STEINHOFF – 12. 1942; KL SCHNEEWIND.
Tom HOSIE/Canada: Swords and scales (sword vertical, point down). * Six black crosses in circles (sollen Flugzeuge dargestellt haben bei Versenkung). * Sebastian CEREMENO am 27. 6. 1943 auf 29°00 S, 50°/OE: »Crew were Germans but one Japanese was seen on board.« * Karl CONEN: Gästebuch von U-460 (Versorger).

U-512   20. 12. 1941//4. U-Fl. ab; 10. U-Fl. Am 2. 10. 1942 im Mittelatlantik nördlich Cayenne durch amerikanische Heeresflieger ↓. 51 Mann gefallen, 1 Überlebender.
† 51   KL SCHULTZE Wolfgang.
* Englische Notizen: *U-512* had two black oak leaves on the starboard side of her conning tower. * (+ Herz) Aus Gästebuch der 4. U-Fl.-Spruch: »Und wir fahren doch!«.
Verf.: Das Herz entsprach dem UAK-Zeichen.

U-513   10. 1. 1942//4. U-Fl. ab; 10. U-Fl. Am 19. 7. 1943 im Mittelatlantik südostwärts Sao Franzisco do Sul durch amerikanische Flugzeuge ↓.
† 46   KK RÜGGEBERG – 5. 1943; KL GUGGENBERGER.
* Rolf RÜGGEBERG: Von meinem damaligen II. WO entworfen. * Aus Gästebuch der 4. U-Fl.: »Heio! Der Fahrtwind weht mit Macht!«.
* Verf.: Als Mützenabzeichen, ein Wikingerboot ohne Segel.

U-514   24. 1. 1942//4. U-Fl.; 10. U-Fl. Am 8. 7. 1943 in der Biskaya nordostwärts Kap Finisterre durch britische Flieger ↓.
† 54   KL AUFFERMANN.
* Hellmut ROHWEDER: Nach dem Verlust von *U-69* (Verf.: 17. 2 1943) beschlossen wir auch auf *U-514* die »LACHENDE KUH« (La Vache qui rit) als Emblem auf dem Turm zu führen. *U-514* führte es bis zu seinem Verlust. (Verf.: Schrift auf Wappen wahrscheinlich »LA VACHE QUI RIT«, doch auf Foto nicht besser zu erkennen.)

U-515   21. 2. 1942//4. U-Fl. ab; 10. U-Fl. Am 9. 4. 1944 im Mittelatlantik südlich der Azoren durch Flugzeuge des US-Trägers *Guadalcanal* und Eskorter *Pope, Pillsbury, Chatelain* und *Flaherty* ↓.
† 17   KL HENKE Werner ✠ E.
* Günther HERFORD: Als Mützenabzeichen hatten wir das Abzeichen der 10. U-Fl. und am Turm war ein Hammer aufgezeichnet. Wir wurden scherzhaft das »HAMMERBOOT« genannt. * L. LINDBERG: HENKE war früher WO auf *U-124*. * Verf.: Soll deswegen auch

	10. U-Flottille Mützenabzeichen	10. U-Flottille
U-515	*U-515*	*U-516*

		auf Keramikfliese
U-518	*U-518*	*U-521*

auf einer Keramikfliese	am Turm	10. U.-Flottille
U-522	*U-522*	*U-525*

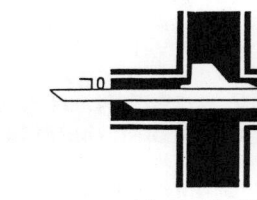

	unter KL Karl-Heinz FUCHS	
U-527 s. Nachtrag: *U-518*	*U-528*	*U-528*

145

Edelweiß (zeitweise?) am Turm geführt haben. HENKE ist bei Fluchtversuch aus Gefangenenlager am 15. 6. 1944 erschossen worden.

U-516 10. 3. 1942//4. U-Fl. ab; 10. U-Fl.; 33. U-Fl. Am 14. 5. 1945 in Londonderry/England eingelaufen und in Op.Dl. ↓.
KK WIEBE Gerhard – 6. 1943; KL KUPPISCH – 6. 1943; KL TILLESSEN H.-Rutger – 12. 1944; OL PETRAN.
* SAHLIN/Schweden: Führte Flott. Z. der 10. U-Fl. an Vorderseite Turm. * Lt. STRAMKA: auch als Mützenabzeichen.

U-518

† 57

25. 4. 1942//4. U-Fl. ab; 2. U-Fl. Am 22. 4. 1945 im Nordatlantik westlich der Azoren durch US-Eskorter *Carter* und *Neal A. Scott* ↓.
FK BRACHMANN – 8. 1942; KL WISSMANN – 1. 1944; OL OFFERMANN.
* Karl BÖHM, Löwenkopf. * U. DRENKHAHN: »Es handelt sich bei dem Boot mit dem Anker an der Turmfront um *U-518*«.

U-521

† 51

3. 6. 1942//4. U-Fl. – 9. 1942; 2. U-Fl. – 6. 1943. Am 2. 6. 1943 im Nordatlantik südostwärts Baltimore durch ES-U-Jäger »PC 565« ↓.
KL BARGSTEN ✠.
* Klaus BARGSTEN: (Siehe *U-563*) . . . während das Eichenlaub mit »HORRIDOH« das Zeichen von *U-521* war. Ich war ebenfalls Kommandant dieses Bootes. Die Bootswappen wurden an den Turmseiten, also BB und St.B geführt.

U-522

† 51

11. 6. 1942//4. U-Fl. ab; 2. U-Fl. Am 23. 2. 1943 im Mittelatlantik südlich der Azoren durch britische Sloop *Totland* ↓.
KL SCHNEIDER Herbert ✠.
* Von einer Keramik-Fliese aus Frankreich.

U-525

† 54

30. 7. 1942//4. U-Fl. ab; 10. U-Fl. Am 11. 8. 1943 im Nordatlantik nordwestlich der Azoren durch 2 Flugzeuge des US-Trägers *Card* ↓.
KL DREWITZ.

U-527

† 40

2. 9. 1942//4. U-Fl. ab; 10. U-Fl. Am 23. 7. 1943 im Mittelatlantik südlich der Azoren durch Flugzeug des US-Trägers *BOGUE* ↓.
KL UHLIG.
* Herbert UHLIG: Es handelt sich um das Stadtwappen von Meldorf in Dithmarschen, Schleswig-Holstein, Geburts- und Wohnort meiner Frau und gleichzeitig Patenstadt von *U-527*.

U-528

† 11

16. 9. 1942//4. U-Fl. ab; 10. U-Fl. Am 11. 5. 1943 im Nordatlantik südwestlich Irland durch britische Flieger und britische Sloop *Fleetwood* beschädigt, tauchunklar und selbst versenkt.
KL FUCHS Karl-Heinz – 12. 1942; OL v. RABENAU Georg.
* Aus Gästebuch der 4. U-Fl.

U-529

† 48

30. 9. 1942//4. U-Fl. ab – 1. 1943; 10. U-Fl. fb – 2. 1943. Am 15. 2. 1943 im Nordatlantik durch britische Flieger gebombt.
KL FRAATZ.
* Verf.: KL FRAATZ hatte sein Boot *U-652* am 2. 6. 1942 im Mittelmeer verloren und dann *U-529* in Dienst gestellt. Da anzunehmen ist, daß er *U-529* mit seiner alten Besatzung übernahm, dürfte auch das Bootszeichen das gleiche geblieben sein.

U-529

U-532

Mützenabzeichen
U-532

U-533

U-534

U-534

U-534

Mützenabzeichen
U-537

U-539

10. U-Flottille
U-539

U-541

U-545

U-531 28. 10. 1942//4. U-Fl. ab – 3. 1943; 2. U-Fl. – 5. 1943; Am 6. Mai 1943 im Nordatlantik nordostwärts Neufundland durch britischen Zerstörer *Vidette* versenkt.
† 54 KL NECKEL.

U-532 11. 11. 1942//4. U-Fl. ab; 2. U-Fl.; 33. U-Fl. Am 10. 5. 1945 auf Rückmarsch von Japan in Liverpool eingelaufen. In Op.Dl. ↓.
FK JUNKER.
* Otto-Heinrich JUNKER: Auf der 1. Feindfahrt von *U-532* vom 25. 3. 1943 bis 15. 5. 1943 im Nordatlantik war das Wappen als Schild an der BB-Turmseite angenietet. Das hatte aber den großen Nachteil, daß es bei Unterwasserfahrt und bei mehreren längeren Wabo-Verfolgungen Klappergeräusche verursachte, weshalb es ab der 2. Unternehmung nur noch als Turm-Maling aufgetragen wurde. Weitere Abzeichen waren nicht angebracht.
* Das Wappen war an der BB-Turmseite aufgemalt. Farben: Beinkleid und Zylinder – schwarz, Hemd – gelb, Halstuch mit losen Enden – rot, Gesicht und Hände – naturfarben, die beiden Wassereimer – mittelgrau, der Schilduntergrund – grau/blau (nicht zu dunkel).

U-533 25. 11. 1942//4. U-Fl. ab; 10. U-Fl. Am 16. 10. 1943 im Golf von Oman durch 2 britische Flugzeuge ↓. 52 Mann gefallen, ein Mann gefangen.
† 52 KL HENNING.

U-534 23. 12. 1942//4. U-Fl. ab; 2. U-Fl.; 33. U-Fl. Am 5. 5. 1945 im Kattegat nordwestlich Helsingör durch britisches Flugzeug ↓.
† 3 KL NOLLAU
* Lt. Sch.K. 80/33: »Der Jäger aus Kurpfalz« Kommandant war aus Wolfstein in der Pfalz.
* Olympische Ringe aus Gästebuch der 4. U-Fl.
Nachrichten im Fernsehen und in der Presse am 28. Juli 1986 berichten vom Auffinden des Bootes durch dänische Taucher in der Nähe der Insel Anholt, zwischen Schweden und Dänemark und der Vermutung, daß Gold an Bord sei.
Eine Zeichnung im Gästebuch der 4. U-Fl. vom 3. 3. 1945 weist tatsächlich auf eine geheimnisvolle Kiste hin.

U-536 13. 1. 1943//4. U-Fl. ab – 5. 1943; 2. U-Fl. fb-Hilfsversorger – 11. 1943; Am 20. 11. 1943 im Nordatlantik nordostwärts der Azoren durch britische Fregatte *Nene* und kanadische Korvetten *Snowberry* und *Calgary* versenkt.
† 38 KL SCHAUENBURG Rolf.
* Gus BRITTON (Buchauszug): »... which until it was smashed by shellfire displayed the ambitious device of a broom and the stern of a ship sinking by head in a calm sea painted on a shild«!
* Harry HUTSON: Aus »Defeat of the Wolf Packs« written by Geoff JONES and published by Wm. KIMBER, London 1986, on page 59. »Steamer half under water with a wire broom sweeping it away.«

U-537 27. 1. 1943//4. U-Fl. ab; 10. U-Fl.; 33. U-Fl. Am 9. 11. 1944 in der Java-See östlich Soerabaja durch US-U-Boot *Flounder* torpediert.
† 58 KL SCHREWE.
* Werner BENDLER: Das Abzeichen unseres Bootes waren zwei gekreuzte Anker (Zeichnung). Es wurde am Käppi und Mütze ca. drei cm groß in Messing getragen. Das gleiche

1. U-Ausbildungsabtlg.
Plön

Frontreif-Zeichen

1. Unterseeboots-
lehrdivision

Rücks. Prägung »Sanger Kiel«

Lorient-Abzeichen
Marinewerft

2. Unterseeboots-
lehrdivision

Werft Lorient
Leistungsabz.

Abzeichen war während der Ausbildung und Erprobung des Bootes am Turm angebracht, wurde aber während der Feindfahrt entfernt, damit das Boot nicht identifiziert werden konnte. Wir gehörten damals der 10. und 2. Flottille an, die in Lorient/Frankreich ihren Stützpunkt hatten.

U-539

† 1

24. 2. 1943//4. U-Fl. ab 3. 1943 – 6. 1943; 10. U-Fl. fb – 9. 1944; 33. U-Fl. fb bis Ende. 30. 5. 1945 von Bergen nach England ↓. in Op.Dl.
KL LAUTERBACH-EMDEN.

* Franz KUWALD: *U-539* hatte am Turm nur das Flottillenzeichen, kein Boots- oder Mützenabzeichen.

U-541

† 10

24. 3. 1943//4. U-Fl. ab – 10. 1943; 10. U-Fl. fb – 10. 1944; 33. U-Fl. Am 14. Mai 1945 in Gibraltar eingelaufen und in Op.Dl. versenkt.
KL PETERSEN Kurt.

* Kurt PETERSEN: »Am 15. 7. 1943 wurde unser erster Sohn geboren. Zu diesem freudigen Ereignis bastelten Besatzungsmitglieder einen fliegenden Storch und hängten ihn an den Netzabweiser. Danach bekamen wir den Namen ›U-KLAPPERSTORCH‹ und führten das Zeichen am Turm und an der Mütze.«
*Aus dem Buch »U-Boats against Canada«: *U-Klapperstorch* (the stork Boat), as his crew dubbed their U-Boat on the birth of captains first son in 1943, sported a ships badge depicting a flying stork on her conning tower.

(U-543)

† 58

21. 4. 1943//4. U-Fl. ab – 10. 1943; 10. U-Fl. – 7. 1944; Am 2. 7. 1944 im Mittelatlantik südwestlich Teneriffa durch Trägerflugzeuge von *Wake Island* versenkt.
KL HELLRIEGEL ✵.

* Im Gästebuch der 4. U-Fl. Spruch: »Edel sei der Mensch, hilfreich und gut, aber torpediert wird doch!«
(Kein Zeichen bisher bekannt).

U-545

† 2

19. 5. 1943//4. U-Fl. ab; 2. U-Fl. Am 11. 2. 1944 im Nordatlantik westlich der Hebriden durch britisches Flugzeug gebombt, schwer beschädigt selbst versenkt. Zwei Mann gefallen, Besatzung durch anderes deutsches U-Boot (*U-714*) gerettet.
KL MANNESMANN.

* Erwin HEINDORF. * Aus Gästebuch der 4. U-Fl.

U-546

† 24

2. 6. 1943//4. U-Fl. ab; 10. U-Fl.; 33. U-Fl. Am 24. 4. 1945 im Nordatlantik nordwestlich der Azoren durch US-Eskorter *Flaherty, Neunzer, Chatelain, Varian, Hubbard, Jansen, Pillsbury* und *Keith* ↓.
KL JUST Paul.

* Im Gästebuch der 4. U-Fl. Olympische Ringe. * Paul JUST.

U-547

16. 6. 1943//4. U-Fl. ab; 2. U-Fl.; 33. U-Fl. Auf der Überführungsfahrt Frankreich-Norwegen auf der Gironde durch Minentreffer beschädigt.

10. U-Flottille

U-546

an Turmfront oben
darunter 10. Fl.
U-546
VI/44

U-546

U-547

U-548

U-548

U-549

7. U-Flottille
U-551

U-552

7. U-Flottille
U-552

Mützenabzeichen
U-553

7. U-Flottille
U-553

Reparaturunwürdig und am 31. 12. 1944 in Stettin außer Dienst gestellt.
FK STURM Kurt – 4. 1944; OL NIEMEYER Heinrich.
* Mündliche Angabe in Damp 2000/1980.

U-548

† 59

30. 6. 1943//4. U-Fl. ab; 2. U-Fl.; 33. U-Fl. Am 30. 4. 1945 im Nordatlantik durch US-Eskorter *Coffmann, Bostwick, Thomas* und Fregatte *Natchez* ↓.
OL ZIMMERMANN Eberh. – 9. 1944; KL PFEFFER i. V. – 11. 1944; KL ZIMMERMANN Eberh. – 2. 1945; OL KREMPL.
* Brigitte ZIMMERMANN. * Gästebuch der 4. U-Fl.

U-549

† 58

14. 7. 1943//4. U-Fl. ab; 10. U-Fl. Am 29. 5. 1944 im Nodatlantik westlich der Kanarischen Inseln nach Versenkung des US-Geleitträgers *Block Island* und Torpedierung des US-Zerstörers *Barr* der US-Eskorter *Eugene Elmore* und *Ahrens* ↓.
KL KRANKENHAGEN.
* Aus Gästebuch der 4. U-Fl.:
Farben: Schildrand – schwarz, Schild – weiß, Adler – schwarz, kleines Wappenschild – oben blau, Mittelfeld – weiß, unten – rot, Schrift – schwarz.

U-551

† 45

7. 11. 1940//7. U-Fl. Am 23. 3. 1941 im Nordatlantik südlich Island durch britische Trawler *Visenda* ↓.
KL SCHROTT.

U-552

4. 12. 1940//7. U-Fl.; 22. U-Fl. (Schulboot). Am 2. 5. 1945 in Wilhelmshaven selbst gesprengt.
KK TOPP Erich ✠ S – 8. 1942; KL POPP Klaus – 7. 1944; OL LUBE Günther.
* FELSMANN: Deckname »U-ADELHEID«

U-553

† 47

23. 12. 1940//7. U-Fl. – 11. 1942; 3. U-Fl. Seit Januar 1943 im Nordatlantik vermißt. Letzte Meldung vom 20. 1. 1943 »Sehrohr unklar«. (Amtliche Personalverl. Meldung 28. 1. 1943).
KK THURMANN Karl ✠.
* N. N.: Boot gehörte zunächst zur 7. dann zur 3. U-Fl., daher die Schildkröte als Mützenabzeichen. * Helmut SCHOTTSTÄDT: Hatte an Backbord- und Steuerbordseite den schnaubenden Stier der 7. U-Fl. Unser Bootswappen war eine Schildkröte, die jeder Besatzungsangehörige an seinem Käppi trug. Ein Exemplar dieser Gattung von etwa einem Zentner hatten wir im Südatlantik gefangen.

U-554

15. 1. 1941//24. U-Fl.; 22. U-Fl. und 31. U-Fl. als Schul- und Ausbildungsboot. Am 2. 5. 1945 in Wilhelmshaven selbst gesprengt.
KL LOHMANN Dietrich und andere Kommandanten.
* Friedr. VALBERT (LI unter LOHMANN und STEIN): Es handelt sich um das Stadtwappen von Eger. Die Stadt hatte die Patenschaft über das Boot übernommen und Urlauber eingeladen. * E. W. RAVE (s. *U-105*): Ich kam nach meinem Kommandanten-Lehrgang auf Schulen und dann in die technische Entwicklung – blieb so am Leben – und bekam erst sehr spät ein eigenes Boot, ein Schulboot. Bei der Übernahme in der Werft in Gotenhafen ließ ich für eine Flasche Schnaps das auf dem Bild sichtbare Zeichen für den Turm anfertigen. Wieder der blaue Stern (s. *U-105*), der uns so viel Glück gebracht hatte, und den Raben, meinen Wappenvogel einer sehr alten westfälischen Familie. Auch dieses Zeichen brachte Glück, denn in den letzen Wochen in der Ostsee, auf dem Rückzug, umschifften wir manche Gefahren um Haaresbreite.

Stadt Eger U-554	U-554	U-554
 U-555	U-555	U-555 Taktisches Zeichen
U-555	Mützenabzeichen U-555	U-556
U-556	U-556	U-557 schräg zur Turmfront

U-555 30. 1. 1941//34. U-Fl. ab; 21. U-Fl. sb. Im März 1945 in Hamburg außer Dienst gestellt.
KL HORRER – 8. 1941; KL v. HARTMANN Götz – 2. 1942; KL RENDTEL – 8. 1942; LT SAAR – 10. 1942; OL ERDMANN – 11. 1943; OL FRITZ Detlef – 3. 1945.
* Mündliche Angabe.

U-556 6. 2. 1941//1. U-Fl. Am 27. 6. 1941 südwestlich Island durch britische Korvetten *Nasturtium, Celandine* und *Gladiolus* ↓.
† 5 KL WOLFARTH ✠.

U-557 13. 2. 1941//1. U-Fl.; 29. U-Fl. Am 16. 12. 1941 vor Salamis/Griechenland nach Kollision mit dem italienischen Eskorter *Orione* gesunken.
† 43 KL PAULSHEN Ottokar.

U-558 20. 2. 1941//1. U-Fl. Am 20. 7. 1943 nordwestlich Kap Ortegal durch US-Heeresflieger gebombt und schwer beschädigt. Selbst versenkt.
† 44 KL KRECH ✠.

U-559 27. 2. 1941//1. U-Fl.; 23. und 29. U-Fl. Am 30. 10. 1942 im Mittelmeer nordostwärts Port Said durch britische Zerstörer *Pakenham, Petard, Hero,* Eskorter *Duverton* und *Hurworth,* die durch ein britisches Flugzeug unterstützt wurden, (↓).
† 8 KL HEIDTMANN Hans ✠.
* Siehe Textanhang.

U-560 6. 3. 1941//Ausbildungs- und Schulboot in der 24., 22. und 31. U-Fl. Im November 1941 vor Memel durch Kollision gesunken, gehoben und wieder in Dienst gestellt. Am 3. 5. 1945 in Kiel selbst versenkt.
OL ZETSCHE – 8. 1941; OL CORDES und andere Kommandanten.

U-561 13. 3. 1941//1. U-Fl. fb; 24. U-Fl. ab; 29. U-Fl. Am 12. 7. 1943 im Mittelmeer in der Straße von Messina durch britisches Motortorpedoboot 81 torpediert.
† 42 KL BARTELS – 3. 1941; KL SCHOMBURG – 7. 1942; OL HENNING Fritz.
* Alfred BAYER: Nach Zeichen auf SUCHARD-Schokolade. V-Zeichen wurde an BB-Seite, das Wuppertal-Wappen an der Turmstirnseite von Anfang bis Ende gefahren.
* WALDKIRCH, A. BAYER: Nebenstehendes Wappen wurde aus Anlaß des Mittelmeereinsatzes entworfen, vom Kommandanten KL BARTELS aber nicht genehmigt – wurde von den Obermaschinisten SUCHARD und KAHDE entworfen. – Unter dem V weitergefahren.

U-562 20. 3. 1941//1. U-Fl.; 29. U-Fl. Am 19. 2. 1943 nordostwärts Benghazi durch britischen Eskorter *Hursley* und Zerstörer *Isis* und ein Flugzeug ↓.
† 49 OL COLLMANN Herwig – 9. 1941; KL HAMM Horst.
* COLLMANN Herwig: Kein Wappen, Patenstadt Neuss.

U-563 27. 3. 1941//1. U-Fl. Am 31. 5. 1943 im Nordatlantik südwestlich der Scilly-Inseln durch britische Fliegerbomben ↓.
† 53 OL BARGSTEN – 3. 1942; KL v. HARTMANN Götz – 5. 1943; OL BORCHARDT G.
* SCHUNK Math. * BARGSTEN: Das Zeichen von U-563 mit einem Eisbär auf der Weltkugel ist mir wohlbekannt, da ich Kommandant von U-563 war. Die Anregung für dieses Zeichen ergab sich aus einer Operation vor Grönland...

Turmfront
U-558

U-560

U-558

»U-Leverkusen«
Turmfront
U-558

U-558

Wappen von Solingen
U-559

U-559

U-561

Wappen von Wuppertal
U-561

U-560 s. 1. Reihe rechts oben

U-561
unterhalb des Wellenbrechers

U-564 3. 4. 1941//1. U-Fl. Am 14. 6. 1943 im Nordatlantik nordwestlich Kap Ortegal durch britische Flugzeuge gebombt.
† 29 KK SUHREN ✚ S – 10. 1942; OL FIEDLER Hans.

* Verf.: Reinhard SUHREN war I. WO auf *U-48*, daher die Übernahme des Emblems »3 × schwarzer Kater«. Erhielt Ritterkreuz des Eisernen Kreuzes am 3. 11. 1940, das Eichenlaub dazu am 31. 12. 1941, die Schwerter dazu am 1. 9. 1942.

U-565 10. 4. 1941//1. U-Fl.; 29. U-Fl. Am 24. 9. 1944 nach einem Angriff von US-Bombern auf Salamis/Mittelmeer selbst gesprengt.
† 5 OL JEBSEN – 4. 1942; KL FRANKEN Wilhelm ✚ – 10. 1943; KL HENNING Fritz.

* Entworfen von Adolf EICHE, Obermaschinist. Als Abzeichen an der Mütze getragen. »FdU-BAYERN« Spitzname für den Kommandanten, weil er aus Bayern stammte (welcher?)
* Zeitweise kein Wappen.

U-566 17. 4. 1941//1. U-Fl. Am 24. 10. 1943 im Nordatlantik südwestlich Leixoes durch Fliegerbomben ↓.
KL BORCHERT – 7. 1942; OL REMUS – 1. 1943; KL HORNKOHL.

* Hans WANGEN: Unter BORCHERT an beiden Seiten Eisbär, Turmfront Patenstadtwappen Lindau, an der Mütze ebenfalls Eisbär als Abzeichen. Aus Geheimhaltungsgründen erst Wappen, dann Eisbären entfernt. – Der Eisbär entstand, weil wir das erste Boot im Eismeereinsatz waren. – Unter REMUS: »Die säugende Wölfin«. – Unter HORNKOHL: »Kopf der säugenden Wölfin.« * Hans WANGEN: Unter HORNKOHL Wolfskopf als Abzeichen an Kopfbedeckung. Lindauwappen knapper als unter BORCHERT. Die Besatzung wurde nach Verlust des Bootes gerettet. Daraus ging hervor *U-1007, U-3512, U-3014*. Hier wurde die dritte Fassung geführt. * Gert REMUS: Nach meiner Rammingfahrt (innerhalb des Geleitzuges nach Dreierfächer gerammt) wurde von Großadmiral DÖNITZ in Paris mir dieses Wappen (REMUS und ROMULUS) auf seine Anordnung in der Werft in Brest (1. U-Fl.) aufgemalt an die beiden Seiten des Turmes und die Männer meines Bootes *U-566*, das ich von 1942 bis März 1943 als Kommandant gefahren habe, trugen dieses Wappen an der Mütze bzw. Käppi. * Lt. canad. Angabe: Zeichen weiß aufgemalt.

U-567 24. 4. 1941//3. U-Fl.; 7. U-Fl. Am 21. 12. 1941 westlich von Spanien durch britische Sloop *Deptford* und Korvette *Samphire* ↓.
† 47 KL FAHR 4.41 – 10.41; KL ENDRASS.

* SCHLICHT Hermann und VOLL Hermann.

U-568 1. 5. 1941//3. U-Fl.; 29. U-Fl. Am 28. 5. 1942 im Mittelmeer nordostwärts Tobruk durch britischen Zerstörer *Hero,* Eskorter *Hurworth* und *Elridge* ↓.
KL PREUSS.

* Joachim PREUSS: Ein Bootswappen hat mein Boot *U-568* nicht geführt. Wohl wurde auf einer Feindfahrt in der Maschine der Gedanke an ein gemeinsames Abzeichen geboren, mit dem wir unsere Mützen schmückten und so etwas Abwechslung in das eintönige Graugrün der Borduniform brachten. Urheber des Abzeichens war der ehemalige Masch.Ob.Gefr. Ernst KOPP. – An eine besondere Beziehung zu dem kleinen Messingblech-Schnauzer kann ich mich nicht erinnern.

U-569 8. 5. 1941//3. U-Fl. Am 22. 5. 1943 durch zwei Flugzeuge des US-Trägers *Bogue* schwer beschädigt und bei Annäherung des canadischen Zerstörers *St. Lawrence* selbst versenkt.
† 21 KL HINSCH Hans-Peter – 2. 1943; OL JOHANNSEN Hans.

* T. HOSIE: The motto »LOS GEHTS« (Let's go) with the compass rose between the words was painted on each side of the conning tower. – Uniform Devise: A metal umbrella was

Patenstadt Neuß		unter von HARTMANN
U-562	U-563	U-563
U-564	Foto XI/41 — U-564	U-564
U-565	Stempel — U-565	Wappen von Lindau, unter BORCHERT — U-566
unter KL REMUS — U-566	Mützenabzeichen — U-566	U-566

157

worn on the caps of the crew. – Nickname: Because she was the oldest boat in the 3rd flotilla, *U-569* was known in La Pallice as »Der alte Hase« (The old Hare).

U-570 15. 5. 1941//3. U-Fl. Am 27. 8. 1941 im Nordatlantik südlich Island durch britische Flugzeuge gebombt und durch britische Zerstörer aufgebracht und durch britischen Trawler *Northern Chief* nach England geschleppt. Dort als *Graph* eingesetzt.
† 1　KL RAHMLOW.

U-571 22. 5. 1941//3. U-Fl. Am 28. 1. 1944 westlich Irland durch britisches Sunderland-Flugboot ↓.
† 52　KL MÖHLMANN ✱ – 5. 1943; OL LÜSSOW.

　　* Hellmut EBELL, Helmut MÖHLMANN: Freiburg i. Pr. hatte die Patenschaft für *U-571* bei der Indienststellung übernommen. Im Mai 1942 und im Mai 1943 – nach Verleihung des Ritterkreuzes – war ich mit etwa ⅔ der bewähren Besatzung auf Einladung der Patenstadt in Freiburg. – Wappenfarben: weißes Feld mit rotem Kreuz. Ein kleines Wappen (ca. 18 × 25 cm) aus Holz hat mir die Besatzung seiner Zeit geschenkt. Ich besitze es noch heute.

(U-572) Siehe Textanhang.

U-573 5. 6. 1941//3. U-Fl.; 29. U-Fl. Am 1. 5. 1942 im Mittelmeer südwestlich von Cartagena durch Fliegerbomben beschädigt und am 2. 5. 1945 in Cartagena eingelaufen. Später an Spanien verkauft und umbenannt in »G 7«.
　　KL HEINSOHN Heinrich.

　　* Egon TSCHIERSCHKE: Nach Indienststellung des Bootes *U-573* wurde das Wappen angebracht, da Landeck Patenstadt wurde. Kommandant war damals KL Heinrich HEINSOHN. Das Boot wurde nach der 3. Fahrt vor Algier gebombt und war tauchunfähig. Wir kamen aber noch bis Cartagena (Spanien) und wurden dort interniert von Mai 1942 im März 1943. KL HEINSOHN bekam eine neue Besatzung und Boot und wurde 1943 im Atlantik durch Zerstörer versenkt (Totalverlust). * Verf.: *U-438*.

U-574 12. 6. 1941//1. U-Fl. Am 19. 12. 1941 im Nordatlantik bei Punta Delgada durch britische Sloop *Stork* ↓.
† 28　OL GENGELBACH.

　　* Eckard JOOST: Ich war I. WO auf *U-574*, welches im Mai 1941 in Dienst gestellt wurde und nach einem erfolgreichen Geleitzugangriff am 19. 12. 1941 im Atlantik versenkt wurde. Unser Bootsabzeichen war der Glückspfennig, der dem Boot Glück bringen sollte. Besatzungsangehörige haben zwei überdimensionale Pfennigstücke von ca. 15 – 20 cm Durchmesser angefertigt und an beiden Seiten des Turmes angebracht. * Wilh. WERZ: Vierblättriges Kleeblatt in grüner Farbe auf den Turm gemalt, darauf einen Pfennig in Kupfer.

U-575 19. 6. 1941//7. U-Fl. Am 13. 3. 1944 nordwestlich der Azoren durch Bomber und Flugzeuge des US-Trägers *Bogue* schwer beschädigt und dann durch US-Zerstörer *Haverfield, Hobson* und canadischen Hilfskreuzer *Prince Rupert* ↓.
† 18　KL HEYDEMANN Günther ✱ – 7. 1943; OL BOEHMER Wolfgang.

　　* Das Lokal LILIPUT auf der Reeperbahn stand Pate für die Wahl des Turmnamens. * Herm. SCHNEIDER: Mützenabzeichen ab Sommer 1943 »LILIPUTANER«. Material – Kunststoff, Farben: Grund – schwarz, Figur – weiß. Der »Stier von Scapa Flow« war auf beiden Seiten des Turmes aufgepinselt.

U-567	Mützenabzeichen U-568	„Los gehts" U-569
Mützenabzeichen U-569	U-570	U-571
U-573	U-574	U-575
Auf dem Geschützrohr U-575	U-575	Patenstadt Velbert U-576

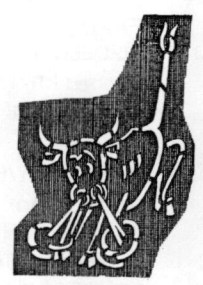

U-576 Am 26. 6. 41/7. U-Fl. Am 15. 7. 42 im Nordatlantik vor Kap Hatteras d. amerik. Frachter *Unicoi* und US-Flieger ↓.
† 45   KL HEINICKE Hans Dieter.

U-578 10. 7. 1941//5. U-Fl. ab; 7. U-Fl. Am 10. 8. 1942 nördlich Kap Ortegal in der Biskaya durch tschechisches Flugzeug ↓.
† 49   KK REHWINKEL.
* Lt. canad. Mitt.: 25. 5. 1942 – Gab den Schiffbrüchigen der *Polyphemus* Zigaretten. – 29. 5. 1942 – Gab den Schiffbrüchigen Wasser, traf sie etliche Tage nach Versenkung ihres Schiffes wieder *(Polyphemus)*. – 2. 6. 1942 – U-Boot-Panzerung eingedrückt. Schiff *(Beranger)* zwang es durch Geschützfeuer zum Wegtauchen.

U-581 31. 7. 1941//5. U-Fl.; 7. U-Fl. Am 2. 2. 1942 südwestlich der Azoren durch britischen Zerstörer *Westcott* ↓.
† 4   KL PFEIFER Werner.
* Wolfgang POHL: Während der Baubelehrungszeit bei Blohm und Voß hatte – das abgebildete Tierchen – die ganze Besatzung in Pflege.

U-582 7. 8. 1941//5. U-Fl. ab; 1. U-Fl. Am 5. 10. 1942 südwestlich Island durch britische Flieger ↓.
† 46   KL SCHULTE Werner.

U-584 21. 8. 1941//5. U-Fl. ab; 1. U-Fl. Am 31. 10. 1943 im Nordatlantik durch Flugzeuge des US-Trägers *Card* ↓.
† 53   KL DEECKE.
* Robert KRAUS: DEECKE war Lübecker. Vielleicht deshalb die Kogge . . . eine Reise als Fähnrich mitgemacht.

U-586 4. 9. 1941//6. U-Fl.; 11., 13., 6., 29. U-Fl. Am 5. 7. 1944 beim Luftangriff auf Toulon ↓. Keine Verluste.
KL v. d. ESCH – 9. 1943; OL GÖTZE Hans.
* Jürgen v. GAZA: Auf *U-586* soll das Wapen entstanden sein, als bei einer Wabo-Verfolgung die Detonationen wie mit eiserner Faust gegen den Druckkörper schlugen. KL v. ESCH nahm das Zeichen mit auf *U-863*, mit dem er am 29. 9. 1944 unterging. V. d. ESCH war Marineflieger – Schild in den Farben schwarz/rot/gold. * Verf.: Es handelte sich um das Wappen der 2. Seeaufklärungsstaffel 406 auf Sylt. »Eiserne Faust des Götz von Berlichingen«!

U-588 18. 9. 1941//6. U-Fl. Am 31. 7. 1942 im mittleren Nordatlantik durch canadischen Zerstörer *Skeena* und canadische Korvette *Wetaskiwin* ↓.
† 46   KL VOGEL Viktor.

U-591 9. 10. 1941//6. U-Fl.; 11. und 9. U-Fl. Am 30. 7. 1943 im Südatlantik vor Pernambuco durch US-Flieger gebombt.
† 19   KL ZETZSCHE – 6. 1943; OL ZIESMER.
Siehe Textanhang.

7. U-Flottille
U-576

U-576

U-578

U-578

U-581

U-582

U-584

Mützenabzeichen
U-584

U-586

U-586

U-588

U-592

† 50

16. 10. 1941//6. U-Fl.; 11. und 6. U-Fl. Am 31. 1. 1944 südwestlich Irland durch britische Sloops *Starling, Wildgoose* und *Magpie* ↓.
KL BORM – 7. 1943; OL JASCHKE.
* Carl BORM: Als geborener Hamburger und Blohm- und Voß-Boot, lag es nahe, das Hamburger Wappen und den »HUMMEL« als Bootsemblem zu fahren. Foto zeigt das »Hummel-Wappen« übermalt mit dem roten Kreuz auf weißem Grund, die Beschriftung am Turm sagt wohl deutlich genug aus warum. – Der Vorgang war: Erhielt für Südamerika – No-Küstenunternehmung – einen Arzt eingeschifft. Auf der Höhe von Las Palmas erhielt ich neuen Befehl, mit erhöhter Fahrt nach Norden zu laufen, da im Nordatlantik durch Fliegerbeschuß auf mehreren Booten die Turmbesatzungen zum Teil schwer verletzt waren. Dort haben wir dann »Arzt vom Dienst« als Aufgabe gehabt. Zwei Jahre waren wir im Eismeer eingesetzt. Die Besatzung freute sich nun auf diese Unternehmung in warmen Zonen! Um keine Verstimmung bei der Besatzung aufkommen zu lassen, wurde mit diesem Spruch am Turm den Männern wieder eine positive Stimmung vermittelt.

U-593

23. 10. 1941//8. U-Fl. ab; 7. und 29. U-Fl. Am 13. 12. 1943 im Mittelmeer nördlich Constantine (Algier) durch britischen Eskorter *Calpe* und US-Zerstörer *Wainwright* ↓. Besatzung in Gefangenschaft.
KL KELBLING ✚.

U-594

† 50

30. 10. 1941//8. U-Fl. ab; 7. U-Fl. Am 4. 6. 1943 westlich Gibraltar durch englische Flieger ↓.
KL HOFFMANN Dietr. – 7. 1942; KL MUMM Friedr.
* Erich DEHMER: Zur Indienststellung bekam die Besatzung von einer Mädchenklasse einer Königsberger Schule, die Schwester des Kommandanten arbeitete dort, ein Struwelpeterbuch geschenkt. Aus diesem Buch nun wurde das beiliegende Bootsemblem entnommen. Es wurde an den beiden Vorderseiten des Turmes gefahren bis Ende der 2. Feindfahrt. Nach dieser Fahrt, das Boot war in der Karibik eingesetzt, wurde KL HOFFMANN abgelöst und die Nachfolge trat OL Friedr. MUMM, später KL an. Von diesem Zeitpunkt an wurde das Zeichen entfernt, die Besatzung war nicht unglücklich darüber, und durch das Flottillenabzeichen der 7. U-Fl. ersetzt. – Das Boot machte unter KL F. MUMM noch 4 Fahrten und wurde meines Wissens im Juni/Juli 1943 westlich von Gibraltar gebombt. Totalverlust. Ich selbst war vorher ausgestiegen und befand mich auf dem U-Lehrgang.

U-595

6. 11. 1941//8. U-Fl. ab; 9. U-Fl. Am 14. 11. 1942 im Mittelmeer vor Oran durch Fliegerbomben schwer beschädigt, auf Grund gesetzt und gesprengt.
KL QUAET-FASLEM Jürgen.
* Lt. canad. Mitt.: Mediterranean 1942 »Blue Sawfish«.

U-596

† 2

13. 11. 1941//8. U-Fl. ab; 3. und 29. U-Fl. Bei Luftangriff auf Salamis am 15. 9. 1944 beschädigt und am 24. 9. 1944 selbst gesprengt.
KL JAHN ✚ – 7. 1943; OL NONN – 7. 1944; OL KOLBUS.
* Emmerich METZ: Ich bin auf U-596 unter KL JAHN und OL NONN gefahren. Unser Bootszeichen war der Hamburger Wasserträger. Später unter OL NONN wurde der Spruch »GOTT VERLÄSST KEIN PÄCKCHEN« zusätzlich an den Turm gemalt. – Unter NONN am Schwalbennest des Turmes Schrift »NUR KEINEN STREIT VERMEIDEN!« – * Friedr. MAXIMOWITSCH: Diese Turmmaling (Hummel) wurde von dem Heimatmaler Karl SIMSHÄUSER für die Bootskameradschaft gezeichnet. * Viktor NONN: Als ich das Boot vom Indienststellungskommandanten JAHN übernahm ließ ich hinten am Turm folgende Beschriftung anbringen: »GOTT VERLÄSST KEIN PÄCKCHEN«, einen Spruch, der in meiner Bank im Seekriegsgeschichtslehrsaal von einem Vorgänger eingeritzt worden war.

U-591
Mützenabzeichen
aus Messing

U-591

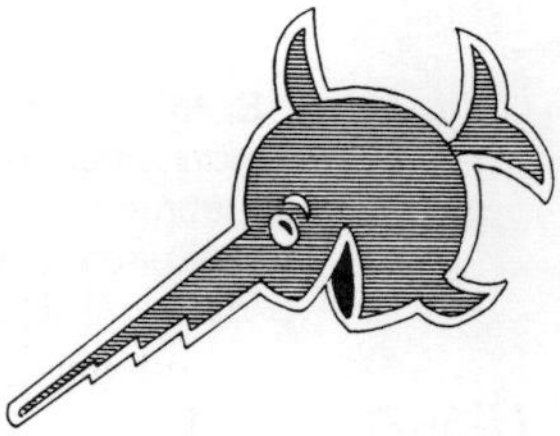

U-591

U-591

U-592

U-592

U-592

U-593

U-593

»U-Kelbling«
U-593

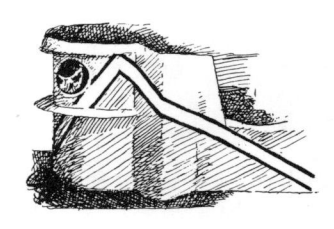

XI/42
U-593

unter
KL Dieter HOFFMANN
U-594

* E. METZ: Als am 1. 8. 1943 OL NONN das Boot übernahm, wurde zusätzlich an der Vorderseite des Turmes ein Wappen vermutlich mit zwei gekreuzten Marinedolchen angebracht sowie in großer Schrift »GOTT . . .« (w.o.). Ob unter OL KOLBUS der Wasserträger und die Schrift weitergeführt wurde, ist mir nicht bekannt. OL KOLBUS übernahm *U-596* im Juli 1944.

U-597
† 49

20. 11. 1941//8. U-Fl. ab; 1. U-Fl. Am 12. 10. 1942 südwestlich Island durch britische Flieger ↓.
KL BOPST.
* Herbert MEYER: Das Edelweiß-Wappen gehörte zu *U-597*, KL BOPST.

U-598
† 44

27. 11. 1941//8. U-Fl. ab; 6. U-Fl. Am 23. 7. 1943 im Südatlantik vor Natal an der brasilianischen Küste durch drei US-Flugzeuge versenkt. 44 Mann gefallen, 1 Mann gefangen.
KL HOLTORF Gottfried.
* Englische Notizen: Keine Turm-Devise. Patron: Freiburg i. B.

U-600
† 54

11. 12. 1941//5. U-Fl. – 7. 1942; 3. U-Fl. – 11. 1943; Am 25. November 1943 im Nordatlantik nördlich Punta Delgada (Azoren) durch britische Fregatten *Bazely* und *Blackwood* versenkt. Totalverlust.
KL ZURMÜHLEN
* Verf.: Der Kommandant war in Bielefeld geboren, daher das Wappen dieser Stadt.

U-601
† 52

18. 12. 1941//5. U-Fl. ab; 11. und 13 U-Fl. Am 25. 2. 1944 im Nordmeer nordwestlich Narvik durch Fliegerbomben ↓.
KL GRAU – 11. 1943; OL HANSEN Otto.
* P. Ottmar GRAU: Farben: Wappenrand – silber, Sterne und Mond – gold, oberes Feld – rot, unteres Feld – schwarz. * Lt. canad. Mitt.: T. H. auch Wappen von Hamburg(?).

U-604
† 16

8. 1. 1945//5. U-Fl. ab; 9. U-Fl. Am 11. 8. 1943 nach Beschädigung durch Fliegerbomben und Wabos selbst versenkt. Besatzung von *U-172* und *U-185* aufgenommen. U-185 später mit Kommandant und Teil der Besatzung von U-604 gleichfalls ↓.
KL HÖLTRING.
* Albert ZIERER bestätigt Wappen der 6. U-Fl. als Mützenabzeichen, das mit Delphin nicht bekannt.
Delphinwappen in Schaltung Küste Nr. 78/S. 17.
Da auch das Zeichen von *U-873* die gleiche Schrift (Zahl) ausweist, muß es vom gleichen Einsender kommen.

U-605
† 46

15. 1. 1942//5. U-Fl. ab; 9. U-Fl.; 29. U-Fl. Am 13. 11. 1942 im Mittelmeer vor Algier durch britische Korvetten *Lotus* und *Poppy* ↓.
KL SCHÜTZE Herbert Viktor.
* Lt. Mitt. Harry HUTSON/England: *U-605* had the Runie »S« as her emblem.

U-606
† 36

22. 1. 1942//5. U-Fl. ab; 11. U-Fl.; 9. U-Fl. Am 22. 2. 1943 im mittleren Nordatlantik durch US-Küstenwachkreuzer *Geo W. Campbell* und polnischen Zerstörer *Burza* ↓.
OL KLATT – 10. 1942; OL DÖHLER.

7. U-Flottille
U-594

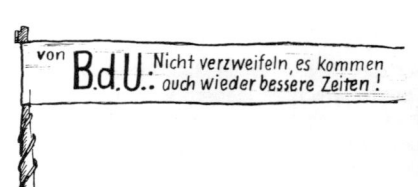

U-594

U-595

U-595

Gott verläßt kein Päckchen!
U-596

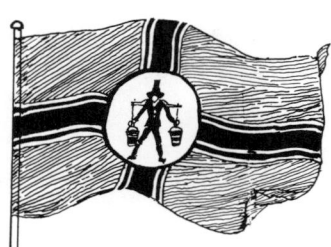

unter NONN
U-596

U-596

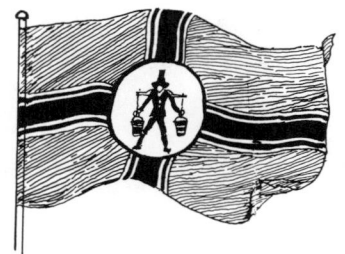

U-596

U-597

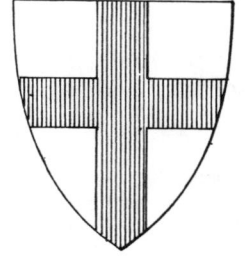

Patenstadt Freiburg i. Br.
U-598

Wappen von Bielefeld
U-600

U-601

165

* Englische Notizen: Devise: While attached to the 11th flotilla *U-606* had as flotilla device a polar bear below which an iceberg with a U-boat nearby. When in the 9th flotilla her flotilla device was two sailfish. Her own device was a map of England with an axe buried in it and the words »HACK HACK« beneath. This was said to symbolize to desire to hack away Englands shipping.

U-607 29. 1. 1942//5. U-Fl. ab; 7. U-Fl. Am 13. 7. 1943 in der Biskaya nordwestlich Kap Ortegal gebombt.
† 46 KL MENGERSEN – 5. 1943; OL JESCHONNEK Wolf.
* W. JESCHONNEK: Das Wappen war der auch Ihnen sicher bekannte »Stier von Scapa Flow«.

U-608 5. 2. 1942//5. Fl. ab; 6. U-Fl. Am 10. 8. 1944 vor La Rochelle durch britische Sloop *Wren* und Flugzeuge ↓. Besatzung gefangen.
KL STRUCKMEIER – 1. 1944; OL REISENER.
* W. REISENER: Wie man mir erzählte, soll es in Anlehnung an das Landeswappen Schleswig-Holstein entworfen worden sein: Ein stilisiertes Nesselblatt mit dem unklaren Anker und drei Sargnägeln.
* Thilo BIEGLER: Das holsteinische Nesselblatt ist früher gelegentlich so stilisiert worden, daß die Eckzacken zu Nägeln vom Kreuze Christi umgedeutet wurden – diese gehören also zum Nesselblatt.

U-610 19. 2. 1942//5. U-Fl. ab – 9. 1942; 6. U-Fl. fb – 10. 1943. Am 8. 10. 1943 im mittleren Nordatlantik von einem britischen Flugzeug ↓.
† 51 KL Freiherr v. FREYBERG-EISENBERG-ALMENDINGEN Walter.
* Karl CONEN: Gästebuch von *U-460* (Versorger). * Verf.: Wappen ist das der Freiherrn von FREYBERG.

U-611 26. 2. 1942//5. U-Fl. ab – 9. 1942; 3. U-Fl. fb – 12. 1942. Am 10. 12. 1942 im Nordatlantik südlich Island durch britische Flugzeuge ↓.
† 45 KL v. JACOBS Nikolaus.
* Karl CONEN: Gästebuch von *U-460* (Versorger).

U-613 12. 3. 1942//8. U-Fl. ab; 3. U-Fl. Am 23. 7. 1943 südlich der Azoren durch US-Zerstörer *Badger* ↓.
† 48 KL KÖPPE Helmut.
* Heinz SÖDER.

U-614 19. 3. 1942//8. U-Fl. ab; 6. U-Fl. Am 29. 7. 1943 im Nordatlantik nordwestlich Kap Finisterre durch Fliegerbomben ↓.
† 49 KL STRÄTER.
* Lennard LINDBERG/Schweden.

U-615 26. 3. 1942//8. U-Fl. ab; 3. U-Fl. Am 6. 8. 1943 in der Karibischen See südostwärts Curacao durch Fliegerbomben beschädigt und selbst versenkt.
† 10 KL KAPITZKY.
* Stefan LEHNER: Wochenlang karrten wir schon im Mittelatlantik ohne die leiseste Spur eines Schiffes zu entdecken. Als der Bordkoller schon um sich griff, sichteten wir einen Schwarm Schildkröten. Während wir uns mit diesen Meerestierchen beschäftigten, meldete ein Ausguckposten »Rauchfahne in Sicht!«. Dies war uns dann Anlaß, die Schildkröte als Glücksbringer zum Emblem zu machen.

U-601

U-601

U-604

U-604

U-605

U-605?
KL SCHÜTZE
Herb. Vikt.

U-606

U-606

7. U-Flottille
U-607

U-608

U-610

U-611

U-616   2. 4. 1942//8. U-Fl. ab; 6. U-Fl. und 29. U-Fl. Am 14. 5. 1944 im westlichen Mittelmeer ostwärts Cartagena durch US-Zerstörer *Niels* und sieben weitere nach mehrtägiger Verfolgung ↓.
† 1   OL SPINDLEGGER – 10. 1942; OL KOITSCHKA ✠.
* KOITSCHKA.

U-617   9. 4. 1942//5. U-Fl. ab – 8. 1942; 7. U-Fl. – 11. 1942 und 29. U-Fl. Am 12. 9. 1943 im Mittelmeer durch Flugzeuge gebombt und durch britische Korvette *Hyazinth,* britischen Minensucher *Haarlem,* australischen Minensucher *Wollongong* beschädigt und selbst versenkt.
† 1   KL BRANDI ✠ S.

U-618   16. 4. 1942//5. U-Fl. ab; 7. U-Fl. Am 14. 8. 1944 in der Biskaya durch Flugzeuge und britische Eskorter *Duckworth* und *Essington* ↓.
† 61   KL BABERG – 5. 1944; OL FAUST.

* Kurt BABERG: Das Fl.-Wappen war der schnaubende »Stier von Scapa Flow«, den ich dann weiß aufgemalt zu beiden Seiten des Turmes bis zu meinem Aussteigen am 15. 5. 1944 geführt habe. * Horst BÖTTCHER: Leider kann ich von meinem Frontboot *U-618* kein Wappen anbieten. Es führte nur den Namen *U-Negus,* benannt nach einem Besatzungsmitglied, das der Kommandant OLzS Kurt BABERG von seinem alten Boot mitgebracht hatte.

U-621   7. 5. 1942//8. U-Fl. ab; 9. U-Fl. (zeitw. Flakfalle). Am 18. 8. 1944 vor La Rochelle durch canadische Zerstörer *Ottawa, Chaudierre* und *Kootenay* ↓.
† 56   KL SCHÜNEMANN – 12. 1942; OL KRUSCHKA – 5. 1944; OL STUCKMANN ✠.

* Horst SCHÜNEMANN: Auf seiner 1. Feindfahrt stand *U-621* im Sommer 1942 in einem Aufklärungsstreifen mit etwa 20 anderen Booten. Zwischen meinem Boot und U-HARTMANN (braun) im Gegensatz zum adligen Boot (blau) sichteten wir im Morgengrauen plötzlich einen schnell laufenden Einzelfahrer, um den wir beide uns redlich bemühten, ihn vor die Rohre zu bekommen. Der Engländer hatte uns, seine Verfolger, leider bemerkt und manövrierte uns durch allerlei geschickte Zacks und Geschwindigkeitsveränderungen immer wieder aus. Obwohl schon mehrere teure Aale vergeigt waren, ließ ich nicht locker ihn nervös zu machen und hatte ihn dann endlich nach 12 Stunden in der Abenddämmerung so weit, daß seine Besatzung, wir zählten immerhin 76 Mann, in die Boote und Flöße ging und wir ihn mit einem letzten Aal mit seiner wertvollen Ladung von Flugzeugen und Ersatzmaterial auf Tiefe schickten. Auf dem langen Rückmarsch des Bootes zum Stützpunkt Brest entstand aus diesem Erlebnis, das gekennzeichnet war von dem zähen Festhalten an dem einmal geschnappten Opfer, der Vergleich mit der Krake.

U-622   14. 5. 1942//8. U-Fl. ab; 11. und 13. U-Fl. Am 24. 7. 1943 bei einem Luftangriff auf Drontheim ↓.
KL QUECK Horst-Thilo.

* H. T. QUECK: Der Fisch ist im Hai und bildet ein Q (QUECK) um einen Torpedo. Mein Boot *U-622* wurde am 4. 7. 1943 in Drontheim versenkt durch Fliegerbomben. Dann übernahm ich in Brest *U-92* von OELRICH, und von Juni 1944 bis Schluß des Krieges *U-2522,* das ich bei der Kapitulation in der Geltinger Bucht versenkte.

U-625   4. 6. 1942//8. U-Fl. ab; 3., 11., 13., 1. U-Fl. Am 10. 3. 1944 westlich Irland durch britische Flugzeuge ↓.
† 54   KL BENKER – 1. 1944; OL SURETH Kurt – 1. 1944 i. V.; OL STRAUB Siegfried – 3. 1944.

U-613

U-614

U-615

U-616

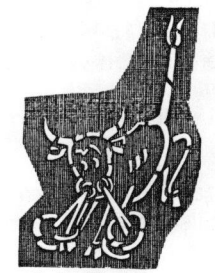

7. U-Flottille
U-617

U-617

7. U-Flottille
U-618

U-621

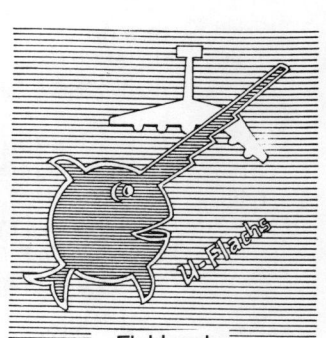

Flakboot
U-621

U-622

U-622

U-625

169

* H. HILBECK: Die 13 ergab sich aus der Quersumme von 625. Der Blitz mußte herhalten, um dem Ruf des Kommandanten, den man den »schnellen BENKER« nannte, gerecht zu werden. Das Kleeblatt war sicher nur für ein paar Kameraden symbolisch, die vorher ausgestiegen sind, um eine Schule zu besuchen. Farben: Kleeblatt – grün, Blitz – rot, die Zahl vielleicht weiß. – Das eine (Bild) zeigt den Fl.-Chef von Bergen mit unserem Kommandanten KL Hans BENKER, der bei der vorletzten Fahrt von U-625 als einziger über Bord gegangen und ertrunken ist. (Verf.: Bei einem Fliegerangriff am 2. 1. 1944).

U-628
† 49
25. 6. 1942//5. U-Fl. ab; 1. U-Fl. Am 3. 7. 1943 nordwestlich Kap Ortegal durch feindliche Flugzeuge gebombt.
KL HASENSCHAR.

U-629
† 53
2. 7. 1942//5. U-Fl. ab – 11. 1942; 11. U-Fl. fb + fb-m – 10. 1943; 1. U-Fl. fb – 6. 1944. Am 8. Juni 1944 vor dem Westausgang des Englischen Kanals durch Fliegerbomben vernichtet. Totalverlust.
OL BUGS Hans-Helmuth.

* Don MINDEMANN USA schickt Wappenfoto. * Verf.: Kommandant war Crew 37a, daher gekreuzte Marinedolche.

U-630
† 47
9. 7. 1942//5. U-Fl. ab; 3. U-Fl. Am 4. 5. 1943 südlich Cape Farewell/ Grönland durch englische Flugzeuge.
OL WINKLER.

* Harry HUTSON/England.

U-632
† 48
23. 7. 1942//5. U-Fl. ab – 12. 1942; 1. U-Fl. fb – 4. 1943. Am 6. April 1943 im Nordatlantik südwestlich Island durch britische Flugzeuge zerstört.
KL KARPF Hans.

* Karl CONEN: Gästebuch von *U-460* (Versorger).

U-634
† 48
6. 8. 1942//5. U-Fl. ab; 9. U-Fl. Am 30. 8. 1943 ostwärts der Azoren durch britische Sloop *Stork* und Korvette *Stonecrop* ↓.
OL BRONSIN – 2. 1943; OL DAHLHAUS.

* Dietrich WEIGELT: Das Boot führte als Emblem das Wappen der Stadt Schwäbisch Hall. Der I. WO LTzS BOSCH stammte aus Schwäbisch Hall und hatte einen Besuch der Besatzung (oder Teilen?) in seiner Vaterstadt organisiert.

U-636
† 42
20. 8. 1942//5. U-Fl. ab; 11. und 13. U-Fl. Am 21. 4. 1945 im Nordatlantik westlich Irland durch britische Eskorter *Bazely, Drury* und *Bentnik* ↓.
KL HILDEBRANDT Hans – 2. 1944; OL SCHENDEL Eberhard.

U-641
† 50
24. 9. 1942//5. U-Fl. ab – 2. 1943; 7. U-Fl. fb – 1. 1944; Versenkt am 19. 1. 1944 südwestlich Irland durch britische Korvette *Violett*.
KL RENDTEL

* RUSCHMEYR (Mützenabzeichen) Boot genannt *U-Pan*.

U-642
1. 10. 1942//5. U-Fl. ab – 2. 1943; 6. U-Fl. fb – 10. 1943; 29. U-Fl. fb. Bei dem amerikanischen Bombenangriff auf Toulon am 5. 7. 1944 vernichtet.
KL BRÜNNING.
Siehe Textanhang.

Mützenabzeichen
U-625

U-628

U-629

U-630

U-632

U-634

U-636

U-641

Mützenabzeichen
U-642

U-643

U-643

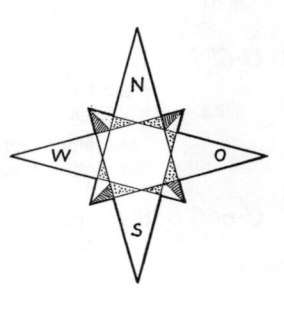

U-645

U-643 8. 10. 1942//5. U-Fl. ab; 1. U-Fl. Am 8. 10. 1943 im mittleren Nordatlantik durch britische Flieger gebombt.
† 30 KL SPEIDEL Hans.
Siehe Textanhang.

U-645 22. 10. 1942//5. U-Fl. ab; 3. U-Fl. Am 24. 12. 1943 nördlich der Azoren durch US-Zerstörer *Schenck* ↓.
† 55 OL FERRO.
* Ludwig KUHAUPT. * Aus Gästebuch CONEN.

U-650 26. 11. 1942//5. U-Fl. ab; 5. U-Fl.; 7. U-Fl.; 11. U-Fl. Seit 7. 1. 1945 in den Gewässern westlich England vermißt.
† 47 OL WITZENDORF 11.42 – 7.44; KL TINSCHERT i. V. 8.43 – 10.43; OL ZORN Rud.
* Max SCHADHAUSER.

U-651 12. 2. 1941//1. U-Fl. Am 29. 6. 1941 südlich Island durch britische Zerstörer *Malcolm, Simitar*, britische Korvetten *Arabis, Violett* und britischen Minenräumer *Speedwell* ↓.
† 52 KL LOHMEYER.
* Peter LOHMEYER: . . ., daß wir kein Emblem gehabt haben, wenn Sie nicht das auf beiden Seiten des Turmes gemalte »HEIA SAFARI« als Emblem ansehen wollen.

U-652 3. 4. 1941//3. U-Fl.; 29. U-Fl. Am 2. 6. 1942 im Mittelmeer vor Sollum durch Fliegerbomben stark beschädigt und tauchunklar. Durch U-81 torpediert nach Rettung der Besatzung.
OL FRAATZ.

U-653 25. 5. 1941//1. U-Fl. Am 15. 3. 1944 im mittleren Nordatlantik durch britische Trägerflugzeuge des Trägers *Vindex* und Sloops *Starling* und *Wildgoose* ↓. Totalverlust.
† (?) KL FEILER – 9. 1943; OL KANDLER.

U-654 5. 7. 1941//5. U-Fl. ab; 11. U-Fl. Am 22. 8. 1942 in der Karibischen See nördlich Colon durch amerikanische Heeresflieger ↓.
† 44 KK HESSE H. Joachim – 11. 1941; OL FORSTER.
* Harry HUTSON/England: SS AGRA, 20. 4. 1942.

U-657 8. 10. 1941//8. U-Fl. ab; 3. und 11. U-Fl. Am 14. 5. 1943 östlich Cape Farewell durch US-Flugzeuge ↓.
† 51 OL RADKE H. Jürgen – 12. 1941; KL GÖLLNITZ.

U-659 9. 12. 1941//5. U-Fl. ab; 9. U-Fl. Am 3. 5. 1943 im Nordatlantik westlich Kap Finisterre nach Kollision mit *U-439* gesunken.
† 44 KL STOCK Hans.
* Lt. canad. Notizen: »Blue swordfish« sunk 4/5/1943 *U-659* KL Hans STOCK. This badge (9th flotille devise) was the only one worn.

U-660 8. 1. 1942//5. U-Fl. ab; 9. und 29 U-Fl. Am 12. 11. 1942 im Mittelmeer vor Oran durch britische Korvetten *Lotus* und *Starwort* ↓.
KL BAUR Götz.
* Herbert GEHLE: *U-660* fuhr unter KL Götz BAUR und wurde am 12. 11. 1942 auf der

U-650

U-651

U-652

U-652

Mützenabzeichen
Krebs packt Männchen?

U-653

Mützenabzeichen
19. 5. 1942 Brest

U-654

U-654

U-657

U-657

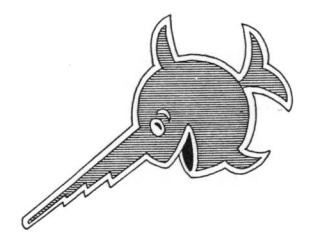

U-659

U-660

Höhe von Oran nach schwerer Beschädigung (tauchunklar, manövrierunfähig durch Flugzeug und eine Korvette) von der Besatzung selbst versenkt. – Der Kommandant brachte eines Tages einen flügellahmen Raben mit an Bord, der in der Howaldt-Werft, Hamburg, an der Helling vor einen Draht geflogen war. Der Rabe wurde gut gepflegt und bekam den Namen »Hans Huckebein«. Er sollte uns als Maskottchen auf *U-660* erfreuen. – Leider überstand er jedoch den 2. Tauchversuch nicht. Unser Kommandant malte ihn sodann zum Andenken an den Turm als unser Bootsemblem.

U-662

† 44

9. 4. 1942//5. U-Fl. ab; 7. U-Fl. Am 21. 7. 1943 nördlich der Amazonasmündung durch US-Flugboot ↓. Kommandant und 3 Mann nach 17tägigem Treiben aufgefischt und in Gefangenschaft. Kommandant später ausgetauscht.
KK HERMANN Wolfgang. – 2. 1943; KL MÜLLER Heinz-Eberhard.
Siehe Textanhang.

U-663

† 49

14. 5. 1942//5. U-Fl. ab; 11. U-Fl.; 9. U-Fl. Am 7. 5. 1943 vor der Biskaya westlich Brest durch Flieger gebombt.
KL SCHMID Heinrich.
* Hermann NOLL: Als Mützenabzeichen hatten wir ein vierblättriges Kleeblatt mit der 13. Da wir am 13. 12. 1942 (am Geleit HX 28) so viel Glück hatten, lag es nahe, auf einem Glückskleeblatt die 13 aufzulöten. Kleeblatt aus Kupferblech, die 13 aus Messing. *U-663* führte auf dem Turm als einzigstes Boot den Kurenstander (s. *U-47*).

U-664

† 7

17. 6. 1942//8. U-Fl. ab; 9. U-Fl. Am 9. 8. 1943 westlich der Azoren durch Flugzeug des US-Trägers *Card* ↓.
OL GRAEFF Adolf.
* Laut. canadischen Angaben Patenstadt Gaggenau in Baden.

U-666

† 51

26. 8. 1942//5. U-Fl. ab; 6. U-Fl. Am 10. 2. 1944 westlich Irland durch Flugzeuge des britischen Trägers *Fencer* ↓.
KL ENGEL Herbert – 12. 1943; OL WILBERG.

U-667

† 45

20. 10. 1942//5. U-Fl. ab; 7. U-Fl. Am 25. 8. 1944 vor La Rochelle auf Mine gelaufen und gesunken.
KL SCHROETELER – 7. 1944; OL LANGE Karl-Heinz.
* FELDMANN: Wappen von Bochum-Gerthe. Heimatstadt von KL SCHROETELER (genannt »MÖHRLE«). * Thilo BIEGLER: Die Heimatgemeinde Gerthe hat kein eigenes Wappen geführt. Bei dem abgebildeten Abzeichen dürfte es sich lediglich um einen Hinweis auf das Ruhrgebiet bzw. auf den Bergbau handeln, was wohl insofern ein Stück Heimat widerspiegeln sollte.

U-668

16. 11. 1942//5. U-Fl. ab; 6. und 13. U-Fl. Am 19. 5. 1945 von Narvik nach England ausgeliefert. In Op.Dl. ↓.
KL v. EICKSTEDT Wolfgang – 4. 1945; KL HENNING Fritz.
* K. H. GÖTZE: Kurz nach Indienststellung hatte irgend jemand der Besatzung festgestellt, daß das Auftreten des Kommandanten dem eines Elefanten ähnele. Nach weiterer Erörterung dieser Tatsache wurde der Elefant als Bootszeichen auserkoren. – Die Besatzung sang ein Lied mit Text «Jumbo ist ein Elefant . . .«.

U-669

† 53

16. 12. 1942//5. U-Fl. ab; 1. U-Fl. Am 7. 9. 1943 vor der Biskaya nordwestlich Kap Ortegal durch canadisches Flugzeug ↓.
OL KÖHL.

U-662

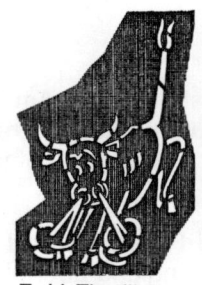

7. U-Flottille
U-662

Mützenabzeichen
U-663

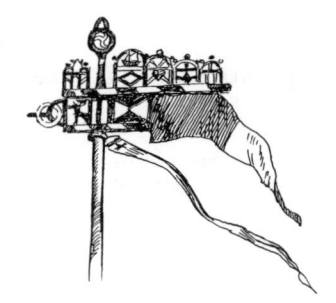

U-663

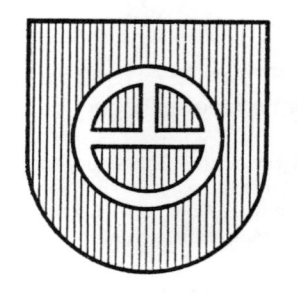

Wappen von Gaggenau
U-664

U-664

U-666

Erinnerungsschild
U-666

unter Heinr. SCHROETELER
U-667

U-667

U-668

U-668

175

U-672 6. 4. 1943//5. U-Fl. ab; 6. U-Fl. Am 18. 7. 1944 im Englischen Kanal nördlich Guernsey durch britische Fregatte *Balfour* versenkt Kommandant und ein Teil der Besatzung gefangen.
† ? OL LAWAETZ.

U-680 23. 12. 1943//31. U-Fl. ab; 6. und 11. U-Fl. Am 24. 6. 1945 von Wilhelmshaven nach England überführt. In Op.Dl. ↓.
OL Ulber.
* Mitt. N. N.: »Sie Neger!« soll eine häufig gebrauchte Anrede des Kommandanten gewesen sein. – N. N.: Schornsteinfeger, wegen der starken Abgas-Verrußung durch Schnorchelbetrieb.
Siehe Textanhang.

U-701 16. 7. 1941//3. U-Fl. Am 7. 7. 1942 im Nordatlantik vor Cape Hatteras durch amerikanische Heeresflieger ↓.
† 40 KL DEGEN.
* Horst DEGEN: Eine besondere Entstehungsgeschichte gibt es eigentlich nicht, eine harmlose Zierde in Verbindung mit einem Emblem der weiten tiefen See. Eine naß-forsche Hurra-Aggression sollte wohl nicht zum Ausdruck kommen.
* Karl Heinz LÜTTGEN (Mützenabzeichen).

U-703 16. 10. 1941//6. U-Fl.; 11. U-Fl.; 13. U-Fl. Ende September 1944 im Nordmeer verschollen. Vermutlich vor der isländischen Ostküste auf Mine gelaufen.
† 56 KL BIELFELD – 7. 1943; OL BRÜNNER.
* Hans NOACK: Das Wappen wurde am Turm BB und St.B. gezeigt und an Turmfront das Eismeerwappen (Eisbär, etc.). Außerdem war es ein Mützenemblem. »U-ZACK-ZACK«.
* Aus SCHALTUNG KÜSTE Nr. 77/S. 24 AUCH DAS HAT ES GEGEBEN! Eine Ju-88 der I./KG 30 hatte am 5. 11. 1942 den einzeln fahrenden russischen Dampfer *Dekabrist* (7363 BRT) versenkt. Die schiffbrüchige Besatzung rettete sich auf die Hopen-Insel und wurde am 1. 5. 1943! dort von einer He-111 entdeckt. Während einer Sonderunternehmung erhielt dann, nachdem die Luftwaffe zunächst Proviant abgeworfen hatte, *U-703* (BRÜNNER) am 24. 7. 1943 Funkbefehl Überlebende abzubergen. Das Boot nahm, da die Unternehmung weiterlief, zunächst den Kapitän der *Dekabrist* mit. Den übrigen hinterließ es Proviant und Vitamintabletten. Sie wurden später von *U-354* (HERBSCHLEB) abgeholt.

U-704 18. 11. 1941//8. ; ab; 7. U-Fl.; fb; dann Ausbildungs- und Schulboot in der 24., 23. und 21. U-Fl. Am 3. 5. 1945 in Vegesack selbst gesprengt.
KL KESSLER Horst und andere Kommandanten
S. *U-985*.

U-706 16. 3. 1942//5. U-Fl. ab; 3. U-Fl. Am 2. 8. 1943 beim Auslaufen aus der Biskaya nordwestlich Kap Ortegal durch amerikanische Heeres-Liberator ↓.
† 43 KL v. ZITZEWITZ Alexander.
* Canada: »Vietnitz Neumark arms: red eagle on silver field«.
Wilhelm STEIFENSAND: »Die angeführte Quelle hat nur teilweise geirrt. Bin fast sicher, daß der Adler (genauer Fisch-Greif rot war auf silbernem Schild). Es könnte sich um den Pommern-Greif handeln, das pommersche Wappentier. Die ZITZEWITZENS stammen ja aus Pommern.« (Fotos).

U-669

U-672

U-680

Mützenabzeichen
U-680

U-680

U-680

U-701

U-703

U-703

U-704

U-706

U-707

177

U-707 1. 7. 1942//8. U-Fl. ab – 11. 1942; 7. U-Fl. fb. Am 9. November 1943 im Nordatlantik östlich der Azoren durch britisches Flugzeug vernichtet. Totalverlust.
† 51 OL GRETSCHEL
* Hermann SCHNEIDER: Deckname in St. Nazaire: *U-Sieben*. Mützenabzeichen: Sieben in einer Null. Größe: ca. 15 – 20 mm. Material: Metall, vielleicht verchromt? Ob es eine Turmmaling gab, weiß ich nicht.

U-708 24. 7. 1942//8. U-Fl. ab; 7. U-Fl.; 5. U-Fl.; 21. U-Fl. Schul- und Ausbildungsboot. Am 3. 5. 1945 in Wilhelmshaven selbst gesprengt.
OL HEINTZE – 6. 1943; OL ANDERSEN Klaus – 2. 1944; OL KÜHN Herbert.

U-709 12. 8. 1942//5. U-Fl. ab; 9. U-Fl. Am 1. 3. 1944 nördlich der Azoren durch US-Eskorter *Thomas, Bostwick* und *Bronstein* ↓.
† 54 OL WEBER Karl Otto – 12. 1943; OL ITES Rudolf.
* Kurt LINK: Kommandant OL WEBER, Hamburg-Rahlstedt.

U-711 26. 9. 1942//5. U-Fl. ab; 11. und 13. U-Fl. Am 4. 5. 1945 bei Luftangriff auf Harstadt/Nordnorwegen durch Flugzeuge des britischen Trägers *Searcher, Trumpeter* und *Queen* ↓.
† 32 KL LANGE Hans-Günther ✚ E.
* Konrad Lewitz: Emblem an Turmfront: weiße Ente mit rotem Band mit Schleife und zwei eingebundenen Disteln.

U-712 5. 11. 1942//Schul- und Ausbildungsboot in der 8., 3., 23. und 31. U-Fl. Am 29. 5. 1945 von Kristiansand nach England übergeben Op.Dl. ↓.
OL PIETSCHMANN – 12. 1943; OL KOCH Walter-Ernst – 6. 1944; OL Frhr. von KETELHODT.
* Helmut SCHMÜCKER

U-715 17. 3. 1943//5. U-Fl. ab – 5. 1944; 9. U-Fl./Fd. U. Mitte fb 6. 1944. Am 12. 6. 1944 im Nordmeer nordöstlich der Färöer-Inseln durch britische Flieger ↓.
† 35 KL RÖTTGER Helmut.

U-716 15. 4. 1943//5. U-Fl. ab – 12. 1943; 11. U-Fl. fb – 9. 1944; 13. U-Fl. fb bis Ende. Am 16. 5. 1945 von Narvik nach Loch Eriboll/England. In Op.Dl. ↓.
OL DUNKELBERG; OL THIMME.
* Zeichnung Erinnerungsbuch KINKELE.

U-717 19. 5. 1943//5. U-Fl. ab; 22. U-Fl. sb; 8. U-Fl. fb; 5. U-Fl. ab. Am 5. 5. 1945 in der Wasserlebener Bucht bei Glücksburg selbst versenkt, nachdem das Boot am Vortag schwer beschädigt worden war.
† 1 OL v. ROTHKIRCH UND PANTHEN.
* N. N.: Der Kommandant war ein Adeliger, daher der »feine Halsschmuck«.

U-720 17. 9. 1943//21. U-Fl. sb – 2. 1945; 31. U-Fl. ab – Ende. Am 24. 6. 1945 von Wilhelmshaven nach England. In Op.Dl. versenkt.
OL SCHÜLER Wolf Harald – 5. 1944; OL BOLDT – 11. 1944; OL WENDELBERGER
* U-Boot-Archiv.

U-708 U-709 U-711

U-712 »U-Vierkant« U-716
       U-715

(auf dem Wellenbrecher)

»U-Nanni«

U-717 U-720 U-721

U-731 U-732 U-732

U-721 8. 11. 1943//22. U-Fl. sb; 31. U-Fl. ab. Im Mai 1945 in der Geltinger Bucht selbst versenkt. »U-NANNI«.
OL WOLLSCHLÄGER – 12. 1944; OL FABRICIUS Ludwig.
Siehe Textanhang.

U-731 3. 10. 1942//8. U-Fl. ab; 1. U-Fl. Am 15. 5. 1944 vor Tanger durch britische U-Jäger *Kilmarnock* und Korvette *Blackfly* und 2 Flugboote ↓.
† 53 OL TECHAND – 11. 1943; OL GRAF KELLER.
* Werner TECHAND: Als Angehöriger der Crew 37 b habe ich das Crew-Wappen anbringen lassen. Graf Keller hat das Crew-Wappen sicher nicht geführt, da er zu meiner Crew nicht gehörte.

U-732 24. 10. 1942//8. U-Fl. ab; 1. U-Fl. Am 31. 10. 1943 vor Gibraltar durch britischen Zerstörer *Douglas* und Korvette *Imperialist* ↓.
† 31 OL CARLSEN.
* CARLSEN teilt mit, daß der Teufel mit Dreizack am Turm geführt wurde, das Wappenschild von der Besatzung gefertigt worden war.

U-733 14. 11. 1942//8. U-Fl. ab; Ausbildungs- und Schulboot der 21. und 31. U-Fl. Am 5. 5. 1945 in der Geltinger Bucht selbst versenkt nach Fliegerschäden vom 4. 5. 1945.
† 2 OL v. TROTHA Wilh. – 5. 1943; OL HELLMANN – 3. 1945; OL HAMMER.
* Aus dem Gästebuch der 4. U-Fl. Stettin.

U-734 5. 12. 1942//8. U-Fl. ab – 7. 1943; 11. U-Fl. fb – 2. 1944; Versenkt am 9. Februar 1944 südwestlich Irland durch britische Sloops *Wildgoose* und *Starling*.
† 50 OL BLAUERT Hans-Jörg.
* Ewald KOCH: Foto von Kollegen als *U-734* erhalten, daher nicht absolut sicher.

U-735 28. 12. 1942//8. U-Fl. ab – 7. 1944; 11. U-Fl. fb-oE – 12. 1944; Bei einem Luftangriff auf Horten vernichtet am 28. 12. 1944.
† 39 OL BÖRNER Hans-Joachim.
* Edmund HUBAUER, Patenstadt Rothenburg ob der Tauber, Mützenabzeichen.

U-736 16. 1. 1943//8. U-Fl. ab; 1. U-Fl. Am 6. 8. 1944 westlich St. Nazaire durch britische Fregatte *Loch Killin* ↓.
† 28 OL REFF.
* Boot gebaut auf der Schichau-Werft, Danzig – daher Danzig-Wappen und Kompaßrose.

U-737 30. 1. 1943//8. U-Fl. ab – 6. 1943; 13. U-Fl. fb – 12. 1944; ↓ am 19. 12. 1944 nach Kollision mit Minenräumschiff *MRS 25* im Westfjord vor Narvik.
† 31 LT POESCHEL Wolfgang – 2. 1943; KL BRASACK ✥ – 11. 1944; OL GREUS Friedr.
Siehe Textanhang.

U-739 6. 3. 1943//8. U-Fl. ab; 9. und 13. U-Fl. Am 30. 5. 1945 von Wilhelmshaven nach England überführt und in Op.Dl. ↓.
OL SCHILD H.-J.
Siehe Textanhang.

U-733

U-733

U-734

Patenstadt Rothenburg o.d.T.
U-735

U-736

U-737

U-739

U-739

U-739

U-741

U-744

U-744

U-741 10. 4. 1943//8. U-Fl. ab; 1. U-Fl. Am 15. 8. 1944 nordwestlich Le Havre durch britische Korvette *Orchis* ↓.
† 48 OL PALMGREEN Gerhard.
* Günter RAUTENBERG.

U-744 5. 6. 1943//8. U-Fl. ab; 9. U-Fl. Am 6. 3. 1944 im mittleren Nordatlantik durch canadische Zerstörer *Gatineau, Chaudiere,* canadische Fregatte *St. Catherines* und weitere britische Zerstörer und Korvetten ↓.
† 13 OL BLISCHKE.
* Helmut JONAS und Rudolf BOHUSCH. Wappen von Posen.
Siehe Textanhang.

U-745 19. 6. 1943//8. U-Fl. ab; 8. U-Fl. fb. Seit 4. 2. 1945 im Finnenbusen verschollen; wahrscheinlich durch Wabos eines sowjetischen U-Jägers ↓. (Der Angriff wurde von anderen U-Booten wahrgenommen; sowjetische Angaben fehlen).
† 48 KL v. TROTHA Wilh.
* Max HUFNAGEL (mündlich).

U-747 = ex ital. »S 3«/17. 7. 1943//Von der Kriegsmarine im September 1943 übernommen. 24. und 31. U-Fl. Durch Fliegerbomben im April 1945 in Hamburg ↓.
OL JEWINSKI Erich – 5. 1944; OL ZAHNOW.

U-748 = ex ital. »S 5«/31. 7. 1943//Von der Kriegsmarine im September 1943 übernommen. 24. und 31. U-Fl. Am 3. 5. 1945 in Rendsburg selbst versenkt.
† 1 OL ROTH und andere.
* Ernst ROHDE: »War kurzfristig farbig am Turm« (Moritz-Zeichnung)
Siehe Textanhang.

U-751 31. 1. 1941//7. U-Fl. Am 17. 7. 1942 im Nordatlantik nordwestlich Kap Ortegal durch britische Flugzeuge ↓.
† 47 KL BIGALK ✠.
* Karl-Heinz GÖTZE: Während der Erprobungszeit stand am Turm der Name der kleinen Tochter des Kommandanten. Zur 1. Unternehmung wurde es mit dem Fl.-Zeichen der 7.U.-Fl. ausgewechselt. Patenstadt Wilhelmshaven.

U-752 24. 5. 1941//3. U-Fl. Am 23. 5. 1943 im mittleren Nordatlantik durch Flugzeuge des britischen Trägers *Archer* ↓.
† 29 KL SCHROETER Karl-Ernst.
* H. Joach. DIERKS: Meine erste Feindfahrt machte ich auf *U-752*, Kommandant OL SCHROETER, das später vor der amerikanischen Küste verlorenging. Wir führten das Wappen der Patenstadt Heilbronn am Turm. Farben: Schwarzer Adler auf goldenem Feld. Ein Schild von rot, weiß und blau auf des Adlers Brust.
Siehe Textanhang.

U-753 18. 6. 1941//3. U-Fl. Seit dem 15. 5. 1943 bei dem Angriff auf Konvoi HX 237 verschollen.
† 47 KK Manhard v. MANSTEIN.
Lt. Can. III/148 a, b. c Wappen von Marburg (?)

U-745

U-747

U-747

U-748

24. U-Flottille Memel
U-748

U-751

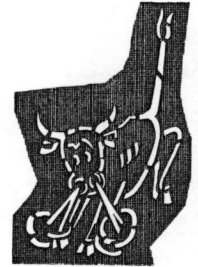

7. U-Flottille
U-751

U-751

U-751

Patenstadt Heilbronn
U-752

U-753

s. Nachtrag: U-746, U-753

U-754 28. 8. 1941//5. U-Fl. ab; 1. U-Fl. Am 31. 7. 1942 im Nordatlantik durch Fliegerbomben südostwärts Cape Sable (Nova Scotia) ↓.
† 43 KL OESTERMANN.
  * Karl Böhm teilt mit: Nicht Wappen von Linz an der Donau, sondern das von Oberösterreich (Oberdonau). Wappenfarben: gelber Adler auf schwarzem Grund, die Balken rot und weiß.
  * Erich SCHILLER: Machte alle Fahrten von der Indienststellung an mit, auch die 3. und letzte Fahrt nach Amerika, mußte aber ca. 10 Tage vor dem Verlust des Bootes mit ausgekugeltem Oberarm auf See umsteigen, auf ein in Richtung Heimat fahrendes Boot. *
  Verf.: Schild beiderseits des Turmes, schräg nach vorne geneigt.

U-755 3. 11. 1941//5. U-Fl. ab; 9. und 29. U-Fl. Am 28. 5. 1943 im Mittelmeer nordwestlich der Balearen durch britische Flugzeuge ↓. 9 Mann vom spanischen Zerstörer *Velasco* geborgen.
† 40 KL GÖING.
  * Manfred BRUMME: Als Emblem trug das Boot beidseits der Turmverkleidung einen zustoßenden Sägefisch, sowie ein schlichtes weißes Schild mit der einzeiligen Beschriftung (schwarz) »ES GEHT WEITER«. Die zwei letzten Fahrten des Bootes erfolgten ohne jedes Zeichen am Boot. Lediglich »ES GEHT WEITER« wurde im Kleinformat an der Bordmütze getragen.

U-756 30. 12. 1941//6. U-Fl. Am 3. 9. 1942 im Nordatlantik durch englische Flieger gebombt.
† 43 KL HARNEY.
  * Lt. canad.: Danzig-Wappen.

U-757 28. 2. 1942//6. U-Fl. ab – 9. 1942, fb – 1. 1944. Am 8. 1. 1944 im Nordatlantik südwestlich Irland durch britischen Geleitzerstörer *Bayntun* und canadische Korvette *Camrose* ↓.
† 49 KL DEETZ Friedrich.
  * Lore WIST, verw. DEETZ: Es war meines Mannes 7. Feindfahrt. Das Boot war auf der Marinewerft Wilhelmshaven gebaut und im Januar 1942 in Dienst gestellt (bei klirrendem Forst, so daß die Blasinstrumente einfroren).

U-758 5. 5. 1942//6. U-Fl.; 33. U-Fl. Am 11. 3. 1945 in Kiel durch Bomben beschädigt und außer Dienst. Am 24. 3. 1945 nach England ausgeliefert. In Op.Dl. ↓.
  KL MANSECK – 3. 1944; OL FEINDT.
  * Helmut MANSECK: Das Emblem des Wappens, das ich als Skizze beifüge, stammt aus einem alten Wappen und stellt stilisiert das Joch dar, das dem Ur bzw. Stier in früherer Zeit um Hörner und Kopf gelegt wurde, um ihn bändigen zu können. Es symbolisiert die Bezwingung der Kräfte der Natur und ihren Einsatz für die Zivilisation. Das Emblem war weiß auf blauem Grund, das Wappen selbst war weiß umrandet.

U-759 15. 8. 1942//5. U-Fl. ab; 9. U-Fl. Am 26. 7. 1943 im Karibischen Meer ostwärts Jamaica von US-Flugzeug ↓.
† 47 KL FRIEDRICH Rudolf.

U-760 15. 10. 1942//8. U-Fl. ab – 4. 1943; 3. U-Fl. – 9. 1943. Am 8. 9. 1943 beschädigt in Vigo eingelaufen, später in El Ferrol interniert. 23. 7. 1945 nach England. In Op.Dl. ↓.
  OL BLUM Otto-Ulrich.

U-754
Wappen von Oberösterreich

U-755

U-755

U-755
Tarnanstrich über 9. U-Fl.Z.

U-756
Wappen von Danzig

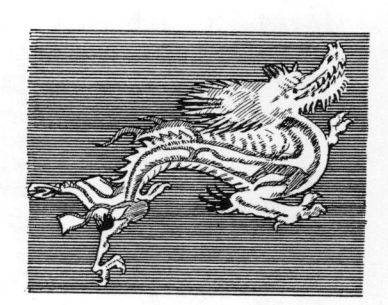

U-757

U-758 schräg zur Turmfront

U-759

U-760

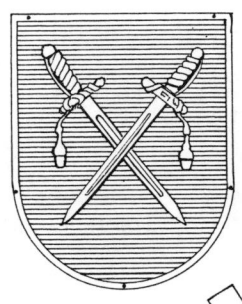

U-761 (Stb. Bb. entgegengesetzt)

U-763
Patenstadt Bludenz

U-763
Mützenabzeichen

* Otto-Ulrich BLUM: Die Olympia-Ringe trugen die üblichen Farben, die Zahl »13« war vermutlich schwarz, ,die »kleinen Fische« in Silberfarbe und der Untergrund, wenn ich mich recht erinnere, blau. Ganz sicher bin ich mir bei den Olympia-Ringen.

U-761 3. 12. 1942//8. U-Fl. ab; 9. U-Fl. Am 24. 2. 1944 im Nordatlantik durch Flugzeug zum Auftauchen gezwungen und bei Annäherung durch britische Zerstörer *Anthony* und *Wishart* selbst versenkt.
† 9 OL GEIDER
* Bruno HELBING (Foto). Boot wurde querab Tanger, in der Straße von Gibraltar, selbst versenkt.

U-763 13. 3. 1943//8. U-Fl. ab; 3. und 33. U-Fl. fb; 24. U-Fl. ab. Am 24. 1. 1945 in Königsberg bei Luftangriff ↓ .
KL CORDES – 10. 1944; LT BRAUN i. V. 8. 1944 – 10. 1944; OL SCHRÖTER.
* Rudolf WIESER: Karl Heinz TSCHANETT, unser LI auf *U-763*, stammte aus Bludenz/Vorarlberg in Österreich. Meines Wissens war sein Vater in der Stadtverwaltung tätig. So bot man die Patenschaft an. Mit einer Abordnung aus Bludenz wurde das Boot *U-763* bei der Indienststellung in Wilhelmshaven auf den Namen *U-Bludenz* mit dem Einhornwappen getauft.
Siehe Textanhang

U-764 6. 5. 1943//8. U-Fl. ab; 9. U-Fl.; 11. U-Fl. Im Mai 1945 in einen englischen Hafen eingelaufen und in Op.Dl. ↓ .
OL v. BREMEN.
* Wappen der Stadt Bremen.

U-766 30. 7. 1943//8. U-Fl. ab; 9. U-Fl. Am 21. 8. 1944 außer Dienst in La Pallice/Frankreich – später französische *Laubie*.
OL WILKE Hans-Dietrich.
Siehe Textanhang.

U-772 23. 12. 1943//31. U-Fl. ab – 7. 1944; 9. U-Fl. – 10. 1944; 11. U-Fl.; Am 30. Dezember 1944 im Kanal südlich Weymouth durch kanadische Flieger versenkt.
† 48 Totalverlust.
KL RADEMACHER Ewald.
* Verf.: Besatzung soll Wappen der 10. U-Fl. als Mützenabzeichen getragen haben.

U-773 20. 1. 1944//31. U-Fl. ab; 1. und 11. U-Fl. Am 29. 5. 1945 von Drontheim nach England. In Op.Dl. ↓ .
OL LANGE Richard 1.44 – 4.44; OL BALDUS – 4. 1944.
* »U-HEINZELMANN«.

U-775 23. 3. 1944//31. U-Fl. ab – 10. 1944; 11. U-Fl. fb bis Ende. Am 29. 5. 1945 von Drontheim nach Scapa Flow/England. In Op.Dl. ↓ .
OL TASCHENMACHER.
* Zeichnung aus Erinnerungsbuch KINKELE.

U-776 13. 4. 1944//31. U-Fl. Am 20. 5. 1945 im englischen Hafen eingelaufen. In Op.Dl. ↓ .
KL MARTIN Lothar.
* Hans ICKING: *U-Martin* = *U-776* führte als Emblem das Seepferdchen. * LINDBERG

Turmfront
U-763

Wappen von Bremen
U-764

U-764

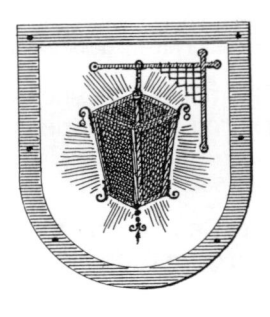

U-766

Turmstirnseite
U-766

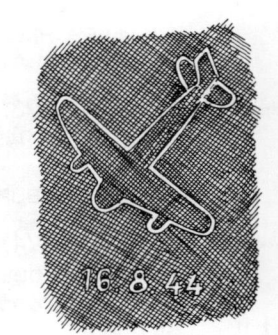

U-766

U-766

U-772

»U-Heinzelmann«
U-773

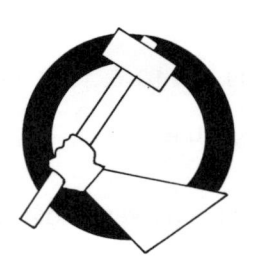

U-775

U-776

Mützenabzeichen
U-777

187

L.: Kommandant MARTIN kam wie Kommandant LESSING von *U-1231* von der Luftwaffe, beide U-Bootsausbildung 7. 1943 – 1. 1944.

U-777 9. 5. 1944//31. U-Fl. ab – 10. 1944. Am 15. 10. 1944 beim Luftangriff auf Wilhelmshaven ↓.

† 1 OL RUPERTI (zuletzt Kommandant U-3039).
* Erich GEBAUER.

U-778 7. 7. 1944//31. U-Fl. ab – 2. 1945; 11. U-Fl. fb – Ende. 31. 5. 1945 von Bergen nach England. Op.Dl. ↓.
KL JÜRS Rolf.

* Kurt PESCHKE: Eine Biene wurde gewählt, weil die Braut des Kommandanten Sabine hieß. Den Namen hat der U-Raum gegeben, nicht der Kommandant. Farben: gelb/braun.

U-793 24. 4. 1944//8. U-Fl. (Walter-vb) – 2. 1945; 5. U-Fl. (vb) (vb = Versuchsboot) – 5. 1945; (↓) 3. 5. 1945 in Kiel, wahrscheinlich alliierte Kriegsbeute.
OL SCHAUENBURG Günther – 1. 1945; OL SCHMIDT Friedrich – Ende.

U-801 24. 3. 1943//4. U-Fl. ab; 2. U-Fl. Am 17. 3. 1944 bei Cap Verden durch Flugzeuge des US-Trägers *Block Islands* beschädigt und durch US-Zerstörer *Corry* und *Bronstein* ↓.

† 10 KL BRANS.
* Aus Gästebuch der 4. U-Fl.

U-802 12. 6. 1943//4. U-Fl. ab; 2. U-Fl.; 33. U-Fl. Am 11. 5. 1945 in England eingelaufen. In Op.Dl. ↓.

† 1 KL STEINHAUS – 12. 1943; KL SCHMOECKEL.

* Helmut MARIZY: An Turmfront Z. d. 2. U-Fl., an St.B. Kleeblatt – symbolisierte »Glück-Kampf-Sieg«, unter SCHMOECKEL Olympische Ringe.

U-805 12. 2. 1944//4. U-Fl. ab – 2. 1945; 33. U-Fl. fb – Ende. Eingelaufen Portsmouth/USA 14. 5. 1945; Versuche und abgewrackt.
KK BERNARDELLI.

* Heinz LOBECK: *U-805* hatte zur Feindfahrt kein eigenes Wappen. Während der Fahrenszeit in heimischen Gewässern führten wir das auf dem Foto erkennbare Zeichen am Turm. (Verf.: UAK-Zeichen der SEEBECK-Werft, Wesermünde.)

U-806 29. 4. 1944//4. U-Fl.; 33. U-Fl. Bei Kriegsende in Aarhus. Am 22. 6. 1945 von Wilhelmshaven nach England. In Op.Dl. ↓.
KL HORNBOSTEL.
* Arno BRETSCHER.

U-821 11. 10. 1943//4. U-Fl. ab; 24. und 4. U-Fl. ab; 1. U-Fl. Am 10. 6. 1944 vor Brest durch britische Flieger ↓.

† 50 LT FABRICIUS – 11. 1943; OL FISCHER – 12. 1943; OL KNACKFUSS.
Siehe Textanhang.

U-826 11. 5. 1944//8. U-Fl. ab; 11. U-Fl. Am 11. 5. 1945 in Loch Ryan/England eingelaufen. In Op.Dl. ↓.
KL LÜBCKE Olaf.

U-778	 U-793	 U-801
 U-802	 U-802	 U-802
 U-806	 Wappen von Stettin U-821	U-821
 U-826	 UAK-Zeichen U-843	 U-845

U-843 24. 3. 1943//4. U-Fl. ab; 2. U-Fl.; 33. U-Fl. Am 9. 4. 1945 im Kattegat nach Rückkehr von Ostasien durch britische Flugzeuge ↓.
† 44 KL HERWARTZ Oskar.
* Nach Foto im Gästebuch der 4. U-Fl.
Siehe Textanhang.

U-845 1. 5. 1943//4. U-Fl. ab; 10. U-Fl. Am 10. 3. 1944 nördlich der Azoren durch britischen Zerstörer *Forester,* canadischen Zerstörer *St. Laurent,* canadische Fregatte *Swansee* und canadische Korvette *Owensound* ↓.
† 10 KK BEHRENS – 7. 1943; KL HOFFMANN Rudolf – 10. 1943; KK WEBER Werner.
* Siehe Textanhang.

U-847 23. 1. 1943//4. U-Fl. ab; 12. U-Fl. Am 27. 8. 1943 im Sargassomeer durch Flugzeuge des US-Trägers *Card* versenkt.
† 63 KL GUGGENBERGER – 2. 1943; KL METZLER Jost – 7. 1943; KL KUPPISCH H.
* Verf.: Hans SCHARDE nach vier Wochen geborgen, nach einigen Tagen gestorben.

U-850 17. 4. 1943//4. U-Fl. ab – 10. 1943; 12. U-Fl. fb – 12. 1943; ↓ am 20. 12. 1943 südlich der Azoren durch (F) des US-Trägers *Bogue.*
† 66 FK EWERTH Klaus
* Verf.: Laut Mitteilung seines Sohnes KzS Hannes EWERTH fuhr sein Vater auf *U-26* und *U-850* ein vierblättriges Kleeblatt als Glückszeichen.

U-851 21. 5. 1943//4. U-Fl.; ab; 12. U-Fl. Auf dem Ausmarsch in den Indischen Ozean im Atlantik vermißt. Laut OKM Verlusttag 8. 6. 1944. Letzte Meldung des Bootes 27. 3. 1944 aus dem mittleren Nordatlantik. Englische Meldung der Vernichtung für März 1944.
† 70 KK WEINGAERTNER.
* Aus Gästebuch der 4. U-Fl. Stettin: Farben: Wappenschild – weiß, Rand – rot, übriges – naturfarben.

U-853 25. 6. 1943//4. U-Fl. ab; 10. U-Fl.; 33. U-Fl. Am 6. 5. 1945 im Nordatlantik vor New York durch US-Eskorter *Atherton* und Fregatte *Moberly* ↓.
† 56 KL SOMMER – 7. 1944; OL WERMUTH – 8. 1944; OL FRÖMSDORF.
* Aus Gästebuch der 4. U-Fl.: Farben: Wappenschild – hellblau, Pferd – rot, Mähne und Schweif – gelb, Hufe – schwarz.
* Aus SCHALTUNG KÜSTE, Nr. 36/S. 432 – Von Norbert KRÜGER: ... Bei der Suche nach der *Skorpion* stieß man vor der amerikanischen Küste auf ein Wrack, das man längere Zeit für die seit dem 6. Oktober 1943 vermißte *Dorado* hielt. In Wirklichkeit war es das deutsche *U-853,* das von Wasserbomben zerrissen war.
Siehe Textanhang.

U-854 19. 7. 1943//4. U-Fl. ab. Am 4. 2. 1944 nördlich Swinemünde durch Minentreffer gesunken.
† 51 KL WEIHER.
* Gästebuch der 4. U-Fl.: Schild oben – gold, unten – blau.

U-857 16. 9. 1943//4. U-Fl. ab; 10. U-Fl.; 33. U-Fl. Am 7. 4. 1945 im Nordatlantik vor Boston (USA) durch US-Zerstörer *Gustavson* ↓.
† 59 KL PREMAUER.
* Aus Gästebuch der 4. U-Fl.

U-847

U-850

U-851

U-853

U-854

U-857

U-857

»U-Sanne«
U-858

U-860

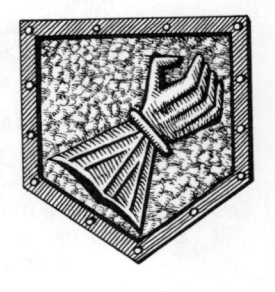

U-861

U-862

U-863

U-858 30. 9. 1943//4. U-Fl. ab; 2. U-Fl.; 33. U-Fl. Am 14. 5. 1945 in Portland/ USA eingelaufen.
KL BODE Thilo.
* MARITZY u. N. N. Willingen 1982.

U-860 12. 8. 1943//4. U-Fl. ab – 3.1944; 12. U-Fl. fb – 6.1944; ↓ 15. 6. 1944 Südatlantik südl. der Insel Helena durch Flieger des US-Trägers *Solomons*.
FK BÜCHEL
Siehe Textanhang.

U-861 2. 9. 1943//4. U-Fl. ab; 12. U-Fl.; 33. U-Fl. Am 29. 5. 1945 von Drontheim nach England. In Op.Dl. ↓ .
KK OESTEN Jürgen.
* s. Sch.K. 12/54 »Mißglückte Landung«.

U-862 7. 10. 1943//4. U-Fl. ab; 12. U-Fl.; 33. U-Fl. Am 6. 5. 1945 in Singapore an Japan übergeben und im Juli 1945 als »I 502« in Dienst gestellt. Im August 1945 in Singapore kapituliert.
KK TIMM Heinrich ✝.
* Albert SCHIRRMANN, Foto. * Entstehungsgeschichte des Emblems siehe *U-251*. Heinz SCHUMANN: Als KK TIMM im Frühjahr 1944 *U-862* übernahm, wurde das Bootswappen mit übernommen.
Siehe Textanhang.

U-863
† 68
3. 11. 1943//4. U-Fl. ab; 12. U-Fl. Am 29. 9. 1944 im Südatlantik durch zwei amerikanische Flugzeuge ↓ .
KL von der ESCH.
* s. *U-586*. * Jürgen von GAZA: Es stellt die eiserne Faust des »GÖTZ VON BERLICHINGEN« dar. – Entgegen der üblichen Praxis nahm der Kommandant das Bootswappen mit, da er mit einem großen Teil der Besatzung zusammen das Boot wechselte.

U-864
† 73
19. 12. 1943//4. U-Fl. ab; 33. U-Fl. Am 9. 2. 1945 westlich Bergen/ Norwegen durch britisches U-Boot *Venturer* torpediert.
KK WOLFRAM Rolf Reimar.
* Aus Gästebuch der 4. U-Fl.

U-865
† 59
25. 10. 1943//4. U-Fl. ab – 6. 1944; 10. U-Fl. fb – 9. 1944. Am 19. 9. 1944 im Nordmeer nordwestlich Bergen durch Flieger gebombt.
OL STELLMACHER.
* Hans Willi GÜNTHER (Foto): . . . in Anlehnung an das Bremer Stadtwappen. LI soll besondere Verbindungen zum »ESSIGHAUS« in Bremen gehabt haben. LI Oberst.Ing. Helmut FUCHSLOCHER. – Der Untergrund des Wappens war rot/weiß-kariert, der Schlüssel in schwarz auf weißem Feld. Angebracht auf der Stirnseite des Turmes.

U-868 23. 12. 1943//4. U-Fl. ab – 7. 1944; 2. U-Fl. fb – 9. 1944; 33. U-Fl. (fb-t) bis Ende. 30. 5. 1945 von Bergen nach England. In Op.Dl. ↓ .
KL RAUCH – 7. 1944; OL TURRE.
* Wilhelm BROMBA: Ich war Torpedomechaniker auf *U-868* (Typ IXC). . . . Als Emblem sollte das Boot den »Bremer Roland« erhalten. Wegen Zeitmangel war es nicht möglich, das Emblem anzufertigen. So ist es zu verstehen, daß wir ohne ein Emblem fuhren. Zur Zeit der Kapitulation lagen wir in Bergen.

Wappen von Danzig
U-864

U-865

U-868

U-869

U-872

»U-Rabauke«
U-873

U-873

U-874

U-875

U-877

U-877

U-880

193

U-869 26. 1. 1944//4. U-Fl. ab. Am 28. 2. 1945 nördlich Casablanca durch US-Eskorter *Fowler* und französischen U-Jäger *L'Indiscret* ↓.
† 57 KL NEUERBURG Helmut.
* Aus Gästebuch der 4. U-Fl.

(U-870) 3. 2. 1944//4. U-Fl. ab – 9. 1944; 33. U-Fl. – 3. 1945. Am 30. März 1945 beim Luftangriff auf Bremen vernichtet.
KK HECHLER ✠.
* Verf.: Bisher kein Zeichen bekannt.

U-872 10. 2. 1944//4. U-Fl. Schwer beschädigt bei Luftangriff auf Bremen und am 10. 8. 1944 außer Dienst.
KL GRAU Peter/Ottmar.
* Farben: Wappenrand – schwarz, oberes Feld – rot, unteres Feld – grün, Eisbär – gelbliches weiß.

U-873 1. 3. 1944//4. U-Fl. ab; 33. U-Fl. Am 16. 5. 1945 in Portsmouth/USA eingelaufen.
† 2 KL STEINHOFF Friedrich.
* Aus Gästebuch der 4. U-Fl. * Georg SEITZ: Der Adler über dem Globus deutet auf den Aktionsradius eines IX D2 (Monsun) Bootes. Bei Diesel-Elektrischem Betrieb höchste Seeausdauer – rund um den Globus!
* Verf.: Der Kommandant wählte nach der Gefangennahme den Freitod durch Öffnen der Pulsadern.
Siehe Textanhang.

U-874 8. 4. 1944//4. U-Fl. ab – 2. 1945; 33. U-Fl. fb-oE – Ende. Am 29. 5. 1945 von Horten nach England überführt. Versenkt in Op.Dl.
OL PETERSEN Theodor.
* Gerhard SCHWARZ: Wir waren doch für eine Ostasienreise ausgebildet und ausgerüstet worden, die dann doch nicht mehr angetreten wurde.

U-875 21. 4. 1944//4. U-Fl. ab; 33. U-Fl. Am 30. 5. 1945 von Bergen nach England ausgeliefert. In Op.Dl. ↓.
KL PREUSS Georg.
Zeichen der Kirschblüte, da das Boot für weite ozeanische Aufgaben vorgesehen war. Typ IX D2-Boot. Fahrstrecke 23 700 sm.

U-877 24. 3. 1944//4. U-Fl. ab – 11. 1944; 33. U-Fl. fb – 12. 1944 ↓ am 27. 12. 1944 nordwestlich der Azoren durch canadische Fregatte *St. Thomas*.
KL FINDEISEN.
* Rudolf LÜDICKE: Wir führten es ab August 1944 als Mützenabzeichen. Zusätzlich führten wir am Turm die Olympischen Ringe.

U-880 11. 5. 1944//4. U-Fl. ab; 33. U-Fl. Am 16. 4. 1945 nördlich der Azoren durch US-Eskorter *Stanton* und *Frost* ↓.
† 49 KL SCHÖTZAU.
* Aus Gästebuch der 4. U-Fl. * Verf.: Carpe diem heißt: Nütze den Tag.

U-889 4. 8. 1944//4. U-Fl. ab – 3. 1945; 33. U-Fl. fb; 12. 5. 1945 in Shelburne/Nova Scotia eingelaufen, später nach USA.
KL BRAEUCKER.
* Don MINDEMANN/USA schickt Foto von bemaltem Metallschild.

Fremde Boote

UA

UA
unter Hans ECKERMANN

UA
Helmzier des Fam.-Wappens
von und zu Arco-Zinneberg

UD-3

UD-4

UD-5
exNL 027

UD-5

UD-5
Mützenabzeichen

UIT-22

UIT-25

U-907 18. 5. 1944//31. U-Fl. ab; 11. U-Fl. Am 29. 5. 1945 von Bergen/ Norwegen nach England überführt. In Op.Dl. ↓.
† 1   OL CABOLET.
* Kurt ENGLER: Mein Boot *U-907* führte als Bootswappen die Tyr-Rune. Es war ein nach oben gerichteter Pfeil in den Farben schwarz-weiß-rot. Dieses Wappen trugen wir auch aus gestanztem Blech an der Bordmütze.

U-921 30. 5. 1943//8. U-Fl. ab; 13. U-Fl. Am 30. 9. 1944 im Eismeer nordwestlich Hammerfest durch britische Trägerflugzeuge von *Campania* ↓.
† 51 OL LEU – 5. 1944; OL WERNER Alfred.
* Rainer LANG: Das Wappen von *U-921* war der »Rostocker Greif« (s. *U-456*). Siehe Textanhang.

U-923 4. 10. 1943//23. U-Fl. Am 9. 2. 1945 durch Minentreffer östlich Feuerschiff Kiel gesunken.
† 48 OL FRÖMMER.
* N. N.: mündliche Angabe »Ein Fisch«.

U-924 20. 11. 1943//2. U-Fl. sb – 2. 1945; 31. U-Fl. ab – Ende. Boot selbst versenkt am 3. 5. 1945 in Kiel.
OL SCHILD H.-J.
Siehe Textanhang.

U-926 29. 2. 1944//4. U-Fl. ab; 11. U-Fl. ab; Am 5. 5. 1945 in Bergen außer Dienst – 1947 norwegische »KYA«.
OL v. WENDEN – 7. 1944; OL ROOST – 2. 1945; OL REHREN.
* Heinrich MENNE: Im Juli oder August 1944 malten wir an unseren Turm den roten Jumbo mit weißen Konturen. – Anschließend mit *U-995* zusammen unter norwegischer Flagge gefahren.

U-928 11. 7. 1944//4. U-Fl.; Am 30. 5. 1945 von Bergen nach England. In Op.Dl. versenkt.
KL STÄHLER

U-952 10. 12. 1942//5. U-Fl. ab; 3. und 29. U-Fl. Am 6. 8. 1944 im Mittelmeer bei amerikanischen Luftangriff auf Toulon ↓. Besatzung gerettet.
KL CURIO.
* Damp 1980/Willingen 1982.

U-953 17. 12. 1942//5. U-Fl. ab; 3. U-Fl. und 33. U-Fl. Am 29. 5. 1945 von Drontheim nach Scapa Flow ausgeliefert. Nach Versuchen 1950 abgebrochen.
OL MARBACH ✣ – 9. 1944; OL WERNER – 3. 1945; OL STEINBRINK.
* Damp und Willingen.
Siehe Textanhang.

U-954 23. 12. 1942//5. U-Fl. ab – 4. 1943; 9. U-Fl. fb.; Versenkt durch britische Flugzeuge am 19. 5. 1943 im Nordatlantik südostwärts Cape Farewell.
† 47 KL LOEWE Odo.

U-955 31. 12. 1942//5. U-Fl. ab; 9. U-Fl. Am 7. 6. 1944 in der Biskaya nördlich Cap Ortegal durch britische Flugzeuge gebombt.
† 50 OL BADEN.

U-880	U-889	U-907
U-907	Mützenabzeichen U-907	U-921
U-923	(22. U-Flottille) U-924	U-926
U-928	U-952	U-953

* Kurt KNICKER: Meines Wissens bin ich der einzig Überlebende dieses Bootes. Unser Bootsabzeichen nannte sich »HOLZAUGE SEI WACHSAM«. Dieser Spruch war damals ziemlich geläufig bei der Marine. Dabei wurde das Unterlid mit dem Zeigefinger heruntergezogen. Wir trugen diese Männchen am Käppi.
* Verf.: Der Bär war ein Schießpreis von der Reeperbahn und eine Zeitlang an Bord, dann Hochzeitsgeschenk für KNICKERS Frau.

U-956   6. 1. 1943//5. U-Fl. ab; 1., 11. und 13. U-Fl. Am 13. 5. 1945 in Loch Eriboll/England eingelaufen. In Op.Dl. ↓.
KL MOHS.

U-957   7. 1. 1943//5. U-Fl. ab; 3., 11. und 13. U-Fl. Am 19. 10. 1944 mit deutschem Schiff (siehe Eiskollision) bei den Lofoten kollidiert. Schwer beschädigt in Drontheim eingelaufen und am 21. 10. 1944 außer Dienst.
† 4   OL SAAR – 3. 1944; OL SCHAAR ✠ .
* Kurt SCHUIRMANN: Anliegend das Emblem von *U-937* »SCHWARZER PANTHER«. Außer Dienst nach Eiskollision vom 19. 10. 1944. Gleiches Emblem *U-2551* unter KL SCHAAR (s.d.). * Robert HERZOG: Ich war auf *U-957* für eine Fahrt kommandiert. In den roten Ring des Mützenabzeichens sollte das jeweilige Laufbahnabzeichen gesetzt werden. Von einer anderen ist ehemaligen Besatzungsmitgliedern nichts bekannt. * (Verf.: Gemeint ist die Eiskollision).

U-958   14. 1. 1943//5. U-Fl. ab; 8. und 5. U-Fl. Am 3. 5. 1945 in Kiel selbst gesprengt.
† 1   KL GROTH – 4. 1945; OL STEGE.
* Friedrich STEGE: *U-958* ist von meiner Besatzung in der Kieler Förde versenkt, später jedoch von den Engländern gehoben worden.

U-959   21. 1. 1943//5. U-Fl. ab 1. 1943 – 2. 1944; 13. U-Fl. fb 3. 1944 – 5. 1944 ↓ am 2. 5. 1944 südostwärts Jan Mayen durch (F) des britischen Trägers *Fencer*.
† 53   OL DUPPEL 1. 1943 – 7. 1943; OL WEITZ – 5. 1944.
* K. HUCKFELDT (Verwandter des WO T.....) Foto.

U-960   28. 1. 1943//5. U-Fl. ab; 3. U-Fl. Am 19. 5. 1944 kurz nach Passieren der Straße von Gibraltar durch US-Eskorter *Ludlow* und Zerstörer *Niblack* und Flugzeuge ↓ .
† 32   OL HEINRICH Günther.
* Ludwig JUNG: Das Emblem entstand durch die Patenschaft der Stadt Potsdam, hergestellt durch den I. WO OLzS Wolfgang DÄHNE mit den Potsdamer Flottenfreunden.

U-963   17. 2. 1943//5. U-Fl. ab – 7. 1943; 1. U-Fl. fb – 10. 1944; 11. U-Fl. fb; Am 20. 5. 1945 vor der portugiesischen Küste südlich Figueira da Foz selbst versenkt. Am Cap Nazarè 48 Mann interniert.
OL BODDENBERG – 12. 1944; OL WENTZ.
Siehe Textanhang.

U-965   25. 2. 1943//5. U-Fl. ab – 12. 1943; 11. U-Fl. – 9. 1944; 13. U-Fl. – 3. 1945. Am 27. 3 1945 nördlich Schottland durch britische Fregatte *Conn* ↓ .
† 53   KL OHLING – 6.44; OL UNVERZAGT.

an Turmfront II/45
U-953

U-953

U-954

U-955
Erstes Maskottchen

Motto:
»Holzauge sei wachsam«
U-955

U-956

U-957

U-958

U-959

U-960

»U-Wiege«
U-963

I. U-Flottille
U-963

U-966 4. 3. 1943//5. U-Fl. ab; 9. U-Fl. Am 10. 11. 1943 in der Biskaya bei Cap Ortegal durch tschechische und amerikanische Flugzeuge ↓. 8 Mann gefallen, Rest der Besatzung in Spanien interniert.

† 8   OL WOLF Eckehard.

* Herbert KÖRNER: Das Bootszeichen von *U-966*, im Gegensatz zu Emblemen anderer U-Boote, ohne Hinweis auf die Seefahrt oder auf besondere Ereignisse oder Taten, entstand aus einer mehrfach zitierten Äußerung des Kommandanten: »Soldaten werdet ihr nie – bestenfalls ein müder Kegelverein!« – Die ersten Abzeichen an Bord wurden aus Kupferblech gefertigt, in Spanien folgten hölzerne Wappen zur Raumausschmückung. – 8 Besatzungsmitglieder fanden auf *U-966* den Tod. Die restliche Besatzung wurde von spanischen Fischern gerettet und bis Juli 1945 in Spanien interniert.

U-967 11. 3. 1943//5. U-Fl. ab; 6. U-Fl.; 29. Am 11. 8. 1944 in Toulon selbst gesprengt.
OL LOEDER – 3. 1944; FK BRANDI ✣ B – 7. 1944; OL EBERHARD.

* JAROWSKI: Farben: gelbe Sieben mit grünem Kleeblatt auf weißem Grund.

U-968 18. 3. 1943//5. U-Fl. ab; 13. U-Fl. Bei Kriegsende in See und am 16. 5. 1945 in Loch Eriboll/England eingelaufen. In Op.Dl. ↓.
OL WESTPHALEN Otto ✣.

* Willi LÜDERS: Bei einem Bordfest am 6. 7. 1944 in Drontheim entworfen. * Bruno ANISZEWSKI: Die silberne 13 auf flammendem Rot beinhaltet unsere Zuteilung zur 13. U-Fl. in Drontheim als 13. Boot. Und da die 13 unsere Glückszahl wurde, wie z.B. Auslaufen am Freitag, den 13. 12. 1944, um einen Vorpostenstreifen zu bilden, war wohl etwas zu ungewöhnlich für einen Seefahrer. Aber es wurde unsere Glückszahl.

U-969 24. 3. 1943//5. U-Fl. ab; 7. U-Fl.; 29. U-Fl. Am 6. 8. 1944 beim US-Luftangriff auf Toulon ↓.
OL DOBBERT.

* Eduard WENCLEWSKI: Unser Abzeichen war ein Komet, bezogen auf den Aufstieg des Kommandanten als alter Fahrensmann der Handelsmarine. Bei Kriegsbeginn als Obersteuermann fuhr er auf dem Hilfskreuzer *Komet,* der im Indischen Ozean operierte. Die Aufgabe, ein aufgebrachtes Kühlschiff mit Ladung in einen Heimathafen einzubringen, gelingt ihm und er wird dekoriert und befördert zum LTzS. An Bord wurde vor dem Einlaufen zur 2. U-Fl. in Lorient beschlossen, einen Kometen als Bootszeichen zu wählen. Nach überstandener Werftliegezeit prangten am Turm BB und St.B sowie an allen Bordmützen Kometen.

U-975 29. 4. 1943//5. U-Fl. ab; 3. U-Fl.; 23. U-Fl.; 31. U-Fl. Am 29. 5. 1945 von Horten/Norwegen an England ausgeliefert.
OL EBERSBACH – 11. 1943; OL FRERKS – 3. 1944; OL JESCHKE – 7. 1944; OL KOCH – 4. 1945; KL BRAUEL.

* Hubert JESCHKE: *U-975* führte das alte Stadtwappen von Chemnitz, die Patenstadt war. Der Wappenlöwe wurde als Mützenabzeichen getragen. (Fraglich, ob BRAUEL das Wappen von Landeck/Tirol mitgenommen hat.)

(U-977) 6. 5. 1943//5. U-Fl. ab – 9. 1943; 21. U-Fl. sb – 2. 1945; 31. U-Fl. ab + fb; Im Mai 1945 auf Ausmarsch zur Feindfahrt, Weiterfahrt nach Argentinien, Mar del Plata am 17. 8. 1945 interniert. Von dort nach USA gebracht und am 2. 2. 1946 bei Torpedoversuchen versenkt.
KL LEICHLICH – 3. 1945; OL SCHÄFFER Heinz.

Siehe Textanhang.

U-965

U-966

U-967

U-968

U-968

U-968

U-969

U-975

U-975
Mützenabzeichen

U-978

U-978

U-979

U-978 12. 5. 1943//5. U-Fl. ab; 11. U-Fl. Am 29. 5. 1945 in Drontheim übergeben, nach England ausgeliefert. In Op.Dl. ↓ .
KL PULST ✠ .
* Martin DASCHNER: Bei der Baubelehrung war unser Alter schon verheiratet und hatte eine junge hübsche Frau, die ihn nur mit »SPÄTZCHEN« anredete. Infolge dieses Kosenamens stellten unsere Heizer für alle Besatzungsangehörigen diesen metallenen Spatzen her und wir führten auf dem Turm den Spatz.

U-979 20. 5. 1943//5. U-Fl. ab – 7. 1944; 9. U-Fl. – 10. 1944; 11. U-Fl. fb – Ende. Mai 1945 auf Rückmarsch und vor Amrum auf Strand gesetzt. Später abgebrochen.
KL MEERMEIER.
* Heinrich JANSSEN: Auch genannt *U-Rasputin* oder *Der Rammler*.
Siehe Textanhang.

U-981 3. 6. 1943//5. U-Fl. ab; 6. U-Fl. Am 12. 8. 1944 durch Mine und Flieger-Wabos vor La Rochelle ↓ .
† 12   OL SITEK – 6. 1944; OL KELLER Günther.
* Günther KELLER: SITEK war Handelsschiffoffizier, deswegen wahrscheinlich die Windrose als Bootszeichen gewählt. * Bibi (?) von Hugo BANGERT.

U-984 17. 6. 1943//5. U-Fl. ab – 7. 1944; 9. U-Fl. fb; Versenkt am 20. 8. 1944 westlich Brest durch kanadische Zerstörer *Ottawa, Chaudiere* und *Kootenay*.
OL SIEDER ✠ .
Kein Zeichen bisher bekannt.

U-985 24. 6. 1943//5. U-Fl. ab; 7. U-Fl. Am 23. 10. 1944 vor Lister durch Mine schwer beschädigt, Kristiansand eingelaufen, außer Dienst und 1945 nach England ausgeliefert.
KL KESSLER – 4. 1944; KL WOLF.
* Horst KESSLER: . . . übersende ich Ihnen das Turmzeichen meiner beiden Boote *U-704* und *U-985*. Es wurde mir als Sinnbild des »sterbenden Löwen« von einem Grafiker entworfen.

U-989 22. 7. 1943//5. U-Fl. ab; 33. U-Fl. fb. Am 14. 2. 1945 bei den Färöer Inseln durch britische Fregatten *Bayntun, Loch Eck, Loch Dunevagan* und US-Eskorter *Braithwaite* ↓ .
† 48   KL RODLER v. ROITHBERG.
* Friedrich HARTEL: Der I. WO der Erstbesatzung 1943/44 war LtzS Friedrich HARTEL, der auch das Bootsemblem entwarf. HARTEL stellte als OLzS d.R. und Kommandant am 12. 1. 1945 *U-2356* in Hamburg-Finkenwärder in Dienst, das wappenlos blieb.

U-990 28. 7. 1943//5. U-Fl. ab; 11. U-Fl. Am 25. 5. 1944 westlich Bodö/ Norwegen durch britische Flugzeuge ↓ .
† 20   KL NORDHEIMER.
* Siegfried BERLET und Otto GREVE.

U-991 29. 7. 1943//5. U-Fl. ab; 11. U-Fl. Am 29. 5. 1945 in Bergen übergeben, nach England, in Op.Dl. ↓ .
KL BALKE Diethelm.

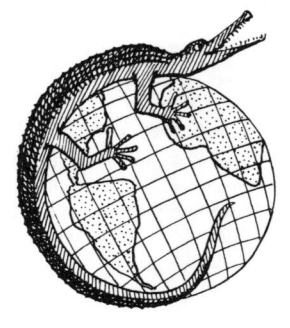

U-981	U-981	U-985
U-989	U-990	U-990 Mützenabzeichen
U-991 (?)	U-992	U-993
U-995	U-995	U-995 Mützenabzeichen

U-992   2. 8. 1943//5. U-Fl. ab; 3., 11. und 13. U-Fl. Von Narvik am 19. 6. 1945 in Loch Eriboll/England eingelaufen. In Op.Dl. ↓.
OL FALKE.
* Hans MÖLLER: Das Wappen war gleichzeitig auch Mützenabzeichen. Das Fl.-Zeichen wurde nicht geführt. Eine Patenstadt gab es meines Wissens nicht.
Siehe Textanhang.

U-993   19. 8. 1943//5. U-Fl. ab – 2. 1944; 3. U-Fl. fb – 10. 1944; Am 4. Oktober 1944 bei Luftangriff auf Bergen/Norwegen vernichtet, anschließend geborgen, von Norwegern ausgeschlachtet.
OL HILBIG Kurt – 9. 1944; OL STEINMETZ Karl-Heinz.
* Hans FEHR, Herm. Jos. ARETZ; Farben: Kleeblatt – grün, Zahl – weiß.

U-995   16. 9. 1943//5. U-Fl. ab; 13. und 14. U-Fl. Am 8. 5. 1945 außer Dienst gestellt. 1947 norwegisch *Kaura*.
KL KÖHNTOPP – 10. 1944; OL HESS ✠.
* N. N.: 1. Wappenform auch auf 1. Fahrt unter HESS. Farben: linkes Männchen – rot, rechtes Männchen – blau, Gesichter – weiß. * Rückgabe des Bootes am 18. 10. 1965 – 0300 in Kiel eingetroffen. Einweihung im Arsenal Kiel am 2. 10. 1971. Endgültige Aufstellung am 13. 3. 1972 vor dem Marine-Ehrenmal in Laboe. * Das Segel im Flottillenwappen der 13. U-Fl. in roter Farbe.

U-997   23. 9. 1943//5. U-Fl. ab; 9., 13. und 14. U-Fl. Von Narvik am 19. 5. 1945 nach Loch Eriboll/England. In Op.Dl. ↓.
† 1   KL LEHMANN Hans ✠.
* Vinzenz KOLLER: Unser Bootsabzeichen war der »Rote Renner« – nach unserem Bootsfahrrad, das uns – unter Oberdeck festgezurrt – von Hamburg über die Ausbildungsfahrten bis Hammerfest begleitete. Farben: Kleidung – blau, Rad – rot, Laterne/Licht – gelb, Torpedo – stahlblau.

U-999   21. 10. 1943//5. U-Fl. ab; 6. U-Fl. fb; 24. und 31. U-Fl. Am 5. 5. 1945 in der Geltinger Bucht selbst versenkt.
OL HANSEN Hermann – 7. 1944; OL PETERS Wilhelm – 11. 1944; OL HEIBGES.
* Horst KELLER: Herz mit Delphin mit Schrift »RÜM HART, KLAR KIMMING« (hieß sinngemäß: »Ruhmreiches Herz, weite Sicht«), geführt unter Kommandant OL HANSEN, der Ostfriese war. Abzeichen aus Aluminium.
* Thilo BIEGLER: Der Friesenspruch wird üblicherweise mit »Weites: oder auch raumes Herz übersetzt.

U-1002   30. 11. 1943//31. U-Fl. ab; 11. U-Fl. Am 30. 5. 1945 von Bergen nach England. In Op.Dl. ↓.
OL SCHUBART – 7.44; OL BOOS.

U-1003   9. 12. 1943//31. U-Fl. ab – 8. 1944; 11. U-Fl.; Nach Kollision mit kanadischer Fregatte *New Glasgow* auf Grund geraten und selbst versenkt.
† 18   OL STRÜBING.
* Friedrich NEUMER: Beim Schnorcheln in der Nacht des 21. Februar mit der kanadischen Fregatte *H.M.C.S. New Glasgow* kollidiert. In der Nacht vom 22. zum 23. Februar etwa 8 – 10 sm nördlich Inistrahull-Leuchtfeuer (Malin Hd./Nordkanal) selbst versenkt. Verluste: 18 Mann, gerettet: 31 Mann, Kommandant gefallen.
U-1003 hatte kein Wappen, sondern führte lediglich bis zur 1. Feindfahrt das Frontreif-Zeichen am Turm.

»U-Nordwacht«
U-995

»Der rote Renner«
U-997

Mützenabzeichen
U-999

U-999

Wappen von Forst
U-1002

U-1002

U-1003

unter OL SCHIMMELPFENNIG H.
U-1004

U-1004

U-1005

U-1005

U-1006

Unser UAK-Zeichen war anders als in Ihrer (1.) Auflistung. Ich nehme an, daß die Systematik aufgrund des Luftkrieges ins Schleudern gekommen ist. Ich erinnere mich, daß die Indienststellungen nicht mehr in der Reihenfolge der Baunummern erfolgten, da bereits einige Boote auf der Helling beschädigt worden waren. Vielleicht ist das eine Erklärung, warum wir ein anderes UAK-Zeichen am Turm hatten.

U-1004 16. 12. 1943//31. U-Fl. ab; 7. U-Fl.; 11. U-Fl. Am 30. 5. 1945 von Bergen nach England. In Op.Dl. ↓.
OL SCHIMMELPFENNIG Hartmuth – 1. 1945; OL HINZ.
Siehe Textanhang.

U-1005 30. 12. 1943//31. U-Fl. ab; 11. U-Fl. Am 30. 5. 1945 von Bergen nach England. In Op.Dl. ↓.
OL METHNER – 7. 1944; OL LAUTH.
* N. N.: Das Zeichen wurde unter LAUTH nicht geführt. * Hermann LAUTH (Foto).

U-1006
† 6
11. 1. 1944//31. U-Fl. ab; 11. U-Fl. Am 16. 10. 1944 südostwärts der Färöer Inseln durch canadische Fregatte *Annan* ↓.
OL VOIGT Horst.
* Adalb. WALCZACK: Nach Auftrag des Kommandanten von mir gezeichnet worden und nach Begutachtung in der Werft in Königsberg anfertigen lassen.

U-1007 18. 1. 1944//31. U-Fl. ab; 1. U-Fl.; 24. und 31. U-Fl. ab. Am 2. 5. 1945 nahe Lübeck durch Fliegerbomben beschädigt und selbst versenkt.
KL HORNKOHL – 7. 1944; OL WICKE Helmut – 3. 1945; OL RAABE.
Siehe Textanhang.

U-1009 10. 2. 1944//31. U-Fl. ab – 10. 1944; 11. U-Fl.; Am 10. Mai 1945 in Loch Eriboll/England eingelaufen. Versenkt in Op.Dl.
OL HILGENDORF.
* Claus HILGENDORF (Zeichnung).

U-1010 22. 2. 1944//31. U-Fl. ab; 11. U-Fl. Am 14. 5. 1945 in Loch Eriboll/England eingelaufen. In Op.Dl. ↓.
OL BITTER – 7. 1944; KL STRAUCH Günter.
Siehe Textanhang.

U-1013
† 25
2. 3. 1944//31. U-Fl. ab. Am 17. 3. 1944 nach Kollision in der Ostsee gesunken.
OL LINCK Gerhard.
* Kommandant sollte vom Brocken stammen, daher die Hexe als Zeichen.

U-1015
† 36
23. 3. 1944//31. U-Fl. ab. Am 19. 5. 1944 westlich Pillau nach Kollision gesunken.
OL BOOS.

U-1016 4. 4. 1944//31. U-Fl. ab. Am 5. 5. 1945 in der Lübecker Bucht selbst ↓.
OL EHRHARDT Walther.
* Herbert HORM: Das Boot hatte als laufende Nummer die 16. Die Indienststellung war am 4. 4. 1944 (4 × 4 = 16). Ein vierblättriges Kleeblatt als Glücksbringer und in jedem Blatt eine 4 des Indienststellungsdatums. Das Wappen war Vorderkante Turm angebracht.

U-1007

U-1007

unter Obltnt. z.S. RAABE
U-1007

U-1007

U-1009

U-1010

U-1013

U-1015

U-1016

U-1017

U-1018

U-1019

U-1017 13. 4. 1944//31. U-Fl. ab; 11. U-Fl. Am 29. 4. 1945 nordwestlich Irland durch britische Flugzeuge gebombt, ↓.
† 33   OL RIECKEN.
* Wappen auf der Bierzeitung zum Kameradschaftsabend in Königsberg am 30. 10. 1944.

U-1018 25. 4. 1944//31. U-Fl. ab; 11. U-Fl. Am 27. 2. 1945 im Englischen Kanal durch britische Fregatte *Loch Fada* ↓.
† 51   KL FABER Ulrich – 12. 1944; KL BURMEISTER Walter.

U-1019 4. 5. 1944//31. U-Fl. ab – 11. 1944; 11. U-Fl. fb; Am 29.5. 1945 von Drontheim nach Scapa Flow/England. In Op.Dl. versenkt.
OL RINCK.
* Johann SIECK, Farben: U und Ring – gelb, Grund – blau.

U-1022 7. 6. 1944//31. U-Fl. ab; 11. U-Fl. Am 30. 5. 1945 von Bergen nach England. Op.Dl. ↓
KL ERNST H.-Joachim.
* Hermann TALLEN.
* Verf.: Kommandant war Seeflieger wie Kommandant *U-586* KL v. d. ESCH. Daher Gemeinsamkeit EISERNE FAUST?

U-1023 15. 6. 1944//31. U-Fl. ab; 11. U-Fl. Am 10. 5. 1945 in Weymouth/ England eingelaufen. Op.Dl. ↓
OL STRENGER – 3. 1945; KL SCHROETELER ✠.
Siehe Textanhang.

U-1024 28. 6. 1944//31. U-Fl. ab; 11. U-Fl. Gekapert am 12. 4. 1945 südlich Isle of Man durch britische Fregatte *Loch Glendhu*, gesunken am 13. 4. 1945 im Schlepp.
† 9   KL GUTTECK.

U-1051 4. 3. 1944//5. U-Fl. ab; 11. U-Fl. Am 26. 1. 1945 im Nordausgang des St. Georgs-Kanal durch britische Fregatten *Tyler, Keats* und *Bligh* ↓.
† 48   OL v. HOLLEBEN.

U-1053 12. 2. 1944//5. U-Fl. ab – 10. 1944; 11. U-Fl. fb 2. 1945; Am 15. 2. 1945 vor Bergen bei Tieftauchversuch verlorengegangen. Totalverlust.
† 54   OL LANGE Helmut.

U-1060 15. 5. 1943//5. U-Fl. Am 27. 10. 1944 vor dem Drontheim-Fjord durch Flugzeuge des britischen Trägers *Implacable* ↓.
† 12   OL BRAMMER.
* Günter SCHÄFER: U-1060 fuhr unter OL Herb. BRAMMER und wurde am 27. 10. 1944 nördlich Drontheim nach schwerer Beschädigung durch Flugzeuge auf Strand gesetzt und gesprengt. * Heinz ZIEMKE (Mützenabzeichen). * Verf.: War ein Typ VII F-Boot für Torpedotransporte.

U-1063 8. 7. 1944//5. U-Fl. ab – 2. 1945; 11. U-Fl. fb; Versenkt am 15. 4. 1945 vor Wolfs Rock durch britische Fregatte *Loch Killin*.
† 30   KL STEPHAN Karl-Heinz.
* STEPHAN Hans-Heinrich, ehemaliger San.Ob.Maat auf *U-1063*.

U-1022

U-1023

U-1023

U-1024

U-1051

U-1053

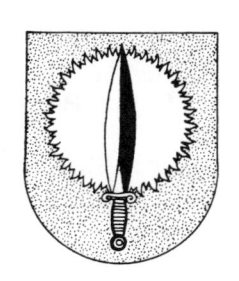

U-1060

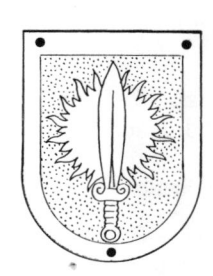

Mützenabzeichen
U-1060

U-1063

U-1064

U-1101

U-1104

U-1064 29. 7. 1944//5. U-Fl. ab – 1. 1945; 11. U-Fl. fb; Am 29. 5. 1945 von Drontheim nach England überführt, später nach Rußland.
KK SCHNEIDEWIND H.
Siehe Textanhang.

U-1101 10. 11. 1943//22. U-Fl. sb; 31. U-Fl. Am 5. 5. 1945 in der Geltinger Bucht selbst versenkt.
OL DÜBLER Rudolf.
Siehe Textanhang.

U-1103 8. 1. 1944//8. U-Fl. ab – 9. 1944; 22. U-Fl. sb – 2. 1945; 31. U-Fl. sb; Am 23. 6. 1945 von Wilhelmshaven nach England. Versenkt in Op.Dl.
KL BUNGARDS – 7. 1944.
* MUELLER A.: Boot war in Emden gebaut worden. Absolvierte Baubelehrung bis AGRU-Front, KL BUNGARDS gab Boot ab und ging mit Besatzung nach Hamburg zur Baubelehrung *U-2513*.

U-1104 15. 3. 1944//8. U-Fl. ab; 11. U-Fl. Am 30. 5. 1945 von Bergen nach England. Op.Dl. ↓ .
OL PERLEBERG.
* Heinrich MENNE: Ich kam noch kurz vor Kriegsende auf *U-1104*. Dieses Boot war die »WILDSAU«. Es hatte vorne am Turm einen rasenden, schnaubenden KEILER. * Zeichnung Rüdiger PERLEBERG.

U-1105 3. 6. 1944//8. U-Fl. ab; 5. U-Fl. Am 10. 5. 1945 in Loch Eriboll/England eingelaufen – nach USA.
OL SCHWARZ Hans-Joachim.
Siehe Textanhang.

U-1108 18. 11. 1944//8. U-Fl. ab; 5. U-Fl. ab. Am 29. 5. 1945 von Horten/Norwegen nach England. Nach Versuchen abgewrackt.
OL WIGAND.
* Aus Gästebuch der 4. U-Fl. Stettin.

U-1110 24. 9. 1944//8. U-Fl. ab – 2. 1945; 5. U-Fl. fb; Am 23. 6. 1945 von Wilhelmshaven nach England überführt. In Op.Dl. versenkt.
OL BACH Joachim-Werner.
* Heinrich KARK, ehemaliger I.WO: Zeichnung und Kopie aus Bordbuch. Datum 30. 1. 1945 – Dank für Rettung aus Danzig – »Fast hätte der Iwan uns erwischt, da kam *U-1110* angezischt und trug uns von dem Schreckensort mit samt Gepäck im Bauche fort.«
* Verf.: Sterne im Wappen stellen Sporenräder dar.

U-1162 15. 9. 1943//Die vorgesehene Indienststellung als italienische »S 10« kam nicht zum Tragen. 24., 18. und 5. U-Fl. ab ↓ am 5. 5. 1945 in der Geltinger Bucht.
OL SACHSE Dietrich und andere Kommandanten.

U-1164 27. 10. 1943//8. U-Fl. ab, fb. Durch Fliegerbomben beschädigt und am 24. 7. 1944 in Kiel außer Dienst.
KL SCHLÖMER – 6. 1944; KL WENGEL.
* Hans A. WENGEL: Es führte am Turm einen roten Eulenspiegel mit einer Narrenkappe. Im Juni 1944 hatte ich das Boot mit diesem Emblem übernommen, die Bedeutung ist mir

U-1105

U-1108

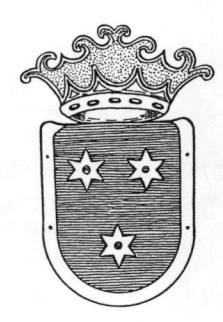

U-1110

U-1162

U-1164

U-1164

U-1164

U-1167

U-1171

U-1192

U-1195

U-1197

nicht bekannt. * Peter KÖHLER (s. *U-3008*). * Ludwig BECKER: Patenstadt war Aurich. Die Turmfront schmückte das Wappen von Ostfriesland.

U-1167 29. 12. 1943//8. U-Fl. ab; 22. U-Fl. (sb); 31. U-Fl. ab. Am 30. 3. 1945 in Hamburg bei Luftangriff vernichtet.
KL ROEDER-PESCH – 8. 1944; OL BORTFELDT.
Siehe Textanhang.

U-1171 22. 3. 1944//8. U-Fl. – 2. 1945; 11. U-Fl. fb-oE; Am 29. 5. 1945 von Stavanger nach England überführt.
OL NACHTIGALL – 7. 1944; OL KOPPMANN.
Siehe Textanhang.

U-1192 23. 9. 1943//8. U-Fl. ab; 7. U-Fl.; 24. und 31. U-Fl. ab. Im April 1945 in Hamburg bei Fliegerangriff beschädigt. Am 3. 5. 1945 in Kiel-Außenförde selbst versenkt.
OL ZEISSLER – 7. 1944; OL JEWINSKI – 12. 1944; OL MEENEN.
* Jochen AHME: Entwurf des Emblems von ZEISSLER. * Helmut RUBACH: Aus dem Regenschirm geht die Zahl 13 hervor.

U-1195
† 31
4. 11. 1943//21. U-Fl. sb; 24. und 5. U-Fl. ab; 11. U-Fl. Am 6. 4. 1945 südlich Portsmouth durch britischen Zerstörer *Watchmann* ↓.
OL SCHRÖTER K.-H. – 10. 1944; KL CORDES Ernst.
* Verf.: KL CORDES, vorher Kommandant von *U-763* tauschte mit OL SCHRÖTER das Boot und führte weiter das Patenstadt-Wappen von Bludenz. Er fiel noch kurz vor Kriegsende am 6. 4. 1945.

U-1197 2. 12. 1943//21. U-Fl. sb; 31. U-Fl. ab. Nach Bombenschaden Wesermünde am 25. 4. 1945 außer Dienst. Überführt nach Wilhelmshaven, dort alliierte Kriegsbeute.
OL BAUM Heinz – 3. 1944; OL LAU Kurt.
Siehe Textanhang.

U-1199
† 47
23. 12. 1943//8. U-Fl. ab – 8. 1944; 1. U-Fl. fb – 10. 1944; 11. U-Fl. fb – 1. 1945. Am 21. 1. 1945 im Englischen Kanal durch britische Zerstörer *Icarus* und Korvette *Mignonette* ↓. Ein Gefangener!
KL NOLLMANN.
* Georg STACHURA.

U-1201 13. 1. 1944//8. U-Fl. ab; 21. U-Fl. sb; 31. U-Fl. ab. Am 3. 5. 1945 in Hamburg-Finkenwerder selbst versenkt.
OL EBERT – 7. 1944; OL AHLERS – 10. 1944; OL MERKLE.
Siehe Textanhang.

U-1202 27. 1. 1944//8. U-Fl. ab; 11. U-Fl. Im Mai 1945 in Bergen, später norwegisches U-Boot *Kinn*.
KL THOMSEN Rolf ✠ E.
Siehe Textanhang.

U-1203
† 1
10. 2. 1944//8. U-Fl. ab – 11. 1944; 11. U-Fl.; Am 29. 5. 1945 vom Ko-Fjord/Drontheim nach England überführt. In Op.Dl. versenkt.
OL STEINBRINK – 7. 1944; OL SEEGER Sigurd.
* Fritz KÖHL: War als Wappenschild aus verzinktem Blech an der Turmstirnseite aufgeschraubt. Ging jedoch durch die See während der Feindfahrt verloren.

UAK-Zeichen		Mützenabzeichen
U-1197	*U-1199*	*U-1201*
U-1202	Mützenabzeichen *U-1202*	*U-1203*
U-1206	*U-1206*	*U-1209*
U-1221	*U-1222*	»Rosenboot« *U-1223*

U-1206 16. 3. 1944//8. U-Fl. ab; 11. U-Fl. Am 14. 4. 1945 in der Nordsee vor Peterhead durch Tauchpanne gesunken.
† 3   OL FRITZE Günther – 7. 1944; KL SCHLITT.
Siehe Textanhang.

U-1209 13. 4. 1944//8. U-Fl. ab; 11. U-Fl. Am 18. 12. 1944 im Englischen Kanal vor Wolf Rock auf Unterwasserfelsen aufgelaufen und gesunken.
† 10   OL HÜLSENBECK.

U-1221 11. 8. 1943//4. U-Fl. ab; 10. U-Fl.; 33. U-Fl. Am 3. 4. 1945 in Kiel an Boje durch Fliegerbomben ↓.
† 7   OL KÖLZER Karl – 1. 1944; OL ACKERMANN Paul.
* N. N.: mündlich.

U-1222 1. 9. 1943//4. U-Fl. ab; 10. U-Fl. Am 11. 7. 1944 in der Biskaya durch britische Flieger ↓.
† 56   KL BIELFELD.
* Aus Gästebuch der 4. U-Fl.: Motto: »Hick-hick-jehro!«. Farben des Wappens: Schild, Himmel – hellblau, See – dunkelblau, Wolke, Möve, Segel – weiß, Wimpel und Kreuz – rot, Schiffrumpf – braun.

U-1223 6. 10. 1943//4. U-Fl. ab; 2. U-Fl.; 33. U-Fl. Am 28. 4. 1945 vor Wesermünde durch Fliegerbomben ↓.
KL BOSÜNER – 3. 1944; OL KNEIP.
Siehe Textanhang.

U-1227 8. 12. 1943//31. U-Fl. ab; 2. U-Fl.; 33. U-Fl. Im April 1945 (9./10.) bei einem Bombenangriff auf Kiel schwer beschädigt und außer Dienst gestellt.
† 1   OL ALTMEIER.
Siehe Textanhang.

U-1228 22. 12. 1943//31. U-Fl. ab – 7. 1944; 2. U-Fl. fb – 10. 1944; 33. U-Fl. fb bis Ende. Am 9. 5. 1945 in Portsmouth/USA eingelaufen und USA-Kriegsbeute.
OL MARIENFELD.
* Egon MARTENS. (Verf.: Der Name des Kommandanten dürfte für den Marienkäfer im Wappen Pate gestanden haben.)

U-1229 13. 1. 1944//31. U-Fl. ab; 10. U-Fl. Am 20. 8. 1944 südostwärts Neufundland durch Flugzeuge des US-Trägers *Bogue* ↓.
† 18   KK ZINKE.
* Gästebuch der 4. U-Fl.: Zeichnung und Gedichte lassen darauf schließen, das der Adler als Wappentier galt.
* Verf.: Ein Foto, aufgenommen von einem amerikanischen Flugzeug während des erfolgreichen Bombenangriffs, zeigt deutlich die 13 an der Turmfront des Bootes!

U-1230 26. 1. 1944//31. U-Fl.; 10. U-Fl.; 33. U-Fl. Bei Kriegsende in Helgoland. Am 22. 6. 1945 von Wilhelmshaven nach England. Op.Dl. ↓.
KL HILBIG Hans.
* A. KÜCHLER und Gästebuch der 4. U-Fl.

U-1223

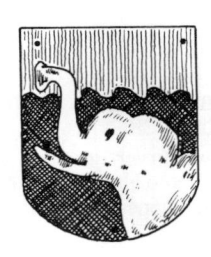

U-1227

U-1228

U-1229

U-1230

U-1231

Mützenabzeichen

U-1232

Turmstirnseite

U-1232

»U-Krücke«

U-1233

U-1234

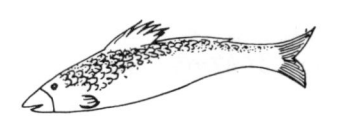

»U-Barsch«

U-1235

U-1277

U-1231 9. 2. 1944//31. U-Fl. ab; 11. U-Fl.; 33. U-Fl. Am 14. 5. 1945 in Loch Foyle/England eingelaufen. 1947 nach Rußland.
KzS LESSING – 3. 1945; OL WICKE.
* N. N.: Das Seepferdchen wurde von der Bordfliegerstaffel 1/196 Wilhelmshaven geführt, welche KzS LESSING zwei Jahre im Krieg geführt hat, ehe er Kommandant von *U-1231* wurde. Übernommen als Traditionsabzeichen.

U-1232 8. 3. 1944//31. U-Fl. ab; 33. U-Fl. Am 22. 6. 1945 von Wilhelmshaven nach England. Versenkt im Op.Dl.
KzS DOBRATZ ✠ – 3. 1945; OL ROTH Götz.
Siehe Textanhang.

U-1233 22. 3. 1944//31. U-Fl. ab; 33. U-Fl. Bei Kriegsende in Fredericia. Am 22. 6. 1945 von Wilhelmshaven nach England. Op.Dl.
KK KUHN Joachim – 4. 1945; OL NIEMEYER.
Siehe Textanhang.

U-1234 19. 4. 1944//31. U-Fl. ab – 5. 1944 und 10. 1944 – 1. 1945; 4. U-Fl. ab 5. 1945. Gesunken am 15. 5. 1944 vor Gotenhafen nach Kollision mit einem Schlepper, gehoben und wieder in Dienst gestellt am 17. 10. 1944. Selbst versenkt am 5. 5. 1945 Höruphaff.
† 13 KL THURMANN – 5. 1944; OL WREDE Hans-Christian.
Siehe Textanhang.

U-1235 17. 5. 1944//31. U-Fl. ab; 33. U-Fl. Am 15. 4. 1945 im Nordatlantik durch US-Zerstörer *Stanton* und *Frost* ↓ .
† 57 KL BARSCH.
* Aus Gästebuch der 4. U-Fl.

U-1277 3. 5. 1944//8. U-Fl. ab + vb – 1. 1945; 11. U-Fl. – Ende. Bei Kriegsende im Nordatlantik westlich Oporto selbst versenkt am 3. 6. 1945!
KL STEVER.

U-1301 11. 2. 1944//4. U-Fl. ab. Am 30. 5. 1945 von Bergen nach England. Op.Dl.
OL FEUFEL – 7. 1944; KL LENKEIT.
* Wappenfahrben: In Silber ein golden bewehrter, roter Greif. Wappen der Provinz Posen.

U-1303 5. 4. 1944//4. U-Fl. ab. Am 6. 5. 1945 in der Geltinger Bucht selbst versenkt.
OL KASCHKE; OL BAUM; OL HERGLOTZ.
* SAHLIN/Schweden (Foto).

U-1305 13. 9. 1944//4. U-Fl. ab; 33. U-Fl. Am 10. 5. 1945 in Loch Eriboll/England eingelaufen. 1947 nach Rußland.
OL CHRISTIANSEN.

U-1308 17. 1. 1945//4. U-Fl. ab. Am 2. 5. 1945 nordwestlich Warnemünde selbst versenkt.
OL BESOLD.

U-1406 8. 2. 1945//8. U-Fl. (ab + vb) – 4. 1945; 5. U-Fl. (ab + vb) – 5. 1945; außer

U-1301

U-1301

U-1303

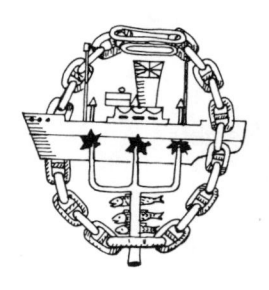

U-1305

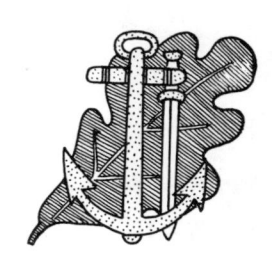

U-1308

U-1406

U-1407

U-2332

U-2339

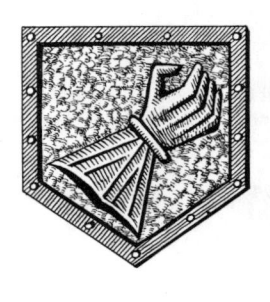

U-2348

U-2367

Dienst in Cuxhaven am 2. 5. 1945 und dort ↓. Am 5. 5. 1945 gehoben, am 15. 9. 1945 nach USA.
OL KLUG Werner.
Siehe Textanhang.

U-1407 13. 3. 1945//8. U-Fl. (ab + vb) − 4. 1945; 5. U-Fl. (ab + vb) − 5., 1945; außer Dienst in Cuxhaven am 2. 5. 1945 und dort selbst versenkt am 5. 5. 1945. Später gehoben und nach England, dort 1946 bis 1950 als *Meteorite* in Dienst. Abgebrochen.
OL HEITZ Horst.

* Horst HEITZ: Am Schluß des Krieges war ich Kommandant von *U-1407*, dem späteren englischen *Meteorite*. Ich habe an der Vorderkante des Turmes lediglich das Ihnen sicher bekannte Crew-Abzeichen 39 B, den Störtebeker Galgen mit Rad geführt.

U-2326 Siehe Textanhang.

U-2332 13. 11. 1944//5. U-Fl. ab. Am 2./3. 5. 1945 in Hamburg selbst gesprengt.
OL BORNKESSEL; OL JUNKER H.-Joachim.

U-2339 16. 11. 1944//32. U-Fl. ab − 12. 1944; Dezember 1944 beschädigt und 8. U-Fl. für K.L.A. zugeteilt. Am 5. 5. 1945 in der Geltinger Bucht selbst versenkt.
OL WOERMANN.

U-2348 4. 12. 1944//32. U-Fl. ab − 2. 1945; 4. U-Fl. ab. Juni 1945 von Stavanger nach England, 1946 nach Frankreich.
OL GOSCHZIK.

* Verf.: OL GOSCHZIK war vorher I. WO auf *U-586*. Daher Übernahme der EISERNEN FAUST.

U-2367 17. 3. 1945//4. U-Fl. ab. Am 5. 5. 1945 im großen Belt bei Fliegerangriff nach Kollision gesunken. 1956/57 gehoben. War bei der Bundesmarine in Dienst. 1. 10. 1957 als *U-Hecht*. → außer Dienst.
OL SCHRÖDER Heinrich.

U-2502 19. 7. 1944//31. U-Fl. ab; 11. U-Fl. Am 29. 5. 1945 von Horten nach England. Op.Dl.
† 1   KL MANNESMANN − 4. 1945; KL HORNKOHL; KL FRANKE.

U-2506 31. 8. 1944//31. U-Fl. ab; 11. U-Fl. Am 30. 5. 1945 von Bergen nach England Op.Dl. ↓.
† 1   KL v. SCHROETER.

* Klaus-Christoph MARLOH: *U-2506* übernahm nach Außerdienststellung von *U-123* das Wappen, wobei rechts oben außerhalb des Wappens ein Stern als Zeichen der Wiederholung angebracht war.

U-2507 5. 9. 1944//31. U-Vl. (ab) − 5.45; (↓) 5. 5. 1945 in der Geltinger Bucht
KL SIEGMANN Paul
Rudi ECKSTEIN ehem. I. WO (Zeichnungen)

Kriegs-Äquatortaufschein

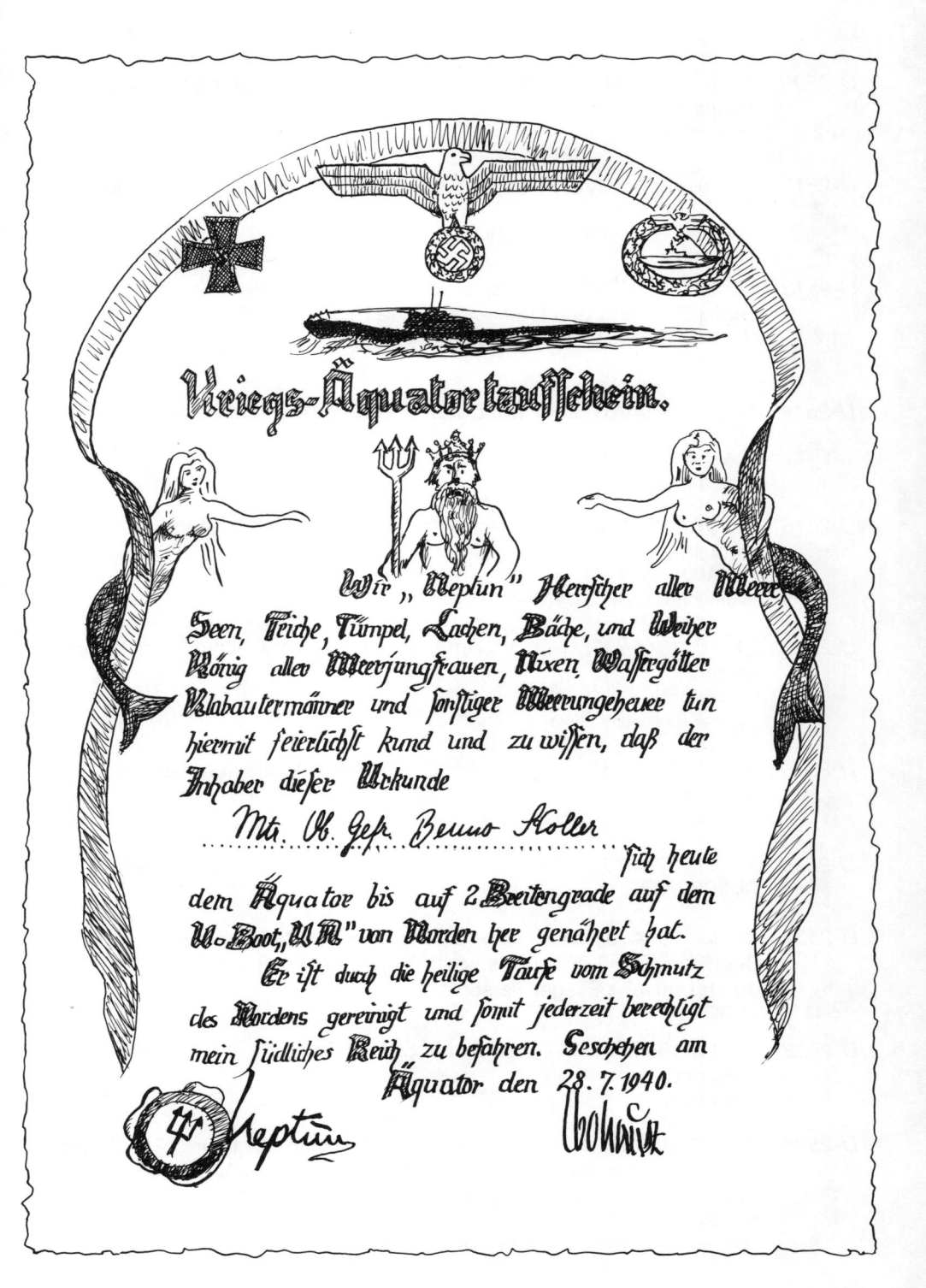

Wir "Neptun" Herrscher aller Meere Seen, Teiche, Tümpel, Lachen, Bäche, und Weiher König aller Meerjungfrauen, Nixen, Wassergötter Klabautermänner und sonstiger Meerungeheuer tun hiermit feierlichst kund und zu wissen, daß der Inhaber dieser Urkunde

Mtr. Ob. Gefr. Benno Koller

sich heute dem Äquator bis auf 2 Breitengrade auf dem U-Boot "UA" von Norden her genähert hat.

Er ist durch die heilige Taufe vom Schmutz des Nordens gereinigt und somit jederzeit berechtigt mein südliches Reich zu befahren. Geschehen am Äquator den 28. 7. 1940.

Neptun

U-2509 21. 9. 1944//31. U-Fl. ab. Am 8. 4. 1945 bei Fliegerangriff in Hamburg vernichtet.
† 2   KK SCHENDEL.

U-2512 10. 10. 1944//31. U-Fl. ab. Am 3. 5. 1945 in Eckernförde selbst versenkt.
† 2   KL NORDHEIMER.
* Siegfried BERLET und Otto GREVE.

U-2513 12. 10. 1944//31. U-Fl. ab; 11. U-Fl. Am 29. 5. 1945 von Horten nach England – nach den USA – Versuche noch bis 1956.
† 2   KL BUNGARDS – 4. 1945; FK TOPP Erich.
Siehe Textanhang.

U-2514 17. 10. 1944//31. U-Fl. ab. Durch Fliegerbomben auf Hamburg am 8. 4. 1945 vernichtet.
KL WAHLEN.
Siehe Textanhang.

U-2516 24. 10. 1944//31. U-Fl. ab. Am 9. 4. 1945 bei Luftangriff auf Kiel vernichtet.
† 2   OL KALLIPKE.
* Vorher Besatzung *U-397*.

U-2517 31. 10. 1944//31. U-Fl. ab. Am 5. 5. 1945 in der Geltinger Bucht selbst versenkt.
OL HANSEN.
* Vorher Besatzung *U-999*.

U-2519 15. 11. 1944//31. U-Fl. ab. Am 3. 5. 1945 in Kiel selbst versenkt.
KK CREMER.
* Vorher Besatzung *U-333*.

U-2520 14. 11. 1944//31. U-Fl. ab. Am 3. 5. 1945 in Kiel selbst versenkt.
OL SCHUBART.

U-2521 31. 10. 1944//31. U-Fl. ab – 5. 1945; Nach Auslaufen aus der Geltinger Bucht ca. 2 – 3 sm südostwärts Flensburg-Feuerschiff am 4. 5. 1945 durch britische Flieger versenkt.
† 41 OL METHNER.

U-2522 22. 11. 1944//31. U-Fl. ab. Am 5. 5. 1945 in der Geltinger Bucht selbst versenkt.
KL QUECK.

U-2524 16. 1. 1945//31. U-Fl. ab. Am 17. 1. 1945 in Hamburg durch Fliegerbomben ↓. Wieder gehoben und in Dienst gestellt. Am 3. 5. 1945 nordostwärts Fehmarn selbst versenkt.
† 2   KL v. WITZENDORF.
* Lennard LINDBERG, Turmfoto. * U-Bootsarchiv, Foto. * nicht gehoben!

U-2502

U-2506

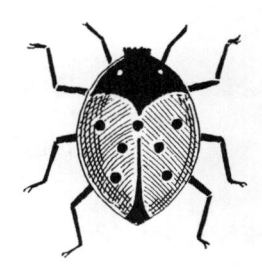

U-2507

U-2509

U-2512

U-2513

U-2514

U-2514

U-2516

Mützenabzeichen

U-2517

U-2519

U-2520

U-2525 12. 12. 1944//31. U-Fl. ab. Am 5. 5. 1945 in der Geltinger Bucht selbst versenkt.
KL OTTO Paul-Friedrich.
* Besatzung von *U-270*.

U-2527 23. 12. 1944//31. U-Fl. ab – 5. 1945; Selbst versenkt am 2. 5. 1945 in Travemünde.
† 1   OL GÖTZE Hans.
* Verf.: Wappen wie *U-586*.

U-2529 22. 2. 1945//31. U-Fl. ab. Am 29. 5. 1945 von Kristiansand nach England. Nach Rußland. Sowjet. *N 27*.
OL FEUFEL – 4. 1945; KL KALLIPKE.
* Besatzung vorher *U-397*.

U-2534 17. 1. 1945//31. U-Fl. ab – 5. 1945. v. (F) kurz nach Indienststellung am 17. 1. 1945. Gehoben und März 1945 wieder in Dienst gestellt.
↓ (F) 6. 5. 1945 westliche Ostsee.
KL DREWS Ulrich 1. 1945 und 3. 1945 – 5. 1945.

U-2536 6. 2. 1945//31. U-Fl. ab. Am 3. 5. 1945 bei Travemünde selbst gesprengt.
OL VÖGE Ulrich.
* Ulrich VÖGE: Als ehemaliger Kommandant von *U-239* und *U-2536* möchte ich Ihnen aber doch wenigstens die damals gefahrenen Embleme mitteilen. Es waren dies bei *U-239* ein Eberkopf (s.d.), bei *U-2536* der Dreizack des Poseidon.

U-2537 21. 3. 1945//Vor Indienststellung 17. 1. 1945 durch Fliegerbomben beschädigt. Am 8. 5. 1945 beim Fliegerangriff auf Hamburg vernichtet.
OL DOBBERT.
* Besatzung vorher *U-969*, dann *U-2546*.

U-2538 16. 2. 1945//31. U-Fl. ab. Am 9. 5. 1945 vor Aerö selbst versenkt.
OL KLAPDOR.
* Siehe Textanhang.

U-2541 1. 3. 1945//31. U-Fl. ab. Am 5. 5. 1945 in der Geltinger Bucht selbst versenkt.
OL STELLMANN – 4. 1945; KL WAHLEN.
Siehe Textanhang.

U-2546 April 1945//31. U-Fl. ab. Am 3. 5. 1945 in Kiel selbst versenkt.
OL DOBBERT.
* Siehe *U-969* und *U-2537*.

U-2551 April 1945//31. U-Fl. ab. Am 5. 5. 1945 in Flensburg-Solitude selbst versenkt.
KL SCHAAR.
* Siehe *U-957*.

U-2520    U-2521 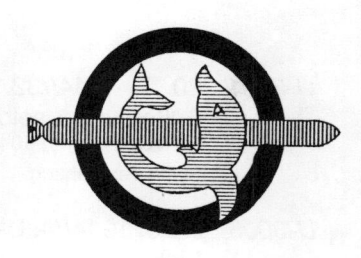   U-2522

am Turm
U-2524

Mützenabzeichen
U-2524   U-2525

U-2527    U-2529    U-2529

U-2534    U-2536    U-2537

U-3001 20. 7. 1944//32. U-Fl. ab; 4. und 6. U-Fl. ab. Am 3. 5. 1945 in der Außenweser selbst versenkt.
OL VOGEL – 11. 1944; KL PETERS.
Siehe Textanhang.

U-3003 22. 8. 1944//4. U-Fl. (Nachrichten-Versuchsboot). ↓ (F) am 4. 4. 1945 in Kiel
OL KREGELIN.
* Fritz PFUHL: Wappen ähnlich *U-3013*.

U-3008 19. 10. 1944//4. U-Fl. ab – 4. 1945; 11. U-Fl. fb – Ende. 21. 6. 1945 von Kiel nach England, später USA, dort noch bis 1955 Versuche.
KL SCHLÖMER – 2. 1945; KL MANSECK.
* Ludwig BECKER: Eulenspiegelschild wurde nach AGRU-Front abmontiert und durch Handmaling ersetzt; diese, nachdem das Boot ab 24. 2. 1945 an MANSECK abgegeben werden mußte, übermalt und eine 3 davorgesetzt, was heißen sollte: 3. Boot vom Typ XXI für MANSECK!
Siehe Textanhang.

U-3010 11. 11. 1944//4. U-Fl. ab – 5. 1945. (↓) am 3. 5. 1945 in Kiel.
OL EBERT – 3. 1945; FK TOPP Erich – 4. 1945; KL BUNGARDS.
Siehe Textanhang.

U-3011 21. 12. 1944//4. U-Fl. ab – 5. 1945; Selbst versenkt 3. 5. 1945 vor Travemünde.
KL TINSCHERT – 4. 1945; OL FRÄNZEL.
* Benno KOLLER.

U-3012 4. 12. 1944//4. U-Fl. ab – 5. 1945. (↓) am 3. 5. 1945 in Travemünde.
KL KLOEVEKORN.

U-3013 22. 11. 1944//4. U-Fl. ab – 5. 1945. (↓) am 3. 5. 1945 in Travemünde.
KL SIMMERMACHER.
Siehe Textanhang.

U-3014 17. 12. 1944//4. U-Fl. ab – 5. 1945 (↓) am 3. 5. 1945 in Neustadt.
† 1   KL MARBACH (vorher *U-953*).
* Herbert MEYER, Köln.

U-3015 17. 12. 1944//4. U-Fl. ab – 5. 1945 (↓) am 5. 5. 1945 in der Geltinger Bucht.
KL GRAU Peter-Ottmar.

U-3017 5. 1. 1945//4. U-Fl. ab – 4. 1945; 4. U-Fl. fb – 5. 1945. Am 29. 5. 1945 von Horten nach England – britische *N 41*, 1952 abgebrochen.
OL LINDSCHAU.
* Günter NEUWIRTH.

U-3023 22. 1. 1945//4. U-Fl. ab – 5. 1945. (↓) am 3. 5. 1945 bei Travemünde.
OL HARMS Erich.
(OL HARMS war erst WO auf *U-255* vom 10. 1941 – 3. 1943, dann Kommandant – 8. 1944. nach Baubelehrung übernahm er als Kommandant *U-3023*.)

U-2538

unter U-2541 STELLMANN

unter WAHLEN
U-2541

U-2541

U-2546

U-2551

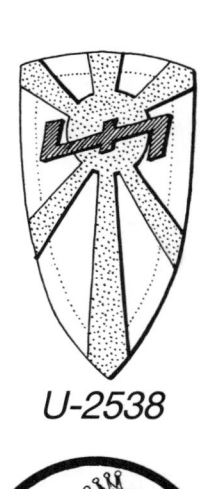

U-3001

U-3003

U-3004

U-3008

U-3010

U-3011

225

* Karl KOCH: Auf unserem Boot, in Dienst am 20. 1. 1945, hatten wir nur ein Mützenabzeichen gefertigt. Am Turm wurde kein Abzeichen mehr geführt. * An Rettung über See beteiligt.

U-3025 20. 1. 1945//4. U-Fl. ab. Am 3. 5. 1945 bei Travemünde selbst gesprengt.
KL VOGEL Hans.

U-3027 25. 1. 1945//4. U-Fl. ab – 5. 1945; selbst versenkt 3. 5. 1945 Travemünde.
KL MEHNE.
Siehe Textanhang.

U-3028 27. 1. 1945//4. U-Fl. ab – 5. 1945 ↓ (F) 3. 5. 1945 Großer Belt.
KL CHRISTOPHERSEN.

U-3029 5. 2. 1945//4. U-Fl. ab. Am 3. 5. 1945 in der Kieler Außenförde ↓.
KL LAMBY.
* Heinrich FELDMANN: Hierzu muß man wissen, daß die Besatzung von *U-437*, nach der Außerdienststellung dieses Bootes, geschlossen *U-3029* in Dienst stellte. – Selbstverständlich wurde daher das Wappen von *U-437* – ein Elefant – auf das neue Boot mit übernommen. – Der Elefant am Kopfe dieses Briefbogens stellt das Mützenabzeichen beider Boote dar.

U-3030 14. 2. 1945//4. U-Fl. ab. Am 3. 5. 1945 durch britische Flieger im Kleinen Belt (westliche Ostsee) ↓.
OL LUTTMANN.
* Willy FUCHS: Das Wappen stellte I. WO OLzS Dr. HANSMANN. Farben: schwarz/weiß/rot.

U-3032
† 28
12. 2. 1945//4. U-Fl. ab. Am 3. 5. 1945 im Kleinen Belt vor Kolding durch britische Flieger gebombt.
OL SLEVOGT Horst.
* vorher *U-62*.

U-3033
† 2
27. 2. 1945//4. U-Fl. ab – 5. 1945. Am 4. 5. 1945 in Flensburger Förde (Wasserslebener Bucht) selbst versenkt.
OL CALLSEN.
* Hermann RENNERS: Das Boot wurde *U-Stinkstiefel* genannt. Ein Knobelbecher war so gezeichnet, daß er auf einer Landkarte mit dem Absatz auf Rußland und mit der Sohle auf England stand. * U-Archiv, Foto.

U-3034 31. 3. 1945//4. U-Fl. ab. Am 5. 5. 1945 in der Geltinger Bucht selbst versenkt worden.
OL PREHN.
Siehe Textanhang.

U-3040 7. 3. 1945//4. U-Fl. ab. Am 3. 5. 1945 in Kiel selbst versenkt.
OL ROBBERT.
* Kommandant war ehemaliger WO auf *U-107*.

U-3041 12. 3. 1945//4. U-Fl. ab. Am 29. 5. 1945 von Horten/Norwegen nach

U-3012

U-3013

U-3014

U-3015

U-3017

U-3023

U-3025

U-3027

U-3028

Mützenabzeichen

U-3029

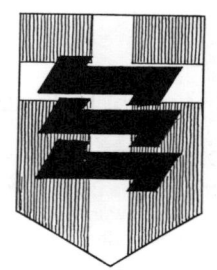

Mützenabzeichen
U-3030

U-3032

England. Nach Rußland. Sowjetische *N 29*.
OL VIETH – 4. 1945; KL HORNKOHL.
* Besatzung vorher *U-3512, U-3041* (s. *U-566*).

U-3044 27. 2. 1945//Bremer Boot Typ XXI. Letztes Boot, welches in Dienst gestellt wurde//4. U-Fl. ab. Am 5. 5. 1945 in der Geltinger Bucht selbst versenkt.
KL JAEK – 4. 1945; KL v. LEHSTEN.
* Deutung des Wappens: Zuschlagen nach Wikingerart. Die beiden entgegengesetzten Wikingerbootsköpfe sollten die 44 darstellen, die Endziffer unserer Bootsnummer. – Die Indienststellungsfeier fand auf der *Europa* statt (52 000 t).

U-3057 Das Boot wurde nicht mehr in Dienst gestellt.
OL NEUMANN.
* H. NEUMANN: Grundidee: Groschengrab. * Vorgesehenes Bootswappen für *U-3057*, von der Besatzung während der Baubelehrung in Bremen, Weser AG entworfen und aus echtem Konservendosenblech der Kriegszeit geschnitten.

U-3501 29. 7. 1944//8. U-Fl. ab; 7. KLA ab. Am 5. 5. 1945 in Wesermünde selbst versenkt.
OL MÜNSTER 7. 1944 – 10. 1944, dann Boot unbesetzt.
* SWIETEK: gelber Ring.

U-3504 23. 9. 1944//8. U-Fl. ab – 1. 1945; Am 2. 5. 1945 in Wilhelmshaven selbst versenkt.
KL SEIBOLD.

U-3506 14. 10. 1944//8. U-Fl. ab – 1. 1945; 5. U-Fl. ab – 5. 1945. (↓) am 2. 5. 1945 Hamburg.
† 2   KL THÄTER Gerhard.

U-3512 27. 11. 1944//8. U-Fl. ab; 5. U-Fl. ab. Am 8. 5. 1945 in Kiel durch Fliegerbomben vernichtet.
KL HORNKOHL.

U-3513 2. 12. 1944//8. U-Fl. ab; 5. U-Fl. ab. Am 3. 5. 1945 in Travemünde selbst versenkt.
OL NACHTIGALL.
Siehe Textanhang.

U-3514 9. 12. 1944//8. U-Fl. ab; 5. U-Fl. ab und fb. Am 30. 5. 1945 von Bergen nach England. Op.Dl.
OL FRITZE Günther.
Siehe Textanhang.

U-3516 18. 12. 1944//8. U-Fl.; ab; 5. U-Fl. ab. Am 2. 5. 1945 in Travemünde selbst versenkt.
† 6   KL WENGEL – 3. 1945; OL GROTE Heinrich.
* A. WENGEL: Mein nächstfolgendes Boot, *U-3516*, habe ich am 18. 12. 1944 in Danzig in Dienst gestellt. Das Bootswappen wurde, in Zusammenarbeit mit meinen Offizieren, von uns selbst entworfen und sollte den Einsatz des Bootes auf allen sieben Meeren dokumentieren.

U-3033    U-3034    U-3040

U-3041    U-3044    U-3057 (vorges.)

U-3501   U-3506 Mützenabzeichen   U-3512

U-3513    U-3513    U-3514

229

U-3517 22. 12. 1944//8. U-Fl. ab; 5. U-Fl. ab. Am 2. 5. 1945 in Travemünde selbst versenkt.
† 1 KL MÜNSTER.

U-3528 18. 3. 1945//5. U-Fl. ab; selbst versenkt am 5. 5. 1945 vor Wesermünde.
KL ZWARG.
* MUELLER Konrad A.: Die Besatzung von *U-276* hat dann im März 1945 *U-3528* unter Artilleriebeschuß in Danzig in Dienst gestellt. Der weitere Weg führte über Hela, Kiel, Bremen nach Bremerhaven. * Verf. *U-276* war ein Werkstattboot.

U-4701 10. 1. 1945//5. U-Fl. ab (↓) 5. 5. 1945 Höruphaff.
OL WIECHMANN Arnold.

U-4705 2. 2. 1945//5. U-Fl. ab 2. 1945 – 5. 1945. Selbst versenkt am 3. 5. 1945 in Kiel.
OL LANDT-HAYEN.

U-4707 20. 2. 1945//5. U-Fl. ab. Am 5. 5. 1945 in der Geltinger Bucht selbst versenkt.
OL LEDER

U-4711 21. 3. 1945//5. U-Fl. ab 3. 1945 – 5. 1945. Selbst versenkt in Kiel am 4. 5. 1945.
OL LANDT-HAYEN.
* Martin LANDT-HAYEN.

* Verf.: 4711 »Kolibri« in großen Flaschen, war für U-Bootfahrer oft für lange Zeit das einzige Waschmittel zur Körperpflege.

U-3516

U-3517

U-4701

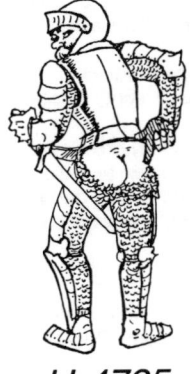

U-4705

UAK-Zeichen
U-4707

U-4711

Wappen
der U-Schule

Textanhang

(24. U-Flottille) * Kurt BABERG: *U-30* kam nach längerer Werftliegezeit Ende 1940 zur 24. U-Flottille nach Memel, wo ich es als Kommandant und Kommandanten-Schießausbilder übernahm. Als taktisches Bootszeichen, um die angreifenden Boote für das Zielschiff nach dem Auftauchen besser kenntlich zu machen, führte es als Schulboot unterhalb der Positionsleuchten an beiden Seiten der unteren Turmverkleidung ein schwarzes Balkenkreuz (1 × 1 m) auf weißem Grund. Als die 24. U-Flottille dann, etwa August 1941, nach Ausbruch des Rußlandfeldzuges den Schulbetrieb nach Drontheim (Norwegen) verlegte, weil man anfangs befürchtete, daß die Russen mit ihren U-Booten in der Ostsee tätig werden würden, wurden für die Überführungsfahrt nach Norwegen wegen möglicher Feindberührung die weithin sichtbaren großen übungstaktischen Zeichen entfernt und auf Anweisung des Flottillenchefs Korvettenkapitän WEINGAERTNER erhielten alle Boote der 24. U.-Fl. neben den seitlich am Turm angebrachten bisherigen eigenen Bootsabzeichen das »V« = Victory Vorderkante Turmverkleidung als Flottillenzeichen der 24. U-Flottille.
Als dann jedoch in der Ostsee alles ruhig blieb und wider Erwarten auch in der östlichen Ostsee keine russischen Kriegsschiffe auftauchten, verlegte die 24. U.-Fl. – ich weiß nicht mehr genau, ob noch Ende 1941 oder aber erst Anfang 1942 – wieder zurück nach Memel, wo ich noch bis April 1942 Kommandant von *U-30* war.
Das »V« wurde wieder überpinselt und die Schulboote führten ihre alten taktischen Zeichen, wie Balkenkreuz, Schrägkreuz, Viereck, Ring, Doppelstrich waagerecht, Doppelstrich senkrecht usw. auf einem 1×1 m großen weißen Grund.
V = Victory = Sieg. Kreiert wurde es damals von Winston Churchill, dessen Foto mit Zigarre im Mund und hochgehobener Faust mit gespreizten Zeige- und Mittelfingern (= V-Zeichen) in vielen Zeitungen höhnisch glossiert wurde. Das Siegzeichen machte sich dann unsere Progapanda zu eigen – und als Siegzeichen hatte es die 24. U-Fl. während der Zeit in Drontheim auf allen Booten geführt.

U-18 Verf.: Auf meine Rückfrage beim ehemaligen I. WO Rudolf ARENDT, welche Version die richtige sei, erhielt ich nachfolgende Kriegstagebuch-Auszüge, die – beide! – Begebenheiten belegen.
–Unter dem 31. 5. 1943 ist unter der Uhrzeit 16.34 Uhr bis 17.34 Uhr folgendes wörtlich vermerkt:
»In der Nähe von *U-9* Gedankenaustausch zwecks Zusammenarbeit. Flugzeugtyp SB 2 in 10° in Sicht. Flugzeug im Anflug. Entfernung 5000 mtr. Alarmtauchen. Boot kann nicht fluten, da Turmluk klemmt. Als ich das bemerke, ging ich wieder nach oben, um MG klar zu rufen und gleichzeitig vom Zentralegasten die Störung beseitigen zu lassen. Als ich jedoch wieder oben war, sah ich, daß das Flugzeug nach links abkurvt und Richtung auf *U-9* hatte. Der Abstand war in diesem Augenblick 1000 Meter. Ich mußte den Eindruck gewinnen, daß das Flugzeug uns für ein russisches U-Boot hielt. Dieses wurde durch zweimaliges Kreisen bestätigt, oder er wollte aus Angst nicht angreifen, da das Boot eventuell schießen könnte. Da die Störung nur Sekunden in Anspruch nahm, zog ich es vor, doch noch nach unten zu gehen. Bei 20 Meter Tiefe fielen zwei Flugzeugbomben, die wohl *U-9* galten. Die Störung wurde durch das Versagen der Überwurfsperre, die das Zudrehen des Deckels beim geöffneten Turmluk verhindert, hervorgerufen. Ich habe die Sperre entfernen lassen.«
Das ist die offizielle Kriegstagebucheintragung zu dem ersten Fall. Wir gingen in der Tat davon aus, daß unser frisch aufgemalter roter Stern, der von einem Torpedo getroffen wurde, uns vor Schlimmerem bewahrte.
Zu dem Zwischenfall mit der BV 138 auf der 6. Feindfahrt des Bootes im Schwarzen Meer ist unter dem 25. April 1944, 10.50 Uhr folgendes im Kriegstagebuch vermerkt:
In rechtweisend 300 Grad russisches U-Boot LQU 5456, Kurs 110°, Fahrt 10 sm. Abgedreht und vorgesetzt, um auf Rammposition zu kommen. Absicht: Feind-U-Boot unter Wasser rammen, da keine Aale mehr. Getaucht und auf Kollisionskurs unter Wasser weitergelaufen.
– Dann folgen Angaben zum Etmal, und dann Fortsetzung des Textes. – Anlauf zum

Rammstoß gegen Feind-U-Boot. Feind-U-Boot taucht und im selben Moment erscheint im Blickfeld eine BV 138 und wirft Wasserbomben in die Tauchstelle. Aufspritzende Wasserfontänen waren gut auszumachen. Nach Beobachtung Wasserbomben zu kurz geworfen. – Dann unter Uhrzeit 12.12 Uhr – aufgetaucht. BV kreist noch etwa 5 Minuten über der Tauchstelle des Feind-U-Bootes in geringer Höhe. Abstand 5 sm. Hat uns dann bemerkt und fliegt uns an. Auf 3000 Meter schießen wir ES. Die BV hält ihren Kurs bei und überfliegt das Boot, ohne ES zu beantworten. Im Laufe von 2 weiteren Anflügen werden 7 ES-Patronen verschossen, ohne daß die BV antwortet. Das Boot liegt gestoppt beim Ausblasen. Brückenpersonal winkt, Waffen sind nicht besetzt. BV dreht an zum 4. Anflug. Sie kommt von Steuerbord und überfliegt genau den Turm. Auf etwa 150 Meter Entfernung eröffnet sie plötzlich das Feuer. Ein Geschoß größeren Kalibers (3,7cm?) schlägt 2 Meter vor dem Boot ins Wasser. MG-Garben gehen über und neben der Brücke vorbei. 12.26 Uhr Alarmtauchen. BV ist im Anflug von Backbord. Als das Turmluk gerade eingerastet ist, prasseln mehrere Einschläge gegen Turm und Oberdecksverkleidung. Auf Tiefe A gegangen. Es wurde getaucht, da die BV keine Wabos mehr hatte, sonst hätte ich mit allen Waffen abgewehrt.«
Der Vorfall ereignete sich aus zweierlei Gründen.
1. war durch den verantwortlichen Einsatzleiter für die U-Jagdflugzeuge in Warna, die U-Jagd in dem Gebiet nicht gesperrt, und
2. erfuhren wir durch die Flugzeugbesatzung später, daß sie uns trotz gültiger Erkennungssignal wegen des roten Sterns am Turm für ein russisches U-Boot hielten.
Es ist richtig, daß es ein Bild von Oberleutnant z.S. FLEIGE, dem Kommandanten von *U-18* gibt, auf dem er einen weißen Schal trägt, auf dem das Bootswappen mit dem roten Sowjetstern durch einen Torpedo getroffen, dargestellt ist. Die Besatzung trug dieses Abzeichen aus Messingblech hergestellt an der Mütze. Ein Stoffabzeichen kann ich nicht erinnern.

R. Arendt
K.Admiral a.D.

U-30   Verf.: Als wir am 11. 9. 1939 den englischen Dampfer *Blairlogie* versenkten und die Schiffbrüchigen befragten, grinste ihnen der frisch gemalte »SCHNURZL« entgegen, was sie nach ihrer Rettung in England auch berichteten. – Bis zum Hellwerden und Eintreffen des amerikanischen Dampfers *American Skipper,* der die 32 Mann in ihren zwei Rettungsbooten barg, hatten wir rote Sterne geschossen. – Ein ehemaliger amerikanischer Dampfer *American Skipper* wurde als belgisches Schiff *Ville de Mons* am 2. 9. 1940 durch *U-47,* unter KL PRIEN versenkt.
* *U-30* hatte am 3. 9. 1939, wenige Stunden nach Kriegsbeginn, den englischen Passagierdampfer *Athenia* versenkt, nachdem der Kommandant irrtümlich angenommen hatte, das Schiff sei bereits bewaffnet. 1945 wurden drei ehemalige Besatzungsangehörige, die im weiteren Verlauf als Kriegsgefangene nach Kanada gelangt waren, vor ein Kriegsgericht in Calgary gebracht und verhört. Nach 56 Tagen Einzelhaft wurden sie wieder in ein Kriegsgefangenenlager entlassen. – Das Kriegstagebuch von *U-30*, in dem der Vorfall auf höchste Anordnung hin gelöscht worden war, hat später dem Nürnberger Tribunal vorgelegen. Die Löschung war ein einmaliger Vorgang, der einzige Fall der deutschen Kriegsmarine. Die Besatzung war besonders vereidigt worden. – Eine Anklage gegen Großadmiral Dönitz konnte nicht erhoben werden, da dieser den Kommandanten selbst vor ein Kriegsgericht gestellt hatte. KL LEMP ist am 9. 5. 1941 als Kommandant von *U-110* gefallen. – Bei der Bergung der schiffbrüchigen Athenia-Passagiere war der US-Dampfer *City of Flint* beteiligt. Dieser wurde am 9. 10. 1939 durch das Panzerschiff *Deutschland* als Prise aufgebracht, beim Passieren der norwegischen Gewässer jedoch durch den norwegischen Minenleger *Olav Tryggvason* gestoppt und am 4. 11. 1939 in Bergen wieder freigegeben. – *U-575* versenkte die *City of Flint* am 25 1. 1943 durch Torpedoschuß (siehe Aufschrift an Kanone von *U-575*).
Aus Leonce PAILLARD: Die Schlacht im Atlantik.
Vier Tage vor der Versenkung der *Stonegate* hatte die *Deutschland* die *City of Flint* im Atlantik gestellt. An Bord des US-Frachters wurden Traktoren, Obst und Getreide gefunden, die für Großbritannien bestimmt waren. Daraufhin übernahm ein Prisenkommando der *Deutsch-*

land die *City of Flint*, setzte die deutsche Flagge und zwang die Besatzung nach Murmansk zu fahren. Die Irrfahrt nahm ihr Ende in Haugesund, wo Norwegen den Frachter beschlagnahmte und mit der Mannschaft in die USA zurückschickte, während das deutsche Prisenkommando interniert wurde.

Verf.: Eine nette Geschichte zum Thema Bordhund – siehe *U-30* und sein »Schnurzl« – teilte mir ein ehemaliger französischer U-Bootfahrer, Albert LEBASCH (auf *Le Tonnant*) mit, die ich hier in etwa wörtlich wiedergebe.

»Ich glaubte immer, daß das Emblem von *U-30/U-110* ein Teddybär gewesen sei, doch ist die Geschichte von »Schnurzl« viel ergreifender. In der französischen Marine gab es auch U-Boote, die Hunde an Bord hatten, (wir nicht!) doch blieben sie auch während des Krieges an Bord. – Das erfolgreichste französische U-Boot, der *Rubis*, hatte seinen »Baccus«, der auch seine Geschichte hatte. Als der *Rubis* am 1. Mai 1940 nach England kam, um als Minenleger-U-Boot Krieg zu führen, wollte die englische Admiralität dem Kommandanten CABANIER den »Baccus« verbieten. Doch die Antwort war, »Baccus« bleibt an Bord, denn ohne ihn kein *Rubis,* sonst kehre er nach Frankreich zurück. »Baccus« blieb.

Beim Appell auf dem Deck saß »Baccus« stets still vor der Mannschaft, bis zum Abruf. Eines Tages kam General DE GAULLE an Bord und schritt die Front der Besatzung ab bis in Höhe des »Baccus«, der sich jedoch nicht im geringsten vom Fleck rührte, so daß der General wegen Platzmangel den Hund mit einem großen Schritt übergehen mußte. – Die nächste Stadt lag 6 km vom Stützpunkt entfernt und die Besatzung benutzte den Bus, »Baccus« sogar öfter allein und kehrte stets wohlbehalten mit demselben zurück.

Die Mannschaft wußte immer wenn sie vor einer Ausfahrt stand, denn 24 Stunden vorher verließ »Baccus« das Boot nicht mehr. Er hat nie eine Ausfahrt verfehlt!

Das zweite Emblem war die ROTE HAND, das Reedereizeichen am Schornstein des englischen Frachters *Fanad Head,* der von *U-30* am 14. 9. 1939 unter dramatischen Umständen versenkt worden war. Es soll angeblich aus der Zeit der Segelschiffkapitäne an eine Wettfahrt um Sieg und Gunst einer Reederstochter erinnern. »Wer als erster heimkehrt und seine Hand auf englischen Boden legt« sollte des Reeders Tochter erhalten. Bug an Bug liefen sie ein, und cann – wie makaber – soll sich einer der beiden Rivalen die linke Hand abgehackt und an Land geworfen haben. Daher die drei Blutstropfen! Der spanische Ausspruch, zu deutsch: »Heute ist nicht der Tag, das Pulver naß werden zu lassen!« geht auf General Franco zurück, der ihn getan haben soll vor dem Angriff auf Santander, als es furchtbar regnete.

Die Schrift wurde auf der Rückreise von einem Spanienbesuch im Frühjahr 1939 angebracht und bis etwa Juli gefahren.

* Kurt BABERG, zeitweilig Kommandant und Kommandant-Schießausbilder, bestätigt taktische Zeichen, das Fl.-Zeichen der 24. U-Fl. und das Hufeisen, das er während seiner Zeit am Turm fuhr.

U-33
* Siegfried METZLER aus der DDR schickt Foto mit Zeichen von *U-33* und schreibt: Ich hatte das Glück, nach ungefähr 42 Jahren in der BRD einen geretteten Kameraden von *U-33* zu sprechen, und dabei kam unser Gespräch natürlich auf unser Wappen. Es war schon so, wir hatten – wie auf dem Foto ersichtlich – dieses Zeichen, nur wurde es vor der letzten Fahrt von der Werft durch »Neuanstrich des Turmes« nicht wieder erneuert.

* Franz SEELINGER schreibt am 25. 10. 1976: Besagter Schotte, Mr. H. BUCHANAN, lebt in Schottland nahe der Mündung des Clyde und interessiert sich sehr für die U-Bootwaffe. Etwa eine sm von seinem Haus entfernt liegt *U-33* in etwa 50 m Tiefe, das seinerzeit bei dem Versuch, die zu Probefahrten auslaufende *Queen Elizabeth* anzugreifen, versenkt wurde. Das Boot wurde mehr durch Zufall als durch Wachsamkeit der Männer eines britischen Minensuchers entdeckt, angegriffen und versenkt.

U-34
Aus »Schaltung Küste« Nr. 86/S. 16 – Gus BRITTON England: Der Vollmatrose William PESTER begann im Juni 1940 auf dem U-Boot seinen Dienst und leistete seine U-Boot-Ausbildung in nur *einem* Tag in einem U-Boot auf See ab. Später, gerade als die *Spearfish* zur Patrouille auslief, stellte man fest, daß ein Mann zu wenig an Bord war und er wurde auf das U-Boot beordert. Einige Tage später wurde die *Spearfish* von *U-34* torpediert und William

PESTER war der einzig Überlebende. Er wurde an Bord von *U-34* genommen und verbrachte einige Zeit darin auf See, länger als er es auf der *Spearfish* getan hatte, seinem einzigen U-Boot! Für den Rest des Krieges war er Kriegsgefangener. Er kehrte nach England zurück und kaufte sich von seinem Sold einen großen Wagen. Er hatte eine Verabredung mit einer jungen Dame und während er mit seinem Wagen zum Stelldichein fuhr, erlitt er einen Unfall und wurde getötet! Sehr traurig, nicht wahr?

U-35 * Les DAVIS/England schreibt am 2. Dezember 1984: *I am a former British U-Boatman who is most interested in your book – U-BOOT EMBLEME 1939 – 1945 – so was sent as a gift to me from my friend, Crew U-561*, who lives in Frankfurt/Main.
I looked in vain for any reference to *U-35* emblem, Commanding officer, etc, is there a particular reason for this? The boat was lost on 29. November 1939. East of the Shetlands, and the crew were rescued by the destroyer H.M.S. *Kingston* (after attack from *Icarus, Kashmir* and *Kingston*).
A friend of mine, who was on board Kingston recaus that he saw the crew preparing to scuttle and abondon the boat, and that the Captain had secured himself to the conning tower intending to go down with the boat, but two crewmen cut him lose before this could happen.

U-36 Von Harry HUTSON brieflich übermittelt:
The following is extracted from the report on the loss of S/S *Trubo* (Capt. J.E. EGNER) on 15. 9. 1939 by *U-36* (FROHLICH)
»*The Captain of the submarine then song out ›Which boat is the Captain in?‹. I answered and he then said ›Come alongside and bring your papers with you‹, I went alongside and took my register, freeboard certificate and ships articles. I gave them to him and this is what he said. ›Good day Captain, I am sorry but war is war, I am going to sunk your ship. Why did you run away from me?‹ I said ›War is war, it is my ship.‹ So he said ›I understand.‹ He ask me if I had wireless on board und said ›No‹. He asked me if I knew my position. I said ›Yes‹. He said ›I will send an SOS for You on 600 m, have you enough provisions? Is there anything you want?‹ I asked for water, he said. « ›No, the water on my ship is bad, but I will give you beer.‹ He gave me 24 bottles of beer and a bucket for baling out the boot. He then said ›I am going to take you to Germany with me.‹ I said ›You cannot do that, I am going in the boat with my men.‹ After a short discussion he said »Then you must sign a paper promising that you will not go on board a British Man ›O‹ War or merchant vessel until after the war«. I said »That is pretty hard, how do I earn my living? I have a wife and three children who one dependant on me«. He said «Sign the paper, or come to Germany with me«.
I signed the printed paper and the Chief and 2nd officier also signed. It was printed in German and I could not read it. The Commanders name was FRÖHLICH, he wrote it on a paper for me. I retourned to the lifeboat and the submarine fired shells and two torpedos which sank my ship. The submarine then towed us for 1 ½ hours until alight from a ship was seen, we were then cost adrift and the submarine steamed off. I was now dusk and as the submarine cost us off it ferid rockets to attend the steamer, but it turned away. During the night other vessels steamed off as we, tried to attend attention. The following morning we managed to approach two Belgian trawlers and we were taken on board.*«
The Captain of Truro goes on to describe the U-Boat, its Commander and crew and then says: »*On the portside of the conning tower, low in the aft. corner there was painted in red, a swastika encircled with a red ring. This was the only outward mark that I saw. I was on board the submarine together with my Chief and 2nd officer for some considerable time.*«
* Verf.: Sicher kein Hakenkreuz. Sonstige Markierung.

U-56 Aus SCHALTUNG KÜSTE Nr. 103/S. 23 ff.
Mit *U-56* nach Kiel – Pillau im Januar 1945
Bericht von Walter KAEDING. (Siehe *U-123*).
Es sieht nicht so gut aus. Der Krieg schleppt sich nun schon in das sechste Jahr. Man merkt es an allem was fehlt. Die Boote der 19. U-Flottille, die als Schulboote Dienst tun, sind schlecht ausgerüstet, Materiell – Torpedorohre nur zur Zierde, keine Bewaffnung, ein paar alte Hanfleinen zum An- und Ablegen, nur eine einzige Stahlleine, von der später noch die Rede

sein wird. Personell – einziger Offizier ist der Kommandant. Kein Wachoffizier, kein Obersteuermann für die Navigation, ein Obermaschinist als L.I.
Rückblickend war auch mehr nicht notwendig, denn die alten Einbäume dienten lediglich dazu, angehenden U-Bootkommandanten das Manövrieren, sprich An- und Ablegen, beizubringen. Praktischer Unterricht nannte sich dies, theoretischen gab es auch.
Die Kommandantenschüler dieser Flottille waren für damalige Begriffe fast alle würdige, ältere Herren von 35 – 40 Jahren, manche mit 3 oder 3 ½ Kolbenringen, teilweise sogar dekoriert mit dem Kriegsverdienstkreuz zweiter Güte. Der 1944 eingesetzte Heldenklau hielt ihre bisherigen Posten für entbehrlich. Dazwischen wenige junge Oberleutnant mit ein oder zwei Feindfahrten als W.O. – die meisten waren ja in den letzten beiden Jahren auf See geblieben – und dann noch ein Offizieranwärter, Obersteuermann mit Ritterkreuz, 13 Feindfahrten innerhalb von 4 Jahren im Nord- und Mittelatlantik.
Der letztere war ich – nach der Verleihung des Ritterkreuzes war ich von einem Kommando zum anderen weitergereicht worden. Zuerst eine Vortragsreise in der Heimat, dann Torpedoschule, Flak-, Funkmeß- und Kommandantenlehrgang.
Am 9. Januar 1945 um 9.00 Uhr hatte mich meine Beförderung zum Leutnant z.S. rückwirkend zu Adam und Eva eingeholt. Zwei Stunden später wurde der Kommandantenschüler KAEDING zum Flottillenchef befohlen, der ihm eröffnete, daß er sofort U-56 als Kommandant zu übernehmen hätte. Nun war ich als einziger Leutnant z.S. der U-Bootwaffe Kommandant und hatte meinen bisherigen Mitschülern das U-Bootfahren beizubringen. Damals, im Januar 1945, war abzusehen, daß der Krieg verloren war. Die Russen rückten täglich näher, ein unabsehbarer Strom von Flüchtlingen ergoß sich aus Ostpreußen auch nach Pillau und auch in das Barackenlager unserer Flottille, soweit es nicht von den Besatzungen und Schülern belegt war.
Die Räumung des Stützpunktes Pillau begann, Magazine etc. wurden aufgelöst und die Boote mit viel unnützem Zeug beladen.
Ein Maat meiner Besatzung war Ostpreuße. Seine Eltern wollte ich mit an Bord nehmen, sie wohnten jedoch ca. 40 km von Pillau entfernt. Ich besorgte ihm etwas außerhalb der Legalität einen Marschbefehl in seinen Heimatort, er ein Auto, wir lagen in 24stündiger Bereitschaft. Was habe ich gebibbert um den Kerl. Kein Mensch wußte, wie weit die Russen schon waren, ob seine Eltern überhaupt noch lebten, und ob er heil zurück kommen würde. In der nächsten Nacht war er wieder da – mit Vater und Mutter – mir fiel ein Stein vom Herzen.
Aus unerfindlichen Gründen hatten die Boote unserer Flottille Befehl, keine Flüchtlinge an Bord zu nehmen. Man befürchtete wohl einen Run auf die Boote. Daher hatte ich meine vorgesehen Passagiere in einer Baracke verstaut und sie vergattert, den Mund zu halten. Es vergingen Tage, wir lagen immer noch in Pillau. Aus der 24stündigen Bereitschaft war mittlerweile eine 5stündige geworden. Am 28. Januar kam der Auslaufbefehl. Ich befahl meinem Maat, seine Eltern an Bord zu holen. Er kam aber nur mit seiner Mutter, der Vater hatte sich kurz vorher auf den Weg in sein Heimatdorf gemacht, um noch einige Sachen zu holen. Doch die Mutter wollte nicht ohne ihren Mann fahren, sie stieg wieder aus.
40 Jahre sind seither vergangen und noch immer steht mir die Not, die Angst und das Elend der Menschen vor Augen, die in jenem eisigen Winter vor den Russen flüchteten. Es waren fast nur Frauen und Kinder, nur wenige alte Männer, wer noch einigermaßen laufen konnte, war beim Volkssturm. Wir hatten es noch nicht begriffen, daß die größte Völkerwanderung aller Zeiten begonnen hatte und wir mitten drin in einer der größten Tragödien unseres Volkes waren.
Mir war klar, daß der Schiffsraum nicht ausreichen würde, um alle Menschen aus Ostpreußen zu evakuieren. Deshalb wollte ich auch gegen alle Befehle mindestens die wenigen mitnehmen, die der Heckraum meines Bootes fassen konnte, der größere Bugraum war ja voller Material. Ich schickte also zwei Maate meiner Besatzung los mit der Weisung, ohne Aufsehen nur Frauen und Kinder an Bord zu schleusen, die das Leben noch vor sich hatten. Im Handumdrehen hatte ich 6 Passagiere, zwei Frauen und vier Kinder. Die Älteste mochte etwa 36 Jahre alt gewesen sein, das Jüngste lag noch in den Windeln. Schwierigkeiten gab es nicht, abgesehen von einem Kinderwagen, der nicht durch das Torpedoluk wollte. Aber mit Gottes Hilfe und dem Druck der Luft ging bekanntlich in der U-Bootwaffe alles.
Kurz vor dem Auslaufen bekam ich noch einen Oberleutnant z.S. als Wachoffizier zugeteilt.

Mir blieb eben nichts erspart. Als Obersteuermann mit Ritterkreuz hatte ich schon eine Menge seltsamer Situationen zu bestehen, als frisch gebackener Leutnant an Bord Vorgesetzter eines ranghöheren Offiziers, das konnte auch nur mir passieren.

Nach Hellwerden liefen wir aus, streng nach Dienstgrad und Rangabzeichen in Kiellinie, KAEDING als Schlußlicht.

In Friedenszeiten war ich als Obermatrose auf Kreuzer *Leipzig* auch Rudergänger gewesen und mir klingen noch heute die »freundlichen« Standardsprüche der jeweiligen Wachoffiziere beim Fahren im Verband in den Ohren. Die Sprache hätte es ihnen verschlagen, hätten sie dies mit den U-Booten erlebt. Das ähnelte mehr einer Schafherde hinter ihrem Leithammel. Wir hatten Windstärke 3–4 und waren noch in der Danziger Bucht. Meine Passagiere durften, sofern sie schon den Niedergang allein hinaufklettern konnten, einzeln auf die Brücke, als in etwa 3 sm Entfernung an Backbord ein Flugboot der Luftwaffe Notsignal schoß. Da keiner meiner Vordermänner darauf reagierte, meldete ich mich kurzerhand mit Winkspruch beim Flottillenchef zur Hilfeleistung ab. Ich hatte vor, die Flugzeugbesatzung an Bord zu nehmen, doch die Leute wollten ihre Maschine nicht im Stich lassen.

Einen Haufen unnützes Zeug hatten wir in Pillau an Bord nehmen müssen, aber wir hatten nur eine einzige Leine an Bord, die zum Schleppen zu gebrauchen war. Was blieb mir weiter übrig, wer A sagt muß auch B sagen, ich versorgte meine drei Luftkutscher mit heißem Tee und Essen und nahm den Vogel in Schlepp. Meine Flottille war mittlerweile außer Sicht. Ich hatte Probleme (würde man heute sagen). Der Leithammel war weg, Navigation mußte ich selbst machen. Mein W.O. war erst einige Stunden an Bord, ich wußte nicht, was ich ihm zutrauen durfte. Das Boot als schleppendes Fahrzeug verhielt sich nicht normal, ich mußte es selbst fahren. Die Besatzung bestand aus unerfahrenen Leuten, die nur Hafendienst kannten. Der Heckraum war voller Frauen und Kinder, die sich mir anvertraut hatten und ich hatte ein Flugboot im Schlepp. Ich hatte gegen eindeutige Befehle verstoßen und im Falle Flugboot ohne Befehl gehandelt. All dies mit einem Offizierspatent, das keine 3 Wochen alt war und das Ganze auf meiner ersten Fahrt als Kommandant. Ich hab's überstanden.

Langsam briste es auf und es wurde Nacht. Mittlerweile war auch ein Flugsicherungsboot eingetroffen, aber anstatt meinem Vogel zu Hilfe zu kommen, gab es mir der Klappbuchs herüber »Besser als Sie kann ich das Flugzeug auch nicht nehmen« und fuhr in 300 m Abstand neben mir her. In der Zwischenzeit hatten wir Windstärke 7 und ich mußte mit der Fahrt heruntergehen. Dann geschah es trotzdem, die Schleppleine brach. Ich überließ daraufhin meinen Schützling dem Flugsicherungsboot und lief mit großer Fahrt hinter meiner Flottille her. Gegen Mitternacht holte ich sie wieder ein.

Nach Rückmeldung beim Chef erhielt ich als Antwort »Haben sie genauen Standort«. Das war für mich selbstverständlich. Als nächstes kam »Übernehmen Sie die Spitze«. Das war nun wirklich Spitze. In der ganzen Flottille kein Obersteuermann für die Navigation und die Offiziere der Boote hatten ihre letzte Peilung vermutlich als Fähnrich in Glücksburg genommen. Nun fuhr das Schlußlicht vorneweg.

17 Stunden stand ich nun schon ununterbrochen auf der Brücke und war hundemüde. Ich übergab meinem W.O. die Wache und legte mich auf die Koje. Es mochten wohl zwei Stunden vergangen sein, als mich der wohlbekannte Ruf »Kommandant auf die Brücke« hochscheuchte. Oben war es diesig geworden, der Küstenstreifen nicht mehr zu sehen, das Boot lag wie alle anderen gestoppt und anstelle von Kurs und Fahrt meldete mir mein W.O., daß er nicht mehr wisse, wo er sei. Ich redete ihn zwar zum ersten Male mit Herr und Dienstgrad an, aber damit hatte ich auch keinen Standort. Es half nichts, ich übernahm wieder, ging auf »Beide E-Maschinen«, um besser manövrierfähig zu sein, setzte einen Kurs ab, der sicher frei von der Küste führte und versuchte, der größten Gefahr, einer Kollision mit Booten meiner Flottille, zu entkommen.

Bei Hellwerden und der Möglichkeit terrestrischer oder astronomischer Navigation stand ich richtig. Von meinen Kameraden war nichts mehr zu sehen und bis nach Kiel war alles nur noch Routine.

Endlich hatte ich Zeit, mich um meine Flüchtlinge zu kümmern. Ich ahnte nicht, was mich da unten erwartete. Wir hatten etwa Windstärke 7 und der Heckraum glich einem Tollhaus. Man muß sich die Lage der Flüchtlinge einmal vorstellen. Nach den Strapazen der Flucht mit ihren Kindern, nur mit dem Wenigen versehen, was sie tragen konnten, in einem bitterkalten

Winter, kommen sie als Landratten an Bord eines Unterseebootes in eine ihnen völlig fremde Männerwelt. Sie hausen zusammengepfercht in einem Raum etwa von der Größe eines Doppelbettes. Kein Fenster nach draußen, der Raum liegt unterhalb der Wasserlinie. Die Diesel dröhnen aus dem Nebenraum, Raumlüfter röhren und dazu der typische U-Bootsmief, den wir selber nur nach einem längeren Heimaturlaub wahrnehmen – eine Mischung aus Dieselöl, Bilgenwasser, Schimmel, Motorendunst, Lokusgestank und menschlichen Ausdünstungen. Keiner von ihnen kann sich wegen des Seeganges auf den Beinen halten, denn die Bewegungen eines U-Bootes sind durch den tief liegenden Gewichtsschwerpunkt hart wie bei einem Stehaufmännchen. Hinzu kommt die seelische Verfassung, der Verlust der Heimat, die Ungewißheit über den Ehemann an irgendeiner Front, über Eltern und Geschwister und über die eigene Zukunft. Wen wundert es, daß sie seekrank waren und sich der Heckraum in einem unbeschreiblichen Zustand befand.

Zwei Dinge helfen gegen die Seekrankheit: Frische Luft und Ablenkung, am besten Arbeit. Trotz aller Apathie wurden alle warm angezogen und mußten – auch gegen ihren Willen – auf die Brücke. Mit den Kindern beschäftigte sich die Besatzung – mit Ausnahme des Säuglings, dem als einzigen die Schaukelei in seiner Hängematte Spaß zu machen schien. Der Heckraum wurde gesäubert und langam normalisierte sich auch hier der Zustand.

Am 30. Januar 1945 liefen wir in Kiel ein. Ich meldete mein Boot dem Chef der 5. U-Flottille, Korv.Kpt. MOEHLE, meinem ehemaligen Kommandanten auf *U-123*. Der war Kummer gewohnt. Zunächst veranlaßte er, daß sich der Flottillenarzt sofort um meine Flüchtlinge zu kümmern hatte, danach hielt er mir meinen eigenmächtigen Umgang mit Befehlen vor, anschließend fand er es großartig, daß ich trotz aller anders lautenden Befehle Flüchtlinge mitgebracht hatte, und dann gab es einen hervorragenden Cognac zum Wiedersehen. Wir wußten noch nicht, daß einige Stunden später in dem von uns durchfahrenen Seegebiet die *Wilhelm Gustloff* nach einigen Torpedotreffern sinken und mehr als 5000 Flüchtlinge und Verwundete mit in die Tiefe nehmen sollte.

So endete die Odyssee meiner Flüchtlinge. Als ich an Bord zurück kam, waren sie schon fort. Ich kenne nicht ihre Namen, ich hoffe, daß sie im Westen unseres Vaterlandes heimisch geworden sind und im Laufe der Jahre den Verlust ihrer schönen alten Heimat verschmerzt haben.

U-94

* Rudi BÖKER schickt Seite der Betriebszeitschrift der Fa. SCHENKER »Damals bei SCHENKER«.

Der Hamburger Werbeberater F.-N. PAPE erinnerte z. B. in einer Zuschrift an das Schicksal von »*U-94*«, eines U-Bootes für das SCHENKER die Patenschaft übernommen hatte. Solche Patenschaften waren damals bei großen Firmen üblich. Der Kommandant des Schiffes (ITES) und mehrere andere Besatzungsmitglieder, darunter F.-W. PAPE, waren am 16. April 1942 Gäste einer SCHENKER-Betriebsveranstaltung, wie die SCHENKER-Werkzeitschrift »Der Betriebskamerad« in der Ausgabe Mai/Juni 1942 meldete.

»Herr PAPE schrieb uns aus Anlaß eines Treffens von Überlebenden des U-Bootes: *U-94* zählte mit der Versenkung von 25 Handelsschiffen und eines beschädigten Schiffsraumes von etwa 20 000 BRT zu den erfolgreichsten der im 2. Weltkrieg zum Einsatz gekommenen deutschen U-Boote. Am 28. August 1942 aber wurde es unter dem mit Ritterkreuz ausgezeichneten Kommandanten, des seinerzeitigen Obltn.z.S., Otto ITES, in der Karibik südwestlich Haiti, nachts auf einen Geleitzug über Wasser zufahrend, von einem Catalina-Flugboot gebombt, das *U-94* mit Radar geortet hatte. Das noch im Wegtauchen befindliche Boot wurde durch die Druckwellen der abgeworfenen Wasserbomben wieder an die Oberfläche gedrückt, jedoch mit Schäden, die es tauchunfähig gemacht hatten. Eine von dem Flugboot nun herbeisignalisierte Korvette, die kanadische *Oakville* brachte durch mehrere Rammstöße dann *U-94* zum Sinken. 26 Mann der Besatzung sind aus dem Wasser gerettet worden, 19 fanden den Tod.«

U-99

* Aus: »Der Wolf im Atlantik« von Terence ROBERTSON: Der Tag ist da. *U-99* hievt die Anker und als diese auf und nieder stehen und Schäkel um Schäkel weiter eingehievt werden, befiehlt Kretschmer »Langsame Fahrt«. Klack ... Klack ... Klack poltert die Ankerkette. Der I. O. ist auf dem Vorschiff und läßt die mudverdreckte Kette mit Druckwasser abspülen,

Unbekannt

U-? Weddigen- oder Loos-Flottille anfangs des Krieges

U-? W. v. Harburg-Wilhelmsburg

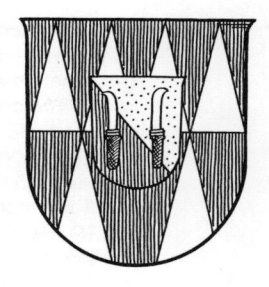

U-? W. v. Kremsier Besuch Herbst 1943

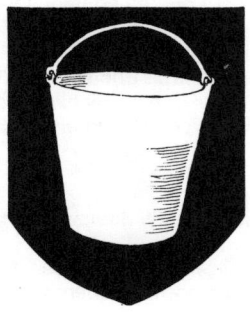

U-? aufgenommen von *U-266* aus bei Versorgung

U-? Typ VII C Serie *U-251 – U-300*

U-? am Turm

U-? Mützenabzeichen aus den USA erhalten (Ed Caram)

U-? am Mützenschirm von KK Bauer

U-? Abzeichen aus den USA

U-? Mützenabzeichen aus den USA evtl. 1. U-Fl.

»U-Ahoi«? Can 2/35 »U-boat going trough Letter U« Brest 1943

U-?

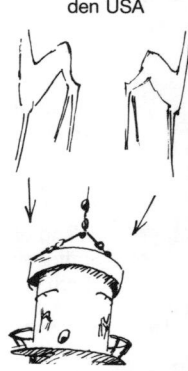

U-? Rehe? Gemsen? der Turmfront abgewandt

239

ehe sie im Kettenkasten verschwindet. Da erscheint der Patentanker über Wasser. I. O. Bargsten hat sich über die Bordwand gebeugt. Es scheint alles klar, der Anker hat weder eine Trosse noch sonst irgendeinen auf dem Grund liegenden Gegenstand aufgepickt. Doch, was ist das? Stopp das Hieven. BARGSTEN stößt einen Ruf der Überraschung aus. Das ist doch ein Hufeisen! Er schickt einen Mann zum Anker hinunter, um den Glücksbringer vorsichtig zu lösen, ehe er wieder in das Wasser zurückfallen könnte. Der Matrose reicht das geborgene Stückchen Eisen mit einem breiten Grinsen dem sich bückenden I. O., der nun die Brücke anruft und den Fund in der Luft hin und her schwenkt. Etwas enttäuscht sieht er, wie KRETSCHMER, der mit dem Auslaufmanöver beschäftigt ist, lediglich »verstanden« winkt und sich desinteressiert abwendet, um weiter das Auslaufen zu überwachen.
Herr Oberleutnant . . . Hier . . . »Ein Mann spricht aufgeregt den I. O. an und reißt ihn aus seiner Verwunderung heraus. ›Was ist los?‹ Noch eins, am Flunken des Steuerbordankers hängt noch so'n Ding.« In der Tat, noch ein zweites Hufeisen ist an die Oberfläche gekommen. Es glückt, auch dieses zu bergen. An Brücke: »noch ein Hufeisen. Hier Herr Kaleu«, schreit BARGSTEN KRETSCHMER zu. Der lacht jetzt fröhlich und fragt spontan zurück: »Wo ist das Pferd?«
I. O. BARGSTEN läuft die wenigen Schritte bis zum Turm und schlägt KRETSCHMER vor, diese ihnen vom Schicksal in den Schoß geworfenen Hufeisen doch als Bootsabzeichen zu verwenden. »Diesem unverhofften Angebot auszuweichen, hieße sich an der himmlischen Fügung versündigen«, stellt KRETSCHMER fest und stimmt dem Vorschlag zu, an jede Seite ein goldenes Hufeisen malen zu lassen.

U-109   Auszug aus einem Aufruf in »SCHALTUNG KÜSTE« (August 1975), die Bootswappen und ihre Entstehungsgeschichten zu ermitteln.
Eine solche Geschichte hat mir vor wenigen Tagen ein ehemaliger »ALTER« erzählt, als wir wieder einmal so recht gemütlich beisammen saßen und die Vergangenheit lebendig werden ließen.
Sein Boot, *U-109*, das er auf sechs Feindfahrten führte, trug am Turm auf einem Wappenschild das stilisierte Bild des Kyffhäuser-Denkmals, und damit hatte es folgende Bewandtnis:
Es war 1924 und der Erzähler damals 15 Jahre alt, als der Kyffhäuser-Bund seine Mitglieder zu einer mächtigen Demonstration aufrief, die am Fuße dieses Denkmals stattfinden sollte. Und aus dem ganzen Reich waren sie angereist, die Soldaten, die unter der alten Reichskriegsflagge schwarz-weiß-rot gedient und gekämpft hatten und unter der Millionen ihrer Kameraden in aller Welt gefallen waren. Aber jetzt galten die Farben der Republik: schwarz-rot-gold; der Kaiser lebte im Exil in Holland, Revolutionen und Putsche erschütterten die Lande, die politischen Gegensätze in der Bevölkerung waren riesengroß.
Was wunder also, daß gerade an diesem Ort, wo die Sage noch lebendig war von des alten Kaisers Barbarossa Wiederkehr um die Einheit und die Größe des Reiches neu erstehen zu lassen, die Zukunft Deutschlands beschworen werden sollte. Was wunder auch, wenn da Bubenherzen schneller schlugen, wenn sie unbedingt etwas tun wollten, etwas was alle sehen sollten, alle! Aber was? – – –
Als der andere Tag anbrach, die Kundgebung begann, sahen es alle, alle ohne Ausnahme, ob voller Zorn oder mit Freude: Eingeknüpft in die Kaiserkrone, die den höchsten Punkt des Kyffhäuserdenkmals bildet und das weithin über die Höhen des Harzes grüßt, weht die alte Flagge schwarz-weiß-rot!
In dunkler Nacht hatten der Erzähler und ein Freund das Denkmal erklommen und ihre Idee verwirklicht, ihren Gefühlen Ausdruck gegeben; wie gesagt, nicht allen zur Freude.
Die Soldaten haben herzlich gelacht, dem greisen Feldmarschall von HINDENBURG aber sei an drei Tagen, so lang hatte er Quartier genommen, jeden Morgen ein Schmunzeln über das Gesicht geglitten, wenn er sah, daß die Flagge immer noch wehte. Erst nach sechs Tagen gelang es der Feuerwehr die verfemten Farben zu entfernen.
Später ging er zur Handelsmarine und dann zur U-Bootwaffe. Als er das Ritterkreuz erhielt, übernahm der Kyffhäuserbund die Patenschaft über *U-109*. Der Streich, der freut Ajax BLEICHRODT* noch heute diebisch, heute nach 51 Jahren, in denen ihm die Haare schlohweiß

geworden sind, sein Boot, seine Taten längst in die Geschichte des U-Bootkrieges eingegangen sind.
Den Bengel allerdings, dem die Kommunisten ans Fell wollten, taten die Eltern vorsorglicherweise in ein Internat nach Halle.
* († 9. 1. 1977)

G.H.

U-111 * Gus BRITTON/England: Bericht von der Versenkung der *Cingalese Prince* am 20. September 1941 – some of them were wearing cloth forage caps with a metal badge of an eagle and circle.
There were five on the conning tower and eight or nine grouped round on the deck. The man we took to be the Commander asked the name of the ship, her nationality, ports of departure and destination, tonnage and cargo. He asked if we would some provisions, and gave us a tin box with 5 lbs. of chocolate, two boxes of matches, 50 cigarettes and a bottle of cognac – the cigarettes and cognac were French. We asked him for some clothes as most of us were very lightly clad, but he said he could not give us any. A man on the after deck took photographs of us as we were handed the provisions. I should recognize this man, he was in the middle twenties, medium hight and rather heavil built. He had a fair beard, fair hear, and full face with good teeth which showed as he grinned at us. The Commander told us to make for the Brazilian coast, but without telling us how to do so, and said that he could not use wireless, but if he sighted any neutral ship he would give them our position.

U-118 Aus: SALZBURGER NACHRICHTEN vom 2. Juli 1983, entnommen dem Offz.-Organ des Österreichischen Marinebundes »DIE FLAGGE«.
Vor 40 Jahren, am 12. Juni 1934, versenkten Flugzeuge des US-Trägerschiffes *Bogue* westlich der Kanarischen Inseln das am 6. Dezember 1941 in Dienst gestellte Minen-U-Boot 118. 43 der 52 Mann starken Besatzung fanden den Tod, unter ihnen Korvettenkapitän Werner CYGAN, mütterlicherseits Nachkomme einer Salzburger Emigrantenfamilie aus Ostpreußen.
Der Konstrukteur dieses größten U-Boot-Typs der deutschen Kriegsmarine war Kapitänleutnant Dipl. Ing. Felix MILLER, der 1941 zur Kur nach Badgastein kam. Beglückt über den Kurerfolg und begeistert von der Bergwelt, trug er den Gastgebern die Patenschaft für sein neues Schiff an. Die Taufe fand am 26. Jänner 1942 in Danzig bei minus 30 Grad Lufttemperatur, aber 25 m unter Wasser statt. Am Turm prangte das Badgasteiner Wappen, auf der Kopfbedeckung der Mannschaft das Edelweiß.
Angehörige der Besatzung genossen in den folgenden eineinhalb Jahren den Urlaub in der Patenstadt, so auch ein Offizier, der eine Schauspielerin des Salzburger Stadttheaters kennenlernte und heiratete. Er starb den Seemannstod bald darauf als Kommandant eines Kampf-U-Bootes. Die Erinnerungen an das U-Boot 118 *Badgastein* birgt heute das Museum der Patenstadt.
* Alfred RICHTER: Jeder Mann der Besatzung erhielt ein Abzeichen mit der Inschrift »PATENSTADT BADGASTEIN 1942«, das jedes Besatzungsmitglied an der Mütze trug.
* Verein der Freunde des Gasteiner Museums: Heinrich von ZIMBURG, damals Kurdirektor und Angehöriger der Gasteiner Delegation, die nach Danzig reiste, verfaßte auch das Erinnerungsalbum und schreibt zu beiligendem Foto: »Als äußeres Zeichen der Übernahme der Patenschaft spendete die Gemeinde Badgastein ein in Kupfer getriebenes Wappenschild mit dem Silberkrug, das der Gasteiner Spenglermeister ZAFRED angefertigt hatte. Das Wappen wurde an der Außenseite des Turmes angebracht.«
Verf.: Der Verein der Freunde des Gasteiner Museums schickt 1985 eines der damals gefertigten Mützenabzeichen.

U-155 Wappenbeschreibung: In Gold übereinander: eine schwebende rote Burg, deren beide (blau-) spitzbedachten Türme oben durch einen von Rot und Silber geschachten Balken verbunden sind, darunter ein blauer Querbach (und unter diesem drei, 2:1 gestellte, abnehmende blaue Halbmonde.)
* Harry HUTSON/England: »Survivors from *S. S. Treminard* (2. 8. 1942) saw a white Maltese

Cross with a black submarine on it. The ends of the cross had »V« in them. The Captain of *Treminard* was taken P.O.W.

* Wilhelm MENZEL: Der Stern (Ordensgröße) wurde im 1. Weltkrieg als Auszeichnung an den U-Kreuzer U-155 (*U-Deutschland*) von Kronprinzessin Cäcilie überreicht und vom ehemaligen Kommandanten MEUSEL an das neue U-155 mit der Widmung auf einem Wappenschild weitergegeben.

U-158

* Harry HUTSON/England: *Frank B. Baird* sunk by *U-158*, Statement by Captain TATE. Shield painted on the side of the conning tower. It was painted yellow with a red Border. There was also a strip painted from the top right hand corner to the bottom left hand corner. In the top left corner was an animal's head with the tongue sticking out and in the bottom right hand corner were crossed swords. Both these devices were painted red.

* Verf.: Eine Notiz zur Versenkung des lettischen Dampfers *Everalda* besagt: »Gold shield with black eagle. Ships master taken prisoner. Many German and Austrian cities display variants of this devise.«

Die *Everalda* war mit Artillerie angehalten und nach Anbordnahme des Kapitäns und der Papiere durch Öffnen der Ventile am 29. 6. 1942 versenkt worden, einen Tag also vor der eigenen Versenkung.

U-159

Aus SCHALTUNG KÜSTE Nr. 86/S. 17: Brief eines jungen Engländers, dessen Vater im Kriege in der Handelsmarine diente und dem zwei seiner Schiffe auf denen er Dienst tat, von deutschen U-Booten torpediert wurden und sanken.

Das erste Schiff war die jugoslawische *Ante Matkovic* mit 2710 Tonnen, die am 19. Juni 1942 durch das U-Boot U-159 unter dem Kommando von Kapitänleutnant Helmut WITTE versenkt wurde.

Das zweite Schiff war die *Tachira* mit 2325 Tonnen, das am 12. Juli 1942 von *U-129* unter dem Kommando von Korvettenkapitän Hans WITT versenkt wurde. »Mein Vater erhebt Anspruch darauf, daß er der einzige Mann in der britischen Handelsmarine ist, der von einem WITT und einem WITTE versenkt wurde. (Verf.: Und das im Abstand von nicht einmal vier Wochen!) Wenn Kapitän Hans WITT noch lebt, sendet mein Vater ihm die besten Wünsche, weil der Kapitän den Überlebenden in den Booten gegenüber sehr hilfreich und höflich war und ihnen eine sichere Heimkehr wünschte.«

U-177

* Robert GYSAE: Von Mai 1942 bis Oktober 1943 war ich Kommandant *U-177*. Während dieser Zeit hatte das Boot kein Wappen. Später, nachdem der Kommandant, von einer Verwundung genesen, auf Krücken an Bord kam, nannte die Besatzung das Boot *U-Krücke*. Das Wahrzeichen, die Krücke, wurde immer beim Einlaufen am Turm befestigt, ein Krückstock, an dem für jedes versenkte Schiff ein Ring angebracht wurde.

U-178

* Konrad LEWITZ: *U-178* hatte als Hauptzeichen den Schwan, der unter IBBEKEN, DOMMES und SPAHR gefahren wurde. Bei DOMMES zusätzlich HORRIDO, siehe Foto. Auf der Fahrt von Penang nach Bordeaux unter SPAHR zusätzlich »NUR NOCH 60 TAGE«. Es wurden aber erheblich mehr, da wir keinen Schnorchel auf unserem IX D-Boot hatten und nur während der Nacht aufgetaucht fahren konnten und dabei noch vor Ortungen tauchen mußten. 62 Tage hatten wir kein Tageslicht gesehen. Beim Empfang in Bordeaux sagte der General der Panzertruppen SEMMELSEN zu uns: »Ihr seht aus wie die Meergeister, so grau und grün im Gesicht«. Auf den unteren Teil des Turmes hatte ich noch eine große Kakerlake gemalt, da wir unwahrscheinlich viele an Bord hatten. Unserem Obermaschinisten war eine ins Ohr gekrochen und unser Oberstabsarzt WÜSTENBERG hatte viel Arbeit, sie herauszuspülen.

U-180

* Rudolf OPELT (ehemaliger LI): *U-180* war das erste der beiden IX D 2-Boote, die gegen den Willen von DÖNITZ mit Schnellbootsmotoren ausgerüstet wurden. Er ließ sie nach der ersten Unternehmung wieder herausreißen. 1. Feindfahrt 9. Februar bis 3. Juli 1942. Frachtaustausch mit japanischem U-Boot bei Madagaskar am 22. 4. 1943. Ein Tanker versenkt am 18. 4. 1943. Passagiere bei Hinreise: SUBLAS CHANDRA BOSE mit Adjutant HASAN. Bei Rückreise: Käpitän EMI und Kapitän (Ing.) TOMONAGA, japanische U-Boots-Offiziere. 2. Feindfahrt im Herbst 1943. Beim Auslaufen in der Biskaya durch Mine versenkt.

U-187	* Aus Gästebuch der 4. U-Fl. »WEISSES RÖSSL«. * Gus BRITTON/England: Aus The History of *U-187*, sunk by HM ships *Beverley* and *Vimy* on 4th February 1943. . . . He had married, about the time he obtained his command, a young and beautiful wife. They had first met at the famous White Horse Inn on the Wolfgangsee. He had taken the sign of the Inn as a badge for *U-187* and she knitted 45 small white horses one for each member of her husbands crew to wear.
U-188	* August BISCHOFF: *U-188* erhielt nach der Indienststellung den Namen »Weltensegler«. Während einer Erprobungsfahrt in der Ostsee fiel ein Diesel aus und mußte in der Königsberger Werft ausgewechselt werden. Für Wochen waren wir in der Werft festgebunden. Böse Zungen bezeichneten uns als »Werftensegler«. Bedrückt wurden bei Dunkelheit die Embleme vom Turm entfernt. Dennoch stellte sich später heraus, daß unser Boot nicht umsonst den Namen erhalten hatte, denn unser Weg führte 1943/44 bis in den Indischen Ozean.
U-190	* Ernst BISCHOFF: Die erste Unternehmung ging nach Rio, daher das Bootszeichen »Der Stern von Rio«. * E. W. RAVE: In diesen Stern versetzt eingelegt, ein gleicher, etwas kleinerer Stern gleicher Ausführung, das war meines Wissens das Zeichen des Bootes von Max WINTERMEYER. * N. N.: Die Sterne waren jeder für sich aus Metall und übereinander montiert.
U-193	Schwarze Schrift auf weißem Grund, Feld links oben blau, rechts unten rot. Der Entwurf stammte von OL WATERSTRAAT, I. WO. Er hatte sich auf mein Boot gemeldet, weil wir uns schon lange von »SSS GORCH FOCK« kannten, wo er bei mir als Toppsgast, Topps-UO und 1938/39 Oberwachtmeister war. – Der Grund für den Spruch war wohl, daß ich einmal mein Mißfallen über zu starken Alkoholmißbrauch geäußert hatte. Es war im Winter und wir waren in Hela eingefroren. Farben: blau-weiß-rot = Farben von Schleswig-Holstein. * Wappen mit Stern aus Gästebuch der 4. U.Fl. Stettin.
U-196	* Jürgen ESSELMANN: ». . . am Turm war kein Wappen. Einige Lords hatten noch an der Bordmütze einen ›Wildschütz‹. Das war wohl mal als Bordwappen vorgesehen, hat sich aber nicht durchgesetzt, da der ›Alte‹ nicht viel Wert darauf legte.« Das Wappen der 12. U-Fl. ist richtig beschrieben, so wie ich es kenne. Wir waren ja Monsunboote und kurvten wirklich um den Erdball.
U-203	* Englische Notizen: Conning tower device. The coat of arms of Essen, patron city of *U-203*, was painted on the Front of conning tower. Below it, KOTTMANNs device, the Olympic Rings was painted. It was stated that these rings indicate a 1936 naval term Captain. On the starboard side of the conning tower was a turtle. Uniform devices – Crew members who had completed two cruises under MÜTZELBURG were permitted to wear a metal U-boat insignia consisting a silhouette of a U-boat, about 3 inches long. On the last five cruises, all crew members wore an enameled replica of the coat of arms of Essen on their caps. Nickname in Brest, *U-203* was known among U-boat men as »Zirkus Kottmann«. * On this cruise a large turtle was seen swimming near the U-boat. One of the men stummed it with a hand grenade and then dived in after the creature. He succeeded in hauling it aboard but only after being severely bitten. The turtle was taken below and put in a tank in the motor compartment. It keep spitting blood, however, so it was brought on deck and shot in the neck. The flesh was removed and that night the crew enjoyed turtle soup. The shell was brought back to Germany as a souvenir and later, the red turtle was adopted as a device of a boat. * Can III/101 d: »CAPE VERDE« 9/7/1942. Officier with US accent. Survivors given lifebelt »MISSISSIPPI ML40«. Crew wore shorts, close cropped hair. Probably *U-203*. * Rudolf DÖBLER: Wappen des Bootes war Stadtwappen von Essen. (Krone rot)

U-217   * Thilo BIEGLER: Die Kruppschen Ringe liegen lose aufeinander, während die Borromäischen Ringe verkettet sind. *U-217* vermeidet dieses Problem, indem es die Ringe schwarz pönt, wodurch der Zusammenhang nicht sichtbar wird. (siehe Beispiel-Zeichnungen)

U-218   1938/39, als die Staffel von dem zweimotorigen HEINKEL-Flugboot Do-18 umrüstete, entstand die Idee, für die Staffel ein einheitliches Abzeichen zu schaffen. Die Fische im Kampersee, der uns als Start- und Landebahn diente, Süßwasserfische, schienen uns gerade richtig, unsere neuen Fluggeräte zu symbolisieren. Der damalige Ltn.z.S. LANG zeichnete die Vorlage. Sie ist unverändert auch im Wappen von *U-218* erhalten geblieben. Das so entstandene Wappen wurde als Staffelabzeichen anerkannt und auch nach Kriegsausbruch weiterhin an beiden Seiten des Motorblocks gefahren. – Zurückversetzt zur Marine und nach Indienststellung von *U-218* auf der Germaniawerft im Januar 1942, stellte sich bald die Frage nach einem Bootsabzeichen. Vom Kommandanten hing viel ab, auch in der Frage einer gesunden Heimkehr. *U-218* war speziell für Fernunternehmungen eingerichtet, und die drei Fische hatten den Kommandanten bei den einsamen Flügen über See bis in die Nähe der Shetlands stets sicher nach Hause geleitet. Was lag also näher, als daß sich die drei Fische als Talisman anboten. Sie wurden nicht sehr auffällig ohne Umrandung und ohne besonderen Untergrund am Bug auf beiden Seiten des Überhanges, schlicht auf die Bordfarbe gemalt, gefahren. Die Besatzung sang bald: ». . . Hinein in die schäumende See, *U-218* kehrt immer zurück!«, und es wurde sehr sehr scharf aufgepaßt, daß beim Neuanstrich vor Auslaufen die drei Fische vorn am Bug nicht vergessen waren. – Einmal aber war es doch passiert und erst beim Auslaufen bemerkt worden, aber etwas war unklar dann. Das Boot lief nochmal in den Werftbunker ein, und als es dann kurzfristig wieder auslief, glänzten die Fischchen frisch am Bug. Es dauerte dann nicht lange und die Besatzung trug die drei Fische als Wappenschild in der ursprünglichen Form an der Bordmütze. – *U-218* ist nach Verlust der Kanalstützpunkte in die Heimat zurückgekehrt und blieb einsatzbereit bis Kriegsende.

U-221   * Karl Th. MAYER: Klagenfurt, damals Gauhauptstadt genannt, war tatsächlich Patenstadt eines U-Bootes. Es handelte sich hierbei um *U-221*. An der Indienststellung nahmen Vertreter Klagenfurts teil. Kommandant des Bootes war der aus Klagenfurt stammende Oberleutnant z.S. und spätere Kapitänleutnant Hans Hartwig TROJER. Flottillenwappen war der Stier von Scapa Flow. KL TROJER war einer der fähigsten U-Bootkommandanten und Träger des Ritterkreuzes zum Eisernen Kreuz.

U-224   Verf.: In der ersten Ausgabe dieses Buches erschien eine Zeichnung des britischen Löwen, gejagt von einem Spitz (Hund) unter *U-473*. Wurde von ehemaligen Besatzungsmitgliedern als nicht zu *U-473* gehörig reklamiert. Prüfung ergab: Auf dem Originalfoto Ub 2599a der Germania-Werft Kiel sind am Sehrohr fünf Versenkungswimpel zu sehen. Nach der laufenden Bild-Nr. müßte das Foto etwa Dezember 1942 aufgenommen sein.
Da *U-473* keine Versenkung gemeldet hat, kann es sich nicht um *U-473* handeln, zumal dieses Boot erst am 16. 6. 1943 in Dienst gestellt wurde. Es handelt sich eventuell um *U-224*, doch fehlt eine Bestätigung.

U-228   * Carl SCHAUROTH: Das Wappen des Bootes habe ich von einer in Porzellan gebrannten Tafel gepaust. Neben den beiden bekannten germanischen Sieg-Runen rechts und links wurde in der Mitte die Rune »unbeugsamer Siegeswille« aufgeführt. Das Wappen war schwarz/weiß/rot begrenzt. Entworfen wurde das Wappen vom Vater des I. WO von *U-228*, dem Fabrikanten Carl SCHAUROTH, im 1. Weltkrieg Leutnant im Feldart.Rgt. Nr. 46, am 5. 3. 1945 bei einem Fliegerangriff auf Kreiensen ums Leben gekommen.

U-234   Aus dem Buch »PORTSMOUTH-BUILT« von Richard E. WINSLOW III:
The huge 1600-ton *U-234* was the chief prize. Surrendering to two American destroyer escorts 500 miles off the coast of Newfoundland, the German sub arrived at the Yard on May 19. En route to Japan, the U-234 contained uranium oxide and blueprints for jet planes. Two Japanese aviation experts aboard committed suicide by drinking Luminal. Other important passengers aboard the sub included a German civilian V-2 rocket technician and three

Luftwaffe generals. One was General Ulrich KESSLER, the English-speaking commander of the German Air Force who had directed the Poland blitz. . . . In late June the Yard inspectors discovered an unusual cargo aboard the *U-234* which had completely escaped their attention. Stripping the boat, the Yard crews found $ 5 million worth of mercury in flasks hidden between the inner and outer hulls on either side of the keel. This cargo served as a ballast, and if the sub had reached Japan, the mercury would have been used in making alloys.

U-235 * Aus SCHALTUNG KÜSTE: Als Bootswappen wurde von Obering. J. R. HELSIG der Germaniawerft Kiel für das Boot der »STECKDÜBEL« aus der Familie der Stichlinge herausgesucht. Er schrieb: »Steckdübel, du, so klein du mißt, stets kampfbereit und stachelig bist. Drum paßt der Bursch, so scheint es mir, prima zum U-Boot-Wappentier, zumal wie in punkt B zu lesen, höchst ritterlich sein ganzes Wesen«.

U-236 * Harry KREBS: . . . von der Besatzung *U-Schnorchel* genannt. Ich war LI des Bootes vom ersten bis zum letzten Tag. – Das beigefügte Wappen, ein schnorchelnder Elefant, wurde in der Zeit kurz nach der Indienststellung im September 1943 bis ca. Januar 1944 an beiden Seiten des Turmes gefahren. Danach mußten bekanntlich Bootswappen entfernt werden. Die Besatzungsmitglieder vom Kommandanten bis zum letzten Lord trugen es aber auch weiterhin an der Bordmütze und ab Jan./Febr. 45 sogar auf der Jacke der U-Bootpäckchens in weiß (Umrisse) aufgenäht. Das Wappen dieses ersten Schnorchelbootes der Kriegsmarine, das eine voll funktionsfähige Schnorchelanlage von Anfang bis Ende an Bord hatte, war gewählt worden wegen der akustischen Analogie des Schnorchelns zu einem schnorchelnden (trompetenden) Elefanten. – Wegen der funktionsmäßigen Ähnlichkeit des Rüssels für die lebenswichtige Nahrungsaufnahme mit der des Schnorchelns für die lebensnotwendige Luftzufuhr. – Wappenbeschreibung: Schild geteilt, oben – hellblau, unten – gelb, Elefant – schwarz, Auge, Ohrkontur und Stoßzahn – weiß.

U-247 * Harry HUTSON/England: Bei der Versenkung des Fischtrawlers *Noreen Mary* durch Artillerie, am 5. 7. 1944 bei But of Lewis. – One of the survivors says he saw a black swastika picked out in white on the front of the conning tower and underneath this was a U and under the U the figures 11. This was also confirmed by other trawlers in the immediate viennity.
* –Verf.: möglicherweise Crew-Zeichen Crew 1938.)

U-251 * Dietrich ROTHER: Entworfen und gezeichnet wurde das Bootswappen vom Torpedogefreiten KAUFHOLD. Die große Tüte symbolisiert TIMMs Spitznamen »TÜTE«. Der Torpedo besagt: Tüte schießt einen Torpedo ab. Zum Schornsteinfeger folgendes: Als die Besatzung am 20. 9. 1941 in Bremen-Vegesack (Vulkanwerft) zur Indienststellung von *U-251* geführt wurde, begegneten ihr drei Schornsteinfeger, die der Besatzung zuwinkten. Diese Begegnung war Anlaß, den Schornsteinfeger als Glücksbringer in das Emblem einzubauen. * Heinz SCHUMANN: siehe *U-862*. * Verf.: Das Wappen der 1. U-Fl. wurde mit dem roten Teufel am U-Bootsturm gefahren, weil der Kommandant ein Sproß des Rote-Teufel-Bootes (*U-552*, Kommandant Erich TOPP) war.

U-253 * Reinhard RECHE: Die Historische Abteilung der Admiralität in London hat nach den beigefügten Unterlagen bestätigt, daß *U-253* nicht am 23. 9. 1942 nordostwärts Island durch die Catalina »U« der RAF-Sqdr. 210 versenkt wurde, sondern am 25. 9. 1942 mit hoher Wahrscheinlichkeit vor der Nordwestküste von Island auf britische Minen gelaufen ist. Das Boot meldete sich zuletzt am 24. 9. 1942 um 06.30 Uhr aus AE 1586 (nördlich Island). Auf dem Ausmarsch in den Atlantik wurde es für kurze Zeit auf einen Nordmeergeleitzug angesetzt, sollte aber dann zu einer Atlantikgruppe stoßen. Der Angriff der Catalina galt, wie sich jetzt erwiesen hat, dem Nordmeerboot *U-255* (RECHE). Dieses Boot erreichte jedoch mit einigen Schäden den Stützpunkt und mußte zwei Monate in die Werft. Es war noch an einigen weiteren Nordmeer-Geleitzügen und überlebte den Krieg.

U-255 * Aus SCHALTUNG KÜSTE.
Die letzten Fahrten von U-255.
Einleitung:
Auf Anforderung des Seekommandanten Loire, der durch die Invasion auf die Festung St. Nazaire beschränkt war, wurden Anfang Oktober 1944 zwei neue U-Boote Typ VIIC, *U-722* (REIMERS) und *U-773* (BALDUS), als Transportboote von Kiel aus nach Bergen und von da nach St. Nazaire in Marsch gesetzt. Kamerad Rudi Waiser schreibt am 14. 1. 1985 dazu: »Es war eine Schnorchelfahrt von Norwegen bis nach St. Nazaire. Unser Boot war ein Frachtschiff geworden, einmal eine ganz andere Aufgabe. Dem Feinde aus dem Wege gehen, sich durch den Atlantik schleichen, um den eingeschlossenen Kameraden Waffen, Munition und Post aus der Heimat zu bringen. Es war eine lange und aufreibende Fahrt, besonders weil die Erfahrung zur Handhabe des Schnorchels ja noch fehlte. Dazu war es eine Besatzung, auch im Maschinenraum, zusammengewürfelt aus Schreibstubenpersonal, Schülern, Friseuren; aus Mangel an technischem Verständnis hätte es der Besatzung bald das Leben gekostet, aber man konnte die Jungens nicht dafür verantwortlich machen.
Hinzu kamen die körperlichen Strapazen, hervorgerufen durch die dauernden Druckschwankungen im Boot bei Schnorchelfahrt. Wenn das Barometer plötzlich von 1020 mb auf 750 mb fällt, dann wieder hochschießt auf 1020 mb, hat man ganz schöne Schmerzen in den Ohren, als ob jemand das Trommelfell mit einer Zange herausziehen will. Grimassen werden gezogen, Indianertänze aufgeführt, Nasen zugehalten und geblasen, bald wie in einem Lustfilm; aber man verlernte das Lachen schnell. Dann der gewaltige Gestank der Abfälle im Boot, die wir nicht loswerden konnten, und das Tageslicht, welches wir für die gesamte Fahrt nicht wiedersahen. Außerdem saßen wir ja auf einem Berg von Landminen, Munition und anderen hochexplosiven Stoffen, bestimmt kein gutes Ruhekissen. Eine Fahrt, die man so schnell nicht vergißt; am Ende dann ein Durchschlängeln unter Wasser durch die großen Minenfelder vor der französischen Küste . . . .

Rudi WAISER (ehemaliger MaschMt. *U-255*)
SYDNEY/Australien
Hier sein Bericht:
»Nach sechs Wochen Schnorchelfahrt von Bergen in Norwegen, vorbei an den Shetland- und Faröer-Inseln, durch den Nord-Atlantik, sind wir endlich in St. Nazaire angelangt. In einer besonderen Mission bringen wir den eingeschlossenen Kameraden in der Festung lang vermißte Nachrichten von Angehörigen in Deutschland, sowie dringend benötigte Waffen und Munition. War die Freude groß in der Festung, mal wieder direkt etwas von der Heimat zu sehen und zu hören!
Unsere Unterkunft war im Endraß-Lager, etwas außerhalb von St. Nazaire, wo wir uns von der anstrengenden Schnorchelfahrt erholen konnten. Dies war für mich das zweite Mal, daß ich in St. Nazaire war; beim ersten Mal war ich mit *U-Elefant (U-662)* hier für zwei Fahrten. Ich war sehr daran interessiert, wieder mal die alten Plätze zu sehen und zu besuchen, aber es war doch sehr different nun. Überall wurde man daran erinnert, daß dieses eine eingeschlossene Festung war, Stacheldraht, Posten überall, jeder hatte auf der Wacht zu sein; die Front war nicht weit entfernt. Es war ja auch bereits Dezember 1944; an den anderen Fronten war die Lage ja auch nicht so rosig mehr.
Drei Tage nach dem Einlaufen wurde ich zum Kommandanten gerufen. Dort wurde mir eröffnet, daß ich nicht mit meinem Boot zurückfahren könnte, eine bittere Enttäuschung für mich. Das Festungskommando, Korv.Kpt. PIENING (Chef 7. U-Flottille), hatte sich entschlossen, ein altes Boot, *U-255*, welches im U-Bootbunker in St. Nazaire lag, wieder einsatzfähig zu machen. Dazu wurde meine Hilfe benötigt, da ich der einzige Maschinenmaat mit längerer Fronterfahrung in der Festung war. Die Besatzung für *U-255* wurde dann zusammengestellt, aus Schreibstubenleuten und Seeleuten mit einer Maschinenlaufbahn. Ich hatte nun die Aufgabe, diese Leute mit dem Boot vertraut zu machen, alle Handgriffe und Kommandos zu üben, Tag für Tag. Es war nicht einfach, da keinerlei schriftliche Unterlagen vorhanden waren; hinzu kam, daß die Verpflegung in der Festung auf ein Minimum reduziert war. Es gab keine Kartoffeln, ein bißchen Wassersuppe, drei Scheiben Brot, etwas Margarine und einen Löffel Marmelade. Jeder in der Festung versuchte, den Hunger mit Wein oder

Cognac herunterzuspülen. Dies machte die Ausbildung der Besatzung für mich auch nicht leichter.

Aber nach ein paar Monaten war es soweit: Das Boot *U-255* war wieder mal bereit, in See zu gehen. Die ersten Tauch- und Trimmversuche wurden im Hafen von St. Nazaire durchgeführt und verliefen zufriedenstellend. Im März 1945 bekamen wir dann den Auftrag, mit dem Boot zu versuchen, La Rochelle, ebenso eine eingeschlossene Festung, zu erreichen. Dort sollten wir Dieselöl tanken und nach St. Nazaire zurückfahren. Ein paar Magnetminen wurden an Bord gebracht und in die vorderen Torpedorohre geladen; diese sollten an der Küste ausgestoßen werden, an dem Wege nach La Rochelle.

Inzwischen war die Stimmung und Moral in der Festung zwischen den Seeleuten und Soldaten auf dem Nullpunkt angelangt. Die Amerikaner waren ja schon weit in Deutschland vorgestoßen, die Russen hatten Ostpreußen schon besetzt, die Lage war ziemlich hoffnungslos. Trotzdem muß ich sagen, daß die Disziplin an Bord von *U-255* noch immer gut war, was ja für die Aufgabe, die vor uns lag, sehr wichtig war.

Bei Nacht verließen wir St. Nazaire in südlicher Richtung, bis wir die Insel Ile de Ré vor der Einfahrt von La Rochelle erreichten; dort stießen wir die Minen aus unseren Torpedorohren. (Anm.: Die Minensperre vor Les Sables d'Olonne, einem Ankerplatz alliierter Schiffe, wurde am 30. 4. 1945 dort gelegt.) Dann schlichen wir uns ein, in die U-Bootsbunker von La Rochelle; dort war man überrascht, als wir auftauchten. Wir wollten so schnell wie möglich Öl übernehmen und wieder auslaufen, was wir auch taten.

(Anm.: Das Boot kehrte nach der Minenunternehmung am 30. 4. 1945 zur kurzen Überholung nach St. Nazaire zurück. Durch starkes Arbeiten beim Aufgrundliegen in der Biscaya-Dünung waren Schäden entstanden; beim Docken fehlte das Stb. Seitenruder. Erneutes Auslaufen am 2. 5. 1945, Einlaufen La Pallice/La Rochelle am 3. 5. abends; dort Beladen mit Verpflegung zur Versorgung der hungerleidenden Besatzung von Lorient. In Höhe von St. Nazaire jedoch per Funk Rückruf nach St. Nazaire zur Entladung aller Lebensmittel. Dort Einlaufen am 7. 5. 1945 und Wiederauslaufen »noch in derselben Nacht« [H. HEINRICH], »kurz vor Waffenstillstand« [A. C. PIENING].).

Wir erreichten St. Nazaire wieder am 7. Mai 1945 mit ein bißchen Dieselöl in den Bunkern. Die Überraschung kam dann aber ein paar Stunden später; als wir vom Endraß-Lager zum U-Bootsbunker zurückkehrten, standen ein paar Lastwagen am Boot. Wir mußten alles von den Lastwagen ins Boot bringen, – ich traute meinen Augen nicht, – Kisten mit den besten Konserven und Lebensmitteln. Alles Sachen, von denen wir geträumt hatten, für Monate, alles was das Herz sich wünschte, Schinken, Fleisch im eigenen Saft, Speck, Salami, Obst in Dosen, – alles war da.

Zuerst wußten wir noch nicht, was das alles zu bedeuten hatte, bis wir die Nachricht erhielten, daß unser Boot versuchen sollte, Deutschland zu erreichen.

Dann schlichen wir uns aus dem Hafen von St. Nazaire zur letzten Fahrt von *U-255* in eine ungewisse Zukunft. Man gab uns noch zwei Leute mehr an Bord; wie wir später herausfanden, durften diese nicht in französische Hände fallen. Jeder wußte, der Krieg war vorbei; aber die Ordnung und der Respekt blieben erhalten unter der Besatzung. Über Funk und Radio hörten wir nun die letzten Nachrichten: die Amerikaner und die Engländer hatten bereits alles besetzt einschließlich Norwegen. So gab es für uns an Bord von *U-255* keinerlei Möglichkeiten mehr, noch irgendwo unterzutauchen; außerdem waren unsere Dieselöl-Vorräte nicht zu groß. Wir entschlossen uns, so lange draußen zu bleiben, als die Umstände es zuließen.

Nachdem der Kommandant die Lage klar übersah, tauchten wir am 12. Mai in der Biscaya auf und stellten Funkverbindung mit einer englischen Station her, um herauszufinden, was wir tun sollten. Von dort wurden wir auf einen bestimmten Kurs gesetzt; wir waren inzwischen westlich von Irland im Atlantik. Die Engländer waren zuerst sehr erstaunt, daß *U-255* immer noch da draußen war, sie wollten es einfach nicht glauben. Wir wurden aufgefordert, im aufgetauchten Zustand das Sehrohr auszufahren mit einer schwarzen Flagge daran, die Geschütze zum Oberdeck zeigen zu lassen und zu warten, bis wir mehr hörten. Die erste Nacht unter Wasser benutzten wir, alles, was nicht niet- und nagelfest war, über Bord zu werfen: Handwaffen, Munition, Papiere usw., alles verschwand in den Atlantik; wir machten nur sicher, daß die beiden Diesel weiter gut liefen.

Nach unserer Berechnung führte uns der von den Engländern angegebene Kurs zur Nordküste von Schottland. Nach zwei Tagen Fahrt hatten wir den ersten Besuch. Es war eine englische Sunderland-Maschine; sie flog zuerst in großem Bogen um unser Boot. Dann kam die Maschine etwas näher; die erste Frage der Flugzeugbesatzung war: »Haben Sie noch Torpedos an Bord?« Die einzigen Waffen, die wir noch hatten, waren unsere Messer und Gabeln zum Essen! Nach einer halben Stunde verschwand die Sunderland wieder aus unserer Sicht, und wir setzten unseren angegebenen Kurs fort.

Nachmittags konnten wir Rauchfahnen am Horizont entdecken, zuerst zwei, dann mehr und mehr, am Ende zählten wir 8 Korvetten und Zerstörer. Diese hielten einen ziemlichen Abstand von unserem Boot. Nach ein paar Stunden scherte eine der Korvetten aus und kam längsseit von *U-255*. Wir bekamen den Befehl, der Korvette zu folgen. Die anderen Schiffe blieben rechts und links von uns. Die schottische Küste tauchte dann etwas später auf; wir wußten ungefähr, wo wir waren, konnten aber keinen Hafen oder Häuser sehen. (Anm.: Einlaufen in Loch Eriboll am 17. 5. 1945 vormittags »mit wehender Flagge«.)

Es war eine schmale Bucht an der schottischen Küste, der Name war Loch Eriboll, wie wir erfuhren, in die wir fahren mußten. Nur ein paar Weiden mit Schafen darauf, das war alles, was wir sehen konnten; hier mitten in der Bucht mußten wir Anker werfen. Die Tommies riegelten dann die Bucht ab mit ihren Booten. Nun hieß es für die Besatzung von *U-255* an Oberdeck antreten mit dem Gesicht zum Land. Es dauerte nicht lange, bis die Engländer in Beibooten längsseit kamen, schwerbewaffnet mit Maschinenpistolen und einer langen Eisenkette. Zuerst dachten wir, die legen uns in Ketten; aber diese wurde dazu benutzt, einen Fluchtversuch von uns zu verhindern. Die Kette wurde ums Turmluk gelegt und am Brückengeländer mit einem Vorhängeschloß abgesichert; somit war jeder weitere Tauchversuch unmöglich gemacht.

Jeder von uns wurde nun gründlich abgesucht, ebenso das Boot an Deck und unter Deck, – die Tommies waren sich anscheinend ihrer Sache nicht ganz sicher. Wir dagegen waren froh, daß alles vorbei war, daß wir am Leben waren, und hatten nur eines im Sinn, so schnell wie möglich nach Hause, zu unseren Angehörigen. Es dauerte eine ganze Weile, bis die Engländer sich etwas beruhigt hatten. Wir durften zwar wieder unter Deck; aber sobald einer an den Lichtschalter ging von uns, war gleich einer mit der Maschinenpistole da. Die Verständigung nahm aber doch langsam Fortschritte an, sprachlich manchmal nicht so leicht, aber Süßigkeiten und Zigaretten wurden doch schon ausgetauscht.

Inzwischen hatte der Kommandant bereits Übergabeverhandlungen geführt, und alles lief normal bis auf einen Moment, den keiner vorhersehen konnte. Jemand von unserer Besatzung erwähnte zum Kommandanten, daß sich noch Sprengmunition im Boot befand. Als der englische Offizier davon erfuhr, wurde er sehr nervös; sofort zog er seine Pistole und zwang den Kommandanten, diese sofort an Oberdeck zu holen. Zwei englische Seeleute gingen mit nach unten, aber wir konnten an ihren Gesichtern ablesen, daß sie sich nicht ganz wohlfühlten. Aber alles ging gut, und der Friede war wieder hergestellt an Bord.

Zwei Tage später verließen wir die Bucht von Loch Eriboll. Die Fahrt endete dann in einem kleinen englischen Hafen, Lochalsh. Hier wurden wir von Bord geholt auf ein englisches Schiff. Es war das letzte Mal, daß wir unser Boot *U-255* sahen, ein Boot mit solch einer großen Tradition, das noch den ganzen Krieg überlebt hatte. Für uns ein trauriger Augenblick, wenn man bedenkt, wieviel Zeit und Arbeit es gekostet hatte, das Boot bis hierher zu bringen. Kurze Zeit später wurde die Besatzung der englischen Militärpolizei übergeben; diese führte uns zu einer kleinen Eisenbahnstation. Von hier traten wir eine lange Fahrt mit dem Zug durch ganz England an. Sie endete in London, Waterloo-Station. Bevor wir St. Nazaire verlassen hatten, hatte die Besatzung vollkommen neue Lederanzüge empfangen, die wir anlegten, als wir den Zug verließen. Die Engländer machten nun ein Schauspiel aus uns, indem wir zu Fuß zum Pferderennplatz von Epsom geführt wurden. Eine vollkommene U-Bootbesatzung, nach beendetem Krieg, das war etwas für die Leute. Man war aber sicherlich erstaunt über unsere gute Ausrüstung, sowie die Disziplin, die wir zeigten; die Lederanzüge waren vielfach angefaßt worden, man wollte es einfach nicht glauben. Der Pferderennplatz, wo wir hingeführt wurden, war ein großes Kriegsgefangenenlager. Genau in der Mitte hatten die Engländer nochmals ein kleines Lager mit vier Zelten und viel, viel Stacheldraht. Dort hinein wurden wir geführt, isoliert von all den anderen Kriegsgefangenen, die sehr erstaunt waren darüber. Von hier an wurde die Besatzung auseinandergerissen; nach einer Reihe von Verhören wurden wir in verschiedene Lager gebracht. Das Schicksal der anderen Besatzungsmitglieder ist mir nicht bekannt; ich hatte noch eine lange Zeit in Gefangenschaft vor mir. Meine Entlassung erfolgte erst im September 1948, – es war eine lange Zeit. Oft habe ich versucht, den Engländern zu erklären, daß ich kein Kriegsgefangener war, aber ohne Erfolg. Ich war zwischen den letzten 500 Kriegsgefangenen, die die Insel verließen. Eines habe ich nie verleugnet, daß ich Deutscher war und sehr stolz darauf. Besonders als ein Angehöriger der U-Bootwaffe mit solch stolzen Erfolgen, eben unter schwierigen Umständen.« –

U-256   Aus der Tiroler Tageszeitung vom 30. August 1982 »Ein U-Boot mit dem Namen *Landecks*«. Man schrieb das Weltkriegsjahr 1943. Bei Kapitänleutnant Wilhelm Brauel, dem Kommandanten des bei Hamburg im bombensicher angelegten Unterstand vertäuten U-Bootes *U-256,* meldeten sich befehlsmäßig mehrere neue Mannschaftsmitglieder zum Dienst auf dem stahlgrauen Kriegsschiff. Die Neuen waren bereits kampferprobt, hatten eine abenteuerliche Odyssee hinter sich. Sie waren Angehörige von *U-573*, eines 1941 in Dienst gestellten *Grauen Wolfs*, das auf Feindfahrt im Mittelmeer angegriffen und so schwer beschädigt wurde, daß es Kommandant Heinson gerade noch gelang, spanische Hoheitsgewässer anzulaufen. Die Mannschaft wurde fast ein Jahr lang interniert, bevor sie zurückkam und anderen Einheiten zugeteilt wurde. *U-573* aber, das zurückgelassene Boot, hatte eine direkte Verbindung mit Tirol. Es hieß nämlich *U-Landeck*.
Diese Partnerschaft mit der Stadt am Zusammenfluß von Sanna und Inn, so schlugen es die Neuangekommenen ihrem »Kaleu« vor, könnte man ja jetzt auf *U-256*, das damals keine Partnerstadt hatte, übertragen. Der Kapitän sah für das Ansinnen kein Hindernis. Er setzte sich in seine »Minischreibstube« und verfaßte einen Brief an den damaligen Bürgermeister von Landeck, Bursian. Bald darauf langte die Antwort aus der Alpenstadt auf dem Arbeitstisch des U-Bootskommandanten ein. Die Landratten ließen die Seebären wissen, daß sie sich über die neue Partnerschaft mit *U-256* sehr freuen würden.
Im Dezember 1943 war es soweit: Kapitänleutnant »Willem« BRAUEL fuhr mit mehreren Mitgliedern seiner 56 Mann starken Mannschaft vom Atlantikufer ins Gebirge, wo die Feindfahrer mit ihren ungewohnten Matrosenuniformen und bändergeschmückten Mützen beträchtliches Aufsehen erregten. Die Partnerschaft wurde feierlich besiegelt, der damals 29jährige Kaleu Brauel, der von seiner blutjungen Gattin begleitet wurde, übernahm die Partnerschaftsurkunde sowie das erzene Landecker Stadtwappen – und fortan kreuzte wieder ein U-Boot *Landeck* in den Meeren.
Man fuhr mit *U-256* als Flak-U-Boot Geleitschutz für die »Milchkühe« (Versorgungsschiffe) sowie nach neuerlichem Umbau Feindfahrten im Nordatlantik. Kapitän Brauel verlor dann sein Boot gewissermaßen aus den Augen. Er übernahm als Kapitän *U-92,* später ein weiteres Boot, für ihn endete der Weltkrieg schließlich in Norwegen.
Soweit die Fakten über das U-Boot *Landeck*. Im nächsten Jahr werden es vier Jahrzehnte, seit Landeck Partnerschaft mit einem Schiff schloß. Sich nach so vielen Jahren noch an Details zu erinnern, ist schwierig. Für den ehemaligen Kaleu Brauel, heute 68, gibt es in dieser Hinsicht allerdings keine Probleme. Der geistig ungemein rege Pensionist weilte dieser Tage auf Urlaub in Tirol. Selbstredend stattete das Ehepaar der damaligen Partnerstadt einen Inkognitobesuch ab, »nur mal, um zu kucken, wie sich dat all' verändert hat«. Es hat sich einiges verändert, in den vier Jahrzehnten. Trotzdem: Es wäre schön, in einem anderen Jahr einmal Landecker treffen zu können, die sich noch an 1943 und den Partnerschaftsbund erinnern können, meinten die Brauels.

U-260   Aus Geschichte des U-Bootkrieges 1939–1945 von Leonce PEILLARD:
Am 13. März erhielt der Großadmiral einen alarmierenden Funkspruch. OL Klaus BECKER meldete, daß *U-260* am 12. auf 80 m Tiefe vor Fastnet Rock auf eine Mine gelaufen war. *U-260* konnte, schwer beschädigt, an die Oberfläche gelangen und war dabei, die Besatzung vom sinkenden Boot an die irische Küste auszuschiffen.

U-264   * Jakob SCHÄRF (von der Indienststellung bis zur Versenkung Besatzungsmitglied): »In den letzten Ausbildungswochen in der Ostsee malten wir an den Turm 2 Minen, dazu das Datum, weil beim Auslaufen zur Übung nach einigen Meilen Fahrt an Backbord wie an Steuerbordseite zwei russische Minen hochgingen. Es entstand u.a. an unserem Boot ein schwerer Batterieschaden, während ein anderes Boot ebenfalls durch russische Minen verlorenging. Wir kehrten zum Anlegeplatz zurück. – So fuhren wir mit zwei aufgemalten Minen als Emblem am Turm die ersten Feindfahrten. Im Spätherbst 1943 wurden die beiden Minen übermalt und durch eine andere Malerei ersetzt (s. Foto). Anlaß: Unser Glück und die schwere Beschädigung des Bootes bei der Begegnung mit Versorger *U-460* (KL SCHNOOR) und *U-422* und deren Versenkung durch Trägerflugzeuge des US-Geleitträgers *Card*. – Als letztgetauchtes Boot konnten wir noch zwei Mann des Versorgers retten. Weitere Rettungsversuche nach längerer Tauchfahrt wurden durch weiter angreifende Flugzeuge vereitelt, wobei eine neue Art von Lufttorpedo unser Heck abriß. – Das lange vorher entworfene Bootsemblem wurde dadurch wieder nicht am Turm angebracht, so daß es nur an Bord bekannt war. – da wir zur 6. U-Fl. in St. Nazaire gehörten, trugen wir anfangs das Flottillenzeichen an unseren Mützen.

U-323 * BOKELBERG: Nixe auf Torpedo reitend. »Salome« Nach einem Lied?
* Heribert ZINK: Wir, die erste Besatzung von *U-323,* haben das Boot Ende Juli/Anfang August 1944 in Königsberg an OL BOBINSKY übergeben, um eines vom Typ XXI in Hamburg zu übernehmen. Mit *U-2530* kamen wir nicht mehr zum Einsatz, da es in Hamburg durch Fliegerbomben schwer beschädigt wurde. – Deine Vermutung ist richtig. Wir haben kein Wappen geführt. Auf *U-323* hatten wir zwar eines in Vorbereitung (Nixe auf Torpedo reitend), doch die Anbringung wurde von vorgesetzter Dienststelle untersagt.

U-331 * H. D. v. TIESENHAUSEN: Die Rheinschlange, die das Abzeichen von *U-331* war, stand in Düsseldorf auf der abschüssigen Mauer eines Zugangs zum Rhein, nicht weit von der Rheinterrasse. Da die Kreisleitung Düsseldorf die Patenschaft für unser Boot hatte, fanden wir die Schlange als ein gutes Zeichen für das Boot. Sie wurde erst an den Turm gemalt und allmählich entstanden die Schlangen aus Messing, die dann jeder von der Besatzung trug.

U-338 * Fritz VORBERG: Ich habe unter dem Kommandanten KL KINZEL auf diesem Boot als Nr. 1 gefahren. Das Boot wurde auf der Emdener Werft gebaut und im Juni 1942 in Dienst gestellt. – Beim Stapellauf passierte durch irgendein Mißgeschick, daß das Boot beim Ablaufen von der Helling ein gegenüberliegendes Schwimmdock von 200 t rammte und versenkte. Daraufhin bekam es den Namen »Der wilde Esel« und das entsprechende taktische Zeichen. (Verf.: Bootszeichen ist richtig). Entwurf und Zeichnung stammen von unserem 1. WO OL ZEISSLER. Das Boot ging im September 1943 im Nordatlantik verloren. Zu dieser Zeit befand ich mich auf dem Steuermannslehrgang in Gotenhafen.

U-362 * Reinhard RECHE: Hochinteressant ist Ihre Vermutung, daß zwischen dem Wappen von M 1 und dem von U-FRANZ eine Verbindung bestehen könnte. Das Tiger-Wappen war eine Erfindung des Kommandanten von M 1, Hans BARTELS (C 31), der schon nach seinem entschlossenen Einsatz bei der Besetzung Norwegens am 16. 5. 1940 das Ritterkreuz bekam. Er wurde gleichzeitig der erste Chef des Küstensicherungsverbandes Norwegische Westküste in Bergen. Ich habe das Wappen dort selbst noch 1942 in dem von BARTELS an der inneren Küste errichteten Offiziersheim gesehen und von seinen Einsätzen gehört. Er blieb da bis Dezember 1942. – Auch Ludwig FRANZ (Crew 37a) gehörte als Gruppenführer der 51. Vorposten-Flottille bis Juli 1941 zu diesem Küstensicherungsverband. Korv.Kapt. BARTELS nahm sogar selbst die Geschäfte des Flottillenchefs dieser Vp.Fl. wahr. – Es ist also durchaus denkbar, daß FRANZ die Tradition des Tigerkopfes mitgenommen hat, als er nach U-Bootausbildung und WO-Zeit dann im Februar 1943 Kommandant von *U-362* wurde. – BARTELS, der am 31. 7. 1945 verunglückte, und FRANZ, der am 5. 9. 1944 von dem russischen Minensucher T-116 (KL W.A. BABANOW) in der Karasee versenkt wurde, waren also etwa ein Jahr, Juli 1940 – Juli 1941, in Bergen zusammen. Da auch der Tigerkopf zwei gekreuzte Schwerter unter sich hatte, kann FRANZ zugleich das Abzeichen seiner Crew darin kombiniert gesehen haben. Schade, daß es wohl keinen Überlebenden von seiner Besatzung mehr gibt. (Die U-Bootsliste 1956 von ZEISSLER erwähnt einen KORFMANN.)

U-365 * Haimar WEDEMEYER: Das Boot wurde in Flensburg gebaut. Die Indienststellung war im Mai oder Juni 1943. Bis zu meiner Abkommandierung am 12. 4. 1944 nahmen wir nach Ausbildung und Fahrten für die U-Bootsausbildung vom Februar 1944 bis November 1944 an Unternehmungen vor der norwegischen Küste, u.a. Landung eines Wettertrupps auf Spitzbergen, im Nordmeer an der Bekämpfung von Murmanskgeleitzügen und einem Einsatz in die Karasee auf dem sibirischen Nachschubweg mit einigen Erfolgen teil. – Das Boot wurde am 12. 11. 1944 von OL TODENHAGEN übernommen und ging nach weiteren Erfolgen an einem Geleitzug am 13. 12. 1944 auf 70° N 8° 0 durch Angriff von zwei britischen Flugzeugen eines Hilfsflugzeugträgers verloren.
* Fritz SCHMID – Herstellung des Bootsemblems
Es war im Frühjahr 1944 in Südnorwegen, wir gehörten zur 13. U-Flottille in Drontheim. Die Flottillenboote hatten alle ein Bootswappen, das sich jede Besatzung aus eigenen Entwürfen wählte. Unser Kommandant veranstaltete ein Preisausschreiben, das ca. zehn Vorschläge an die Zentrale erbrachte. Unter Wasser hatten wir massig Zeit, jeder konnte sein Köpfchen dem Bootswappenentwurf widmen. Welche Zeichnungen dabei herauskamen weiß ich heute nicht mehr, das vierblättrige Kleeblatt mit gekreuzten Schwertern bekam jedoch den ersten Preis. Wenn ich mich recht entsinne, erhielt unser Zentralemaat Willi HEESCH aus Hamburg den Lohn dafür.
An Bord von *U-365,* einem Flensburger Boot, war ich der einzige gelernte Schmied und bekam den Auftrag, das Bootswappen zu schmieden. Auf dem Werkstattschiff *Huascaran* konnte ich während der Mittagspause den Kraftfederhammer benutzen. Aus 8 mm Stahlblech schnitt ich mit dem Schneidbrenner das Blatt mit dem Stengel heraus. Ich war damals 18 ½ Jahre alt und es war für mich als Bauernschmied eine Leistung, so viel ich mich heute noch entsinnen kann. Ich war der Jüngste an Bord, der »Moses« also, und wurde auch »Negerlein« genannt.
Das Kleeblatt nahm durch das Schmieden die richtige Form an, die Obermaschinisten ROTHER, ein Schlesier, und Fritz HORNBACH, aus der Nähe Hannovers, gaben ihr Urteil ab und ich bastelte daraufhin daran weiter. Das Kleeblatt hatte einen Durchmesser von etwa 600 bis 700 mm.
Und nun zu den Schwertern. Nach Anfragen bei unserm »Alten« sollten die Schwerter ganz natürlich aussehen und auch stabil genug sein, damit das fertige Emblem bei Unterwasserfahrt keine Geräusche erzeugen konnte. Bei Schleichfahrt hätte so ein böses Geräusch große Folgen haben können. Die Schwerter schmiedete ich auf dem Krafthammer (!) aus einem 30 × 20 mm Flachstahl. Der Umgang mit dem Hammer machte mir solche Schwierigkeiten, daß aus der Maschinenschmiederei nichts wurde. Ich blieb bei meiner Handschmiederei. In vier Stunden waren die Schwerter fertig. Die beiden »Säbel« gefielen den Offizieren, und somit war die Hauptarbeit vorbei.
Mit zwei Bügeln sollte das Wappen am Turm angebracht werden, natürlich E-Schweißen. Da ich das E-Schweißen nicht beherrschte, machte diese Arbeit unser ausgebildeter Schweißer MÜNSTER, ein Rumäniendeutscher.
An Bord von *U-365* bekamen die Schwerter den »letzten Schliff«, mit der Feile versteht sich, wir hatten keine Schmirgelscheibe im Dieselraum. Mein Kamerad AMPFERL Richard, ein Schweinfurter, er war E-Heizer, gab dem Bootswappen den nötigen Rostschutzanstrich, und als es am Turm seinen Platz an der Vorderseite endgültig und für immer hatte, wurde es mit schwarzer Farbe »gepönt«. Die Besatzung war außerordentlich stolz auf diese gelungene Gemeinschaftsarbeit. Nun, der Sinn des Emblems war: «Glück im Kampf«.
Am Käppi mußte natürlich das Abzeichen auch jeder tragen. Wir schnitten mit Scheren aus Konservendosenblech Kleeblätter mit wachsender Begeisterung, der Durchmesser: 25 mm. Im Dieselraum, bei Unterwasserfahrt war das eine schöne Beschäftigung. In der Zentrale wurden die Schwerter angefertigt. Mit Schlüsselfeilen, die wir uns gegen Schnaps bei den Norwegern eintauschten, gaben wir den Abzeichen das richtige Aussehen. Die Lötarbeiten

erledigten mit viel Mühe, Geduld und Gefühl die E-Heizer. Das verzinnte Blech glänzte am Käppi, es brauchte also keinen Anstrich.

U-382   Alle Besatzungsangehörigen teilten meine Ansicht, daß also die 13 uns Glück bringen müßte, und es war auch so. Neben der Versenkung von Handelsschiffen und einem Zerstörer ist es mir – ebenso wie dem nächsten Kommandanten OL ZORN – trotz Fliegerbomben und Wasserbombenschäden immer wieder gelungen, Boot und Besatzung heil in den Stützpunkt zurückzubringen. * Das Abzeichen hat der auch Ihnen sicher bekannte Zeichner BARLOG auf meinen Wunsch hin entworfen. BARLOG hat vor und im Kriege sehr viele seiner illustrierten Witze in der »Berliner Illustrierten« veröffentlicht. – Die Darstellung ist verständlich. Es soll sich um Churchill handeln, dem bei unseren Torpedos der Hut hochgeht und die Zigarre aus dem Mund fällt. (Verf. zu Zeichen 1: JULI, Name des Kommandanten, zur Tarnung der AUGUST auf das Kalenderblatt gesetzt.

U-393   *Lothar ZINNAU: Am 4. 5. 1945 gegen 18 Uhr wurden wir im Kleinen Belt von mehreren Jabos angegriffen und mit Bordwaffen beschossen. Nach dem ersten Angriff konnten wir tauchen und stellten dann fest, daß unser Kommandant OL HERRLE und der Bootsmaat SCHNEIDER ums Leben gekommen waren. Nach Einbruch der Dunkelheit tauchten wir auf und liefen dann auf Anweisung zurück in die Geltinger Bucht. Hier haben wir am Morgen des 5. Mai 1945 unser Boot selbst versenkt.

U-403   *Heinz HORN: Ich weiß heute nur noch, daß unser Besatzungsmitglied Paul ELZE in der Stadt Halle a. d. Saale zuhause war. . . . Während der Indienststellungsfeier in Danzig – Neufahrwasser (Westerplatte) auf dem HAPAG-Schiff *Iberia* bekamen wir als Patengeschenk je einen silbernen Drehbleistift, das Hallenser Stadtwappen als Mützenabzeichen und eine rot/weiße Pudelmütze mit 2 Pompons. Die Herren (Verf.: Delegation aus Oberbürgermeister, Gauleiter und einem Stadtratsmitglied) blieben drei Tage an Bord und machten auch einige Erprobungsfahrten mit, um Boot und Besatzung kennen zu lernen. Beim Abschied wünschten sie, daß das Hallenser Wappen, Sonne, Mond und Sterne, uns immer beim Auftauchen anlachen möge.
(Das Wappen war auch am Turm)

U-404   * V. BÜLOW Otto: Es ist hierbei sicherlich bemerkenswert, daß dieses Emblem nach dem Totalverlust des Bootes zur Grundlage wurde für die Wappen sowohl der 6. U-Flottille St. Nazaire, der *U-404* angehörte (und deren erfolgreichstes Boot es möglicherweise war), wie auch der 23. U-Flottille Danzig, die damals mit der gleichen Aufgabe der Kommandantenausbildung wie die der 24. U-Flottille, Memel, unter meinem Kommando neu aufgestellt wurde. *U-404* wurde am 6. 8. 1941 in Danzig unter meinem Kommando in Dienst gestellt und hat in der Zeit vom 17. 1. 1942 bis 28. 7. 1943 einschließlich der Überführungsfahrt nach Westfrankreich 7 Feindfahrten durchgeführt. Wenige Tage vor dem Auslaufen zur 7. Feindfahrt wurde ich abkommandiert, um die vorerwähnte 23. U-Flottille aufzustellen und übergab das Kommando an meinen früheren I. WO Oberleutnant z. S., Adolf SCHÖNBERG. *U-404* wurde am 28. 7. 1943 im Westausgang der Biskaya versenkt und Totalverlust. – Die Idee zu dem Bootsemblem, das sich nicht in der üblichen Form eines Wappens sondern vielmehr als Farbabtönung der Turmbemalung darstellt, entstand während der ersten Unternehmung in der nebelverhangenen Region um Neufundland. Das Emblem besteht aus stilisierten Wikingersteven, die an beiden Seiten des Turmes so aufgemalt sind, daß die Drachenköpfe auch von vorne erkennbar sind, und daß diese nach achtern, den Konturen der Turmoberkante in etwa folgend, am Turmende mit dem Deck verlaufen. Dazu habe ich das Mützenabzeichen der Besatzung von U-404 aufgezeichnet, wie ich es noch heute im Original in meiner Brieftasche trage und das Flottillenwappen der 23. U-Flottille (wie dieses s. Zt. auf einem Schornstein des Flottillenschiffes, des 22000 Brt. HAPAG-Passagierschiffes *Deutschland* aufgemalt war) sowie das Flottillenwappen der 6. U-Fl. St. Nazaire, das unabhängig davon und ohne vorherigen

Gedankenaustausch der Flottillen untereinander von dieser entworfen wurde, wie es auf einem mir seiner Zeit geschenkten Silberbecher eingraviert ist.
* Verf.: Deckname des Bootes: U-HANNIBAL

U-409 * Verf.: In »SCHALTUNG KÜSTE«, Nr. 99, S. 12 findet sich folgende Suchmeldung: Von Karl H. WAHNIG, London. Im September 1939 wurde das englische U-Boot *Spearfish* von einem deutschen U-Jäger angegriffen und schwer beschädigt. Der Kommandant des U-Bootes, KL EDEN, übernahm später den Zerstörer *Inconstant* und versenkte *U-409*. Er ist im Besitz eines U-Boot-Kriegsabzeichens mit dem Namen des ehemaligen Masch.Ob.Gfr. Kurt van den BERG. Sollte sich dieser Kamerad, oder vielleicht seine Familienangehörigen für dieses Abzeichen interessieren, dann bitte an Gus BRITTEN schreiben. Anschrift: Gus BRITTON, The Royal Navy Submarine Museum, HMS *Dolphin*, Gosport, Hampshire, Po 12 2AB, England.

U-471 * Wolfgang Frhr. v. FORSTNER: Ferner ist mir das Wappen meines Nachbarbootes der gleichen Bauwerft *U-471* Kommandant Fritz KLOEVEKORN bekannt. Es führte einen Regenschirm mit dem Sternhimmel ... *U-471* ist im Zusammenhang mit der Invasion nach einer weiteren Mittelmeerfahrt durch Bombentreffer im Dock von Toulon gesunken, später von der französischen Marine gehoben und als *Mille* in Dienst gestellt worden. * Günther KAUTZ: Nicht *U-466* hat als letztes Boot die Straße von Gibraltar passiert, sondern eben »U-HACK«. Als »U-THÄTER« (U-466) nämlich am 30. 3. 1944 in Toulon eintraf, waren wir mitten drin, hatten 2 Tage lang schwer unter dem Segen von oben zu leiden und feierten trotzdem oder gerade deswegen den uns als gutes Omen erscheinenden Geburtstag unseres prächtigen LIs OL PETERS (Crew 39) am 31. 3.

U-489 * Willi WEBER in SCHALTUNG KÜSTE Nr. 83/S. 18: Am 4. 8. 1943 wurden wir bei dem ersten Unternehmen im Nordatlantik, südlich Island, durch canadische Flieger versenkt. Wir hatten einen Toten – LI.Ltn. MUDER – und einen Verletzten. Die Besatzung wurde, soweit mir noch bekannt, von dem Zerstörer *Halifax* aufgenommen. Einige Tage vor der Versenkung unseres Bootes nahmen wir noch drei deutsche Flieger einer im Luftkampf abgeschossenen He 111 an Bord.
In der Nacht vom 3. zum 4. 8. 1943 wurden wir bei Unterwasserfahrt mit Wasserbomben verfolgt. Ein zweites Boot – Typ VII C, Nr. nicht bekannt, wurde versenkt und, wie mir nicht anders bekannt, Totalverlust. Wir tauchten am 4. 8. 1943 gegen 8 Uhr auf. Schon nach kurzer Überwasserfahrt griffen uns mehrere Flugzeuge an. In einem Gefecht von ca. ½ Stunde Dauer bekamen wir einen Ruderschaden und wurden manövrierunfähig. Den Bomber, der uns diesen Ruderschaden beibrachte, haben wir noch abgeschossen. Er ging in Flammen auf. Auch die sechs Überlebenden seiner elfköpfigen Besatzung nahm die *Halifax* auf. Einer verstarb später an Bord des Zerstörers. Zusammen mit unserem LI. Ltn. MUDER wurde er mit militärischen Ehren der See übergeben.

U-490 * Karl SCHULZE: Nach unserem ersten Besatzungstreffen nach 42 Jahren (1986) kann ich Ihnen nun heute unser Bootswappen von *U-490* so präsentieren, wie es wirklich ausgesehen hat. Unser ehemaliger II. WO hat nach langem Suchen noch ein Mützenabzeichen gefunden, es abzeichnen und fotokopieren können. Die »Fleißige Biene« sollte uns als Versorger symbolisieren, der die Kampfboote (das Schwert) in ihren Unternehmungen unterstützt.

U-501 * Adolf NATZHEIM: »Kamerad Willi REISDORF sagte mir, wir hätten am Turm als Zeichen den Kopf des Nilpferdes mit aufgesperrtem Maul gehabt. Unser Boot war ja ein IX C-Boot, 1000 t, und wie ich verrmute, weil man diese Boote damals Seekühe nannte, kann es sein, daß unser Kommandant das Nilpferd als Zeichen gewählt hat.
* Gus BRITTON/England: Badge. According to prisoners, new U-Boats carrying out trials and practices have an distinguishing mark painted on the conning tower; this mark is later painted out. In the case of *U-501* this mark was the ace of spades, which was repleased by the U-Boats permanent badge; the latter was two Hippopotamus heads. A further emblem, a small black cat was painted on the conning tower, forward on the starbord side.

U-559   * Bericht von Norbert KRÜGER: »*U-559* sank mit zwei Engländern an Bord«, in DIE HEIMAT, August 1968.: »Die Gegner nutzten die Situation, indem sie mit einem Rettungsboot, das Überlebende aufnehmen sollte, sofort längsseit gingen! Sie haben die Situation aber offensichtlich nicht richtig übersehen, denn das Enterkommando, ein Offizier, ein Mann, wurde gleich danach mit in die Tiefe gerissen.« So sank *U-Solingen* am 30. Oktober 1942 um 23.13 Uhr mit zwei Engländern an Bord in 32.30 N/33.00 Ost, etwa 80 Grad NNO Port Said. (Aus einem Bericht des Kommandanten am 15. 12. 1967 geht auch hervor, daß das Boot in aussichtsloser Situation selbst versenkt wurde!)

U-572   29. 5. 1941//3. U.Fl. ab – 8. 1941; fb – 8. 1943; Am 3. 8. 1943 nordostwärts Trinidad durch amerikanische Flugzeuge versenkt.
KL HIRSACKER – 12. 1942 (verstorben 24. 4. 1943) OL KUMMETAT
Verf.: Schwer erkennbares Zeichen auf Fotos in Buch: »U-BOOT DIRECTION CENTRE Atlantique« von Jac. Alaluquétas.

U-591   * K.H. SCHUBERT (gekürzt): War seit der Indienststellung bis 9. 7. 1943 als LI an Bord. – Kurz nach der Indienststellung wurde ein Wappen nach einer Idee des Kommandanten am Turm aufgemalt: ein Adler im Fluge, der einen nicht fliegenden, taubenähnlichen Vogel angreift. Die Besatzung hielt die Ausführung für nicht gut gelungen. In einer der folgenden Werftliegezeiten wurde das Wappen ersatzlos übermalt. Aus Loyalität mit der Idee des Kommandanten haben wir dann den Adlerkopf als Bootswappen angesehen. Die Besatzung, später auch der Kommandant, trugen das Wappen aus Messingblech gefeilt an der Mütze. Ich besitze mein Exemplar noch. – In der Werft in Bergen/Norwegen sind 1942 einige Stücke (Adlerkopf – jetzt allerdings seitenverkehrt auf Wappenschild) in Holz angefertigt worden; auch davon besitze ich noch ein Exemplar. Ob wir diesen Adlerkopf auch am Bootsturm haben aufmalen lassen, oder ob wir dies immer nur wollten, kann ich in meiner Erinnerung nicht mehr unterscheiden. – Im November 1942 erhielt das Boot das Wappen der 11. U-Fl. auf schidlförmiges Stahlblech gemalt und an beiden Turmseiten befestigt. Im Januar oder Februar 1943 wurden in Brest die Eisbärwappen abgenommen und der Sägefisch als Wappen der 9. U-Fl. aufgemalt. Auch dieses Wappen trug die Besatzung aus Messing gefeilt an der Mütze, jedoch neben dem Adlerkopf, der weiterhin als Bootswappen galt. Auch diesen Sägefisch in Messing besitze ich noch. – Nach meiner Auffassung ist also der Adlerkopf, dem Empfinden der Besatzung entsprechend, als das eigentliche Bootswappen anzusehen. * H. Jürgen ZETZSCHE: ... dagegen muß im Bericht von Herrn SCHUBERT korrigiert werden, daß der oben links im »Bootsbericht« abgebildete Adlerkopf nach einer Anzahl von Feindfahrten weder dem Kommandanten noch der Besatzung mehr gefiel, so daß wir alle beschlossen, das Bootswappen ab (?) auszuwechseln. Unser II. WO, der zeichnerisch und künstlerisch veranlagte Herr SAUERBIER, hat dann nach meinen Ideen das beiliegende Wappen (Schwertarm) entworfen, das dann auch am Turm angebracht worden ist. Ich kann nur nicht mehr sagen, wann das geschah, wahrscheinlich beim Überwechseln vom Operationsgebiet des Nordmeeres zum Atlantik, aber sicher bin ich da nicht mehr. Möglicherweise ist es in der Werft in Brest im Januar/Februar 1943 umgewechselt worden. * weitere Mitt.: Reinh. RECHE Wolfgang LEY, Walter GÖTZ.

U-642   * Herbert BRÜNING: Mein eigenes Boot, *U-642*, führte am Turm kein Bild, wir hatten aber als Bootszeichen eine aus Messing gestanzte kleine Krone, die von allen Besatzungsmitgliedern an der Kopfbedeckung getragen wurde.

U-643   * Hans SPEIDEL: Dazu ist zu sagen, daß ich keinerlei Wappen, außer den fünf Olympia-Ringen geführt habe, die natürlich auf Feindfahrt entfernt waren. – Lediglich einmal kam ich von einem Kurzurlaub und fand am Turm meines Bootes einen recht originellen Seemann, der eine Prise Schnupftabak nahm. Darunter stand das Wort »SCHMALZLERFRANZL«. Den Grund dafür mögen Sie darin sehen, daß ein Teil meiner Leute und auch ich seinerzeit »schnupften«. Da diese Malung jedoch in keinerlei Zusammenhang mit dem Zeitgeschehen stand, wurde sie nach kurzer Zeit, infolge Erneuerung des Außenanstriches, wieder entfernt.

U-662 * Rudi WAISER, aus Sidney in Australien berichtete vom roten »U-ELEPHANT« und Patenschaft durch Hamburger Staatsoper, was vom ehemaligen I. WO und nachmaligen Kommandanten von *U-662,* Heinz Eberhard MÜLLER dahingehend berichtigt wurde, daß das Boot den internen Namen »U-MAMMUT« führte und zur Indienststellungsfeier eine Wehrbetreuungsgruppe von 5 – 6 Schauspielerinnen engagiert war, die jedoch nicht zum Ensemble der Hamburger Staatsoper gehörten.
WAISER traf, nach der 3. Feindfahrt zu einem Lehrgang kommandiert und inzwischen auf *U-722,* im Herbst 1944 den ehemaligen (zweiten) Kommandanten von *U-662* völlig überraschend in Kiel wieder, obgleich *U-662* am 21. 7. 1943 nördlich der Amazonasmündung verlorengegangen war. KL MÜLLER war im Rahmen der Genfer Konvention und gemäß der Haager Landkriegsordnung wegen der Schwere seiner Verwundungen ausgetauscht worden.

U-680 Aus SCHALTUNG KÜSTE Nr. 31/März 1968. * Bernd KÜNZEL: *U-680* wurde im August 1944 von Zerstörer-Wabos beschädigt. Standort: Landnähe querab Peterhead (Morrey Firth) englische Ostküste in 100 m Tiefe auf Grund gelegen. Neben anderen Beschädigungen hatten wir ein Loch (oder Löcher) im Schnorchel. Eine Menge Abgase wurde beim Schnorcheln ins Bootsinnere gedrückt. Heimkehr nach etwa 14 Tagen Rückmarsch in Bergen (11. U.Fl.). Das Boot, auch außerhalb der Maschinenanlage, war vollkommen verrußt. Die Besatzung sah entsprechend aus. Die allgemeine Grundfarbe erinnerte an Neger oder Schornsteinfeger. Damit war das Sinnbild geboren. Wir entschlossen uns für die Darstellung als Neger *und* Schornsteinfeger. Mein Entwurf fand allgemeine Zustimmung und schmückte forthin die Frontseite des Turmes. Ferner habe ich dieses Zeichen 1944 etwa 70 mal auf weißgrundierte Blech-Dreiecke mit Tusche für Mützenabzeichen aufgezeichnet.

U-721 * FABRICIUS schreibt in SCHALTUNG KÜSTE: »Zunächst bin ich doch überrascht zu hören, daß von Flüchtlingstransporten durch U-Boote nichts bekannt ist. Es muß doch eine Reihe von Kommandanten geben, die seinerzeit an diesen Aktionen teilnahmen. – Ende Februar 1945 wurde ich mit meinem Boot nach Osten in Marsch gesetzt, um in Hela, bei der AGRU-Front einige Übungen zu absolvieren. Als Danzig bereits ein Flammenmeer war, die Russen Zoppot eingenommen hatten und im Stadtgebiet von Gotenhafen gekämpft wurde, bekamen wir den Befehl nach Westen abzumarschieren. Wir bekamen den Befehl Zivilisten, Heeresangehörige und Verwundete mitzunehmen. Jedes Boot bekam etwa 100 Personen zusätzlich an Bord.

U-737 * Reinh. RECHE: Paul BRASACK berichtete mir kürzlich, wie sein Boot *U-737* bei Abholung des Wettertrupps »KREUZRITTER« nördlich von Spitzbergen auf eine Unterwasserklippe auflief und sich stundenlang darauf wie eine Kompaßnadel drehte, bis es dann wieder abrutschte. Danach hätte das Boot sich den Namen *Klippfisch* und ein entsprechendes Bootswappen zugelegt.

U-739 * Joachim DIERKS: 1943/1944 fuhr ich auf *U-739* (MANGOLD). Wir hatten die Schildkröte als Wappen, die der Kommandant von seinem alten Boot (KK THURMANN) übernommen hatte.
* Hans Walter KUHFELD: Als ehemaliger LI stellte ich mit dem inzwischen verstorbenen Kommandanten Ltn.z.S. Ernst MANGOLD (Crew XII/39) am 6. 3. 1943 auf der Schichau-Werft in Danzig das Boot Typ VII C *U-739* in Dienst. Ernst MANGOLD war als Torpedo- und Wachoffizier bei der 7. U-Fl. unter dem Kommando des von ihm verehrten Kpt.Ltn. THURMANN gefahren, und so setzte er nach dem Untergang des Bootes (*U-553* seit Januar 1943 im Nordatlantik vermißt, letzte Meldung vom 20. 1. 1943: „Sehrohr unklar") mit der jungen Besatzung *U-739* (auch *U-Baby* genannt) dessen Tradition fort.
* Verf.: Foto von der Überführung zeigt an Turmfront die Schildkröte, darüber das Wappen der 13. U-Fl.

U-744 — Aus Schaltung Küste Nr. 86/S. 16 – Gus BRITTON/England: Als *U-744* versenkt wurde, wurde es von 8 verschiedenen Schiffen über eine Dauer von 32 Stunden angegriffen mit 282 Wasserbomben, 6 Unterwasserminen, 9 suids, welche sehr große minenartige Wasserbomben sind, und einer Ein-Tonnen Wasserbombe, bevor es schließlich auftauchen mußte, wobei es mit Gewehrfeuer angegriffen wurde. 40 Überlebende wurden gerettet. Lediglich Luftmangel veranlaßte den Kommandanten, Oberleutnant BLISCHKE, mit dem Boot aufzutauchen. In dem Buch wird dem Kapitän des *U-744* eine geschickte Handhabung des Schiffes bescheinigt.

U-748 — Aus Schleswig-Holsteinische Landeszeitung, Rendsburg, 1985: »Rendsburger U-Boot-Geschichten«, »Kolle« WITTFOTH, Stadtbild- und Historiensammler par excellence, wußte im Hinblick auf diese U-Bootgeschichten noch von einem eigenen U-Boot-Erlebnis (leider nicht bildlich festgelegt) aus jenen Tagen zu berichten:
Am Nachmittag des 5. oder 6. Mai 1945 ruderten wir Jungen zwischen 10 und 14 Jahre alt mit dem Rettungsboot der *Holland* – sie gehörte Kapitän BEHRMANN – in Richtung Armesünderbucht hinter der AHLMANN-CARLS-HÜTTE. Hier lag das Frachtschiff *Clio* mit Ausrüstungsgegenständen für die Wehrmacht, die nun nicht mehr benötigt wurden.
Als wir mit dem Boot den alten hölzernen ehemaligen Schiffsanleger vor der Carlshütte passierten, entdeckten wir etwa 100 Meter rechts davon etwas für uns Unheimliches. Aus dem dunklen Eider-Wasser lugte ein schiefliegender U-Bootsturm hervor! Das Boot lag ungefähr sechs bis zehn Meter von der alten Kaimauer auf Grund. Wir fuhren langsam an den in halber Höhe aus dem Wasser ragenden Turm heran. Das Wasser gluggerte im Innern des Turmes.
»Als ich mit dem Handrücken gegen den Turm schlug, hörte es sich an wie eine ausklingende Glocke«, erinnerte sich WITTFOTH heute.

U-752 — Der LI des Bootes, Heinz KREY, opferte sich bei der Versenkung des Bootes, da er im Bewußtsein das Boot nicht mehr verlassen zu können die Entlüftung der Tauchzelle III gezogen hat. Ihm wurde nachträglich das Ritterkreuz verliehen.

U-763 — * Verf.: Auf einem Foto zwischen Olympischen Ringen (Turmfront) und BB – Einhorn-Wappenschild stand in weißer Farbe der Spruch: »Im Boot man Magazine füllt / derweil die ganze Brücke brüllt / der Alte mit, ganz unverdrossen / der ›Vogel‹ ist schon abgeschossen.« Auf den Schutzschilden der 2 cm Doppellafette an Steuerbord prangten in Weiß zwei Flugzeuge mit den Daten 4. 2. und 5. 2. 1944.
* Abschüsse als Wetterboot im Nordatlantik.

U-766 — * BILD-Artikel – BONN VERTRAULICH – von Mainhardt Graf NAYHAUß: »Am Sonntag kehrte Frankreichs langjähriger Botschafter in Bonn BRUNET, nach Paris zurück. (31. 1. 1982) Doppelt enttäuscht. Wegen des verschlechterten deutsch-französischen Verhältnisses und wegen . . . Aber lesen Sie:
In den letzten Tagen des Krieges war BRUNET, 25, U-Boot-Offizier, hatte fünf Jahre Einsätze gegen Hitler-Deutschland gefahren. Als die Alliierten den deutschen Stützpunkt La Rochelle eroberten, erbeuteten sie das Unterseeboot *U-766*. *U-766*, auch *Daddeldu* genannt, war maschinell nicht einsatzfähig. BRUNET bekam den Befehl, *Daddeldu* zum Einsatz gegen Japan seetüchtig zu machen. Seine Antwort: »Das klappt nur mit einer deutschen Besatzung«. Nach anfänglichem Zögern bekam er sie aus einem Kriegsgefangenenlager. Innerhalb von zwei Monaten hatten die Seelords das Boot in Schuß. Die Leute von La Rochelle ließen sich das seltsame Schauspiel nicht entgehen, wenn *Daddeldu* zu Probefahrten auslief: An Deck deutsche Matrosen, auf dem Turm die Trikolore und ein französischer Kommandant.
BRUNET: »Wohl war mir anfangs nicht. Wir gingen bis zu 300 Seemeilen raus. Außer mir gab es nur einen französischen Offizier. Die Deutschen hätten uns leicht über Bord schmeißen und das Boot ins neutrale Spanien entführen können.« Aber Kommandant und Besatzung wurden Freunde. Ehe aber *U-766* zum Einsatz kam, kapitulierte Japan. BRUNET: »In Bonn

hatte ich immer gehofft, daß sich ein Besatzungsmitglied melden würde.« Er hoffte vergebens.
– Weitere Zeitungsnotiz vom selben Verfasser. –
Vorletzten Mittwoch habe ich Ihnen hier eine abenteuerliche Geschichte erzählt. Monseur BRUNET, viereinhalb Jahre Frankreichs Botschafter in Bonn hatte 1945 als französischer Offizier eine deutsche U-Boot-Besatzung befehligt. Auftrag: Gegen Japan zu kämpfen. Während seiner Bonner Zeit hatte BRUNET vergeblich gehofft, von einem seiner deutschen »Seelords« mal ein Lebenszeichen zu bekommen. BILD war drei Stunden auf der Straße, schon meldete sich der erste: Wilhelm KRUSE (68), ehemaliger Stabsoberfunkmeister. BRUNET erinnerte sich sofort: »Als wir in La Rochelle ablegten, gab ich, wie bei uns üblich, den Befehl leise. Kruse wiederholte das Kommando donnernd »Leiiinen los!«. Friedrich PÖRZGEN, einst Maschinenobergefreiter, meldete sich aus Niedersachsen: »Als BRUNET uns aus dem Kriegsgefangenenlager holte, dachte ich zuerst, die erschießen dich wegen irgendeinem versenkten Dampfer.« Aber BRUNET hat uns sein Leben zu verdanken. Nach einem Tauchmanöver kamen wir nicht mehr hoch. Der französische Offizier hatte einen Fehler gemacht. Erst wir Deutschen haben das Boot dann wieder an die Oberfläche bekommen.«
Vertrauen auf Gegenseitigkeit glaubt BRUNET heute. »Die deutschen Matrosen hätten ihr *U-766* ja auch ins neutrale Spanien entführen können.« Christian EICHENAUER (56) Dortmund: »Wir hatten tatsächlich eine Entführung geplant; aber nicht nach Spanien, sondern nach Irland.«
Siehe Textanhang *U-2326*.

U-821 * Ludwig FABRICIUS: Wappen von Stettin, da auf Stettiner Werft gebaut. Wappenrand – schwarz, weiß, schwarz. Untergrund – silber, Krone und Schnabel – gold, Adlerkopf rot, Wasser – blau. * Ernst SCHMIDT: *U-821* 3. 1. 1944 Besatzung übernimmt in Memel das Boot. März/April 1944 Feindfahrt Norwegen und Atlantik. – Mai 1944 1. U-Fl./Brest. – 6. Juni 1944 Feindfahrt im Englischen Kanal (Invasion). – 10. Juni 1944 Rückkehr. – Eine halbe Meile vor der Küste bei Brest durch 4 Mosquito-Bomber (T.S. V. und W. der 248. RAF Sqdr. gebombt und versenkt. Besatzung danach im Wasser beschossen. Btsm.-Mt. (Nr. 1) erreichte als einziger Überlebender das Land. Besatzung in Brest beigesetzt. – Von dieser Original-Besatzung überleben ferner ein Mann Masch. Mt. GRASSER, der seinerzeit krank in Brest war und OLzS Ernst SCHMIDT, der zum Kommandanten-Lehrgang abkommandiert war. * E. SCHMIDT, Sidney/Ohio/USA: Ich fuhr auf beiden Booten (s. *U-345*) und mit KNACKFUSS von Anfang an als I. W. O. Das Wappen habe ich selber im Mai 1943 entworfen und fand es erst vor kurzem hier (Sidney/Ohio/USA) zwischen meinen Papieren. Es ist von mir damals in alle Gästebücher der verschiedenen U-Boots-Ausbildungsflottillen und bei Stützpunkten in Norwegen und Brest eingezeichnet worden.

U-843 Aus dem Buch »U-Boats against Canada«: »The U-boats-badge, a giraffe with the subscription Kopf immer über Wasser/(Head always above water), may have seemed a convincing talisman.« * KK BEHRENS war vom März bis Oktober 1939 Kommandant von *U-24*, und fuhr vom November 1939 bis Juli 1940 *U-17* unter dem Zeichen der Giraffe. Dieses übernahm er dann auf *U-843*. Der älteste und meist erfahrene U-Bootfahrer an Bord war OL (Ing.!) Otto STRUNK, der bereits auf *U-47* unter PRIEN gedient hatte und später Ausbildungsoffizier in Danzig gewesen war.

U-845 * Hellmut ROHWEDER: Ich erinnere mich jetzt, daß KL BEHRENS in der Tat als Kommandant ein neues VII C-Boot, also wohl *U-845*, in Dienst gestellt hat. Wir trafen uns kurz danach einmal und er zeigte mir noch stolz sein neu in Dienst gestelltes Boot mit der von *U-17* übernommenen Giraffe. * Aus einem anderen Brief: »Ich weiß zu KK BEHRENS nur noch, daß er vor der ersten Unternehmung von *U-845* aus gesundheitlichen Gründen wieder aussteigen mußte ... Er war später noch länger im Stabe des BdU-Org. (Admiral von FRIEDEBURG) tätig, der in Kiel auf einem Wohnschiff (Verf.: *Daressalam*) an der Blücherbrücke untergebracht war.

Dieses Wohnschiff brannte während des Krieges durch einen Unglücksfall aus, und dabei kam eine Reihe von Mitarbeitern des Stabes, Offiziere, Oberfeldwebel, Unteroffiziere und Mannschaften ums Leben. Während der Filmvorführung in der Offz.-Messe fing der Film Feuer und setzte sofort die Messeeinrichtung in Brand. Da der Filmapparat ausgerechnet am Ausgang der Messe stand, konnten die meisten sich nicht mehr aus der brennenden Messe retten und kamen ums Leben. Dieser Kinobrand war damals ein erschütterndes Ereignis. Ich glaube sogar, daß KK BEHRENS damals zwar an Bord, aber nicht bei der Filmvorführung war. – KK BEHRENS studierte nach dem Kriege Theologie und wurde evangelischer Pastor und hatte eine Gemeinde in Wilhelmshaven.

U-853
* SCHALTUNG KÜSTE Nr. 34/S. 456: 1 Million Dollar Versteck in 1945 versenktem U-Boot. Hew Haven, Connecticut, 21. August 1968 (AP). Die Washingtoner Botschaft von West-Germany bestätigte am Dienstag, daß sie mit einer amerikanischen Firma einen Vertrag zur Hebung des Kriegs-U-Bootes 853 vor der Küste von Rhode Island unterzeichnet habe. Das Schiff enthält, wie berichtet, mehr als eine Million Dollars in gestohlener »American Express«-Währung. – Der »New Haven Journal-Courier« sagte am Dienstag, die Botschaft hielte Einzelheiten des Abkommens zurück, zeigte aber an, daß das Regierungsinteresse auf die 55 Leichname des Tauchbootes beschränkt sei . . . U-853 ging unter in Höhe Point Judith R.I., am 4. 5. 1945, dem Tage vor dem Waffenstillstand (?). Einige Quellen vermuteten, daß das gestohlene Geld in Granaten eingeschweißt wurde . . . Das Tauchboot hatte zu Beginn des Tages ein amerikanisches Kohlenschiff torpediert und wurde durch Fahrzeuge des U.S. Coast-Quard versenkt . . . Die eine Million Dollars waren vermutlich von deutschen Beamten beschlagnahmt worden und in die Hände des ursprünglichen U-Bootskommandanten, Kapitänleutnant H. SOMMER, gelangt. Hans BERGERDANS, ein Freund von SOMMER, bestätigte bei Kriegsverbrecherprozessen im Oktober 1948, daß er von SOMMER dafür bezahlt wurde, Spitzen auf geldgefüllte Granaten zu schweißen . . . Diese Bezahlung . . . wurde später dem American-Express-Büro in Paris übergeben und identifiziert.
(Versunkene Schätze erregten seit eh und je die Phantasie, vor allem der Spekulanten).

U-860
* Jos. STATZ von Hans BROSCHINKSI, ehem. Obstrm. von U-860: Wappen eine geballte Faust, in der Faust ein Speer. Der damalige Reichsminister SPEER war Taufpate des Bootes. Deshalb auch der Speer. SPEER hatte damals extra einen Künstler aus Berlin einfliegen lassen, der das Wappen an den Turm malte. Die Lords des Bootes hatten aus Blech ein Mützenabzeichen gebastelt, die Faust mit Speer. U-860 war mit einer Quecksilber-Ladung nach Japan unterwegs. Von 65 Besatzungsmitgliedern sind 21 gerettet worden. Auf dem Flugzeugträger verstarb noch ein Mann. Das Wappen war farbig an beiden Seiten des Turmes, das Mützenabzeichen aus Weißblech.

U-862
Anläßlich eines Treffens ehemaliger Angehöriger von U-251/U-862 erschien in der Edenkobener Rundschau am 17. 10. 1985 folgender Beitrag: . . . Das U-862 hatte seinen Heimathafen in Bordeaux/Frankreich, der aber nie angelaufen werden konnte. Der erste größere Einsatz ging nach Norwegen und von da ins Eismeer. Von dort aus ging es in den Pazifik und die weiteste Fahrt führte in die Nähe des Südpols. Zum Heimathafen des Fern-U-Bootes wurde nun Singapur. Hier wurde vorwiegend Jagd auf englische Geleitzüge gemacht und mehrere Erfolge durch Versenkungen von Frachtschiffen erzielt. Ein Ereignis besonderer Art gilt es zu erwähnen: Es gelang, ein englisches Flugboot abzuschießen, das einen Angriff auf das U-Boot startete. Der Pilot der angeschossenen Maschine wollte mit seiner Bombenlast das aufgetauchte U-Boot rammen, das aber dem Absturzmanöver geschickt entkam und die Maschine ins Meer stürzte. Das Boot hatte zudem noch den Auftrag, den damals befreundeten Japanern das wertvolle Quecksilber zu liefern und dafür Wolfram, Opium, Molybdän, Zinn und Rohgummi mit nach Hause zu nehmen. Das Boot, welches unter der Führung von KK TIMM stand, wurde nach der Kapitulation 1945 den Japanern übergeben und in Singapur von den Engländern versenkt. Die deutsche Mannschaft wurde interniert und kam 1946 in englische Kriegsgefangenschaft.

U-873
Aus dem Buch »Portsmouth-Built«. (USA): . . . With the other German officers, U-873 skipper Fritz STEINHOFF was taken to the Charles Street jail in Boston, spending his transfer to the

Fort Devens prisoner-of-war camp. On May 19 in his cell STEINHOFF broke his spectacles and with a jagged piece of the lens slashed one of his wrists. Taken to hospital, he died shortly after his arrival. Army officials at the jail took precautions to prevent similiar suicide attempts.

U-921   * Aus SCHALTUNG KÜSTE Nr. 87/S. 28: »Wolfgang LEU (Verf.: 1. Kommandant von *U-921*) war im Eismeer beim Alarmtauchen vor einem Flugzeug wegen eines Brechers nicht mehr rechtzeitig vor dem Unterschneiden in das Turmluk gekommen und hatte daher das Turmluk von außen geschlossen, um Boot und Besatzung zu retten. Eine Nachsuche nach dem sofortigen Wiederauftauchen blieb bei schwerer See erfolglos.« * Aus Records Relating to U-Boat Warfare 1939 1945: »War journal describes one patrol off the central Norwegian coast, during which *U-921* lost its commanding officer (missing) and three wounded in an air attack, May 24. 1944.«

U-924   2. 11. 1943//22. U.-Fl. sb – 2. 1945; 31. U.-Fl. ab – 5. 1945; Selbst versenkt 3. 5. 1945 in Kiel. OL SCHILD Hans-Jürg
* Josef HELMES: Mit dem letzten Boot *U-924* fuhren wir im letzten Kriegsjahr ab 1944 Schulflottille mit Kommandanten- und LI-Schülern. (22. U-Fl.) Da der Russe immer mehr im Anmarsch war, ging es von Gotenhafen nach Hela. (5. 3. 1945) Zuletzt holten wir nochmals in Gotenhafen Proviant, als schon in Oxhöft und im Stadtkern Artilleriebeschuß war. Unser Boot lief nachts von Hela aus, wo wir in Rendsburg die Nachricht von der Versenkung der Gustloff erfuhren. Durch den KW-Kanal ging es nach Bornholm, wo wir 14 Flakhelfer u. a. mitnahmen. Endstation war Kiel, wo viele U-Boote auf den Schnorchel warteten. Abkommandierung, siehe Dienstreiseschein und Laufzettel (12. 4. 1945) (zum Gen. Kmdo. Adm. d. U-Boote Hamburg) * Verf.: KW = Kaiser-Wilhelm-Kanal, heute Nord-Ostsee-Kanal.
Auf der Rückseite des Dienstreisescheines steht:
Die Aussichtslosigkeit der damaligen Lage bewog den Kommandanten, die meisten seiner Männer zu entlassen. Laut dem Dienstreiseschein ging es per Zug unter öfterem Tieffliegerbeschuß nach Hamburg. Wir wurden als Marineinfanterie an Panzerfaust und Handgranaten kurz ausgebildet und bei Harburg war da die Front. Am 8. Mai 1945 war das Ende, Gefangenschaft in Lüneburg Munsterlager. Am 12. August konnte ich in den Trümmerhaufen Köln heimkehren.

U-953   * Herbert RASCHEWSKI: Das beigefügte »U-Kater-Wappen« ist das von *U-953,* das andere »Kater mit Regenschirm auf Torpedo« trifft für MARBACHs Nachfolgeboot *U-3014* zu. Wappenbeschreibung: Schwarzer Kater mit weißer Kommandanten-Mütze, rechte Hand mit zwei Whiskyflaschen, rechter Stiefel grün, linker Stiefel rot, Revolver war Symbol für Flakboot.

U-963   * K.H. KASSENS: Als *U-963* im Jahre 1944 im Stützpunkt Brest bei der 1. U-Fl. zur nächsten Feindfahrt ausrüstete, brachte der Kommandant OLzS Karl BODDENBERG zum Erstaunen seiner Besatzung zahlreiche geschnittene und gehobelte Bretter mit an Bord, die er im E-Maschinenraum verstaute. – Auf der 67tägigen Feindfahrt schnitzte, sägte und schmirgelte er im Heckraum fast täglich, bis zur Überraschung der Besatzung eine fertige Wiege im Boot stand. Noch dazu eine Wiege, die ohne Schrauben und Nägel nur mit Hilfe von Keilen zusammensetzbar war und somit natürlich durch das Turmluk paßte. Karl BODDENBERG erwartete nämlich Familienzuwachs und für sein erstes Kind wollte er selbst die Wiege zimmern. – Als das Boot nach Brest zurückkehrte, fuhr K. B. zwar in Urlaub nach Köln, aber die Wiege mußte er an Bord lassen. Die Zeiten waren inzwischen so turbulent geworden, daß solch Handgepäck von Urlaubern nicht mehr transportiert werden konnte. – 6. Juni 1944 – Invasion – Karl BODDENBERG saß zu Hause im Urlaub. Sein Boot und die Besatzung lagen in Brest und waren dort bald von den Alliierten eingeschlossen. Eine Rückkehr des Kommandanten an Bord seines Bootes war nicht mehr möglich, aber es fand sich bald ein Ausweg: Das Boot bekam den Befehl, ohne den Kommandanten nach La Pallice zu laufen und ihn dort an Bord zu nehmen. K. B. organisierte beim nahegelegenen Flugplatz eine Mitfluggenehmigung und die Wiedervereinigung von Kommandant, Boot und Besatzung in La Pallice konnte über die Bühne gehen. – *U-963* legte die Strecke Brest – La Pallice in fünf harten Tagen zurück mit der Besatzung plus 30 Werftspezialisten und zahllosen Postsäcken aus dem eingeschlossenen Brest und – natürlich – der Wiege. – Diese stand beim Einlaufen in La Pallice auf der Back. K. B. kam strahlend an Bord, um sie in Empfang zu nehmen. Dabei versprach er seiner Besatzung: »Wenn einer von Ihnen die Wiege einmal brauchen sollte, kann er sie selbstverständlich anfordern«. – Und das Boot hatte seinen Namen weg, *U-Wiege*. Ein Wappen wurde in der Werft »beschafft« und stolz am Turm gefahren. – Aber damit ist die Geschichte noch längst nicht zu Ende. Auf abenteuerlichen Umwegen über Norwegen kam die Wiege noch rechtzeitig ans Ziel. Die Tochter des Kommandanten, Helga, krähte bald aus der Wiege in die Umwelt. – *U-963* bekam bald darauf einen neuen Kommandanten, machte noch zwei Feindfahrten und stand bei Kriegsende westlich der Hebriden im Atlantik. Um das Boot dem Gegner nicht auszuliefern, versenkte die Besatzung es vor St. Nazareth in Portugal, wurde interniert, dann an die Engländer ausgeliefert und verbrachte die ersten Jahre nach dem Kriege als Gast des britischen Königs auf Gibraltar und in England. – Aber die Wiege wurde nicht vergessen. – Nach Rückkehr aus der Gefangenschaft und nachdem in neuen oder alten Zivilberufen wieder Fuß gefaßt worden war, wurden die ersten Ehen geschlossen und bald wurde Karl BODDENBERG an sein in La Pallice gegebenes Versprechen erinnert. Und alle Anfragen wurden prompt beantwortet. Kaum hatte sich irgendwo Nachwuchs eingestellt, traf kurz darauf die Wiege ein. – Heute steht die Wiege von *U-963* in der Wohnung von Frau Sibille BODDENBERG. Karl BODDENBERG verstarb 1970 nach schwerer unheilbarer Krankheit. * K.H. KASSENS: Das Bootswappen von *U-963* war – wie vorher beschrieben – entstanden. 1944/45 gab es jedoch keine Möglichkeit mehr, Mützenabzeichen dieser Art herstellen zu lassen, so daß das Bootswappen nur am Turm gefahren wurde. (Übrigens als abnehmbares Schild!) – Nach dem Einlaufen in Bergen/ Norwegen im Herbst 1944 wurde bei der 11. U-Fl. festgestellt, daß *U-963* das einzige von der 1. U-Fl. übriggebliebene Boot war. Alle anderen Boote waren verlorengegangen. Die 1. U-Fl. in Brest war aufgelöst. Damit wurde *U-963* das Fl.-Wappen der 1. U-Fl. als Traditionsabzeichen zuerkannt und auch als Mützenemblem getragen, nicht als Fl.-Wappen, sondern als Bootswappen. Unser Fl.-Wappen war das der 11. U-Fl. So blieb es dann auch bis Kriegsende.

* R. W. WENTZ: *U-963* befand sich bei Kriegsende auf dem Marsch in das neue Operationsgebiet, den englischen Kanal, bewaffnet mit Minen und Torpedos. Am 23. 4. 1945 von Drontheim ausgelaufen, versagte ab 26. 4. der Kurzwellenempfang über Schnorchelrunddipol. Auch der Längstwellenempfang, der Hilfssender Kremplermoor war zu schwach, der Großsender Nauen bereits gefallen, fiel aus, so daß das Boot vom 26. 4.–10. 5. 1945 blind fuhr, also ohne Nachrichten von außen. Die Passiermeldung am 10. 5. in Höhe Rockhall-Felsen blieb ohne Antwort. Am 12. 5. gibt der Kommandant nach sorgfältiger Auswertung der Nachrichtensendungen der Rundfunkstationen Paris und London an die Besatzung bekannt: »Der Krieg ist aus!« Beschluß: Selbstversenkung – über eine Internierung schnellstmögliche Heimkehr – Ziel Portugal – Eintreffen 20. 5. 1945. Herbeigeholte Ruderboote bringen Hälfte der Besatzung und Seegepäck an Land. LI III flutet beide Seiten und erscheint im Turmluk, als die See beginnt hineinzuspülen – empfängt vom Kommandanten aufgeblasenes Schlauchboot. Der Kommandant geht als letzter von Bord, kurz bevor der Bug sich bis zur Senkrechte aufrichtet und das Boot über den Achtersteven auf Tiefe geht. (200 m)

Da Portugal kurz vor Kriegsende seine Neutralität aufgegeben hatte, wurde die Besatzung nach England ausgeliefert und 3 Jahre in Kriegsgefangenschaft gehalten.

U-977   Zeichen siehe unter SCHULBOOTE
6. 5. 1943//5. U-Fl. ab – 9. 1943; 21. U-Fl. sb – 2. 1945; 31. U-Fl. Im Mai 1945 nach Ausschiffen von 16 Mann in 66 tägigem Unterwassermarsch von Norwegen nach Argentinien gefahren und dort am 17. August 1945 im La Plata kapituliert. an USA ausgeliefert und dort am 2. Februar 1946 bei Torpedoversuchen versenkt. KL LEILICH 5. 1943 – 3. 1945, KL SCHAEFER 3. 1945 – Ende.
Aus SCHALTUNG KÜSTE Nr. 105/S. 30: In seinem Buch »U-977« berichtet KL SCHAEFER über die damals erstmalige Beölung mit ausgelegter Schlauchverbindung von zwei Booten unter Wasser. Kampfboot und Versorger gingen mit ausgelegter Schlauchverbindung auf 50

m, fuhren in Kiellinie und blieben mit Unterwasserschallgerät in Verbindung, gaben Kurs- und Fahrtsignale. Nach drei Stunden war die Treibstoffübernahme beendet.

* Dietrich WIESE: Nach Ausbildungsfahrten, AGRU-Front und Schießen wurde *U-977* gerammt und erhielt einen aufgenieteten Patschen am Druckkörper: kein Frontboot. Sicher ist bekannt, daß wir – ich war LI auf dem Boot – nach Kriegsende nach Argentinien ausgebüxt sind und am 18. 8. 1945 wohl als letzte deutsche Einheit der Wehrmacht die Kriegsflagge niedergeholt haben. Mir hat diese Fahrt ein Jahr Gefangenschaft und Verhöre eingebracht, da alle den »Adolf« suchten.

U-979 Gekürzter Bericht von Heinrich JANSSEN: Das Operationsgebiet der letzten Feindfahrt lag um Island. Ende April, bei einem Angriff auf einen Geleitzug, rammte ein amerikanischer Zerstörer das Boot und zerstörte dadurch die Stahltrossen am Oberdeck, die zum Längstwellenempfang auf Schnorcheltiefe dienten. Ohne Funkverbindung und Kenntnis vom Kriegsende wurden noch Angriffe durchgeführt. Erst als uns voll beleuchtete Schiffe ohne Zerstörerbegleitung begegneten, kam uns die Situation komisch vor. In einer eisfreien Bucht Grönlands erfuhren wir über eine Notantenne vom Kriegsende und daß wir unter schwarzer Flagge aufgetaucht den nächsten alliierten Hafen anlaufen sollten, also Reykjavik auf Island. Wir beschlossen aber nach Hause zu fahren, meist getaucht, sahen in Bergen (Norwegen) englische Zerstörer ein- und auslaufen und hofften das Wyker Tief vor Föhr zu erreichen. Vor Wittdün auf Amrum gerieten wir jedoch am 24. Mai (!) auf Grund, fluteten alles und setzten uns mit Schlauchbooten an Land ab.

Der Kommandant und die Offiziere wurden in die Gefangenschaft abgeführt, der Kommandant nach einer Untersuchung eines alliierten Kriegesgerichtes anhand des Schiffstagebuches und der Funkkladde freigesprochen.

Erst Internierte auf Amrum, später auf Sylt, haben wir uns im Herbst, als wir mit zur Minensuche sollten, entlassen lassen.

U-992 * Verf.: Diese nette Geschichte fand sich in SCHALTUNG KÜSTE Nr. 105 und mußte einfach mit aufgenommen werden.
Übersetzung eines Artikels in SYDSVENSKA DAGBLADET. Text: Hans WIDING.
In der so aktuellen Zeit des Weihnachtsschinkens kann SYDSVENSKAN über Sonja's Rolle in der Geschichte des Krieges berichten. Es ist das erste Mal, daß über sie in der Presse geschrieben wird.

Nicht einmal das deutsche Militärhauptquartier wußte von Sonja's Existenz. Was sie für den Kampfgeist an Bord bedeutete, berichtet der damalige L.I., Hans MONSER, für SYDSVENSKAN.

Sonja war ein richtiges Schwein, um es genau zu sagen. 52 Mann des deutschen U-Bootes *U-992* erinnern sich an sie mit ein wenig Wehmut. Vielleicht trug sie dazu bei, daß gerade dieses Boot den Krieg überstand.

Das Schweinchen Sonja wurde als heimlicher Matrose an Bord geschmuggelt. Der Besatzung fehlte ein Maskottchen und man dachte an ein Glücksschweinchen. Der damalige L.I. Hans MONSER erzählt:

Es ist eine wunderbare, wahre Geschichte mit einem Schwein in der Hauptrolle. Wenn Freunde und Bekannte mich bitten, über die Dramatik des Krieges zu berichten, so erzähle ich eigentlich nur die Geschichte von Sonja. Ihre Rolle überglänzte sogar die Dramatik des Krieges. Sonja half uns, den Mut nicht sinken zu lassen. Bei unseren Treffen erinnern wir uns noch immer an sie.

Das Ganze begann in einer Kneipe in Hamburg. Der Krieg wütete und das Boot lag zum Auslaufen bereit. Die Stimmung war bedrückt, wir dachten an die Zukunft. Irgendjemand machte den Vorschlag, ein lebendes Maskottchen mit an Bord zu nehmen, ja, warum eigentlich nicht ein Glücksschweinchen?

Ein junger Matrose erzählte, daß zu Hause auf dem Hof in Thüringen kleine Ferkelchen zur Welt gekommen waren. Der junge Mann bekam den »Befehl«, so ein Glücksschweinchen zu holen.

WICHTIGE DIENSTREISE.

Ich erinnere mich, daß ein Dokument für eine wichtige Dienstreise – genannt Spezialauftrag – ausgefertigt wurde, sagt MONSER. Ein paar Tage später kam das kleine schwarze Schweinchen quietschend an Bord.
Das neue Besatzungsmitglied mußte natürlich einen Namen haben. Nach langen Diskussionen einigte man sich: An Bord hatten wir einen richtigen Casanova, seine neueste Eroberung war eine Hamburger Blondine mit Namen Sonja. Teils zum Spaß, teils um unseren Casanova ein bißchen zu ärgern, nannten wir unser schwarzes Glücksschweinchen Sonja.
Wer das extrem harte Leben auf einem U-Boot kennt, kann sich wohl denken, wie schwer es unsere Sonja zu Anfang hatte, berichtet MONSER. Nach und nach gewöhnte sie sich doch sehr gut ein. Matrose Sonja war klug und gelehrig. Im Dienst war sie außerordentlich vorbildlich.
Natürlich wollte Sonja stets Mittelpunkt sein und sie trat wie eine Königin auf. Sie konnte aber auch gehorchen, wenn es darauf ankam. Sie kannte bald sämtliche Kommandos.
FÜR SONJA WAR DER ERNST DES KRIEGES EIN SPIEL.
Obering. MONSER sieht das Bild noch immer vor sich. Wenn es hieß: »Alle Mann voraus«, wußte Sonja Bescheid. Das U-Boot mußte schnell tauchen. Sonja sauste zusammen mit den Besatzungsmitgliedern voran. Sie begriff sehr schnell, daß sie durch die Luken springen mußte. Bevor sie jedoch diese Technik richtig beherrschte, schrie sie herzzerreißend, bis ihr die Kameraden durch die Luken halfen. Sie glaubte, das Ganze sei ein Spiel.
Die Mahlzeiten nahm Sonja gemeinsam mit uns ein. Sie fand das Soldatenleben natürlich und angenehm. Angst und Schrecken waren ihr fremd. 52 Mann merkten, daß auch ein Schwein Zuneigung zeigen kann.
Wir wurden richtig gute Freunde, berichtet MONSER. Sonja liebte besonders die Kaffeepausen. Sie bekam Kondensmilch und ich kann mich noch heute an ihr genußvolles Schmatzen erinnern. Sonja war sehr bald »stubenrein«, sie hatte für diese Bedürfnisse einen kleinen Kasten. Ein Problem für mich war, daß sie sich ausgerechnet meine Koje als Schlafplatz ausgesucht hatte. Es war schwer, sie davon zu überzeugen, daß sie sich einen anderen Schlafplatz suchen mußte.
DAS U-BOOT WURDE ZU ENG FÜR SIE.
U-Bootmatrose Sonja bestand darauf, beim Landgang mit dabei zu sein. Sie marschierte in der Reihe mit. Überall machte die Ortsbevölkerung große Augen. Wochen und Monate vergingen und Sonja wurde immer umfangreicher. Sie entwickelte sich von einem kleinen Ferkelchen zu einem ausgewachsenen Schwein in einer Gewichtsklasse um 120 kg.
Wir bekamen große Schwierigkeiten, sie durch das Turmluk zu hieven, denn sie brauchte ja schließlich auch mal frische Luft. Eines Tages begriffen wir, daß wir uns von unserer voll entwickelten Dame trennen mußten. Es würde uns schwer fallen, denn inzwischen war sie fast eine der Unseren geworden.
Die Entscheidung fiel in Stavanger. Einige unserer Kameraden saßen bei einem Drink in der Bar des Soldatenheimes. Dort hatte man Sonja bereits ins Herz geschlossen. Wir entschieden also, Sonja dort zu belassen.
Wir hatten keine andere Wahl – sie hätte wirklich eines Tages im Turm festsitzen können – Sonja mußte also abmustern, so schwer es uns auch fiel, denn sie hatte uns Glück gebracht!
IHR FEHLTEN DIE KAMERADEN.
Als nun der Krieg zu Ende war, sollte das Boot vor der irländischen Küste versenkt werden. Nichts von der Einrichtung durfte gerettet werden, nicht einmal die Holztafel, die Sonja darstellte und an der Wand hing. Auf dieser Tafel hatten wir die Namen der Schiffe eingezeichnet, die wir versenkt hatten. Ein kanadischer Offizier, derzeit im Dienst auf einer Fregatte, eskortierte Sonjas U-Boot auf seiner letzten Reise. Er fand heraus, daß sein früheres Schiff ebenfalls auf der Tafel verzeichnet war. Wir hatten ihn also ins unfreiwillige kalte Bad geschickt. Er wollte die Tafel als Andenken mit nach Hause nehmen. Sein Kommandant gestattete es ihm jedoch nicht.
Über Sonjas weiteres Schicksal sind wir nicht absolut sicher. 52 Mann hofften von ganzem Herzen, daß sie nicht als Weihnachtsschinken enden mußte. Die später erhaltenen Berichte deuten auch nicht darauf hin. Wir hörten zuletzt, daß sie die Stammesmutter von vielen kleinen schwarzen Ferkelchen geworden war. Es wurde uns berichtet, daß sie es zunächst als unter ihrer Würde empfand, mit ihresgleichen zusammenzuwohnen. Sie bestand darauf,

zusammen mit den Menschen im Wohnhaus zu wohnen. Später hat dann wohl die Natur ihr Recht gefordert.
Sonja hat vielleicht mit dazu beigetragen, daß wir den Krieg überlebten. Allein ihre Gegenwart war Balsam für unsere hart angespannten Nerven. Von uns allen erfuhr sie eine liebevolle Behandlung.

U-1004 * Wolfgang HANNICH schickt Skizze – stilisierte Hellebarde. Da ich *U-1004* von der Indienststellung bis zur Außerdienststellung als I. WO begleitet habe, kann ich Ihnen sagen, daß keine weiteren Abzeichen, Wappen oder dergleichen geführt wurden. Die Hellebarde hat uns über die Jahre begleitet, sowohl als Mützenabzeichen, als auch am Turm angebracht.
* Laut mündlicher Mitteilung soll »tanzender Schimmel auf Pfennig« vor der Hellebarde geführt worden sein.

U-1007 * Hans SANDA: Am 4. 1. 1945 wurde ich von der *Nordland,* welche als Zielschiff der 24. U-Fl. gedient hat, auf das Boot als Zusatz-WO abkommandiert. Kommandant war damals OL WICKE. Von ihm hat im Februar 1945 OL RAABE das Boot übernommen. Ich war wegen Platzmangel im Boot kurz auf *Oranjefontein* umgestiegen, mit der wir im Geleit der Flottille Flüchtlinge aus Gotenhafen nach Hamburg brachten. Am 10. 2. 1945 stieg ich wieder auf *U-1007* ein und löste Ob.Fähnr.z.S. CLAASEN ab. Das Boot wurde der 31. U-Fl. zugewiesen und sollte nach AGRU-Front in Hela zum Einsatz nach Norwegen. Unsere Mixer schufen damals als Bootswappen einen Raben (nach RAABE mit weißer Mütze und einer Buddel Rum unter dem linken Flügel, welches das Boot bis zu seiner Versenkung in der Geltinger Bucht führte. * Unter HORNKOHL führte das Boot den Wolfskopf, das Lindau-Wappen und die Olympischen Ringe (lt. Foto). * Wie *U-1197* hat nach meinen Aufzeichnungen auch unser Boot 35 Jungen übernommen, die wir am 16. März 1945 in Ronne (Bornholm) an Land gesetzt haben.
* Verf.: Oranjefontein war das Stabsschiff der 24. U-Fl. (Kommandanten-Schießflottille).

U-1010 * Günter STRAUCH: Wir hatten als Zeichen Vorkante Turm das Hamburger Wappen. Das Boot war ein VII C-Boot mit Schnorchel. Über dem Wappen war ein Hufeisen in Original angeschweißt. Das Boot war ein Blohm und Voss-Bau und wurde von mir in Königsberg von einem anderen Kommandanten übernommen. *U-1010* kehrte als eines der letzten Boote Mitte Mai aus dem Atlantik zurück und wurde befehlsgemäß in Londonderry an den Engländer abgeliefert.

U-1023 * Otto KREMPL: Den Wolfskopf – er befand sich vor dem Turm – entwarf ich 1944 mit dem damaligen Kommandanten Wolf STRENGER. Am 1. 3. 1945 wurde, nach Übernahme durch SCHROETELER, an StB und BB Seite des Turmes zusätzlich Hammer und Schlegel angebracht. (Kohlenpott-Boot) Beim Auslaufen wurde am Sehrohr eine Grubenlampe befestigt. Die Hymne des Bootes war: »Glück auf, Glück auf, der Steiger kommt . . .«. – *U-1023* versenkt am 7. 5. 1945, um 21.52 Uhr, das letzte alliierte Kriegsschiff im Englischen Kanal. KL SCHROETELER war der letzte Ritterkreuzträger der U-Bootwaffe (2. 5. 1945). Verf.: Siehe jedoch Auflistung der Ritterkreuzträger. – Der Wolfskopf war schwarz, weiß, Hammer und Schlegel aus Messingblech.

U-1064 * Dr. Friedrich BARTH: Das Boot hatte den Namen »Seeteufel«. * Fritz SCHUMACHER: Das Wappen zeigt das kantige Gesicht mit Hakennase (Ebenbild des Kommandanten) mit zwei Hörnern auf dem Kopf. Soviel ich weiß, wurde das Wappen nicht am Turm angebracht, wohl turgen es alle 1064er als Abzeichen an der Mütze. Farben: Grund – silber, Kopf und Wellen – schwarz.

U-1101 * Rudolf DÜBLER: Als Bekenntnis zur Crew wählte ich als Bootswappen das Wappen meiner Crew. Während der Einfahrzeit wurde das Boot zum Schulboot bestimmt und am 10. 1. 1944 der 22. U-Fl. in Gotenhafen zugeteilt. – In der Norm sind wir für jeweils 3 Tage ausgelaufen mit entsprechenden Zwischenliegezeiten, um unseren Kommandantenschülern das »Leben« auf einem U-Boot nahezubringen. Dieser im Verhältnis zur Front gleichmäßige und eintönige Rhythmus veranlaßte mich dazu, in einer gewissen Trotzreaktion den Taxistreifen am Turm anbringen zu lassen.

U-1105 * H. BRESE: Wir mußten oft ins Dock, um unsere Gummihaut zu flicken. Für uns sehr erfreulich, da wir alle eifrige »Anlandgänger« waren. In Danzig, im »TOBIS« hörten wir zum erstenmal den Schlager SCHWARZER PANTHER, eine für die damalige Zeit recht heiße Musik. – Die Platte wurde bald beschafft und an Bord eifrig abgespielt. – Der Kommandant, ein Freund von Opernmelodien, konnte den Jazz-Rhythmus einfach nicht ertragen und untersagte das Abspielen der Platte. Zu dieser Zeit kam der LI mit dem Vorschlag, ein Bootszeichen zu entwerfen. Wir, d. h. Bug- und U-Raum, waren uns einig, im Wappen einen schwarzen Panther zu führen. SCHWARZ war der Name des Kommandanten, schwarz war die Farbe der Gummihaut und mit dem Panther wollten wir die uns verbotene Platte wieder freibekommen. Dieses gelang uns auch. So hatten wir einen Namen, ein Wappen und sogar eine Bootshymne!

* H.-Joachim SCHWARZ: Es ist seinerzeit aus einem unter der Besatzung veranstalteten Wettbewerb entstanden. Im Gegensatz zu allen anderen U-Booten, die einen grauen Anstrich hatten, war unser Boot ganz schwarz, weil es vollständig mit Gummi beklebt war – eine sogenannte ALBERICH-Anlage – als Schutz gegen Unterwasserortung. Daraus entstand der Name »Schwarzer Panther«. Das Wappen soll dieses Raubtier darstellen, welches von Europa aus den nördlichen Atlantik überspannt, das Einsatzgebiet des Bootes.

U-1167 * Alfred DEBUS: *U-1167* wurde im Juni 1944 nach Frontreife an eine andere Besatzung als Schulboot übergeben. Von der Indienststellung bis zur Übergabe hatten wir das Hufeisen mit dem Kleeblatt als Boots- und Mützenabzeichen. Ob der Kommandant K.H. BORTFELDT und seine Besatzung das Bootsabzeichen weiter geführt haben, ist mir und meinen Kameraden von *U-1167* nicht bekannt.

* Helmut STEFFENS: Das Boot wurde von den Danziger Werftarbeitern in zusätzlichen Arbeitsstunden dem »Führer« zu Weihnachten 1943 übergeben.

U-1171 * Rolf SCHULTZ: »Anliegend die Fotokopie einer Seite des Gästebuches von *U-1171* und *U-3513*, auf der das von mir entworfene Bootsabzeichen zu sehen ist. Einer unserer Obermaschinisten brachte von seinem Frontboot einen Zylinder als Talisman mit, den ich bei meinem Entwurf in den Mittelpunkt stellte. Auf den Sprengkopf eines Torpedos setzte ich als Hinweis auf den Namen des Kommandanten eine Nachtigall! (Otto H. NACHTIGALL) Das Wappen wurde aber nicht mehr gefertigt und montiert, da die gesamte Besatzung Ende Juli, Anfang August 1944 erneut nach Danzig (auch *U-1171* war ein Danziger Boot) zur Baubelehrung *U-3513* (Typ XXI) abkommandiert wurde.

*Verf.: *U-1171* fuhr später unter englischer Flagge als *White Puma*. (Foto von Gus BRITTON)

U-1197 * Bericht von Rudolf SCHULZE: Nach Indienststellung wurden die Übungen in Hela (Kommissar Obltn.z.S. STEHLOW) gefahren. Anschließend Abkommandierung mit *U-1196* und *1198* nach Pillau zur 21. U-Flottille unter Korv.-Kpt.z.S. SCHUHART (Ritterkreuzträger). *U-1197* fuhr dort als Schulboot für WO-Schüler, Kadetten und Maschinenpersonal (OF. und Maate). 1944 in Pillau Kommandantenwechsel. Boot wurde von Obltn.z.S. LAU (Sohn des Kriegsgerichtsrats LAU aus Hamburg) geführt. Ende 1944 Abkommandierung des Bootes nach Hela, um wiederum Übungen zu fahren. Bei Durchbruch der Russen in Zoppot Auslaufen nach Gotenhafen zur Torpedoübernahme und wieder zurück nach Hela. Dort Übernahme der gesamten Last, sowie Anbordnahme von 15 Jungen im Alter von 14 – 16 Jahren (KLV-Lager). Anschließend Auslaufen, zunächst mit unbekanntem Ziel. Kurz vor Bornholm Beschuß durch russische Schnellboote (kurz nach 24 Uhr) Alarmtauchen. Nach Auftauchen Kurs auf Bornholm, dort Einlaufen gegen Morgen. Durch starke Nebelbildung erst Auslaufen am nächsten Morgen. Kurs Rügen. Festmachen am Feuerschiff *Arkona*, da Verminung des Gebietes durch englische Flugzeuge. Dann Einlaufen in Rostock. Abgabe der

Torpedos, der Jungen und Proviantübernahme. Auslaufen nach Kiel und weiter nach Bremen zu Restarbeiten. Dort Karfreitag 1945 bei Luftangriff Druckkörper beschädigt. Zunächst Versorgung der Werft mit Strom durch Diesel, da Werft total zerstört. Bei Gefechten alliierter Truppen in den Vororten Bremens ausgelaufen nach Wesermünde. Dort zunächst Versorgung der Anlagen auf der Pier mit Strom und Außerdienststellung des Bootes (ca. 15. 4. 1945). Abstellen der Besatzung zur Marine-Infanterie bis auf ein Sprengkommando. Ob.-Masch.-Mt. SCHULZE, Ob.-Strm.-Mt. HAUTMANN, Msch.-Mt. GESSLER, inzwischen neu zukommandiert. L.I. und Ob.-Strm. ebenfalls neu zukommandiert. Von dort noch einmal Auslaufen kurz vor der Waffenruhe nach Brake mit dem Sonderauftrag, die Anlagen im Hafengebiet mit Strom zu versorgen.
P.S. Es gehörte noch Masch.-Mt. VEIT zu dem Kommando.
* FELDMANN: Zuerst als taktisches Zeichen ein auf der Spitze stehendes Dreieck mit zwei darunter querliegenden Balken in rot. Danach als Bootszeichen einen Krebs. Dieses aus dem Gedanken heraus, daß das Boot nicht mehr weiträumig eingesetzt werden konnte und von Hafen zu Hafen krebste. * Heinz MEFFERT. * Rudolf SCHULZE: Boot übernimmt in Hela (nach Durchbruch der Russen in Zoppot) 15 Jungen eines K.L.V.-Lagers und bringt sie nach Rostock. Etwa am 25. 4. 1945 wird die Besatzung zur Marine-Infanterie abgestellt.

U-1201 * Karl KROSSE: Am Freitag, den 13. in Dienst gestellt: – Dann (wir fuhren alles Übliche durch bis zur 27. U-Fl.) malten wir einen schnaubenden Eber (ähnlich dem Stier von *U-47*) beidseits an den Turm, in leichter Abwandlung des Namens unseres Kommandanten. Allerdings mußten wir unser Boot bald an eine Schulflottille abgeben, da es noch ohne Schnorchel war. Die Besatzung kam bis auf wenige Kameraden nach Bremen auf Baubelehrung für *U-3010*, welches wir dann im November 1944 in Dienst stellten, immer noch unter dem gleichen Kommandanten.

U-1202 * Robert KLAUS: Wappen stammt wahrscheinlich vom Kampfgeschwader 52, da THOMSEN dort als Fliegeroffizier war. * W. BIEDERBECK: Kommandant kam vom Löwengeschwader der Seefliegerei. Das Latein soll heißen: »Die Spur des Löwen«. * Rolf THOMSEN: Bei dem Löwen handelt es sich um den berühmten Wappenlöwen des Welfenherzogs Heinrich des Löwen, es wurde als Denkmal von Heinrich dem Löwen in Braunschweig errichtet. Die Worte: »VESTIGIUM LEONIS« – die Fährte des Löwen – soll der Sage nach H.d.L. nach der Eroberung von Bardenfleth zusammen mit einem gezeichneten Löwen mit Kreide an die dortige Kirchentür geschrieben haben, als Zeichen seiner Macht. – Das 1936 in Braunschweig aufgestellte Kampfgeschwader 26 der Luftwaffe – das später einzige Lufttorpedogeschwader – hat Löwen und Unterschrift als Geschwader-Wappen übernommen. Ich war 1941/42 Adjutant dieses Geschwaders und habe zur Indienststellung meines Bootes *U-1202* das Geschwader gebeten, die Patenschaft für dieses Boot zu übernehmen. Eine Abordnung des Geschwaders nahm an der Indienststellung teil und schenkte uns das Geschwader-Wappen. Ich habe dementsprechend dieses Wappen für mein Boot übernommen.

U-1206 * Hans ZILLER: Gezeichnet wurde das Turmzeichen von Matr.Ob.Gefr. Bernd KAPPES. Boot, erbaut auf der Schichau-Werft, Danzig, überlebte alle nötigen Ausbildungsfahrten schadlos und war frontreif bis auf die erforderlichen Restarbeiten. Bis dahin schmückte das Zeichen unseren Turm. Unser Spitzname in der Flottille war »U-HUPPATZ«. Woher das Wort kam, weiß der Teufel. So Mitte 1944 gaben wir das Boot *U-1206* ab und stellten *U-3514* Typ XXI in Dienst, wiederum in Danzig. * Adolf SCHLITT: Ich habe das Boot, das lange Zeit im Atlantik im Einsatz war (Kommandant G. FRITZE) im Sommer 1944 übernommen. Das Boot war seinerzeit wappenlos. Im Spätsommer und Herbst 1944 durchlief das Boot mit neuer Besatzung und neuem Kommandanten die üblichen heimatlichen Ausbildungsstationen (Schießflottille, AGRU-Front usw.). – Der Kommandant war befreundet mit einer jungen Dame, die den bürgerlichen Namen »STORCH« trug. Fräulein STORCH trat häufiger auch der Besatzung gegenüber in Erscheinung. Als das Boot im Frühjahr 1945 nach beendeter Werftliegezeit in Hamburg kurz vor dem Auslaufen in die Nordsee seinen Abschiedsabend feierte, überraschte die Besatzung den Kommandanten mit einem Bootswappen, dem beiliegenden, farbig ausgeführten Storch. Farben: Schild – schwarz, Storch und innerer Rand – weiß, Storchschnabel und Beine – rot. * K.-Adolf SCHLITT: Das Boot ist dann Anfang 1945 von Stavanger aus in sein Einsatzgebiet zwischen Aberdeen und Orkneyinseln in die Nordsee ausgelaufen. Während des Versuchs, sich vor einen Geleitzug zu setzen, fiel ein Diesel aus. Es wurde versucht, den Diesel unter Wasser zu reparieren. Während dieser Arbeiten kam es über das vordere Bord-WC zu einem starken Wassereinbruch auf 60 m Tiefe, der nicht mehr abgestoppt werden konnte. Das Boot mußte im Bereiche der äußeren Sicherung des Geleitzuges, auf den wir operierten, auftauchen. Da der starke Wassereinbruch zur Chlorgasbildung im Boot geführt hatte und da infolge Vollaufens der Batterie die Elektrik im Boot ausgefallen war und das Boot den englischen Flugzeug- und Zerstörer-Angriffen waffenlos und bewegungsunfähig gegenüberstand, wurde es am Freitag, den 13. April 1945, etwa 10 Seemeilen ostwärts Peter Head versenkt. Die Besatzung erreichte mit Hilfe von Schlauchbooten die englische Küste bzw. wurde von englischen Bewachern aufgenommen. Drei Besatzungsangehörige sind leider in der Küstenbrandung ums Leben gekommen.

Die Ereignisse, die sich auf U-1206 kurz vor dem Versenken abgespielt haben, sind in dem Buch »Jäger – Gejagte« von Jochen Brenneke auf den Seiten 383 ff. beschrieben worden. Die Schilderung von Brenneke gibt den Tatbestand im großen und ganzen zutreffend wieder. Sie ist insofern falsch, als es nicht der Kommandant gewesen ist, der Bedienungsfehler begangen hat. Der Kommandant befand sich während der kritischen Situation des Wassereinbruchs im Maschinenraum, um sich dort über den Stand der Reparaturarbeiten am Diesel zu informieren.

U-1223 * Günther BARCK: Zum Auslaufen zu unserer ersten Feindfahrt am 6. 8. 1944 hatten die Frauen von Ob.Strm. TERNES, Ob.Masch. HELM und Ob.Masch. DRENSLER alle in Kiel aufzutreibenden roten Rosen aufgekauft und beim Anbordgehen der Besatzung die Rosen angesteckt bzw. übergeben. Unsere Brücke war voll roter Rosen. Nach dem Ablegen wurde ein großer Teil davon ins Fahrwasser geworfen und schwamm wie ein rotes Band zwischen der Pier und unserem Boot und aus dem großen Lautsprecher auf der Pier ertönten neben den Abschiedsgrüßen für die mit uns auslaufenden Boote die Worte: »Wir wünschen dem Rosenboot U-1223 viel Erfolg und glückliche Heimkehr«. – So entstand der Name »ROSENBOOT«; unser noch oft gesungenes Lied: »Aber eins, aber eins, das bleibt bestehen, das Rosenboot U-zwölf, zwo, drei wird niemals untergehn« wurde Wirklichkeit. Unser Mech.Ob.Gefr. Walter FUHS hatte es im August 1944 auf der Fahrt von Kiel nach Bergen entworfen und gemalt. Es wurde in Bergen vorne am Turm (Metallschild) befestigt.

U-1227 * Martin LEHMANN: Ich bin als I. WO auf U-1227 gefahren. Wir haben eine der längsten Schnorchel-Reisen von Kiel nach Gibraltar und zurück absolviert, vom 31. 8. 1944 bis 3. 1. 1945. Es war die erste Reise des Finkenwerder-U-Bootes. Auf dieser Reise haben wir unser Bootswappen entworfen und auch produziert. – Ich besitze noch ein solches Exemplar, von dem ich Ihnen ein Foto beilege. Die Abzeichen wurden mit Bordmitteln gefertigt, der Himmel in »Weißblech-blau«, der Elefant aus dünnem Messingblech hergestellt. Somit brauchte lediglich mit grüner Farbe der Atlantik aufgetragen werden. Das Symbol ist leicht zu erklären. Wir waren ein großes Boot (IX C). Dafür steht der Elefant. Wir haben es zu einer Dauerunterwasserfahrt mit Schnorchel-Tätigkeit von 40 Tagen gebracht, dafür steht der hochgestreckte Rüssel.

U-1232 * Friedel BIERMANN: Unser Boot trug nur den Schriftzug »HALIFAX«, sonst nichts, weder das Flottillen-Wappen noch das Crew-Abzeichen. Da unser Operationsgebiet im St.-Lorenz-Strom vor Halifax war und wir dort viel Erfolg hatten, bekam unser Boot diesen Namen. Unser Emblem, den Tiger, trugen wir an der Mütze. – Heimkehr nach Flensburg am 10. 3. 1945 mit schweren Beschädigungen an Brücke, Sehrohr, Druckkörper, Setzkiel und Schiffsschraube. Nicht mehr einsatzfähig. Boot kam in die Werft nach Wesermünde und ist dort auch versenkt worden. – Der größte Teil der Besatzung ist im April 1945 noch umgestiegen auf ein 500er Boot. Dies wurde von OL ROTH kommandiert und nach Kriegsende nach England überführt.

U-1233   * Jochen AHME: Das Boot wurde unter der Bau-Nr. 396 am 24. 4. 1944 in Dienst gestellt. (Deutsche Werke, Hamburg) Nur ein ganz kleiner Teil der Besatzung kam von U-Booten. Der Kommandant KK Jochen KUHN, ehemaliger AO auf *Graf Spee* hatte nur U-Schule. So hatten wir während der Einfahrtzeit mit dem Kommandanten und den Kommandos viel »Trabbel«, es klappte vieles überhaupt nicht, und so fertigte ich als E-Maat mit meinem Kumpel Dieselmaat Hein GREHL zunächst eine runde, gehämmerte Kupferscheibe (ca. 4 cm Durchmesser) mit einem Spazierstock in Schräglage. Auf die Frage des Kommandanten, was das symbolisiere, war die Antwort: »Krückendampfer«. Er wollte auch solch ein Emblem und dann entstand die letzte bessere Fassung auf der Feindfahrt: auf Bronze-U, gekreuztes U-Boot mit Krücke. Wir trugen es alle an der Bordmütze und – da wir nur noch schnorchelten – kein Wappen am Turm; nur nach Rückkehr von Feindfahrt mit Kreidefarbe mies aufgepinselt.

U-1234   * Alfred BAYER: Das Abzeichen war vom Masch.Ob.Gfr. Josef HARECKER entworfen worden, gelangte aber wegen des Bootsverlustes durch Kollision nicht mehr zur Ausführung. Nach einer Aufforderung, beim Überwassermarsch nach Bornholm besonders wachsam zu sein, nannte sich das Boot U-Falkenauge. Besatzung wechselte auf *U-3004*. Verf.: In SCHALTUNG KÜSTE Nr. 36, S. 483, von Norbert KRÜGER »U-Boot gerammt und gesunken« nach einem Bericht von Alfred BAYER, der aus dem gesunkenen Boot aus 36 m Tiefe ausstieg, während 4 Mann sich selbst im E-Raum »trocken« einschlossen. Nach drei Tagen konnte das Boot von zwei Kränen gehoben werden, mit acht Toten im teilweise zerstörten Vorschiff und den vier »trocken« gebliebenen Matrosen. Insgesamt hatten 13 Mann ihr Leben verloren.

* Bericht von Norbert KRÜGER: Alfred Bayer, ein früheres Besatzungsmitglied von *U-561* (U-Wuppertal), gehörte im Frühjahr 1944 zur Besatzung von *U-1234*, einem großen Boot vom Typ IX C. Am 19. April war das Boot in Dienst gestellt worden. Die Ausbildung wurde in der Ostsee durchgeführt. In der Nacht zum 16. Mai lief *U-1234* zu einer Übungsfahrt aus Gotenhafen aus. Es war kalt, die See bewegt. Als die E-Maschinen-Manöver beendet waren und auf die Diesel umgeschaltet worden war, hatte die Wache im E-Raum Ruhe. Bayer gehörte zu dieser Gruppe. Die Hafenausfahrt wurde passiert, das Boot erreichte die offene See.

Bayer reparierte gerade einen kleinen Schaden, als der Maschinentelegraph auf »Äußerste Kraft zurück« rasselte. »Ich sprang sofort zu meiner Maschine und knallte die Hebel rein. Plötzlich ein Stoß, dann Stille. Ein Blick auf den Tiefenmanometer: 36 Meter! Das Boot lag auf Grund!

Den Tauchretter hatte ich schon um, als der Befehl »Schotten dicht« kam. Das Licht erlosch, nur die Notbeleuchtung war an. Totenstill war es im Boot. Nun hieß es, Ruhe bewahren, überlegen. Das Achterschiff vom Dieselraum bis zum Hecktorpedoraum war heil geblieben, die Räume trocken, kein Wassereinbruch. Bayer eilte zum Dieselraum. Dort fand er alles verlassen vor, da sich die Männer der Diesel-Wache in die Zentrale gerettet hatten, aus der sie durchs Zentraleluk »aussteigen« konnten. Um den Leuten im Achterschiff zu helfen, hatten sie das achtere Kugelschott schnell noch geschlossen und damit jeden Wassereinbruch verhindert. Außer Bayer befanden sich vier oder fünf Mann im Achterschiff, darunter ein Kranker. Bayer bemühte sich, diesen unerfahrenen Leuten, die noch keine Feindfahrt mitgemacht hatten, zu erklären, daß der Druckausgleich nur durch Fluten der Räume hergestellt werden konnte.

»Als ich ihnen meinen Plan darlegte, die Räume zu fluten, um aussteigen zu können, lehnten sie mit der Begründung ab, der kranke Kamerad hält das nicht durch. Wenn wir schon sterben müssen, dann hier, hier ist es trocken. Es war mir klar, sie hatten Angst vor dem Aussteigen.« Kaum war Bayer wieder in den Dieselraum gegangen, schlossen seine Männer hinter ihm das Schott, blockierten es, ebenso die Schieber der Ab- und Zuluftleitungen, damit der E-Raum nicht unter Wasser gesetzt werden konnte. Bayer, nunmehr nur noch für sich verantwortlich, flutete den Dieselraum. Als das Wasser langsam stieg, klingelte plötzlich das batterielose Telefon. »Ich nahm ab und hörte die Stimme des Maschinengefreiten Heine. Er fragte an, was er tun solle, er stehe bis zum Hals im Wasser. Im Dieselraum war inzwischen der Druckausgleich hergestellt. Ich hielt den Kopf in der Luftblase. Als er mich sah, sagte er nur, im Turm hänge noch ein Toter verklemmt und versperre das Luk. Mir war klar, auch er hatte Angst. Deshalb schrie ich ihn an, sofort auszusteigen, und schob ihn vor mir her. Einen Augenblick später war es geschafft. Wir waren draußen. Eisige Kälte, stockdunkle Nacht! Hilfeschreie überall! Auch ich verlor da die Nerven und schrie um Hilfe. Bald wurde ich gleichgültig und ließ mich vom Tauchretter tragen.«

Zusammen mit vielen anderen Kameraden wurde Bayer von einem Vorpostenboot aufgefischt. Auf den Hinweis, vier Mann seien noch im Boot, stiegen nach kurzer Zeit Taucher in die Tiefe und nahmen Klopfverbindung auf. Drei Tage später wurde das Boot von zwei Kränen gehoben, und die vier Matrosen erblickten völlkommen trocken wieder das Tageslicht. Ebenfalls wurden acht Tote aus dem teilweise zerstörten Vorschiff geborgen, sechs weitere behielt die See.

Was war eigentlich geschehen? Nach eingehenden Untersuchungen zeigte sich, daß U-1234 von einem polnischen Hochseeschlepper gerammt worden war. Versehentlich? Absichtlich? Man weiß es nicht. U-1234 wurde nach Stettin geschleppt, repariert und unter einer neuen Besatzung wieder in Dienst gestellt. Bei Kriegsende wurde es von der eigenen Besatzung versenkt.

U-1406 * Gus BRITTON: Do you know that the crest of the U-1407 (Verf.?) (which because the »METEORITE« in the Royal Navy) was a Red Devil leading a child devil by the hand? A friend of mine tells me he saw it on U-1407 when he went to Germany and that the captain was one of TOPPs Officers. * Horst HEITZ (Kommandant U-1407): Wachoffizier von TOPP war der Kommandant von U-1406, Werner KLUG, 39A. Ob er den roten Teufel von TOPP mit einem kleineren an der Hand geführt hat, erinnere ich mich nicht mehr, obwohl wir sehr viel zusammen waren.

U-2326 * KL JOBST: (U-2326) das den Engländern ausgeliefert wurde, erhielt Frankreich zuerst leihweise, dann als Geschenk. Es sank unter dem Kommando von KL AVON am 6. Dezember 1945 mit Mann und Maus vor Toulon.

U-2513 * Karl KROSSE: Wir wechselten abermals das Boot, diesmal U-3010, und bekamen U-2513 von KL BUNGARDS. Inzwischen stieg auch FK TOPP als neuer Kommandant ein. Da malten wir seine roten Teufel an den Turm. Wegen Geheimhaltung mußten wir sie aber bald wieder überpönen.

U-2514 * Alfred DEBUS: Die Besatzung von U-2514 übernahm das Boot nach Baubelehrung im April 1945. Die vorige Besatzung war noch nicht ausgebildet und sollte im Erdkampf eingesetzt werden. »Der Froschkönig mit dem Hamburger Wappen in der Kugel« wurde von uns auf U-2514 und U-2541 am Turm geführt und hatte folgenden Ursprung: KL WAHLEN hatte als junger Offizier m Pillauer Hafen ein 250 t Boot schwimmend untertaucht. Sehr wahrscheinlich ging es um eine Wette. Nach dem Auftauchen drückten ihm seine Kameraden noch im Wasser einen Ball oder eine Kugel in die Hände und nannten ihn »Froschkönig«. Diesen Namen hat er bis heute behalten. In diese Kugel wurde das Hamburger Wappen eingezeichnet, weil der Kommandant ein Hamburger Junge und das Boot ein Hamburger Boot war. * Helmut STEFFENS: Der Kommandant von U-2514, dann U-2541, KL WAHLEN, kam von U-23, wo er den Froschkönig und das Band des Hamburger Alsterclubs führte. Farben: blau, rot, gelb, rot, blau. (siehe U-23). * Lennard LINDBERG/Schweden (Foto).

U-2538 * Heinrich KLAPDOR: In der Anlage überreiche ich Ihnen eine Aufnahme des Wappens meines letzten Bootes, Typ XXI, U-2538. Ich habe das Boot am 16. 2. 1945 als Kommandant in Dienst gestellt und am 7. 5. 1945 (!), 4.30 Uhr vor der Insel Ar im Kleinen Belt versenken müssen. Es ist dann im Herbst 1949 von den Dänen gehoben und im Frühjahr 1950 abgewrackt worden. Die Unterlagen über die Nachkriegsdaten habe ich von dänischer Seite bekommen. Das Original-Wappen aus Dosenblech, Kupfer und Messing an Bord hergestellt, hüte ich wie ein Kleinod, werde es bei Gelegenheit der U-Boot-Kameradschaft Hamburg übergeben. Es soll seinen Platz im »Wintergarten« bekommen.

U-2541 * Alfred DEBUS: Bevor wir *U-2541* übernahmen, hatte das Boot ein Abzeichen, welches einen Vogel (Papagei) darstellt, der in einer Sprechblase die Laute »Ra Ra« von sich gibt. – Farben zum Froschkönig: Frosch – grün, Maul – rot, Bauch – gelb, Krone – gelb, Kugel – gelb, Hamburger Wappen – rot. Die vorige Besatzung unter OL STELLMANN war noch nicht ausgebildet und sollte im Erdkampf eingesetzt werden.

U-3001 * Dr. Hans VOGEL: Als ehemaliger Kommandant von *U-3001* und *U-3025* darf ich sagen: Wir hatten kein Wappen. Es ist irgendwann etwa 1943 verboten worden, Wappen außen zu führen. Und dann ist in vielen Fällen bei den Booten auch ein Wappen gar nicht erst erdacht worden. * Karl KOCH: Dr. Hans VOGEL, KL auf *U-143*, führte sein Crew-Wappen am Turm. Es bestand aus einem Bananenblatt sowie einem Buschmesser. Auf unserem Boot *U-3001* führten wir dieses auch. – zu *U-3025* s.d.

U-3008 * Peter KÖHLER: Ich fuhr vom Frühjahr 1944 bis kurz vor Kriegsende auf einem Typ XXI-Boot. Die Bauwerft war – wie aus der Nummer ersichtlich – VULKAN in Vegesack bei Bremen, also ein Boot mit 3000er Nummer. In einem frühen Stadium der Erprobung und Ausbildung mußten wir das Boot wechseln. Eine Besatzung mit mehr Fronterfahrung hatte ihr Boot verloren und erhielt das unsrige. – Unser Kommandant war ein ehemaliger Handelsschiffoffizier, OLzS SCHLÖMER, I. WO – OLzS Gustav LANGE, II. WO – LzS Alfons SCHÖNE, III. WO LzS Klaus FRANKE und ich als Zusatz-Ll. LI war OL (Ing.) Hans Dieter WINZER. Von der Besatzung, die unser Boot übernahm, kenne ich nur noch den LI KL (Ing.) FUCHSLOCHER. – Das Wappen habe ich nach einem alten Foto vom Turm des Bootes gezeichnet. Ihn (Verf.: gemeint ist wohl der Eulenspiegel) trugen wir auch aus Blech an unseren Mützen. Der Wappenspruch »SEMPER MORS MURUM« ist eine Mischung aus Latein und Plattdeutsch und heißt in freier Übersetzung »Immer mit dem Arsch an der Wand«. Wo das Wappen herstammt, weiß ich leider nicht. Die Besatzung hatte vorher ein Typ VII C-Boot gefahren und dort bereits dieses Wappen geführt. (Verf.: War *U-1164)* Wappengrund – blau, Eulenspiegel – rot.

U-3010 * Karl KROSSE: (siehe erst Text zu *U-1201*). Die Besatzung (von *U-1201*) kam bis auf wenige Kameraden auf Baubelehrung für *U-3010*, das wir dann im November 1944 in Dienst stellten, immer noch unter dem gleichen Kommandanten. – Wir wandelten das damalige Lied vom Flugzeugführer von der wilden Sau ab und sangen im Ratskeller zu Bremen: »Und wenn es bumst und kracht, dann wißt ihr es genau, das war'n die U-Bootfahrer von der wilden Sau«. – Soweit ich mich entsinne, brachten wir unsere Maling vom schnaubenden Eber auf diesem Boot nicht an. Wir liefen dann beim Einfahren des Bootes vor Sonderburg auf eine Mine und bekamen dabei eine leicht verzogene Backbordwelle. * Verf.: An Rettung über See beteiligt.

U-3013 * Harry MAKOWSKI: Die Gründe für die Entstehung eines jeden Bootszeichens sind mehr oder weniger stichhaltig, so auch für das Zeichen von *U-3013*. Man muß daher wissen, daß die vier Asse vorher ein Zeichen für sich waren und den Turm des erfolgreichen *U-107* auf allen seinen Fahrten begleitet hat. Die Entstehung dieses Zeichens ist darauf zurückzuführen, daß sein erster Kommandant, KL HESSLER, mit Leidenschaft Patience spielte. Seitdem trug das Boot dieses Zeichen. – Im August 1944 wurde *U-107* durch Fliegerbomben versenkt, als sich die Besatzung zum größten Teil in Urlaub befand. Nach Übernahme eines neuen Bootes durch den letzten Kommandanten von *U-107*, KL SIMMERMACHER, wurden Kamerad FEHR und ich beauftragt, ein neues würdiges Bootszeichen zu entwerfen. Es war klar für uns, daß das alte Zeichen ein augenfälliger Bestandteil des neuen sein mußte. Es wurde entworfen und verworfen. Schließlich fanden wir doch eine annehmbare Lösung, welche die Zustimmung aller Besatzungsmitglieder besaß. Um die Erfolge von U-107 (weit über 250 000 BRT) zu würdigen, kamen wir auf den Gedanken, auf den Untergrund eines Ritterkreuzes, umrahmt von Eichenlaub, die vier Asse zu setzen. Der Kommandant genehmigte dieses neue Emblem und es wurde nun am Turm unseres Bootes U-3013 angebracht.

U-3027 * Kurt FELLA (ehemaliger Diesel-Ob.Masch.): In Bremen/Weser AG, noch in der Zeit der Baubelehrung, wurde kurz vor der Indierststellung von U-891, Typ IX, die Besatzung auf U-3027, Typ XXI kommandiert. Dieses Boot wurde am 3. 5. 1945 bei Travemünde durch mich versenkt. Die Besatzung wurde zwei Tage vorher in Richtung Neustadt in Marsch gesetzt. Als Versenkungskommando blieben 2 Unteroffiziere und zwei Mann mit mir an Bord. Die Krake wurde in der Werftzeit aus Blechresten (meist Aluminium) gefertigt und an der Mütze getragen.

U-3034 * Horst BÖTTCHER: Das Boot vom Typ XXI wurde am 31. 3. 1945 in Wesermünde in Dienst gestellt. Nach einer kurzen Erprobung mußte es von uns an eine andere Besatzung abgegeben werden, die ihr Boot bei einem Fliegerangriff am Liegeplatz verloren hatte, mit diesem Typ schon besser vertraut war und angeblich noch an die Front fahren sollte. Ob diese Besatzung, der Name des Kommandanten ist mir leider nicht mehr bekannt, das Wappen behalten hat, weiß ich auch nicht. Sie wollte es jedenfalls tun. Nach den mir vorliegenden Informationen ist das Boot dann bei der Kapitulation von der Besatzung versenkt worden. Es hatte also kein langes Leben. * Entstehungsgeschichte des Wappens: Unser Kommandant, OLzS Wilhelm PREHN, hat während der Baubelehrung zu einem Wettbewerb aufgerufen. Der beiliegende Entwurf wurde ausgewählt, bei der Indienststellung als Wappen von U-3034 vorgestellt und prämiert. Die Darstellung und der Name »TÜMMLER« sollte versinnbildlichen: »Schnell, gewandt und auf allen Meeren zu finden.«

U-3513 * Rolf SCHULTZ, ehemaliger I. WO auf U-1171 und U-3513: Nach den Vorstellungen unseres Kommandanten wurde nun ein neues Bootswappen entworfen: Wappen der Stadt Danzig mit der Unterschrift »PETER VON DANZIG«, (germanischen Runen nachempfunden), über dem Danziger Wappen das für U-1171 vorgesehene Zeichen, rechts und links oben je ein sogenanntes Hoheitszeichen. Nach Indienststellung fertigten Angehörige der 2. Division (Maschinenpersonal) nach einer gezeichneten Vorlage zwei Wappen aus Messing an, die nach der Bemalung jeweils vorn Steuerbord und Backbord am Turm angebracht wurden. Einige Tage vor der Selbstversenkung auf der Reede von Travemünde am 3. Mai 1945 wurden die Wappen abgeschraubt und eines von unserem Kommandanten über die Wirren der Zeit gerettet. (Foto)

U-3514 * Hans ZILLER: So Mitte 1944 gaben wir U-1206 ab und stellten U-3514, Typ XXI, in Dienst, wiederum in Danzig. Verließen Danzig am 2. 2. 1945 über Rönne (Bornholm), Travemünde. Restarbeiten in Hamburg bei Howaldt. Zurück Kiel, Kattegat, Skagerak, Kristiansand, Egersund, Stavanger, Haugesund, Bergen. 11. U-Fl. unter LEHMANN-WILLENBROCK. – Und hier war Schluß, Ende. Letzte Tage unter dem neuen Kommandanten KL Klaus WILLEKE. (Boot brachte von Hela acht leicht verwundete Landser nach Travemünde.)

Aus einem Brief des Flottillenadmirals a. D. Otto KRETSCHMER:
Ich möchte Ihre Aufmerksamkeit einmal auf die Erfolgsstander lenken. Später wurden es ja meist Wimpel mit Tonnagezahlen, die ja vielfach auf Schätzungen beruhten und deshalb einer späteren Nachprüfung nicht standhalten konnten. Aus diesem Grunde habe ich diese (wie ich finde, unschöne) Entwicklung nicht mitgemacht, sondern bin bei der ursprünglichen Sitte geblieben. Diese stellte eine Übertragung aus den Segelregatten dar, wo es die (Erfolgs- oder) Siegesstander schon immer gab. Jede Yacht setzte ja anstelle des Clubstanders den

persönlichen Rennstander im Topp, der nach Siegen dann in entsprechender Anzahl im Want geführt wurde, denn dann wehte ja im Topp wieder der Clubstander.
Diese Siegesstander boten sich also auch für den U-Bootkrieg an. Einer der ersten Kommandanten, bei dem ich sie sah, war mein viel zu früh gefallener Crew-Kamerad Max-Hermann BAUER. Nach meiner Erinnerung benutzte er den (noch heutigen) Clubstander des Hochseesportverbandes HANSA: die weiße fliegende Möve auf rotem Grund. Auf *U-23* setzte ich (leere) weiße Stander, für die Versenkung des Zerstörers *H.M.S. Daring* allerdings eine kleine britische Kriegsflagge. Auf *U-99* konnten die Siegesstander sehr persönlich aussehen, da mir das Schicksal die beiden Hufeisen als Turmabzeichen zugespielt hatte. Diese wirkten am Turm unauffällig – besonders in See, so daß auch im Hafen Spione besonders genau hinsehen mußten. Da das gottgesandte Hufeisen fest zu *U-99* gehörte, mußte es auch im Bootsstander erscheinen: rotgolden auf weißem Grund, was sich in See mit Hilfe der Farbenschöpps gut darstellen ließ.
Ein solcher Stander (nicht Wimpel) existiert noch in einem Privatmuseum in Hamburg zusammen mit einer Kriegsflagge von *U-99,* die beide, der vor der letzten Unternehmung ausgestiegene I.W.O., Obltn.z.S. BARGSTEN als Souvenir mitbekommen hatte. Für die drei von mir versenkten Hilfskreuzer wurden beim Einlaufen in Lorient natürlich wieder kleine britische Kriegsflaggen am Want gesetzt, selbstverständlich als oberste Siegeszeichen.
U-99 hatte überhaupt den alten (preußischen) Stil beizubehalten versucht. Ich selbst trug als Kommandant nie eine weiße Mütze, da ich diese Angeberei verabscheute. Eine gute Besatzung zeichnete sich durch Erfolge in See und gutes natürliches (nicht arrogantes) Benehmen an Land aus – niemals durch Gammel. Bei der Rückkehr von einer Unternehmung gelang es mir meist, in der Nacht vor dem angesetzten Einlaufen in Lorient unter Minengeleit zwischen Küste und Isle de Croix zu ankern. Dann wurde auf dem Achterdeck die Dusche ausgebracht zum Baden. Das letzte Frischwasser gab es zum Rasieren. Sauberes Unterzeug, reine U-Bootspäckchen wurden angezogen. Zum Einlaufen alle (einschließlich Kommandant) gleich angezogen mit Schiffchen auf dem Kopf, an Oberdeck angetreten; nur die Brücke und das 20 mm MG waren besetzt. Kein Gammel, fast wie zur Parade. Abends – nach den heiligen Handlungen des echten Badens, Haarschneidens usw. – großes Festessen der ganzen Besatzung im Hotel »BEAUSEJOUR«. – Auch das war Alltag!

Aus dem Gästebuch der 4. U-Flottille

Verstummt ist nun der Hämmer Schlagen,
verrauscht der ganze Lärm der Werft.
Zum großen Start nach ruh'gen Tagen
stehn wir bereit, den Blick geschärft
und wach wie immer sind die Sinne
und Stolz mit frohem Mut gepaart,
daß nun ein neues Werk beginne
wir rüsten uns zu großer Fahrt.

Du Stadt am schönen Oderflusse
nicht lange gabst Du uns Quartier,
doch Stunden freudevoller Muße,
voll Glück und Ruhe dank' ich Dir.
Und wars auch manches Mal beschwerlich,
und kam's mal anders als gedacht,
so sagen wir Dir trotzdem ehrlich:
»es hat uns nicht viel ausgemacht.«

Du Insel, wo die Schwimmdocks liegen,
wo an der Pier schon Jahr um Jahr
sich schlanke, graue Boote wiegen, –
Du, die uns bisher Heimat war,
den schönsten Gruß woll'n wir Dir sagen
wenn unser Abschiedslied erklingt,
bis nur noch unsrer Flagge Schlagen
zum fernen Kai hinüberdringt.

Du großer Bunker vorn am Zaune,
der uns so manchmal Zuflucht gab, –
in dem auch ich, bei guter Laune,
vier Tage festgesessen hab,
Du wirst uns noch von Ferne grüßen.
Wenn wir nun oderabwärts ziehn,
hast Du uns, die wir scheiden müssen,
zum letzten Blick Dein Bild geliehn.

Ihr alle, die um uns gewesen,
Soldat, Marinehelferin,
solltet Ihr einstmals von uns lesen,
dann denkt an uns mit heitrem Sinn.
Denkt dann: Fremd war uns jeder Kummer,
wir taten lachend unsre Pflicht.
»Vergeßt das U-Boot mit der Nummer
achthundertvierundsiebzig nicht!«

Verfaßt von Btsmt. Fred HELMEKE am 21. 1. 1945

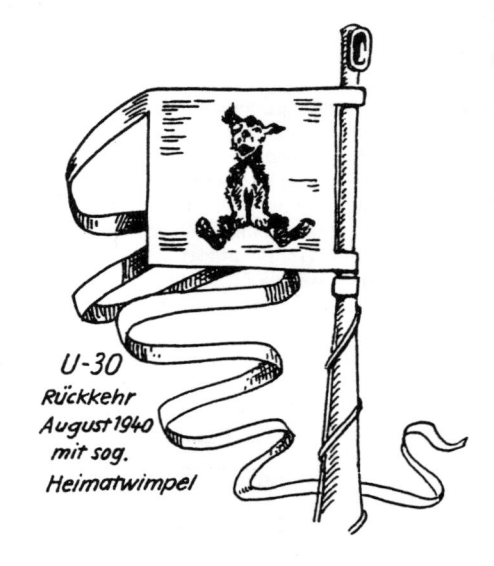

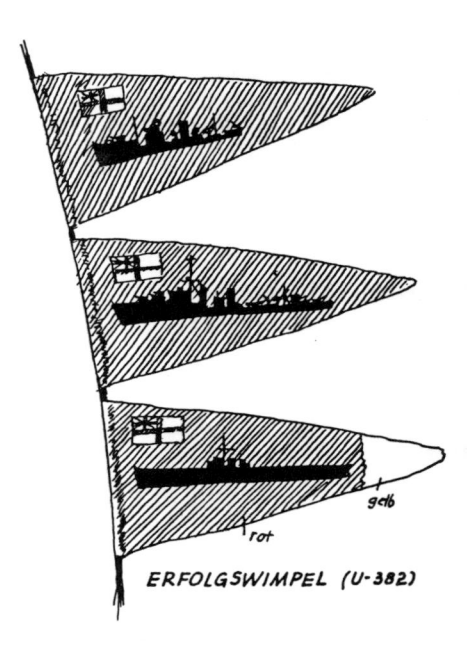

Lili Marlen – zur See

Auf dem Atlantik, auf dem weiten Meer,
schwimmet unser U-Boot so langsam hin und her,
wenn wir dann auf Tiefe gehn,
so hab'n wir meistens was gesehn,
: wie bei dir, Lili Marlen :

Plötzlich ruft der Posten:
»Rauchfahne voraus!«
Das kann drei Aale kosten und macht uns gar nichts aus,
denn sollten sie daneben gehn,
kann uns daraus kein Leid entstehn,
: wie bei dir, Lili Marlen :

Wenn die Spanten krachen, und das Licht geht aus,
und wir sacken tiefer, das macht uns gar nichts aus,
und wenn wir dann auf Tiefe gehn,
bei tausend Metern bleib'n wir stehn,
: wie bei dir, Lili Marlen :

Wir sind ja Artisten, wir machen uns nichts draus,
und aus jeder Tiefe steig'n wir gemütlich aus,
bei tausend Metern wird's erst schön,
wenn wir zu Fuß nach Hause gehn,
: wie bei dir, Lili Marlen :

– gesungen in den Stützpunkten zu vorgerückter Stunde!

Atlantiktragödie – 1942

Durch den nächtlichen Atlantik
ziehen ruhig ihre Bahn,
hundert starke Grönlandwale
und der größte schwimmt voran.

Auf dem nächtlichen Atlantik
fahren schneller ihre Bahn,
zehn bis zwanzig graue Boote,
das mit Fühlung vorne dran.

Unterm nächtlichen Atlantik
horchen Funker scharf an G.H.G.'n,
melden laufend: »Starke Peilung«!
doch vom Feind ist nichts zu seh'n.

In den Weiten des Atlantik
laufen Diesel »Große Fahrt«, – – –
hinter einer Herde Wale,
ist das etwa eine Art???

Auf dem nächtlichen Atlantik
fängt ein neues Leben an.
Statt der Tanker jagt man Wale,
weil man sonst nichts finden kann!

Gereimt im Nordatlantik 1942
von Georg Seitz
ehem. Ob.Fk.Mt. auf *U-604* (Höltring)

* Georg Seitz: Das Bootswappen *U-604* (Kptltn.) HÖLTRING) bedeutete einen aus dem Wasser springenden Delphin und steht nicht im Zusammenhang mit den Walen, die uns als Fühlungshalter im Nordatlantik um die Weihnachtszeit 1942 beim »Rundhorchen« tagelang an der Nase herumgeführt hatten. (Siehe Gedicht)
Ich führe die Maling auf folgendes zurück: KL Höltring war Flugzeugführer oder Beobachter bei den Seefliegern, bevor er zur U-Bootwaffe kam. Zu Anfang trug er noch ein Abzeichen der Luftwaffe bevor er das U-Bootabzeichen erhielt. So kann ich mir gut vorstellen, daß für ihn ein aus dem Wasser springender Delphin eine Bedeutung hatte.

Boote von denen bisher kein geführtes Zeichen bekannt ist

Boots-nummer	Anzahl der Gefallenen	Kmdt. gefallen	Rang und Name des Kommandanten	Verlust-Datum	Verlustort
U-1	25	†	KL Deecke Jürgen	16. 4. 1940	U-Boot *Porpoise*
U-4			LT Riegler	1. 8. 1944	außer Dienst Gotenhafen
U-5	21	†	LT Rahn	19. 3. 1943	Tauchpanne, Pillau
U-6			LT Jestel	7. 8. 1944	außer Dienst Gotenhafen
U-7	26	†	OL Loeschke	18. 2. 1944	Tauchpanne, Pillau
U-11			OL Dobenecker	3. 5. 1945	Kiel, (↓)
U-12	27	†	KL von der Ropp	8. 10. 1939	Mine, Kanal
U-13			OL Schulte (M.)	31. 5. 1940	nordw. Newcastle
U-15	25	†	KL Frahm	31. 1. 1940	Nordsee, gerammt
U-16	28		KL Wellner	24. 10. 1939	vor Dover, durch Mine
U-21			OL Schwarzkopf	5. 8. 1944	außer Dienst Pillau
U-27			KL Franze	20. 9. 1939	nw. Hebriden, br. Zerstörer
U-35			KL Lott	29. 11. 1939	ostw. Shetlands, Zerstörer
U-36	40	†	KL Fröhlich	4. 12. 1939	U-Boot *Salmon*, Nordsee
U-39	2		KL Glattes	14. 9. 1939	westl. Hebriden, Zerstörer
U-41	49	†	KL Mugler	5. 2. 1940	südl. Irland, Zerstörer
U-42	26		KL Dau	13. 10. 1939	sw. Irland, Zerstörer
U-45	38	†	KL Gelhaar	14. 10. 1939	ostw. Irland, Zerstörer
U-54	41	†	KL Kutschmann	14. 2. 1940	Nordsee, Mine
U-55	1	†	KL Heidel	30. 1. 1940	Nordatlantik, Zerstörer
U-58	1		OL Schulz (R.)	3. 5. 1945	Kiel, (↓)
Siehe dazu Tafeln »Verbleib der Kriegsbeginn-Boote«					
U-64	8		KL Schulz (W.)	13. 4. 1940	Ofotfjord, Flieger
U-90	44	†	KL Oldörp	24. 7. 1942	ostw. Neufundland
U-98	46	†	OL Eichmann	19. 11. 1942	sw. Kap St. Vinzent
U-102	43	†	KL v. Klot-Heydenfeldt	6. 1940	Biskaya, vermißt
U-104	49	†	KL Jürst	21. 11. 1940	nw. Irland
U-112 bis U-115 nicht gebaut					
U-117	62	†	KK Neumann	7. 8. 1943	Nordatlantik
U-120			OL Bensel	2. 5. 1945	Bremerhaven (↓)
U-122	48	†	KL Loof	6. 1940	Nordkanal-Biskaya, vermißt
U-125			KL Folkers	6. 5. 1943	ostw. Neufundland
U-127	51	†	KL Hansmann	15. 12. 1941	westl. Gibraltar
U-131			KK Baumann	17. 12. 1941	nordostw. Madeira
U-138	2	–	OL Gramitzky	18. 6. 1941	westl. Cadiz
U-139			OL Kimmelmann	2. 5. 1945	Wilhelmshaven (↓)
U-140			OL Scherfling	2. 5. 1945	Wilhelmshaven (↓)
U-144	28	–	KL v. Mittelstaedt	9. 8. 1941	nördl. Dagö
U-145			OL Görner	30. 6. 1945	England, OpDl
U-157	52	†	KK Henne	13. 6. 1942	Golf v. Mexiko
U-158	53	†	KL Rostin	30. 6. 1942	nordwestl. Bermudas
U-166	52	†	OL Kuhlmann	1. 8. 1942	Golf von Mexiko
U-179	61	†	KK Sobe	8. 10. 1942	vor Kapstadt
U-183	55	†	KL Schneewind	23. 4. 1945	Javasee, U *Besugo* (US)
U-186	53	†	KL Hesemann	12. 5. 1943	nördl. Azoren
U-197	67	†	KL Bartels	20. 8. 1943	südwestl. Madagaskar
U-215	48	†	KL Hoeckner	3. 7. 1942	ostw. Boston
U-220	51	†	OL Barber	28. 10. 1943	Mittelatlantik
U-222	42		KL v. Jessen	2. 9. 1942	vor Pillau, Kollision
U-226	51	†	OL Gänge	6. 11. 1943	ostw. Neufundland

Boots-nummer	Anzahl der Gefallenen	Kmdt. gefallen	Rang und Name des Kommandanten	Verlust-Datum	Verlustort
U-229	50	†	OL Schetelig	22. 9. 1943	südostw. Kap Farewell
U-232	46	†	KL Ziehm	8. 7. 1943	westl. Oporto
U-240	50	†	OL Link	16. 5. 1944	nordostw. Shetlands
U-243	11	†	KL Märtens	8. 7. 1944	westl. Nantes
U-246	48	†	KL Raabe	29. 3. 1945	westl. Lizard Head
U-248	48	†	OL Loos	16. 1. 1945	Nordatlantik
U-250	46		KL Schmidt W. K.	30. 7. 1944	Koivisto-Enge
U-252	44	†	KL Lerchen	14. 2. 1942	südl. Irland
U-253	46	†	KL Friedrichs	23. 9. 1942	nordostw. Island
U-254	41	†	KL Gilardone	8. 2. 1944	Grönland, Koll. m. *U-221*
U-259	48	†	KL Köpke	15. 11. 1942	nördl. Algier
U-261	43	†	KL Lange H.	15. 9. 1942	südl. Färöer
U-263	51	†	KL Nölke	1. 1944	Biskaya, vermißt
U-266	47	†	KL v. Jessen	14. 5. 1943	Nordatlantik
U-268	45	†	OL Heydemann	19. 2. 1943	westl. Nantes
U-272			OL Hepp	12. 11. 1942	vor Hela, Kollision
U-273	46	†	OL Rossmann	19. 5. 1943	südl. Island
U-274	48	†	OL Jordan	23. 10. 1943	südl. Island
U-276	3		OL Zwarg	29. 9. 1944	Neustadt, außer Dienst
U-279	48	†	KL Finke	4. 10. 1943	südl. Island
U-280	49	†	OL Hungershausen	16. 11. 1943	Nordatlantik
U-284			OL Scholz	21. 12. 1943	Nordatlantik
U-285	46	†	KL Bornhaupt	15. 4. 1945	südl. Irland
U-286	51	†	OL Dietrich	29. 4. 1945	Barentssee
U-288	49	†	OL Meyer W.	3. 4. 1944	Barentssee
U-289	51	†	KL Hellwig	31. 5. 1944	südw. Bäreninsel
U-290			OL Baum	5. 5. 1945	Geltinger Bucht (↓)
U-297	50	†	OL Aldegermann	6. 12. 1944	Pentland Firth
U-298			OL Gehrken	29. 5. 1945	England OpDl
U-299	2		OL Emde	29. 5. 1945	England, OpDl
U-301	45	†	KL Körner	21. 1. 1943	westl. Korsika
U-303	19		KL Heine	21. 5. 1943	südl. Toulon, U *Sickele*
U-304	46		OL Koch	28. 5. 1943	südostw. Kap Farewell
U-308	44	†	OL Mühlenpfort	4. 6. 1943	nordostw. Färöer
U-314	49	†	KL Basse	30. 1. 1944	südostw. Bäreninsel
U-316			OL König	2. 5. 1945	Travemünde (↓)
U-317	50	†	OL Rahlf	26. 4. 1944	nordostw. Shetlands
U-319	51	†	OL Clemens	15. 7. 1944	südwestl. Lindesnes
U-322	52		OL Wysk	25. 11. 1944	nordostw. Orkneys
U-323			OL Dobinsky	3. 5. 1945	Nordenham (↓)
U-325	51	†	OL Dohrn	30. 4. 1945	Kanal
U-326	43		KL Matthes	4. 1945	um England vermißt
U-327	46	†	KL Lemcke	27. 2. 1945	Westausgang Kanal
U-329 und U-330 nicht gebaut					
U-335	43	†	KL Pelkner	3. 8. 1942	nw. Shetlands, U *Saracen*
U-336	50	†	KL Hunger	4. 10. 1943	südwestl. Island
U-337	47	†	OL Ruwiedel	15. 1. 1943	südwestl. Island
U-339			OL Remus	3. 5. 1945	Wilhelmshaven (↓)
U-341	50	†	OL Epp	19. 9. 1943	südwestl. Island
U-342	51	†	OL Hossenfelder	17. 4. 1944	südl. Island
U-343	51	†	OL Rahn	10. 3. 1944	südl. Sardinien
U-346	36	†	OL Leisten	20. 9. 1943	Hela, Tauchpanne
U-347	49	†	OL De Buhr	17. 7. 1944	westl. Narvik

Boots-nummer	Anzahl der Gefallenen	Kmdt. gefallen	Rang und Name des Kommandanten	Verlust-Datum	Verlustort
U-349	1		OL Dähne	5. 5. 1945	Geltinger Bucht (↓)
U-350			OL Niester	30. 3. 1945	Hbg.-Finkenw. Flibo
U-356	46	†	OL Ruppelt	27. 12. 1942	Nordatlantik
U-358	50	†	KL Manke	1. 3. 1944	nördl. Azoren
U-359	47	†	OL Förster	28. 7. 1943	südl. Santo Domingo
U-361	52	†	KL Seidel	17. 7. 1944	westl. Narvik
U-364	49	†	OL Sass	30. 1. 1944	westl. Bordeaux
U-366	51	†	OL Langenberg	5. 3. 1944	nördl. Hammerfest
U-367	43	†	OL Stegemann	15. 3. 1945	Hela, Mine
U-368			OL Giesewetter	23. 6. 1945	England, OpDl
U-374	42	†	OL v. Fischel	12. 1. 1942	ostw. Catania, U *Unbeaten*
U-377	52	†	OL Kluth	1. 1944	Nordatlantik, vermißt
U-384	47	†	OL v. Rosenberg-Gruszczynski	19. 3. 1943	südwestl. Island
U-386	33		OL Albrecht	19. 2. 1944	nördl. Azoren
U-387	51	†	KK Büchler	9. 12. 1944	vor Murmansk
U-388	47	†	OL Suess	20. 6. 1943	südostw. Grönland
U-390	48	†	OL Geissler	5. 7. 1944	Seine-Bucht
U-391	51	†	OL Dültgen	13. 12. 1943	nordw. Kap Ortegal
U-392	52	†	OL Schümann	16. 3. 1944	Gibraltar
U-394	50	†	KL Borger	2. 9. 1944	Nordmeer
U-395	nicht gebaut				
U-398	45	†	OL Cranz	5. 1945	um England vermißt
U-399	46	†	OL Buhse	26. 3. 1945	Kap Lizzard
U-400	50	†	KL Creutz	17. 12. 1944	südl. Cork
U-401	44	†	KL Zimmermann	3. 8. 1941	südw. Irland
U-412	48	†	KL Jahrmärker	22. 10. 1942	nordostw. Färöer
U-416	36		OL Rieger	12. 12. 1944	vor Pillau, Kollision
U-417	46	†	OL Schreiner	11. 6. 1943	nordwestl. Färöer
U-418	48	†	OL Lange G.	1. 6. 1943	nordw. Kap Ortegal
U-420	50	†	OL Reese	26. 10. 1943	Nordatlantik
U-424	50	†	OL Lüders	11. 2. 1944	südl. Irland
U-426	50	†	KL Reich	8. 1. 1944	westl. Nantes
U-430			OL Hammer	30. 3. 1945	Bremen, Flibo
U-443	48	†	OL v. Puttkamer K.	23. 2. 1943	vor Algier
U-446	23	†	OL Richard	5. 1945	Lübeck (↓)
U-449	49	†	OL Otto	24. 6. 1943	nordw. Kap Ortegal
U-452	42	†	KL March	25. 8. 1941	südl. Island
U-464	2		KL Harms	20. 8. 1942	südl. Island
U-465	48	†	KL Wolf	5. 5. 1943	nordw. Kap Ortegal
U-469	46	†	OL Claussen	25. 3. 1943	westl. Färöer
U-470	46	†	OL Garve	16. 10. 1943	südwestl. Island
U-474	nicht in Dienst				
U-476	35		OL Niethmann	24. 5. 1944	südwestl. Lofoten
U-477	51	†	OL Jenssen	3. 6. 1944	westl. Drontheim
U-478	52	†	OL Rademacher	30. 6. 1944	nördl. Shetlands
U-479	51	†	OL Sons	12. 1944	Finnbusen, vermißt
U-482	48	†	KL Graf v. Matuschka	16. 1. 1945	Nordkanal
U-484	52	†	KK Schaeffer	9. 9. 1944	Nordkanal
U-485			KL Lutz	8. 5. 1945	Gibraltar eingelaufen
U-488	65	†	OL Studt	26. 4. 1944	nw. Kapverdische Inseln
U-491 bis U-500 nicht gebaut					
U-503	51	†	KL Gericke	15. 3. 1942	südostw. Neufundland

Boots-nummer	Anzahl der Gefallenen	Kmdt. gefallen	Rang und Name des Kommandanten	Verlust-Datum	Verlustort
U-517	3	†	KL Hartwig	21. 11. 1942	südwestl. Irland
U-519	50	†	Kl Eppen	10. 2. 1943	südwestl. Irland
U-520	53	†	KL Schwartzkopf	30. 10. 1942	ostw. Neufundland
U-523	18	†	KL Pietzsch	25. 8. 1943	nordostw. Azoren
U-524	51	†	KL Frhr. v. Steinaecker	22. 3. 1943	südl. Madeira
U-526	42	†	KL Möglich	14. 4. 1943	vor Lorient, Mine
U-530	3	†	OL Wermuth	10. 7. 1945	Argentinien eingelaufen
U-531	54	†	KL Neckel	6. 5. 1943	nordostw. Neufundland
U-535	55	†	KL Ellmenreich	20. 11. 1943	nordw. Kap Finisterre
U-538	55	†	KL Gossler	21. 11. 1943	nordostw. Azoren
U-540	55	†	KL Kasch	17. 10. 1943	ostw. Kap Farewell
U-542	56	†	OL Coester	28. 11. 1943	nördl. Madeira
U-543	58	†	KL Hellriegel	2. 7. 1944	südwestl. Teneriffa
U-544	57	†	KL Mattke	17. 1. 1944	westl. Azoren
U-550	44		KL Hänert	16. 4. 1944	ostw. New York
U-572	46		OL Kummetat	3. 8. 1943	nordostw. Trinidad
U-577	43	†	KL Schauenburg	9. 1. 1941	nordw. Marsa Matruk
U-579	24		OL Schwarzenberg	5. 5. 1945	vor Fredericia
U-580	12	†	OL Kuhlmann	11. 11. 1941	vor Memel, Kollision
U-583	45	†	KL Ratsch	15. 11. 1941	Danziger Bucht, Kollision
U-585	45	†	KL Lohse	29. 3. 1942	vor Murmansk
U-587	42	†	KL Borcherdt	27. 3. 1942	Nordatlantik
U-589	44	†	KL Horrer	12. 9. 1942	südwestl. Spitzbergen
U-590	45	†	OL Krüer	9. 7. 1943	Amazonasmündung
U-599	44	†	KL Breithaupt	24. 10. 1942	nordw. Azoren
U-602	48	†	KL Schüler	4. 1943	Oran, vermißt
U-603	51	†	KL Bertelsmann	1. 3. 1944	nordw. Azoren
U-609	46	†	KL Rudloff	7. 2. 1943	Nordatlantik
U-612	2		OL Dick	2. 5. 1945	Warnemünde (↓)
U-619	44	†	OL Makowski	15. 10. 1942	südostw. Kap Farewell
U-620	46	†	KL Stein	14. 2. 1943	nordwestl. Lissabon
U-623	46	†	KL Schröder (H.)	21. 2. 1943	Nordatlantik
U-624	45	†	KL Graf v. Soden-Fr.	7. 2. 1943	Nordatlantik
U-626	47	†	LT Bade	15. 12. 1942	Nordatlantik
U-627	44	†	KL Kindelbacher	27. 10. 1942	südwestl. Island
U-631	53	†	OL Krüger	17. 10. 1943	südostw. Kap Farewell
U-633	43	†	OL Müller B.	7. 3. 1943	Nordatlantik
U-635	48	†	OL Eckelmann	6. 4. 1943	südwestl. Island
U-637	8		OL Weber (Ing.)	6. 1945	England, OpDl
U-638	44	†	KL Staudinger	5. 5. 1943	nordostw. Neufundland
U-639	47	†	OL Wichmann	28. 8. 1943	vor Nowaja Semlja
U-640	49	†	OL Nagel	17. 5. 1943	Kap Farewell
U-644	45	†	OL Jensen	7. 4. 1943	nordw. Narvik
U-646	46	†	OL Wulff	17. 5. 1943	südostw. Island
U-647	48	†	KL Hertin	3. 8. 1943	südw. Island, vermißt
U-648	50	†	OL Stahl	23. 11. 1943	nordw. Azoren
U-649	36		OL Tiesler	24. 2. 1943	Ostsee, Koll. mit U-232
U-655	45	†	KL Dumrese	24. 3. 1942	Barentssee
U-656	45	†	KL Kröning	1. 3. 1942	südl. Kap Race
U-658	48	†	KL Senkel	30. 10. 1942	ostw. Neufundland
U-661	44	†	OL v. Lilienfeld	15. 10. 1942	Nordatlantik
U-665	46	†	OL Haupt	22. 3. 1943	westl. Nantes
U-670	21		OL Hyronimus	20. 8. 1943	Danziger Bucht, Kollision

Boots-nummer	Anzahl der Gefallenen	Kmdt. gefallen	Rang und Name des Kommandanten	Verlust-Datum	Verlustort
U-671	47	†	OL Hegewald	4. 8. 1944	südl. Brighton
U-673			OL Gerke	24. 10. 1944	Kollision vor Stavanger
U-674	49	†	OL Muhs	2. 5. 1944	nordwestl. Narvik
U-675	51	†	OL Sammler	24. 5. 1944	nordwestl. Stadlandet
U-676	57	†	KL Sass	19. 2. 1945	Finnischer Meerbusen, Mine
U-677			OL Ady	5. 4. 1945	Hamburg, Flibo
U-678	52	†	OL Hyronimus	7. 7. 1944	südl. Brighton
U-679	53	†	OL Aust	10. 1. 1945	nordostw. Pakri, Ostsee
U-681	11	†	OL Gebauer	11. 3. 1945	Bishop-Rock
U-682			OL Thienemann S.	11. 3. 1945	Hamburg, Flibo
U-683	49	†	KL Keller G.	12. 3. 1945	Lands End
U-684 bis U-700 nicht gebaut					
U-702	45	†	KL v. Rabenau	4. 4. 1942	Nordsee, Ursache unbekannt
U-705	45	†	KL Horn	3. 9. 1942	westl. Brest
U-710	49	†	OL v. Carlowitz	24. 4. 1943	südl. Island
U-713	50	†	OL Gosejakob	24. 2. 1944	nordwestl. Narvik
U-714	51	†	KL Schwebcke	14. 3. 1945	vor Firth of Forth
U-718			OL Wieduwilt	18. 11. 1943	no. Bornholm, Koll. M. U-476
U-719	52	†	OL Steffens	26. 6. 1944	westl. Nordirland
U-722	44	†	Ol Reimers	27. 3. 1945	bei den Hebriden
U-723 bis U-730 nicht gebaut					
U-738	24	†	OL Hoffmann E. M.	3. 3. 1944	Gotenhafen, außer Dienst
U-740	51	†	KL Stark	9. 4. 1944	sw. Scilly-Inseln
U-742	52	†	KL Schwassmann	18. 7. 1944	westl. Narvik
U-743	50	†	OL Kandzior	9. 9. 1944	nw. Irland
U-746	1		OL Lottner	5. 5. 1945	Geltinger Bucht (↓)
U-749	2		OL Huisgen	4. 4. 1945	Kiel, Flibo
U-750	1		OL Grawert	5. 5. 1945	Flensburger Förde, (↓)
U-762	51	†	OL Pietschmann	8. 2. 1944	sw. Island
U-765	38	†	OL Wendt	6. 5. 1944	Nordatlantik
U-767	48	†	OL Dankleff	18. 6. 1944	sw. Guernsey
U-768			OL Buttjer	20. 11. 1943	Pillau-Gotenh., Kollis.
U-769 und U-770 nicht gebaut					
U-771	51	†	OL Block	11. 11. 1944	Harstad, U Venturer (brit.)
U-774	44	†	KL Sausmikat	18. 4. 1945	sw. Irland
U-779			OL Stegmann	24. 6. 1945	England, OpDl
U-780 bis U-791 nicht gebaut					
U-792			OL Duis	4. 5. 1945	Audorfer See, (↓)
U-794			OL Becker	3. 5. 1945	Geltinger Bucht, (↓)
U-795			OL Selle	3. 5. 1945	Kiel, (↓)
U-796 bis U-800 nicht gebaut					
U-803	13	†	Kl Schimpf	27. 4. 1944	vor Swinemünde, Mine
U-804	56	†	OL Meyer H.	9. 4. 1945	Kattegat
U-807 bis U-820 nicht gebaut					
U-822			OL Elsinghorst	3. 5. 1945	Wesermünde, (↓)
U-823 und U-824 nicht gebaut					
U-825			OL Stoelker	13. 5. 1945	England, OpDl
U-827			KL Baberg	4. 5. 1945	Flensburger Förde, (↓)
U-828			OL John A.	3. 5. 1945	Wesermünde, (↓)
U-829 bis U-840 nicht gebaut					
U-841	27		KL Bender W.	17. 10. 1943	ostw. Kap Farewell
U-842	56	†	KK Heller H.	6. 11. 1943	Nordatlantik
U-844	53	†	OL Möller G.	16. 10. 1943	südw. Island

Boots-nummer	Anzahl der Gefallenen	Kmdt. gefallen	Rang und Name des Kommandanten	Verlust-Datum	Verlustort
U-846	57	†	OL Hashagen	4. 5. 1944	nördl. Kap Ortegal
U-848	64	†	KK Rollmann	5. 11. 1943	sw. Ascension
U-849	63		KL Schultze H. O.	25. 11. 1943	westl. Kongomündung
U-852	11		KL Eck	3. 5. 1944	Somaliküste, (↓) n. Flibo
U-855	56	†	OL Ohlsen	24. 9. 1944	westl. Bergen
U-856	27		OL Wittenberg	7. 4. 1944	südö. Kap Sable
U-859	48	†	KL Jebsen	23. 9. 1944	vor Penang U *Trenachant* (brit.)
U-866	55	†	OL Rogowsky	18. 3. 1945	nordö. Boston
U-867	60	†	KL v. Mühlendahl	19. 9. 1944	nordw. Bergen
U-870			KK Hechler	30. 3. 1945	Bremen, Flibo
U-871	69	†	KL Ganzer	26. 9. 1944	nordw. Azoren
U-876			KL Bahn	4. 5. 1945	Eckernförder Bucht (↓)
U-878	51	†	KL Rodig	10. 4. 1945	westl. St. Nazaire
U-879	52	†	KL Manchen	19. 4. 1945	sw. Kap Sable
U-881	52	†	KL Dr. Frischke	6. 5. 1945	sw. Kap Race
U-882 nicht gebaut					
U-883			OL Uebel	21. 6. 1945	England, OpDl
U-884 bis U-888 nicht gebaut					
U-889			KL Braeucker	12. 5. 1945	in Shelburne/Nova Scotia eingelaufen sp → USA
U-890 bis U-900 nicht gebaut					
U-901			KL Schrenk	29. 5. 1945	England, OpDl
U-902 nicht gebaut					
U-903			KL Tinschert	3. 5. 1945	Kiel, (↓)
U-904			OL Stührmann	5. 5. 1945	Eckernförde, (↓)
U-905			OL Schwarting	20. 3. 1945	südöst. Färöer
U-906 gebombt/Wrack				31. 12. 1944	Hamburg
U-908 bis U-920 nicht gebaut					
U-922			OL Käselau	3. 5. 1945	Kiel, (↓)
U-925	51	†	OL Knoke	9. 1944	zw. Island u. Färöer vermißt
U-927	47	†	KL Ebert	24. 2. 1945	vor Falmouth
U-929	1		OL Schulz W.	3. 5. 1945	Warnemünde, (↓)
U-930			OL Mohr	30. 5. 1945	England, OpDl
U-931 bis U-950 nicht gebaut					
U-951	46	†	OL Pressel	7. 7. 1943	nw. Kap St. Vincent
U-961	49	†	OL Fischer K.	29. 3. 1944	ostw. Färöer
U-962	50	†	OL Liesberg	8. 4. 1944	nw. Kap Finisterre
U-964	47	†	OL Hummerjohann	16. 10. 1943	sw. Island
U-970	38	†	KL Ketels	7. 6. 1944	Biskaya
U-971	2		OL Zeplien	26. 6. 1944	nw. Brest
U-972	50		OL König	1. 1944	Nordatlantik, vermißt
U-973	51	†	OL Paepenmöller	6. 3. 1944	nw. Narvik
U-974	42	†	OL Wolff H.	19. 4. 1944	vor Stavanger, norw. U *Ula*
U-976			OL Tiesler	25. 3. 1944	Biskaya
U-980	52	†	KL Dahms	11. 6. 1944	nw. Bergen
U-982	1		OL Hartmann C.	9. 4. 1945	Hamburg, außer Dienst
U-983	5		LT Reimers	8. 9. 1943	n. Leba, Kollis. m. *U-988*
U-984	45	†	OL Sieder	20. 8. 1944	westl. Brest
U-986	50	†	OL Kaiser	17. 4. 1944	sw. Irland
U-987	52	†	OL Schreyer	15. 6. 1944	westl. Narvik, brit. U. *Satyr*
U-988	50	†	OL Dobberstein	29. 6. 1944	westl. Guernsey
U-993			OL Steinmetz	4. 10. 1944	Bergen, außer Dienst

Boots-nummer	Anzahl der Gefallenen	Kmdt. gefallen	Rang und Name des Kommandanten	Verlust-Datum	Verlustort
U-994			OL Metzer	29. 5. 1945	England, OpDl
U-996 nicht in Dienst					
U-998			KL Fiedler	27. 6. 1944	Bergen, außer Dienst
U-1000			OL Müller W.	29. 9. 1944	Minentr. außer Dienst
U-1001	46	†	KL Blaudow	8. 4. 1945	engl. Kanal
U-1008			OL Gessner	6. 5. 1945	Skagens Horn
U-1011 und U-1012 nicht gebaut					
U-1014	48	†	OL Glaser	4. 2. 1945	Hebriden
U-1020	52	†	OL Eberlein	12. 1944	nordö. Schottland, vermißt
U-1021	43	†	OL Holpert	30. 3. 1945	Hebriden
U-1025			OL Pick	5. 5. 1945	Flensburger Förde, (↓)
U-1026 bis U-1050 nicht gebaut					
U-1052			OL Scholz G.	29. 5. 1945	England, OpDl
U-1054			KL Riekeberg	16. 9. 1944	n. Kollis. außer Dienst
U-1055	49	†	OL Meyer R.	30. 4. 1945	westl. Brest
U-1056	1		OL Schröder G.	5. 5. 1945	Geltinger Bucht
U-1057			OL Lüth G.	30. 5. 1945	England, OpDl
U-1058			OL Bruder	10. 5. 1945	an UdSSR ausgeliefert
U-1059	47	†	OL Leupold	19. 3. 1944	westl. Kap Verden
U-1061			OL Jäger W.	30. 5. 1945	England, OpDl
U-1062	55	†	OL Albrecht K.	30. 9. 1944	westl. Kapverd. Inseln
U-1065	45	†	OL Panitz	9. 4. 1945	Kattegat
U-1066 bis 1100 nicht gebaut					
U-1102			OL Sell	23. 6. 1945	England, OpDl
U-1103			KL Eisele	23. 6. 1945	England, OpDl
U-1106	46	†	OL Bartke	29. 3. 1945	Nordw. Shetlands
U-1107	35		KL Parduhn	25. 4. 1945	Biskaya
U-1109			OL van Riesen	12. 5. 1945	England, OpDl
U-1111 bis U-1130 nicht gebaut					
U-1131			OL Fiebig	1. 4. 1945	Hamburg, Flibo
U-1132			OL Koch W.	4. 5. 1945	Flensburger Förde
U-1133 bis U-1160 nicht gebaut					
U-1161	1		OL Schwalbach	4. 5. 1945	Flensburger Förde
U-1163			OL Balduhn	29. 5. 1945	England, OpDl
U-1165			OL Homann	19. 5. 1945	England, OpDl
U-1166			OL Ballert S.	3. 5. 1945	Kiel, (↓)
U-1168			KL Umlauf	5. 5. 1945	bei Holnis (↓)
U-1169	50	†	OL Goldbeck	5. 4. 1945	St.-Georgs-Kanal, Mine
U-1170			KL Justi	3. 5. 1945	Travemünde, (↓)
U-1172	52	†	OL Kuhlmann	26. 1. 1945	Irische See
U-1173 bis U-1190 nicht gebaut					
U-1191	50	†	OL Grau	25. 6. 1944	Lyme-Bay
U-1193			OL Guse	5. 5. 1945	Geltinger Bucht, (↓)
U-1194			OL Zeissler	23. 6. 1945	England, OpDl
U-1196	2		OL Ballert R.	3. 5. 1945	Travemünde, (↓)
U-1198			OL Peters G.	24. 6. 1945	England, OpDl
U-1200	52	†	OL Mangels	11. 11. 1944	südl. Fastnet
U-1204			OL Jestel	5. 5. 1945	Geltinger Bucht, (↓)
U-1205			OL Zander	3. 5. 1945	Kiel, (↓)
U-1207			OL Lindemann	5. 5. 1945	Geltinger Bucht, (↓)
U-1208	49	†	KK Hagene	20. 2. 1945	St.-Georgs-Kanal
U-1210			KL Gabert	3. 5. 1945	vor Eckernförde
U-1211 bis U-1220 nicht gebaut					

Boots-nummer	Anzahl der Gefallenen	Kmdt. gefallen	Rang und Name des Kommandanten	Verlust-Datum	Verlustort
U-1224			KL Preuss	13. 5. 1944	als jap. RO 501 b. Azoren
U-1225	56	†	OL Sauerberg	24. 6. 1944	nordw. Bergen
U-1226	56	†	OL Claussen	10. 1944	Nordatlantik vermißt
U-1236 bis U-1270 nicht gebaut					
U-1271	1		OL Thienemann	30. 5. 1945	England, OpDl
U-1272			OL Schatteburg	30. 5. 1945	England, OpDl
U-1273	43	†	KL Knollmann	17. 2. 1945	Oslo-Fjord, Mine
U-1274	44	†	OL Fitting	16. 4. 1945	Nordsee
U-1275			OL Frohberg	5. 1945	England, OpDl
U-1276	49	†	OL Wendt	3. 4. 1945	nordw. Bergen
U-1278	48	†	KL Müller-Bethke	17. 2. 1945	nordw. Shetlands
U-1279	48	†	OL Falke	3. 2. 1945	Nordmeer
U-1280 bis U-1300 nicht gebaut					
U-1302	48	†	KL Herwartz	7. 3. 1945	Bucht von Cardigan
U-1304			OL Süss	5. 5. 1945	Flensburger Förde, (↓)
U-1306			OL Kiessling	5. 5. 1945	Flensburger Förde, (↓)
U-1307			OL Buscher	30. 5. 1945	England, OpDl

Nachfolgende Boote wurden bis auf wenige in Dienst gestellt, nach Kriegsende selbst versenkt oder ausgeliefert, zum Teil durch Bomben vernichtet.
U-1405 – U-1407   U-2321 – U-2371   U-2501 – U-2552   U-3002 – U-3051   U-3501 – U-3532 und U-4701 – U-4714

Größere Mannschaftsverluste traten noch ein bei Booten mit folgenden höheren Bootsnummern:

Boots-nummer	Anzahl der Gefallenen	Kmdt. gefallen	Rang und Name des Kommandanten	Verlust-Datum	Verlustort
U-2331	15		OL Pahl H. W.	10. 10. 1944	vor Hela durch Unfall
U-2338	12	†	OL Kaiser H.-F.	4. 5. 1945	westl. Ostsee (F)
U-2342	8	†	OL Schad v. Mittelbiberach	26. 12. 1944	(M) vor Swinemünde
U-2344	6		OL Ellerlage	18. 2. 1945	bei Kollis. vor Heiligendamm
U-2359	12	†	OL Bischoff G.	2. 5. 1945	im Kattegat durch Flieger
U-2503	14	†	KL Wächter	3. 5. 1945	(F) schwer beschädigt
U-3032	28		OL Slevogt H.	3. 5. 1945	(F) westl. Ostsee
U-3519	65	†	KL v. Harpe	2. 3. 1945	(M) westl. Ostsee
U-3520	59	†	KL Ballert S.	31. 1. 1945	(M) vor Bülk/Kieler Förde
U-3523	57		OL Müller W.	5. 5. 1945	(F) im Kattegat ostw. Aarhus

An der Rückführung von Flüchtlingen aus den Ostgebieten wirkten mit (soweit bekannt): *U-56, U-57, U-58, U-59, U-721, U-903, U-924, U-999, U-1007, U-1101, U-1177, U-1205, U-2518, U-2533, U-3010, U-3025, U-3507, U-3517.*

Einzelverluste:
ermittelt anhand amerikan. Register der Kriegstagebücher (nicht vollständig)

U-24	1 Toter, 2 Verwundete bei Seegefecht, 27. 5. 1944
U-30	3 Verwundete durch Fliegerangriffe
U-43	1 Mann über Bord, 31. 3. 1940
U-46	2 Mann über Bord, 27. 9. 1940
	1 tödl. Verwundeter durch Fliegerangriff am 25. 10. 1940.
U-47	1 Mann über Bord am 5. 9. 1940
U-57	6 Tote durch Kollision am 3. 9. 1940
U-66	1 Mann an Krankheit verstorben, 13. 9. 1942
	3 Tote, 8 Verwundete bei Fliegerangriff am 3. 8. 1943
U-67	1 Mann starb durch Unfall an Bord am 27. 10. 1942
U-68	1 Vermißter, 3 Verwundete nach Luftangr. 14. 6. 1943
U-77	2 Verwundete durch Luftangriff am 7. 11. 1942
U-91	1 Vermißter nach Luftangriff am 27. 3. 1943
U-92	1 Mann über Bord, 29. 11. 1943
U-97	2 Mann über Bord gewaschen in der Biscaya, Mitte 1941 (mündl. Mitteilung
U-106	4 Mann (Brückenwache) über Bord gewaschen, 23. 10. 1941.
	1 Offz. getötet, Kmdt. verwundet bei Fliegerangriff am 27. 7. 1942
U-117	1 Offz. tödlich verunglückt bei Versorgung U-454 am 8. 11. 1942
U-123	1 Mann über Bord am 17. 11. 1940.
	1 Mann bei Art.-Gefecht getötet am 27. 3. 1942.
	1 Toter, 2 Verwundete durch Fliegerangriff am 7. 11. 1943.
U-129	1 Mann über Bord am 21. 5. 1943
U-134	suffered a noncombat fatality, 15. 1. 1943
U-135	2 Tote durch Luftangriff am 10. 8. 1942
U-154	1 Mann vermißt nach Schnelltauchen, 13. 7. 1942
U-155	1 Offz. über Bord, 10. 3. 1942.
	1 Mann vermißt bei Luftangriffen am 19. 3. 1942.
	5 Verwundete am 14. 6. 1943.
	2 Tote und 7 Verwundete am 23. 6. 1944.
U-156	1 Toter, 1 Verwundeter durch Artillerie-Unfall am 16. 2. 1942
U-160	7 Tote und 1 Verwundeter durch Unfall (Feuer) am 14. 12. 1941 in Danzig.
U-167	1 Mann über Bord, der Kmdt. verwundet am 8. 1. 1943
U-177	1 Mann über Bord am 23. 9. 1942
U-181	1 Toter, 2 Verwundete bei Artillerie-Unfall, 11. 4. 1943
U-188	Kmdt. und 1 Mann verwundet bei Luftangriff, 2. 5. 1943
U-201	2 Tote bei Explosion am 13. 12. 1941
U-203	Tod des Kmdt. durch Unfall am 11. 9. 1942
U-205	Tod eines Offz. 30. 9. 1941
U-209	2 Tote durch Unfall in Bergen, 9. 7. 1942
U-214	Kmdt. verwundet bei Fliegerangriff, 7. 5. 1943
U-218	6 Verwundete bei Fliegerangriff, 2. 8. 1943
U-223	2 Mann über Bord bei Rammstoß durch feindl. Zerstörer am 12. 5. 1943
U-228	2 Verwundete bei Luftangriff am 7. 5. 1943
U-231	1 Mann vermißt nach Luftangriff am 22. 4. 1943
U-238	2 Tote, 5 Verwundete nach Luftangriff, 30. 11. 1943
U-244	1 Toter, 8 Verwundete durch Luftangriff, 25. 7. 1944
U-255	2 Verwundete bei Luftangriff, 11. 3. 1944
U-262	3 Tote, 1 Verwundeter bei Fliegerangriff, 18. 8. 44
U-271	1 Toter bei Fliegerangriff (Flak-U-Boot), 21. 10. 1943
U-276	3 Verluste bei Fliegerangriff, 25. 5. 1944
U-281	3 Verwundete durch Fliegerangriff, 17. 10. 1943
U-286	1 Toter, 7 Verwundete bei Luftangriff, 18. 7. 1944
U-290	8 Verwundete bei Fliegerabschuß, 14. 6. 1944

U-294	2. WO, etwa 12. 5. 1945 Freitod mittels Handgranate im Turm des Bootes (Norwegen). Angabe: Grützemacher Karl
U-299	Kmdt. verwundet bei Fliegerangriff, 16. 7. 1944
U-331	1 Mann getötet bei Artilleriegefecht, 10. 10. 1941
U-333	4 Mann tot bzw. vermißt, Kommandant und 2. Offizier schwer verwundet, Gefecht mit Korvette 6. 10. 1942
U-334	1 Mann über Bord, 13. 4. 1942
U-338	1 Toter, 3 Verwundete bei Luftangriff am 17. 6. 1943
U-340	several casualties bei Luftangriff.
U-348	1 Toter, 1 Verwundeter durch Landmine in Stavanger während der Dock-Zeit, 6. 5. 1944
U-354	1 Mann über Bord, 11. 11. 1942
U-370	1 Mann über Bord, 23. 9. 1944
U-373	2 Tote, 7 Verwundete bei versch. Luftangriffen, 24. 7. 1943
U-376	1 Mann über Bord, 31. 1. 1943
U-380	(1 Mann getötet bei Bombardierung in Toulon) 11. 3. 1944
U-406	1 Toter, 3 Verwundete bei Fliegerangriff, 23. 8. 1943
U-407	5 Tote, 1 Verwundeter beim Luftangriff auf Pola, 9. 1. 1944
U-420	2 Tote, 1 Verwundeter bei Fliegerangriff, 3. 7. 1943
U-426	1 Toter, 1 Verwundeter bei Luftangriff, 18. 11. 1943
U-441	10 Tote, 13 Verwundete (Flak-U-Boot), 12. 7. 1943
U-448	1 Toter, 2 Verwundete durch Luftangriff, 17. 10. 1943
U-450	7 Verwundete durch Luftangriff, 6. 6. 1943
U-453	Der Tote durch Rohrkrepierer wurde in La Spezia begraben. Weiterer Todesfall – ein Matrose schoß sich eine Kugel in den Bauch. – (aus Peillard: Geschichte des U-Bootkrieges 1939/1945)
U-454	1 Mann über Bord, 26. 2. 1942
U-462	1 Toter, 4 Verwundete durch Luftangriff, 22. 6. 1943 1 Mann tot durch Unfall im Hafen, 3. 10. 1942
U-466	5 Verwundete durch Luftangriff, 24. 7. 1943
U-471	3 Verwundete durch Luftangriff, 23. 12. 1943
U-483	1 Toter durch Monoxyd-Vergiftung, 12. 10. 1944
U-488	2 Tote durch Herzversagen und Krankheit (?)
U-505	2 Verwundete durch Luftangriff, 10. 11. 1942 Kommandant tot, 24. 10. 1943
U-507	1 Mann starb an Krankheit auf See, 7. 10. 1942
U-514	1 Offizier durch Unfall getötet, 3. 6. 1942
U-515	1 Mann tot durch Maschinengewehr-Versager, 15. 9. 1942
U-545	1 Offizier über Bord, 27. 1. 1944
U-548	1 Mann über Bord, 30. 8. 1944
U-562	1 Mann über Bord bei irrtüml. Angriff d. d. Fl., 23. 12. 1942
U-563	2 Mann über Bord durch Luftangriff, 7. 4. 1943
U-575	1 Mann über Bord, 5. 10. 1942
U-585	1 Mann über Bord, 4. 2. 1942
U-591	Kommandant und 1 Mann verwundet d. Flieger, 15. 4. 1943
U-594	1 Mann vermißt bei Aktion mit Tanker, 25. 5. 1942
U-595	1 Mann über Bord, 1. 6. 1942
U-598	1 Mann ertrunken bei Betanken, 5. 8. 1942
U-600	1 Toter bei Luftangriff, 16. 6. 1943
U-601	1 Offizier getötet bei Artillerie-Unfall, 4. 5. 1943
U-620	1 Toter durch Luftangriff, 10. 11. 1942
U-621	1 Toter, 6 Verwundete als Flak-U-Boot, 13. 1. 1944
U-625	Kommandant gefallen bei Luftangriff, 2. 1. 1944
U-634	1 Mann über Bord, 10. 3. 1943
U-653	1 Mann, 1 Offizier über Bord, 22. 12. 1941 und 13. 2. 1943 1 Mann vermißt nach schweren Luftangriffen, 18. 8. 1942
U-657	1 Mann durch Unfall an Bord, 14. 4. 1942

U-682	1 Mann bei Luftangriff auf Hamburg vermißt, 12. 3. 1945
U-701	1 Offizier über Bord, 31. 12. 1941
U-703	3 Tote, 3 Verwundete bei Luftangriff, 6. 3. 1944
U-706	2 Mann über Bord, 27. 10. 1942
U-709	2 Tote, 1 Verwundeter bei Explosion an Bord, 12. 7. 1943
U-711	1 Mann über Bord, 30. 9. 1943
U-717	2 Tote, 3 Verwundete bei Luftangriff, 14. 10. 1944
U-731	Kommandant und 5 Mann verwundet bei Fl.-Angriff, 4. 10. 1943
U-743	1 Toter, 2 Verwundete durch Fliegerangriff, 21. 6. 1944
U-758	11 Verwundete durch Fliegerangriff, 8. 6. 1943
U-804	8 Verwundete bei Fliegerabschuß, 16. 6. 1944
U-847	2 Tote, 2 Verwundete durch Unfälle, (Ausbildungszeit)
U-853	2 Tote, 12 Verwundete durch Luftangriff, 17. 6. 1944
U-873	1 Toter, 3 Verwundete bei Luftangriff auf Bremen, 29. 7. 1944 (Freitod des Kommandanten in den USA)
U-921	Kommandant vermißt, 3 Verwundete bei Luftangriff, 24. 5. 1944
U-953	1 Toter, 2 Verwundete bei Luftangriff, 9. 7. 1943
U-958	1 Toter, 2 Verwundete durch Luftangriff, 26. 5. 1944
U-960	10 Verwundete durch Fliegerangriff, 27. 3. 1944
U-963	1 Mann über Bord bei Schnelltauchen, 21. 8. 1944
U-965	1 Toter, 1 Verwundeter durch Fliegerangriff, 20. 7. 1944 3 Tote, 8 Verwundete durch Fliegerangriff, 22. 8. 1944
U-967	1 Mann über Bord, 12. 10. 1943
U-968	1 Toter und 6 Verwundete bei Fl.-Abschuß, 18./19. 7. 1944
U-993	1 Toter, 1 Verwundeter durch Fliegerangriff, 12. 6. 1944 1 Mann an Gelbsucht gestorben
U-994	5 Verwundete bei Fliegerangriff, 17. 7. 1944
U-995	5 Verwundete durch Fliegerangriff, 21. 5. 1944
U-997	1 Mann über Bord, 24. 2. 1945
U-1003	1 Mann durch Unfall getötet, 7. 2. 1944
U-1014	2 Tote, 3 Verwundete d. russ. Luftangr. Libau, 16. 9. 1944
U-1018	1 Toter, 2 Verwundete bei Übung, 27. 1. 1944
U-1169	3 Tote, 2 Verwundete in 2 Unfällen b. Ausbildung
U-1221	1 Mann über Bord, 25. 9. 1944
U-1228	1 Toter durch Monoxyd-Vergiftung, September 1944
U-1302	1 tödlicher Unfall bei der Ausbildung
U-2132	? 4 Männer über Bord, sich zu retten mißlungen

Es gingen über Bord	etwa 35 Mann
Auf verschiedene Weise wurden getötet	etwa 120 Mann
Verwundete wurden gezählt	etwa 250 Mann

FLOTTILLENZEICHEN führten die Boote

1. U-Fl. 141, 146, 247, 963
2. U.Fl. 107, 128, 129, 156, 163, 167, 505, 802
3. U-Fl. 203, 205, 553, 615, 739
5. U-Fl. 708
6. U-Fl. 228, 260, 264, 270, 766
7. U-Fl. 46, 47, 69, 74, 75, 96, 101, 103, 135, 207, 213, 221, 224, 227, 267, 382, 406, 415, 434, 436, 442, 454, 455, 551, 552, 553, 567, 575, 576, 578, 593, 594, 607, 617, 618, 662, 751
9. U-Fl. 91, 92, 96, 211, 214, 217, 218, 230, 407, 409, 456, 591, 595, 604, 606, 621, 659, 664, 744, 755, 954
10. U-Fl. 155, 160, 170, 172, 174, 175, 176, 506, 509, 510, 514, 515, 516, 525, 539, 772
11. U-Fl. 209, 251, 255, 269, 302, 354, 355, 376, 378, 405, 457, 506, 591, 601, 606, 622
12. U-Fl. 195, 219
13. U-Fl. 293, 302, 307, 312, 354, 362, 965, 968, 995
19. U-Fl. 397, 2516, 2529
23. U-Fl. 559
24. U-Fl. (Elchschaufel) 748, (V-Zeichen) 28, 29, 30, 34, 151, 152, 554, 560
29. U-Fl. (Salamis) 77, 338, 371, 617
29. U-Fl. (Toulon) –

CREW-ZEICHEN führten die Boote

Crew 28 505
Crew 36 3, 14, 23, 24, 59, 105, 128, 169, 192, 203, 227, 228, 311, 321, 344, 351, 389, 407, 415, 440, 467, 528, 534, 546, 555, 630, 643, 733, 760, 763, 802, 877, 880, 995, 1230, 2534
Crew 37a 62, 225, 277, 419, 472, 539, 596, 761, 953, 1053
Crew 37b 61, 81, 362, 410, 448, 731, 732, 978
Crew 37b2 101, 143, 295, 450, 3001, 3025, 3501, 3517
Crew 38 2, 52, 121, 968
Crew X/39 3, 241, 747, 1308
Crew XII/39 62, 72, 287, 720, 793, 1101, 1206, 1407, 3514
Crew 40 17

FIGUREN

Amor – 38, 733
Bremer Roland – 868
Chamberlain – 56
Cowboy – 264
Churchill – 360
Eiserner Mann – 427
Eulenspiegel – 1164, 3008
Germane – 421
Hans im Glück – 20
Hamburger Wasserträger – 506, 532, 592, 596, 652, 1018
Hexe – 522, 1013, 1023
Jäger aus Kurpfalz – 534
Kaminkehrer – 233, 251, 575, 680, 862
Orion – 486
Pan – 641
Pandur – 249
Rattenfänger – 89
Ritter – 4705
Römischer Soldat – 353
Schneemann – 201
Seenixe – 332
Stalin – 24, 481
Sultan – 393
Teufel – 19, 22?, 57, 101, 141, 313, 429, 552, 616, 732, 928, 1301, 2513, 2529
Teufelchen – 641
Triton – 172, 563
Wildschütz – 196
Zimmermann – 548
Zwerg – 79

TIERE

Adler (-Kralle) 87, 457, 549, 591, 614, 706, 752, 759, 873, 960, 991, 1203
Auerhahn 565
Bär 214, 411, 438, 489, 563, 955, 1005, 2521
Biene 490, 778
Büffel 445

Drache 757
Eber 85
Eisbär 108, 405, 454, 566, 872, 3029
Einhorn 258, 763, 979
Elchkopf 397, 428, 2516, 2529
Elchschaufel 748
Elefant 34, 49, 207, 236, 437, 459, 483, 611, 662, 668, 746, 926, 1009, 1227, 2339, 3029
Elefantenkopf 408, 654
Ente 711
Esel 77
Eule 300, 422
Falke 992
Filzlaus 581
Fisch(e) 14, 24, 50, 147, 218, 235, 328, 333, 451, 737, 923, 1235, 2519, 2524
Frosch 23, 95, 124, 595, 2514, 2541
Fuchs 255, 3023
Gamsbock 444
Giraffe 17, 845
Greif 706, 921
Hai 657
Hahn 588
Hase(n) 32, 170, 219, 594, 668, 959
Hecht 2367
Hund(e) 30, 51, 110, 245, 270, 473, 555, 568, 889, 1015, 1108, 1303, 2525
Igel 202
Käfer 143, 150, 1228, 2507
Karussell 340
Kater 24, 48, 167, 448, 564, 953, 999, 1221, 3014
Knurrhahn 701
Krähe 34, 357, 660
Krake 462, 621, 3027
Krebs 136, 210, 653, 1197
Krokodil 20, 94, 237, 504, 990, 2512
Kuh 64, 69, 154, 514
Löwe 66, 224, 505, 704, 985, 1202
Mammut 662
Micky Mouse 26, 46, 60
Möve 305, 458
Nilpferd 501
Panther 100, 861, 957, 1105, 2551
Papagei 2541
Pelikan 463
Pferd 70, 128, 187, 636, 1004
Pinguin 224, 320, 389
Puma 1171
Rabe 528, 554, 1007
Sägefisch 106, 826
Schnecke 293, 385
Scholle 328
Schwan 178, 212
Schwein 10, 19, 85, 149, 672, 1006
Seehund 60
Seepferdchen 97, 267, 708, 776, 1231, 3011
Seeschlange 71, 331
Skorpion 59
Spatz 169, 309, 406, 978
Spinne 281
Spitz 224, 473
Stechmücke 371
Steinbock 67
Storch 52, 373, 541, 1206
Tiger 148, 277, 362, 1232
Uhu 422
Walfisch 117, 487
Widder 159
Wildschwein 85, 239, 1065, 1104, 1201, 3010
Wolf 63, 84, 257, 461, 509, 566, 1007, 1023, 3041, 3512
Ziege 502

SACHEN

Anker 74, 518, 537
Amboß 312
Axt 73, 74, 153, 468
Beil 505
Bug 404
Besen 61, 292, 536
Bumerang 2332
Daumen 14
Distel 593
Dreizack 19, 37, 198, 510, 629
Denkmal 109
Edelweiß 124, 515, 597
Eisernes Kreuz 9, 953
Eichenblätter 164, 512, 521
Faust 59, 70, 137, 264, 409, 582, 586, 628, 860, 863, 1022, 2348, 2527
Flugzeug 415, 546, 766
Hammer 515, 564
Hand 30
Hellebarde 106, 271, 1004
Herz 111
Hut 414
Hufeisen 30, 43, 99, 355, 379, 570, 1010
Kirschblüte 875
Kleeblatt 26, 766, 850, 1234, 3004
Komet 969, 2537, 2546
Krug 118
Krone 191, 642
Korkenzieher 396
Kurenwimpel 14, 47, 663
Mühle 282
Mercedesstern 180, 195

Minensuchabzeichen 227
Muschel 505
Paragraph 175
Pauke 123
Pfennig 574, 1004
Posthorn 806
Pilz 25
Pionierabzeichen 448
Rad 454
Ring 84
Rose 413, 1223
Ritterhelm 130
Rosenbaum 73
Runen 62, 65, 76, 103, 184, 228, 407, 605, 907, 3028, 3030, 3032
Schiff 83, 161, 174, 199, 211, 306, 511, 513, 584, 703, 739, 1063, 1222
Schirm 19, 40, 569

Schlüssel 582, 764
Schrift 37, 69, 129, 172, 178, 182, 407, 431, 462, 651, 755, 952, 1232
Schwert 74, 82, 162, 262
Schwertarm 591
Sonne 93
Stiefel 20, 3033
Stern (Kompaßrose) 18, 154, 155, 190, 287, 645, 669, 736, 981
Speerspitze 238
Spielkarten 107, 126, 131, 181, 843, 3003, 3040
Totenkopf 25, 40, 189, 244, 381, 753, 956
U-Boot 221
Verwundetenabzeichen 123, 2506
Vierkant 715
Wiege 963
Zahl 707, 1229
Zylinder 58

STADT- UND LÄNDERWAPPEN

Aussig 375
Bad Gastein 118
Bad Harzburg 415
Berlin 214, 438
Bielefeld 600
Bludenz 763, 1195
Bregenz 130
Bremen 173, 764, 865
Brünn 209
Chemnitz 975
Danzig 108, 120, 407, 431, 1209, 3513
Düsseldorf 475
Duisburg 73
Eger 554
Erfurt 200
Erkelenz 651
Essen 203
Flensburg 352
Forst in der Lausitz 455
Freiburg/Breisgau 571, 598
Friesland 1164
Fürstenwalde 462
Gaggenau 664
Graz 373
Halle 403
Hamburg 351, 592, 601, 745, 1010
Hannover 194
Harzburg (Bad) 415
Heidelberg 332
Heilbronn 549, 752
Heiligenhaus 468
Husum 242
Innsbruck 202

Kärnten 221
Kaiserslautern 44, 451
Karelien 370
Karlsbad 376
Karlsruhe 402
Klagenfurt 221
Köln 208
Krefeld 204
Kulmbach 86
Landeck/Tirol 256, 573
Leverkusen 558
Liegnitz 434
Lindau 566, 1007
Linz 754
Marburg 753
Marienburg 435
Meldorf/Dithm. 527
Mönchengladbach 371
Neumarkt 706
Neunkirchen/Saar 134, 2509
Neuss 562
Norden 1110
Nürnberg 453
Oberösterreich 754
Oldenburg 111
Osnabrück 454
Ostfriesland 1164, 3008
Pörtschach 129
Pommern 1301
Posen 436, 744
Posen Stadt 181
Plauen/Vogtl. 156
Reichenberg 143, 206

Remscheid 201
Rendsburg 445
Rostock 255, 921
Rothenburg/Tauber 735
Sachsen 231
Salzburg 205
Schwäbisch Hall 634
Schwelm 155
Soest 348, 369
Solingen 559
Stettin 821
Stormarn (Kreis) 212

Thorn 427
Trier 264
Ulm 128
Velbert 576
Viersen 372
Villach 116
Waidhoven a. d. Ybbs 533
Wiesbaden 80, 291
Wilhelmshaven 751
Würzburg 79
Wuppertal 561

Sonstige Zeichen sind teils Glückssymbole, Karikaturen oder vielgestaltig, daher nicht in ein Wort zu fassen.

Namen der U-Bootskommandanten
(Zahlen entsprechen den Bootsnummern)

Abel 193
Achilles 161
Ackermann 1221
Ahlers 10, 1201
Arendt 23
Altmeier 155, 1227
Ambrosius 43
Andersen 481, 708
Arco-Zinneberg UA
Auffermann 514
Aufhammer 265

Baberg 30, 618
Bach 1110
Baden 955
Bahr 305
Baldus 773
Balke 991
Bargsten 521, 563
Barleben 271
Barsch 1235
Bart UD-4
Barten 40, 52
Bartels 561
Bauer 50, 126, 169
Baum 760, 1197, 1303
Baur 660
Becker 218, 235, 260, 360
Beckmann 159
Beduhn 23, 25
Behrens 845
Benker 625
Bentzien 425
Berends 321
Berger 87
Bernardelli 805
Bernbeck 461, UD-4
Beucke 173
Besold 1308
Bielfeld 703, 1222
Bigalk 751
Bitter 1010
Blauert 734
Bleichrodt 48, 67, 109
Blischke 744
Blum 760
Boddenberg 963
Bode 858
Böhme 450
Boehmer 575
Börner 735
Bohmann 88

Bokelberg 323
Boldt 720
Boos 1002, 1015
Bopst 597
Borchardt 563
Borchers 149, 276
Borchert 566
Bork 275
Bornkessel 2332
Borm 592
Bortfeld 1167
Bosümer 1223
Bothe 447
Brachmann 518
Braeucker 889
Brammer 1060
Brandenburg 457
Brandi 380, 617, 967
Brans 801
Brassack 737
Brauel 92, 256, 975
Braun 763
Braeucker 889
Breinlinger 320
Bremen von 764
Brischke 255
Brodda 209
Brosin 134, 634
Brüller 407
Brünig 108
Brümmer-Patzig UD-4
Brünner 703
Brünning 642
Bruns 175
Buchholz 177, 195
Büchel 32, 860
Bühring 360
Bülow von 404
Bürgel 97, 205
Bugs 629
Bungards 1103, 2513, 3010
Burghagen 219
Burmeister 1018

Cabolet 907
Callsen 3033
Carlsen 732
Christiansen 1305
Christophersen 228, 3028
Cohausz UA
Collman 17, 562
Conrad 214

Clausen 37, 129, 142, 182, 403
Cordes 560, 763, 1195
Cremer 152, 333, 2519
Curio 952
Czygan 118

Dahlhaus 634
Damerow 106
Dankschat 184
Dauter 448
Davidson von 281
Deckert 73
Deecke 584
Deetz 757
Degen 701
Diggins 458
Dierks 14
Dierksen 176
Diettrichs 406
Dobbert 969, 2537, 2546
Dobinsky 323
Dobratz 1232
Döhler 606
Dommes 178, 431
Dresky von 33
Drewitz 525
Drews 321, 2534
Driver 371
Dübler 1101
Dumrese 78
Dunkelberg 716
Duppel 959

Eberbach 230
Eberhard 967
Ebersbach 975
Ebert 1201, 3010
Eckermann UA
Eckhardt 432
Edelhof 324
Ehrhardt 1016
Ehrich 334
Eichmann 98
Eick 510
Eickstedt v. 668
Eisele 1103
Elfe 93
Emmermann 172
Emmrich 320
Endler 4711
Endrass 46, 567
Engel 228, 666

Engelmann 163
Erdmann 555
Ernst 1022
Esch v. d. 586, 863
Ewerth 26, 850
Ey 433

Faber 1018
Fabricius 721, 821
Fahr 567
Falke 992
Faust 618
Fechner 164
Fehler 234
Feiler 653
Feindt 758
Fenn 445
Fenski 371, 410
Ferro 645
Feufel 1301, 2529
Fiedler 333, 564
Fiehn 191
Findeisen 887
Fischer 109, 244, 821
Fischler v. Treuberg 214, 445
Flachsenberg 71
Fleige 18
Förster 480, 501
Folkers 125
Forster 654
Forstner von 59, 402, 472
Fränzel 3011
Franz 362
Franze 278, 2502
Fraatz 529, 652
Franke 262
Franken 565
Franzius 438
Frauenheim 101
Freiwald 181
Freyberg von 610
Frerks 975
Friedeburg v. 155
Friedland 310
Friedrich 74, 759
Fritz 107, 555
Fritze 1206, 3514
Frömmer 923
Frömsdorf 853
Fuchs 528

Gaza von 312
Geider 761
Geißler 440
Gelhaus 107
Gengelbach 574

Gerlach 223, 490
Gießler 455
Giersberg 419
Glattes 39
Gmeiner 154
Göing 755
Göllnitz 657
Götze 586, 2527
Goschzik 2348
Goßler von 49
Graeff 664
Gräf 69
Grafen 20
Gramitzky 138
Grandefeld 174
Grau 601, 872, 3015
Gretschel 707
Greger 85
Gréus 737
Grimme 116
Grosse 53
Grote 3516
Groth 397, 958
Gudenus von 427
Guggenberger 28, 81, 513, 847
Gutteck 1024
Gysae 98, 177

Habekost 31
Hackländer 423, 454
Hamm 562
Hammer 733
Hammerstein-Equord 149
Hanitsch 428
Hansen 26, 257, 269, 601, 999, 2517
Happe 192
Hardegen 123, 147
Harms 56, 255, 3023
Harpe von 129
Harney 756
Harlfinger 269
Hartenstein 156
Hartmann 37, 77, 198, 236, 441
Hartmann von 441, 555, 563
Hasenschar 29, 628
Hauber 170
Hause 211, 351
Hechler 870
Heibges 999
Heidtmann 559
Heilmann 97, 389
Hein 300
Heine 403
Heinicke 51, 53, 576
Heinrich 255, 960

Heinsohn 438, 573
Heintze 708
Heitz 1407
Hellmann 733
Hellriegel 96, 543
Henke 515
Henning 533, 561, 565, 668
Hepp 238
Herbschleb 354
Herglotz 1303
Hermann 662
Herrle 307, 312, 393, 403
Herwart 843
Hess 995
Hesse 133, 194, 442, 654
Hessler 107
Hetschko 453
Heyda 434
Heusinger v. Waldeck 198
Heydemann 575
Heyse 128
Hilbig 993, 1230
Hildebrandt 636
Hilgendorf 1009
Hinsch 569
Hinz 1004
Hippel 76
Hoffmann 146, 165, 172, 451, 594, 845
Höltring 149, 604
Holleben 1051
Holtorf 598
Hopmann 405
Hoppe 65
Hornbostel 806
Hornkohl 566, 1007, 2502, 3041, 3512
Horrer 555
Hoschatt 378
Hülsenbeck 1209
Hüttemann 332
Huisgen 235
Hungershausen 91
Huth 414
Hymmen von 408

Ibbeken 178
Ites 94, 146, 709
Iversen 1103

Jakobs von 611
Jaek 3044
Jahn 596
Jannsen 103
Jaschke 592
Jebsen 565

Jenisch 22, 32
Jeschke 975
Jeschonnek 607
Jewinski 747, 1192
Johannsen 569
Juli 382
Junker 532, 2332
Just 546
Jürs R. 778
Jürst H. 59

Kallipke 397, 2516, 2529
Kameke von UD-5, 119
Kals 130
Kandler 653
Kapitzky 615
Karpf 632
Kaschke 746, 1303
Kaufmann 79
Keerl 291
Keil 204
Kelbling 593
Keller 130, 981
Keller G. 731
Kelling 150, 423
Kellner 357
Kentrat 74, 196
Kessler 704, 985
Ketelhodt von 712
Kettner 142, 379
Kietz 126
Kinzel 338
Klapdor 2538
Klatt 606
Klaus 340
Kleinschmidt 111
Klingspor 293
Klövekorn 471, 3012
Klot-Heidenfeldt 20
Klug 1406
Knackfuß 345, 821
Kneip 1223
Knieper 267
Knorr 51, 53
Koch 258, 382, 712, 975
Kock 249
Köhl 669
Köhnenkamp 375
Köhntopp 995
König 237
Kölle UD-3, 154
Koitschka 616
Kölzer 1221
Köppe 613
Kolbus 407, 421, 596
Koopmann 1171

Korndörfer 407
Korth 57, 93
Kosbadt 224
Kosnick 739
Kottmann 203
Krankenhagen 549
Kraus 83, 199
Krech 558
Kregelin 3003
Krempl 548
Kremser 383
Kretschmer 23, 99
Krieg 81
Kriegshammer 8
Krug 81
Krüger 307
Kruschka 621
Kuhn 1233
Kuhnke 28, 125
Kühn 708
Kummer 467
Kummetz 235
Kuntze 227
Kurrer 189
Kusch 154
Kuttkat 429
Kuppisch 58, 94, 516, 847

La Baume 355
Lamby 437, 3029
Landt-Hayen 24, 4705
Lange Helmut 1053
Lange 180, 505, 711, 667, 773, 1053
Langfeld 444
Lassen 29, 160
Lau 1197
Laudahn 262
Lauth 1005
Lauterbach-Emden 539
Lauzemis 68
Lawaetz 672
Lawrence 328
Leder 4707
Lehmann 997
Lehmann-Willenbrock 96, 256
Lehsten von 373, 3044
Leilich 977
Leimkühler 225
Lemcke 210
Lemp 30, 110
Lenkeit 1301
Lenzmann 24
Lessing 1231
Leu 921
Ley 310

Liebe 38, 332
Linck 1013
Linder 202
Lindschau 249, 3017
Litterscheid 411
Loeder 309, 967
Loeser 373
Loewe 256, 505, 954
Lohmann 89, 554
Lohmeyer 138, 651
Lott 35
Lottner 746
Looks 264
Lorentz 10, 63
Lube 552
Lübcke 826
Lübsen 277
Lüdden 188
Lührs 459
Lüth 9, 43, 138, 181
Luis 504
Lüssow 571
Luther 135
Luttmann 3030

Mäder 378
Mässenhausen von 258
Mackeprang 244
Mahn UD-2
Mahrholz 309
Mannesmann 545, 2502
Marbach 101, 953, 3014
Marks 376
Martin 776
Marienfeld 1228
Markworth 66
Massmann 409
Mathes 44
Maus 185
Martin 776
Matschulat 247
Mangold 739
Manseck 758, 3008
Manstein von 753
Matz 59, 70
Meenen 1192
Meermeier 979
Mehl 371
Mehne 3027
Meier UIT-25
Menard 237
Mengersen 101, 143, 607
Merkle 1201
Merten 68
Methner 423, 1005, 2521
Metz 487

Metzler 69, 847
Meyer Fritz 207
Meyer Gerh. 486
Meyer Heinr. 287
Meyer Paul 505
Michalowski 62
Michel 8, 25
Moehle 123
Möhlmann 571
Möllendorf von 235
Mohr 124, 133
Mohs 956
Morstein 483
Müller 282
Müller-Stöckheim 67
Mumm 236, 594
Musenberg 180
Münnich 187
Münster 428, 3501, 3517
Mützelburg 203

Nachtigall 1171, 3513
Neckel 531
Nees 363
Neide 415
Neitzel 510
Neubert 167
Neuerburg 869
Neumann 72, 117, 371, 372, 3057
Neumeister 2, 291
Ney 283
Nicolay 312
Nielsen 370
Niemeyer 547, 1233
Nissen 105
Nollau 534
Nollmann 1199
Nonn 596
Nordheimer 237, 990, 2512
Oehrn 37
Oelrich 92
Oesten 61, 106, 861
Oestermann 151, 754
Offermann 518
Ohling 965
Opitz 206
Otto 270, 2525

Pahls UIT-24
Palmgreen 741
Pancke 242
Pauckstadt 193
Paulshen 557
Poeschel 737
Perleberg 1104

Peters 14, 999, 3001
Petersen Klaus 541
Petersen Kurt 9
Petersen Th. 874
Petran 516
Pfeffer 67, 170, 171, 548
Pfeifer 56, 581
Pich 168
Pick 481
Piening 155
Pietschmann 712
Pietsch 344
Plohr 149
Poel 413
Poeschl 422
Pommer-Esche 160
Popp 552
Poser 202
Poske 504
Praetorius 135
Pregel 323
Prehn 3034
Prien 47
Prellberg 19, 31
Premauer 857
Preuß 10, 568, 875
Pückler v. Limpurg 381
Pulst 978
Purkhold 260

Queck 92, 622, 2522
Quaet-Faslem 595

Raabe 1007
Rabenau von 528
Racky 429
Rademacher 772
Radermacher 393
Radke 148, 657
Rahe 257
Rahmlow 570
Rasch 106, 296
Rathke 352
Rauch 868
Reche 255
Reff 736
Reeder 214
Rehren 926
Rehwinkel 578
Reich 416
Reichenbach-Klinke 217
Reichmann 153
Reith 190
Reisener 608
Remus 566
Rendtel 555, 641

Reschke 205
Riecken 1017
Riedel 242
Riegele UD-3
Riegler 416
Riesen 180
Rinck 1019
Ringelmann 75
Robbert 3040
Roeder-Pesch 1167
Römer 56, 353
Rösing 48
Röther 380
Röttger 715
Rodler v. Roithberg 71, 989
Rollmann 34, 82
Rosenbaum 2, 73
Rosenberg 201
Rosenstiel von 502
Rostin 158
Roth 748, 1232
Rothkirch v. 717
Rüggeberg 513
Rudolph 155
Ruperti 777

Saar 555, 957
Sachse 413, 1162
Säck 251
Salmann 52
Sauerbier 251
Sausmikat 1103
Seeger UD-3 348, 393, 1203
Seehausen 66
Seibicke 436
Seibold 3504
Seidel 203
Sickel 302
Sieder 984
Siegmann 230, 2507
Siemon 334, 396
Simmermacher 107, 3013
Singule UD-4
Sitek 981
Slevogt 3032
Sohler 46
Sommer 853
Spahr 178
Speidel 643
Spindlegger 411, 616
Sporn 439
Staats 80, 508
Stähler 928
Steen 233
Stege 291, 397, 958
Steinbrink 953, 1203

Steinert 128
Steinfeld 195
Steinhaus 802
Steinhoff 511, 873
Steinmetz 993
Sternberg 473
Stellmacher 865
Stellmann 2541
Stephan 1063
Stever 1277
Sthamer 354
Stiebler 61
Stipriaan von 237
Stock 214, 218, 659
Stockhausen 65
Stoeffler 475
Straub 625
Sträter 83, 614
Strauch 1010
Strenger 1023
Strelow 435
Striegler UIT-25, 196
Strübing 1003
Struckmeier 608
Stuckmann 621
Strum 167, 410, 547
Suhren 564
Sureth 625

Schaafhausen 369
Schaar 957, 2551
Schacht 507
Schäfer 460, UA, UD-5
Schäffer 977
Schamong 468
Schauenburg 536, 793
Scheibe 455
Scheltz UD-5
Schendel 134, 636, 2509
Schepke 3, 100
Scheringer 26
Schewe 60, 105
Schiebusch 262
Schild 924
Schimmelpfennig 1004
Schliepenbach von 453
Schlieper 208
Schlitt 1206
Schlömer 1164, 3008
Schmandt 489
Schmid 663
Schmidt von 40, 116,
Schmidt K.-H. 1103
Schmid W. 292
Schmoeckel 802
Schnee 60, 201

Schneewind 511
Schneider 522
Schneidewind 1064
Schnoor 460, UA
Schomburg 26, 561
Schöler 20
Schönberg 404
Schöneboom 431
Schötzau 880
Scholle 328
Scholtz 108
Scholz 283
Schomburg 26
Schonder 53, 58, 77, 200
Schramm 109
Schreiber 3, 95, 270
Schrein UIT-25
Schröder 2367
Schroeter 121, 752
Schroeter von 123, 2506
Schröter 763, 1195
Schroeteler 667, 1023
Schrott 551
Schrewe 537
Schubart 1002, 2520
Schuch 38, 105, 154
Schug 86
Schuhart 29
Schüler 141, 720
Schünemann 621
Schütt 135, 294
Schütze 25, 103, 605
Schulte 13, 98, 582
Schultz 216
Schultze 48, 432, 512
Schulz 64, 124, 437
Schulze 98, 141, 177
Schumann-Hindenberg 245
Schunck 348, 369
Schwaff 333, 440
Schwandtke 43
Schwarz 1105
Schwarzkopf 2
Schweichel 173
Schweiger 313

Taschenmacher 775
Techand 731
Teichert 456
Thäter 466, 3506
Thilo 174
Thimme 276, 716
Thomsen 1202
Thurmann 553, 1234
Thiesenhausen von 331
Tillessen 516

Timm 251, 862
Tinschert 267, 650, 3011
Tippelskirch von 439
Todenhagen 365
Topp 57, 552, 2513, 3010
Treuberg (s. Fischler)
Trojer 221
Trotha von 306, 733, 745
Trox 97
Turre 868

Uhl 269
Uhlig 527
Ulber 680
Unterhorst 396
Unverzagt 965
Uphof 84

Vahrendorf von 213
Valentiner 385
Vieth 3041
Vöge 239, 2536
Vogel 588, 3001, 3025
Vogelsang 132
Vogler 212
Voigt 1006
Vowe 462

Wahlen 23, 2514, 2541
Wächter 223
Walkerling 91
Wattenberg 162
Weber 709, 845
Wedemeyer 365
Wehrkamp 275
Weiher 854
Weingaertner 851
Weitz 959
Wellner 14
Wendelberger 720
Wenden von 926
Wengel 1164, 3516
Wenzel 231
Wentz 963
Wermuth 853
Werner 415, 921, 953
Werr 281
Westphalen 968
Wetjen 147
Wicke 1007, 1231
Wiebe 516
Wieboldt 295
Wiechmann 4701
Wieduwilt 262
Wigand 1108
Wilamowitz-Möllendorf 459

Wilke 766
Wilberg 666
Will 318
Wilzer 363
Winkler 630
Winter 22, 103
Wintermeyer 190
Wissmann 518
Witt 129, 161
Witte Erwin 155
Witte Helmut 159
Witte Werner 509
Witzendorf von 267, 650, 1007, 2524
Woerishofer 83

Woermann 2339
Wohlfarth 137, 556
Wolf 509, 966, 985
Wolff 509
Wolfbauer 463
Wolfram 108, 864
Wollschläger 721
Wrede 1234
Würdemann 506
Wunderlich UIT-22

Zahn 56, 69
Zahnow 747
Zander 311
Zapp 66

Zech 119
Zeißler 1192
Zenker 393
Zetsche 560, 591
Zimmermann 136, 548
Zinke 1229
Ziesmer 236, 591
Zitzewitz von 706
Zoller 315
Zorn 382, 416, 650
Zschech 505
Zurmühlen 600
Zwarg 276, 416, 3528

Ritterkreuzträger der U-Boot-Waffe in der Reihenfolge der Verleihung

			Ritterkreuz	Eichenlaub	Schwerter
U-47	Prien Günther	KL	18. 10. 39 → 20. 10. 40		
U-48	Schultze Herbert	KL	1. 3. 40 → 12. 6. 41		
U-37	Hartmann Werner	KL	9. 5. 40 → 5. 11. 44		
U-29	Schuhart Otto	KL	16. 5. 40		
U-34	Rollmann Wilhelm	KL	31. 7. 40		
U-99	Kretschmer Otto	KL	4. 8. 40 → 4. 11. 40 → 26. 11. 41		
U-38	Liebe Heinrich	KL	14. 8. 40 → 10. 6. 41		
U-30	Lemp Fritz-Julius	KL	14. 8. 40		
U-48	Rösing Hans und Chef d. 7. U-Fl.	KK	29. 8. 40		
U-101	Frauenheim Fritz	KL	29. 8. 40		
U-46	Endrass Engelbert	OL	5. 9. 40 → 10. 6. 41		
U-28	Kuhnke Günter	KL	19. 9. 40		
U-100	Schepke Joachim	KL	24. 9. 40 → 20. 12. 40		
U-32	Jenisch Hans	OL	7. 10. 40		
U-37	Oehrn Victor	KL	21. 10. 40		
U-48	Bleichrodt Heinrich	KL	24. 10. 40 → 29. 9. 42		
U-138	Lüth Wolfgang	OL	24. 10. 40 → 13. 11. 42 → 15. 4. 43 (U-181 – 9. 8. 43 Brill.)		
U-564	Suhren Reinhard	KK	3. 11. 40 → 31. 12. 41 → 1. 9. 42		
U-103	Schütze Victor	KK	11. 12. 40 → 14. 7. 41		
U-65	Stockhausen von H.-G.	KK	14. 1. 41		
U-123	Moehle Karl-Heinz	KL	26. 2. 41		
U-96	Lehmann-Willenbrock Heinr.	KL	26. 2. 41 → 13. 12. 41		
U-106	Oesten Jürgen	KL	26. 3. 41		
U-124	Schulz Wilhelm	KL	4. 4. 41		
U-94	Kuppisch Herbert	KL	14. 5. 41		
U-556	Wohlfarth Herbert	KL	15. 5. 41		
U-105	Schewe Georg	KL	23. 5. 41		
U-93	Korth Claus	KL	29. 5. 41		
U-552	Topp Erich	OL	20. 6. 41 → 11. 4. 42 → 17. 8. 42		

				Ritterkreuz	Eichenlaub	Schwerter
U-107	Hessler Günter	KL		24. 6. 41		
U-69	Metzler Jost	KL		28. 7. 41		
U-201	Schnee Adalbert	KL		30. 8. 41 →	15. 7. 42	
U-203	Mützelburg Rolf	KL		17. 11. 41 →	15. 7. 42	
U-101	Mengersen Ernst	KL		18. 11. 41		
U-81	Guggenberger Friedrich	KL		10. 12. 41 →	8. 1. 43	
U-108	Scholtz Klaus	KK		26. 12. 41 →	10. 9. 42	
U-751	Bigalk Gerhard	KL		26. 12. 41		
U-74	Kentrat Eitel-Friedrich	KL		31. 12. 41		
U-98	Gysae Robert	KL		31. 12. 41 →	31. 5. 43 (U-177)	
U-123	Hardegen Reinh.	KL		23. 1. 42 →	23. 4. 42	
U-331	Tiesenhausen Frhr. v. Hans-Dietrich	KL		27. 1. 42		
U-129	Clausen Nicolai	KL		13. 3. 42		
U-126	Bauer Ernst	KL		16. 3. 42		
U-124	Mohr Johann	KL		27. 3. 42 →	13. 1. 43	
U-94	Ites Otto	OL		28. 3. 42		
U-66	Zapp Richard	KK		23. 4. 42		
U-103	Winter Werner	KL		5. 6. 42		
U-333	Cremer Peter-Erich	KL		5. 6. 42		
U-68	Merten Karl-Friedrich	KK		13. 6. 42 →	16. 11. 42	
U-83	Kraus Hans-Werner	KL		19. 6. 42		
U-158	Rostin Erwin	KL		28. 6. 42		
U-432	Schultze Heinz-Otto	KL		9. 7. 42		
U-160	Lassen Georg	OL		10. 8. 42 →	7. 3. 43	
U-73	Rosenbaum Helmut	KL		12. 8. 42		
U-155	Piening Adolf	KL		13. 8. 42		
U-77	Schonder Heinrich	KL		19. 8. 42		
U-553	Thurmann Karl	KK		24. 8. 42		
U-156	Hartenstein Werner	KK		17. 9. 42		
U-558	Krech Günther	KL		17. 9. 42		
U-404	Bülow von Otto	KL		20. 12. 42 →	25. 4. 43	
U-159	Witte Helmut	KL		22. 10. 42		
U-435	Strelow Siegfried	KL		27. 10. 42		
U-504	Poske Fritz	KK		6. 11. 42		
U-172	Emmermann Carl	KL		27. 11. 42 →	4. 7. 43	
U-67	Müller-Stöckheim Günther	KL		27. 11. 42		
U-431	Dommes Wilhelm	KL		2. 12. 42		
U-129	Witt Hans	KL		17. 12. 42		
U-515	Henke Werner	OLzV		17. 12. 42 →	4. 7. 43	
U-106	Rasch Hermann	KL		29. 12. 42		
U-507	Schacht Harro	KK		9. 1. 43		
U-161	Achilles Albrecht	KL		16. 1. 43		
U-522	Schneider Herbert	KL		16. 1. 43		
U-128	Heyse Ulrich	KL		21. 1. 43		
U-617	Brandi Albrecht	KL		21. 1. 43 →	11. 4. 43 →	9. 5. 44
				– U-967 → 23. 11. 44 Brillianten		
U-402	Forstner Frhr. von Siegfried	KK		9. 2. 43		
U-506	Würdemann Erich	KL		14. 3. 43		
U-255	Reche Reinh.	KL		17. 3. 43		
U-221	Trojer Hans	OL		24. 3. 43		
U-107	Gelhaus Harald	KL		26. 3. 43		
U-510	Neitzel Karl	KK		27. 3. 43		
U-436	Seibicke Günter	KL		27. 3. 43		
U-125	Volkers Ulrich	KL		27. 3. 43		

			Ritterkreuz	Eichenlaub	Schwerter
U-559	Heidtmann Hans	KL	12. 4. 43		
U-571	Möhlmann Helmut	KL	16. 4. 43		
U-596	Jahn Gunter	KL	30. 4. 43		
U-521	Bargsten Klaus	KL	30. 4. 43		
U-565	Franken Wilhelm	KL	30. 4. 43		
U-575	Heydemann Günter	KL	3. 7. 43		
U-66	Markworth Friedrich	KL	8. 7. 43		
U-508	Staats Georg	KL	14. 7. 43		
U-593	Kelbling Gerd	KL	19. 8. 43		
U-185	Maus August	KL	21. 9. 43		
U-431	Schöneboom Dietrich	OL	20. 10. 43		
U-453	Schlippenbach, Egon Frhr. v.	KL	19. 11. 43		
U-410	Fenski Horst-Arno	OL	26. 11. 43		
U-262	Franke Heinz	KL	30. 11. 43		
U-456	Teichert Max-Martin	KL	19. 12. 43		
U-616	Koitschka Siegfried	OL	27. 1. 44		
U-543	Hellriegel H.-Jürgen	KL	3. 2. 44		
U-188	Lüdden Siegfried	KL	11. 2. 44		
U-413	Poel Gustav	KL	21. 3. 44		
U-371	Mehl Waldemar	KL	28. 3. 44		
U-510	Eick Alfred	OL	31. 3. 44		
U-123	Schroeter von Horst	OL	1. 6. 44		
U-984	Sieder Heinz	OL	8. 7. 44		
U-18	Fleige Karl	OL	18. 7. 44		
U-953	Marbach Karl-Heinz	OL	22. 7. 44		
U-621	Stuckmann Hermann	OL	11. 8. 44		
U-711	Lange Hans-Günther	KL	26. 8. 44 →	29. 4. 45	
U-862	Timm Heinrich	KK	17. 9. 44		
U-957	Schaar Gerd	OL	1. 10. 44		
U-480	Förster Hans-Joachim	OL	18. 10. 44		
U-737	Brasack Paul	KL	31. 10. 44		
U-978	Pulst Günther	OL	21. 12. 44		
U-1202	Thomsen Rolf	KL	4. 1. 45 →	29. 4. 45	
U-870	Hechler Ernst	KK	21. 1. 45		
U-1232	Dobratz Kurt	KzS	23. 1. 45		
U-995	Hess Georg	OLdR	21. 2. 45		
U-968	Westphalen Otto	OL	23. 3. 45		
U-1023	Schroeteler Heinrich	KL	2. 5. 45		
U-997	Lehmann Hanns	OLdR	8. 6. 45		

Die Boote mit den Nummern 125, 138, 150, 508, 543, 870 und 984 wurden in den Hauptteil aufgenommen, obgleich bisher keine Bootswappen dafür bestätigt sind, doch deren Kommandanten mit dem Ritterkreuz ausgezeichnet wurden.
Die entsprechenden Auszeichnungen
✚   Ritterkreuz
✚ E Ritterkreuz mit Eichenlaub
✚ S Ritterkreuz mit Eichenlaub und Schwertern
✚ B Ritterkreuz mit Eichenlaub, Schwertern und Brillianten
erhielten die Kommandanten zwar auf den bezeichneten Booten, konnten aber vorher wie nachher andere Kommandos innehaben.
OLzS Suhren Reinhard erhielt das RK als I. WO auf U-48
KK Rösing Hans als Stellvertr. Kmdt. von U-48 und Chef der 7. U-Flottille
KK Timm Heinrich erhielt das RK für Erfolge mit U-251 und U-862
KzS Hartmann Werner erhielt das Eichenlaub zum RK als Kmdt. von U-198 und FdU-Mittelmeer.

Weitere Ritterkreuzträger der U-Boot-Waffe waren:

auf			ab:
U-37	OL (Ing.)	Suhren Gerd	21. 10. 40
U-99	Stbs. Ob. Strm.	Petersen Heinrich	5. 11. 40
U-48	OL (Ing.)	Zürn Erich	23. 4. 41
U-177	KL (Ing.)	Bielig Gerhard	10. 2. 43
U-106	KL (Ing.)	Panknin Herbert	4. 9. 43
U-847	OL (Ing.)	Lechtenbörger	4. 9. 43 (gefallen 30. 8. 43)
U-752	LT (Ing.)	Krey Heinz	4. 9. 43
U-181	OLdR (Ing.)	Landfermann Carl Aug.	27. 10. 43
U-69 u. 514	KL (Ing.)	Rohweder Hellmut	14. 11. 43
U-123	Obstrm. (WO)	Kaeding Walter	15. 5. 44
U-48, 134 u. 672	Obstrm. (WO)	Hoffmann Horst	20. 5. 44
U-123	OL (Ing.)	König Reinhard	8. 7. 44
U-270	Stbs. Ob. Masch.	Dammeier Heinrich	12. 8. 44
U-123 u. 170	Ob. Strm. Mt.	Mühlbauer Rudolf	10. 12. 44
U-181	OL (WO)	Limbach Johann	6. 2. 45
U-516	KL (Ing.)	Lichtenberg Philipp	31. 3. 45
U-802	OL (Ing.)	Johannsen Hans	31. 3. 45
U-?	Obermasch.	Prassdorf Heinz	21. 4. 45
U-29, 160 u. 907	Obstrm.	Jäckel Karl	28. 5. 45

Ritterkreuz

mit Eichenlaub

mit Eichenlaub und Schwertern

mit Eichenlaub, Schwertern und Brillianten

VORKOMMENDE SCHIFFSBEZEICHNUNGEN

(Zahlen entsprechen den U-Bootsnummern)

Aconit 432, 444
Active 340
Afflek 91
Ahrens 569
Alnwick Castle 425
Alpino Bagnolini UIT-22
American Skipper 30
Annan 1006
Antelope 31
Anthony 761
Arabis 651
Arbatus 70
Archer 752
Arc Royal 38, 39
Arriaga 68
Assiniboine 210
Athenia 20
Atherton 853
Aubretia 110

B 5 UC-1
Badger 613
Bagnolini UIT-22
Baker 233
Balfour 672
Balsam 135
Barr 549
Batiray U-A
Bayntun 757, 989
Bazely 600, 636
Beagle 355
Benjamin Brewster 67
Bentnik 636
Beverley 187
Bickerton 269
Biter 89, 203
Blackfly 731
Blackswan 124
Blackwood 600
Blairlogie 30
Blaison 123
Blankney 371, 434, 450
Blencathra 223, 450
Bligh 1051
Block Island 66, 549, 801
Bluebell 208
Bogue 86, 118, 172, 217, 527,
    569, 575, 850, 1229
Borie 405
Bostwick 548, 709
Brathwaite 989
Brake UIT-24

Brazen 49
Brecon 450
Broadway 89, 110
Bronstein 709, 801
Buckley 66
Bulldog 110
Burza 606

C-21 (holl. U-B.)
Cachalot 51
Calgary 536
Calpe 593
Camelia 70
Campania 365, 921
Camrose 757
Capellini UIT-24
Card 117, 402, 422, 460, 525,
    584, 664, 847
Carter 518
Celandine 556
Chambly 501
Champlin 130
Chaser 472
Chatelain 515, 546
City of Flint 30, 575
Chaudierre 621, 744, 984
Clemson 172
Coffmann 548
Commandante Capellini
    UIT-24
Conn 965
Cooke 214
Core 67, 84, 185, 378, 487
Corry 801
Croatan 490
Croome 372
Curzon 212

Deptford 567
Dianthus 379
Douglas 732
Drumheller 456
Drury 636
Duckworth 480, 618
Duncan 282, 381
Dunvegan 354
Dupont 172
Duverton 559

Easton 458
Ekins 212
Elridge 568

Erne 213
Escort 63
Essington 618
Esso Boston 130
Eugene Elmore 549
Evadine 300
Exmoor 450

Faulknor 88, 138
Fearless 49, 138
Fame 201, 353
Fanad Head 30
Fencer 277, 666, 959
Findhorn 198
Flaherty 515, 546
Fleetwood 340, 528
Flounder 537
Foresight 138
Forester 138, 413, 845
Formidable 331
Fortune 44
Foxhound 138
Fröse H. 2
Frost 154, 490, 880, 1235

G-7 573
Garland 407
Gatineau 744
Geo W. Campbell 606
George E. Badger 172
Georg W. Ingram 172
Geranium 306
Gladiolus 26, 65, 556
Gleaner 33
Glenearn 305
Godavari 198
Gore 91
Gould 91
Graph 570
Guadalcanal 68, 505, 515
Gurkha 53
Gustavson 857

Haarlem 617
Halifax 190
Hambledon 223
Harvester 32, 444
Hasty 79
Haverfield 575
Havelock 242
Hero 50, 559, 568
Herring 163

Hesperus 93, 191, 242, 357
Highlander 32
Hobson 575
Hotspur 79
Hubbard 546
Hursley 562
Hurworth 559, 568
Huse 490
Hyazinth 617
Hyderabad 436

I-501 181
I-502
I-503 UIT-24
I-504 UIT-25
I-505 219
I-506 195
Icarus 35, 44, 352, 1199
Imogen 63
Imperialist 732
Implacable 1060
Impulsive 457
Inch 154, 490
Inconstant 409
Inglefield 63
Isis 562

James E. Newson 69
Jansen 546
Jed 209, 334
John Carter Rose 201
Joseph E. Campbell 371
Jouett 128

Kashmir 35
Kaura 995
Keats 1051
Keith 546
Keppel 344, 354, 360
Killin 736
Kilmarnock 731
Kingston 35
Kinn 1202
Kipling 75
Kite 238, 504
Kootenay 621, 984
Kya 926

Lady Shirley 111
Laforey 223
Lagan 89, 456
Landsdowne 153
Lark 425
Las Choapas 129
Laubie 766
Leamington 207

Leberecht Maas 30
Lech 34
Leopard 136
Liddesdale 453
L'indiscret 869
Loch Dunvegan 344, 989
Loch Eck 989
Loch Fada 1018
Loch Glendhu 1024
Loch Inch 307
Loch Killin 333, 736, 1063
Louis 445
Lotus 605, 660
Ludlow 960
Luigi Torelli UIT-25

M-203 416
Mackenzie 182
Magpie 238, 592
Malcolm 651
Marygold 433
Max Schulz 30
Meermaid 344, 354
Meteorite 1407
Mignonette 135, 1199
Moberly 853
Moffett 128
Moosejaw 501
Motorboot 81, 561
MRS 25, 737

N-27 2529
N-29 3041
Narwhal 63
Nasturtium 556
Natchez 548
Neal a. Scott 518
Nene 536
Neunzer 546
New Glasgow 1003
Niblack 960
Niels 616
Noreen Mary 247
Norlantic 69
Northern Chief 570

O-21 95
O-25 UD-3
O-26 UD-4
O-27 UD-5
Oakville 94
Olav Tryggvason 30
Onslaught 472
Onslow 88
Oranjefontain 1007
Orchis 741

Oribi 125
Orione 557, 568
Ottawa 621, 984
Owensound 845

Pakenham 559
Paladin 205
Pathfinder 162, 203
PC 565 – 521
PC 624 – 375
Peacock 344, 354
Pelican 136, 334, 438
Periwinkle 147
Petard 559
Pincher 300
Pindos 458
Pink 192
Pillsbury 505, 515, 546
Pope 515
Poppy 605
Potentilla 184
Pride 371
Primrose Hill UD-5
Prince Rupert 575

Queen 711
Quentin 162, 411
Quiberon 411
Quick 173

Recruit 300
RO 500 – 511
Rochester 82, 135, 204, 213
Rona 57
Roper 85
Rowley 480
R. W. Gallagher 67

Sandwich 213
Santee 43, 160, 509
Samphire 567
SC 13 – 176
Scarborough 76
Schenk 645
Searcher 711
Senegalans 371
Sennen 209
Shediac 87
Sikh 372
Simitar 651
Skeena 588
Snowberry 536
Snowflake 125, 381
Speedwell 651
Spencer 175, 225
Spey 136, 406

Stanley 434
Starling 119, 202, 238, 264, 333, 385, 473, 592, 653, 734
Starworth 660
Stanton 880, 1235
St. Croix 87
St. Catherines 744
St. John 247, 309
St. Laurent 845
St. Lawrence 569
Stonecrop 124, 634
Stork 574, 634
Sunflower 282
Swale 302
Swallow 204
Swansea 247, 448, 845
Swanson 173

T 17 – 235
T 116 – 362
T 156 – 18
Tachira 129
Tamarisk 82
Tapir 486
Tenacious 453
Termagnant 453
Terpsichore 407
Test 436
Tetcott 372
Thomas 233, 548, 709
Torelli UIT-25

Totland 522
Tracker 355
Treker 473
Trippe 73
Troubridge 407
Trumpeter 711
Tumult 223
Tuscan Star 109
Tuxpam 129
Tyler 1051

U-Hecht 2367
Ultimatum 431
Unicoi 576

Vanessa 357
Vanoc 100
Varian 546
Vidette 413, 531
Ville de Mons 30
Velasco 755
Venturer 864
Veteran 207
Vetch 414
Ville de Quebec 224
Vimy 162, 187
Vindex 354, 653
Violett 641, 651
Viscount 69
Visenda 551

Wake Island 543
Wainwright 593
Walker 99, 100
Wanderer 147, 305
Warspite 64
Waskesiu 257
Watchmann 1195
Wensleydale 413
Westcott 581
Wetaskiwin 588
Whiterington 340
Whitehall 306
Wildgoose 473, 504, 592, 653, 734
Wishart 74, 761
Woodpecker 264, 504
Wollongong 617
Wolverine 47, 76
Woolsey 73, 173
Wren 473, 504, 608
Wrestler 74

Zwardvisch 168
Zulu 372
Z-17 – 235

NEUE FUNDE: SCHULBOOTE

Typ VII B

U-48
unterh. Wellenbrecher

TYP IX A

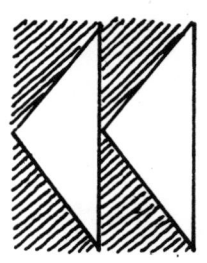

U-38
oberh. Wellenbrecher

Schulboote Typ II A

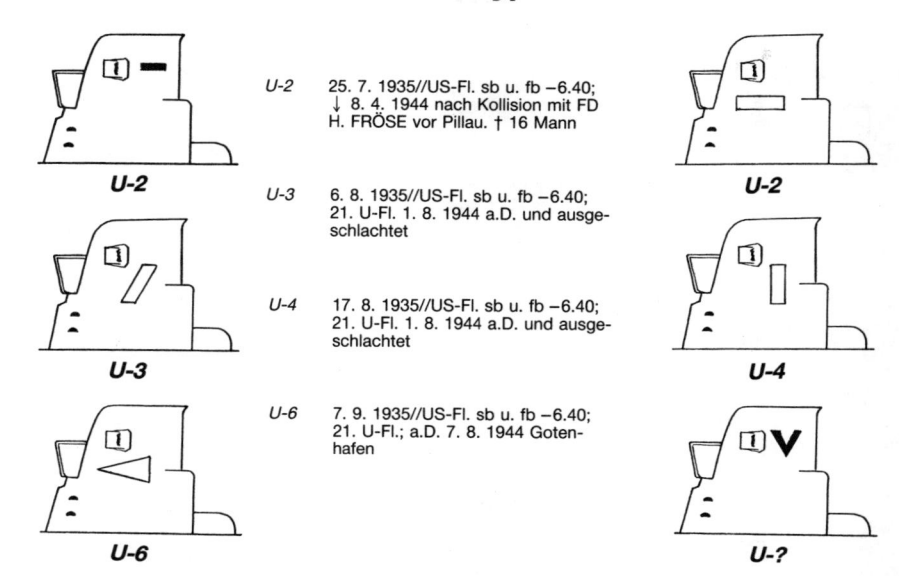

U-2

U-2 — 25. 7. 1935//US-Fl. sb u. fb −6.40; ↓ 8. 4. 1944 nach Kollision mit FD H. FRÖSE vor Pillau. † 16 Mann

U-2

U-3

U-3 — 6. 8. 1935//US-Fl. sb u. fb −6.40; 21. U-Fl. 1. 8. 1944 a.D. und ausgeschlachtet

U-4

U-4 — 17. 8. 1935//US-Fl. sb u. fb −6.40; 21. U-Fl. 1. 8. 1944 a.D. und ausgeschlachtet

U-6

U-6 — 7. 9. 1935//US-Fl. sb u. fb −6.40; 21. U-Fl.; a.D. 7. 8. 1944 Gotenhafen

U-?

Schulboote Typ II B

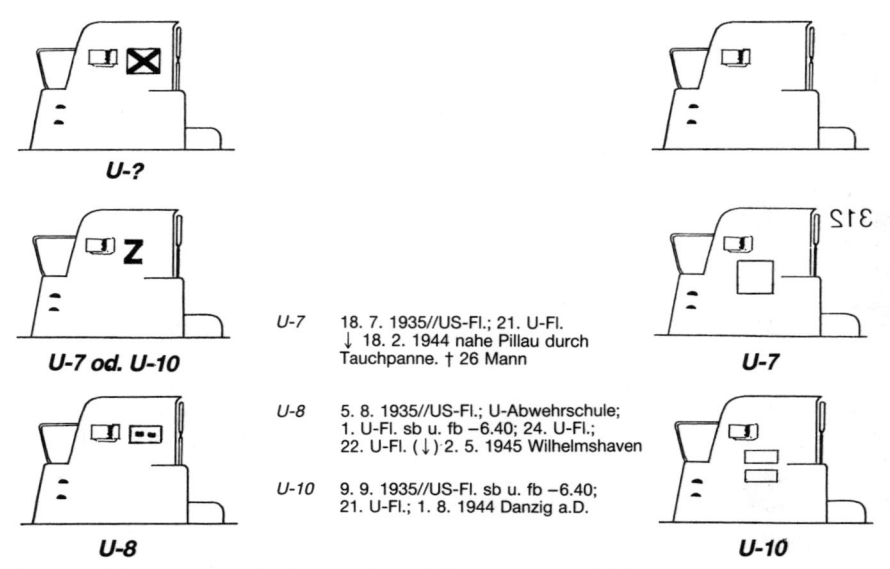

U-?

U-7 od. U-10

U-7

U-7 — 18. 7. 1935//US-Fl.; 21. U-Fl. ↓ 18. 2. 1944 nahe Pillau durch Tauchpanne. † 26 Mann

U-8

U-8 — 5. 8. 1935//US-Fl.; U-Abwehrschule; 1. U-Fl. sb u. fb −6.40; 24. U-Fl.; 22. U-Fl. (↓) 2. 5. 1945 Wilhelmshaven

U-10 — 9. 9. 1935//US-Fl. sb u. fb −6.40; 21. U-Fl.; 1. 8. 1944 Danzig a.D.

U-10

Die Tafeln mit Zeichen der Schulboote entstanden nach Unterlagen von Karl Grützemacher.

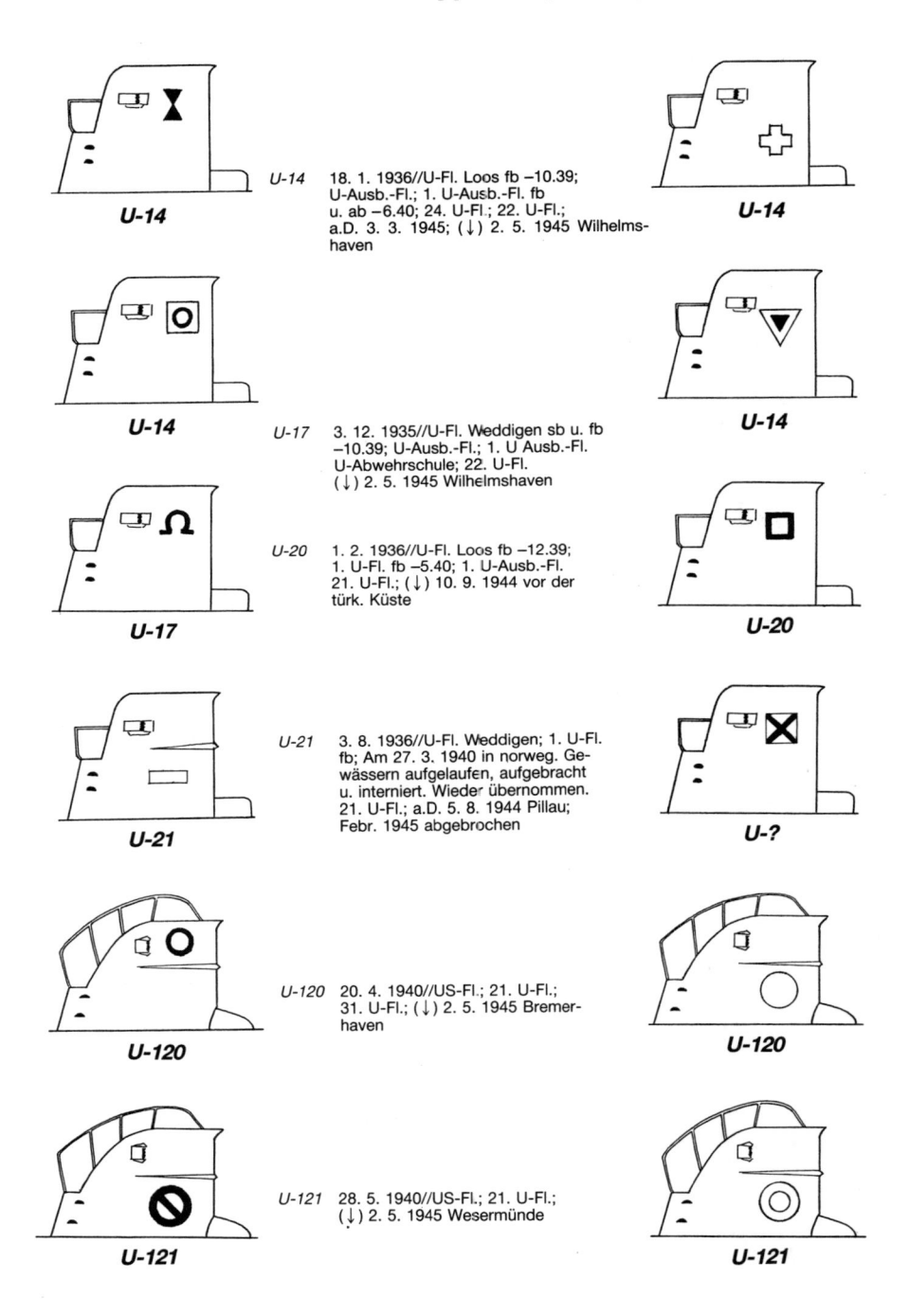

Schulboote Typ II B (Forts.)

U-14

U-14 — 18. 1. 1936//U-Fl. Loos fb −10.39; U-Ausb.-Fl.; 1. U-Ausb.-Fl. fb u. ab −6.40; 24. U-Fl.; 22. U-Fl.; a.D. 3. 3. 1945; (↓) 2. 5. 1945 Wilhelmshaven

U-14

U-14

U-17 — 3. 12. 1935//U-Fl. Weddigen sb u. fb −10.39; U-Ausb.-Fl.; 1. U Ausb.-Fl. U-Abwehrschule; 22. U-Fl. (↓) 2. 5. 1945 Wilhelmshaven

U-14

U-17

U-20 — 1. 2. 1936//U-Fl. Loos fb −12.39; 1. U-Fl. fb −5.40; 1. U-Ausb.-Fl. 21. U-Fl.; (↓) 10. 9. 1944 vor der türk. Küste

U-20

U-21 — 3. 8. 1936//U-Fl. Weddigen; 1. U-Fl. fb; Am 27. 3. 1940 in norweg. Gewässern aufgelaufen, aufgebracht u. interniert. Wieder übernommen. 21. U-Fl.; a.D. 5. 8. 1944 Pillau; Febr. 1945 abgebrochen

U-21

U--?

U-120

U-120 — 20. 4. 1940//US-Fl.; 21. U-Fl.; 31. U-Fl.; (↓) 2. 5. 1945 Bremerhaven

U-120

U-121

U-121 — 28. 5. 1940//US-Fl.; 21. U-Fl.; (↓) 2. 5. 1945 Wesermünde

U-121

Schulboote Typ II C

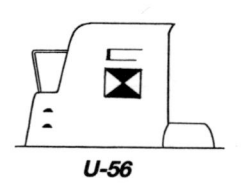

U-56 26. 11. 1938//U-Fl. Emsmann fb −12.39; 1. U-Fl. fb 1.40−11.40; 24. U-Fl.; 22. U-Fl. (1941) auch fb; 19. U-Fl.; ↓ (F) 28. 4. 1945 Kiel

U-60 22. 7. 1939//U-Fl. Emsmann ab u. fb 10.39−12.39; 1.U-Fl. fb −11.40; 21. U-Fl. −3. 1945; a. D. 3. 1945 (↓) 2. 5. 1945 Wilhelmshaven

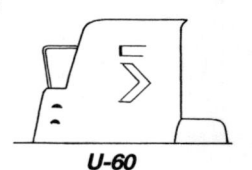

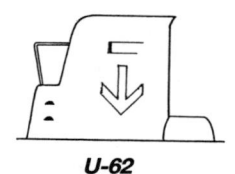

U-62 21. 12. 1939//1. U-Fl. fb 2.40−9.40; 21. U-Fl.; a.D. 3.45; (↓) 2. 5. 1945 Wilhelmshaven

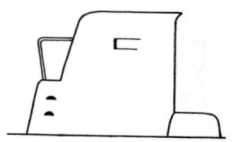

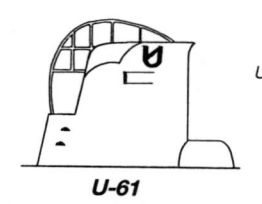

U-61 12. 8. 1939//U-Fl. Emsmann fb 10.39−12.39; 1. U-Fl. fb − 11.40; 21. U-Fl. 3.45 a.D. (↓) 2. 5. 1945 Wilhelmshaven

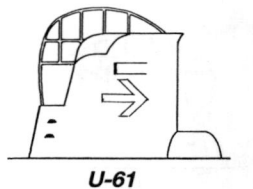

Schulboote Typ II D

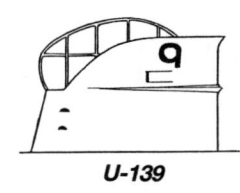

U-139 24. 7. 1940//1. U-Fl.; 21. U-Fl.; 22. U-Fl. fb 6.−8.41.; (↓) 2. 5. 1945 Wilhelmshaven

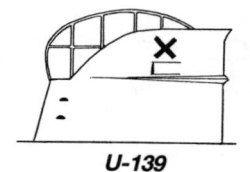

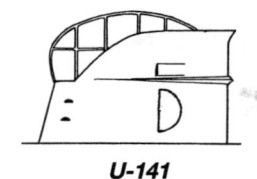

U-141 21. 8. 1940//1. U-Fl.; 21. U-Fl.; 3. U-Fl. (fb 4.41−9.41) 21. U-Fl.; (↓) 2. 5. 1945 Wilhelmshaven

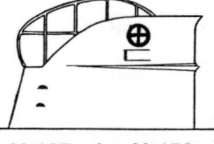

303

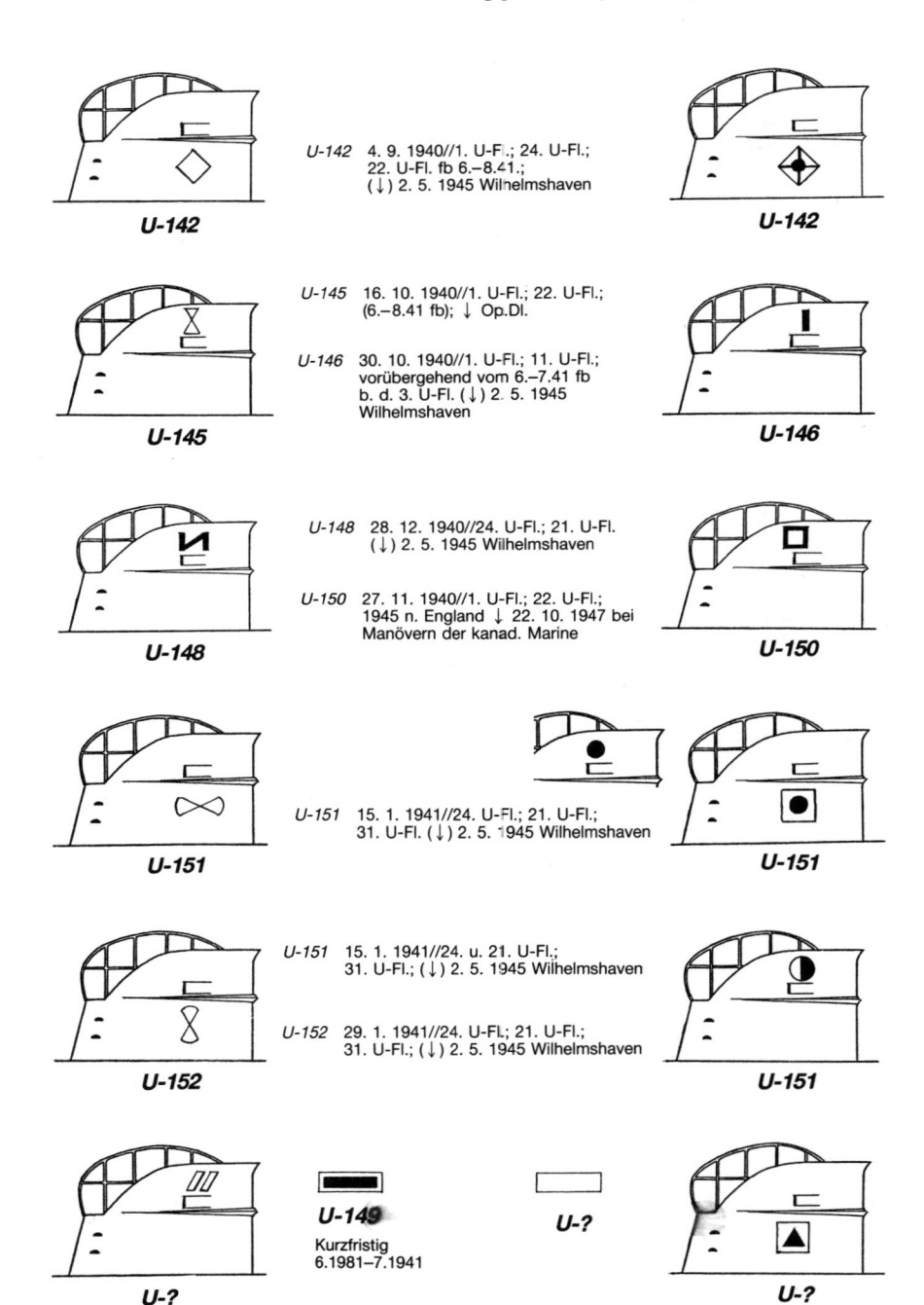

Schulboote Typ II D (Forts.)

U-142 4. 9. 1940//1. U-Fl.; 24. U-Fl.; 22. U-Fl. fb 6.–8.41.; (↓) 2. 5. 1945 Wilhelmshaven

U-142 *U-142*

U-145 16. 10. 1940//1. U-Fl.; 22. U-Fl.; (6.–8.41 fb); ↓ Op.Dl.

U-146 30. 10. 1940//1. U-Fl.; 11. U-Fl.; vorübergehend vom 6.–7.41 fb b. d. 3. U-Fl. (↓) 2. 5. 1945 Wilhelmshaven

U-145 *U-146*

U-148 28. 12. 1940//24. U-Fl.; 21. U-Fl. (↓) 2. 5. 1945 Wilhelmshaven

U-150 27. 11. 1940//1. U-Fl.; 22. U-Fl.; 1945 n. England ↓ 22. 10. 1947 bei Manövern der kanad. Marine

U-148 *U-150*

U-151 15. 1. 1941//24. U-Fl.; 21. U-Fl.; 31. U-Fl. (↓) 2. 5. 1945 Wilhelmshaven

U-151 *U-151*

U-151 15. 1. 1941//24. u. 21. U-Fl.; 31. U-Fl.; (↓) 2. 5. 1945 Wilhelmshaven

U-152 29. 1. 1941//24. U-Fl.; 21. U-Fl.; 31. U-Fl.; (↓) 2. 5. 1945 Wilhelmshaven

U-152 *U-151*

U-149 Kurzfristig 6.1981–7.1941

U-? *U-?* *U-?*

Schulboote Typ VII A

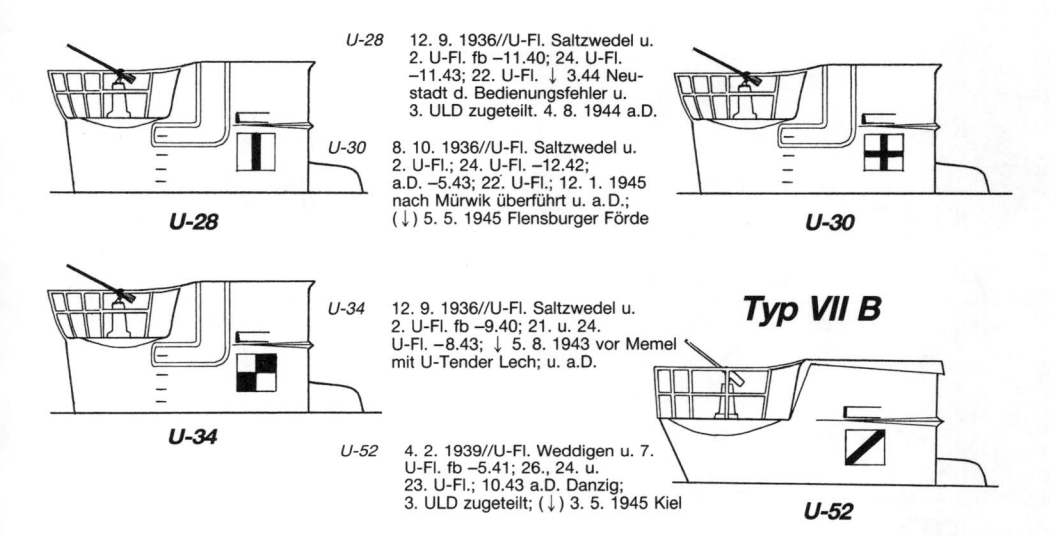

U-28 12. 9. 1936//U-Fl. Saltzwedel u. 2. U-Fl. fb –11.40; 24. U-Fl. –11.43; 22. U-Fl. ↓ 3.44 Neustadt d. Bedienungsfehler u. 3. ULD zugeteilt. 4. 8. 1944 a.D.

U-30 8. 10. 1936//U-Fl. Saltzwedel u. 2. U-Fl.; 24. U-Fl. –12.42; a.D. –5.43; 22. U-Fl.; 12. 1. 1945 nach Mürwik überführt u. a.D.; (↓) 5. 5. 1945 Flensburger Förde

U-28   **U-30**

U-34 12. 9. 1936//U-Fl. Saltzwedel u. 2. U-Fl. fb –9.40; 21. u. 24. U-Fl. –8.43; ↓ 5. 8. 1943 vor Memel mit U-Tender Lech; u. a.D.

Typ VII B

U-34

U-52 4. 2. 1939//U-Fl. Weddigen u. 7. U-Fl. fb –5.41; 26., 24. u. 23. U-Fl.; 10.43 a.D. Danzig; 3. ULD zugeteilt; (↓) 3. 5. 1945 Kiel

U-52

Schulboote Typ VII C

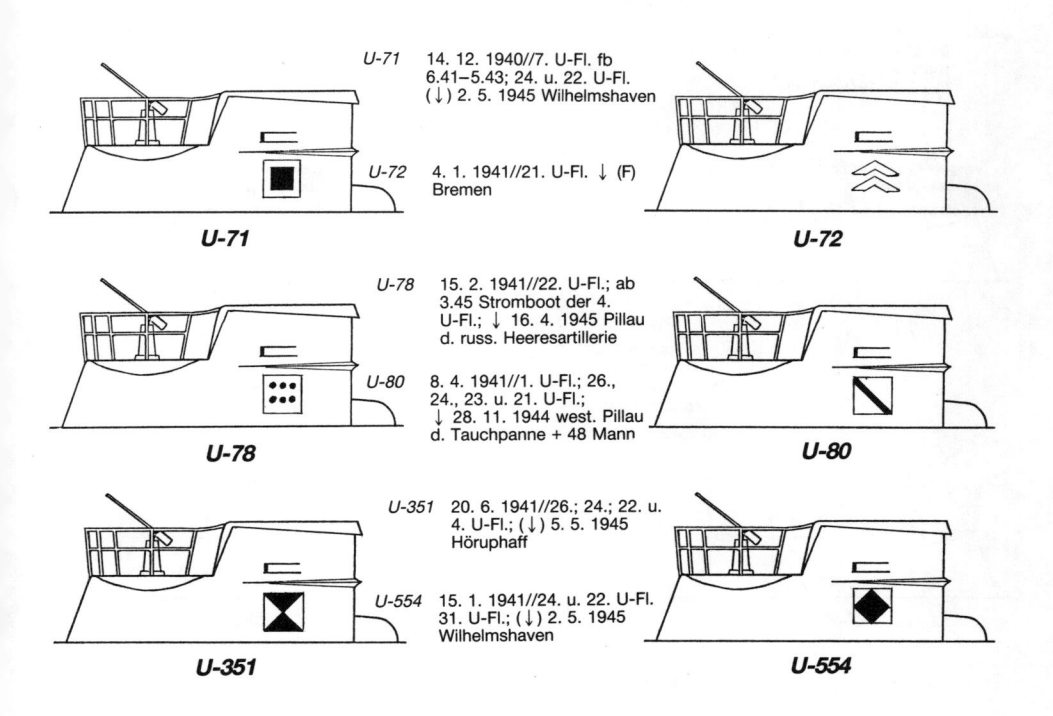

U-71 14. 12. 1940//7. U-Fl. fb 6.41–5.43; 24. u. 22. U-Fl. (↓) 2. 5. 1945 Wilhelmshaven

U-72 4. 1. 1941//21. U-Fl. ↓ (F) Bremen

U-71   **U-72**

U-78 15. 2. 1941//22. U-Fl.; ab 3.45 Stromboot der 4. U-Fl.; ↓ 16. 4. 1945 Pillau d. russ. Heeresartillerie

U-80 8. 4. 1941//1. U-Fl.; 26., 24., 23. u. 21. U-Fl.; ↓ 28. 11. 1944 west. Pillau d. Tauchpanne + 48 Mann

U-78   **U-80**

U-351 20. 6. 1941//26.; 24.; 22. u. 4. U-Fl.; (↓) 5. 5. 1945 Höruphaff

U-554 15. 1. 1941//24. u. 22. U-Fl. 31. U-Fl.; (↓) 2. 5. 1945 Wilhelmshaven

U-351   **U-554**

Schulboote Typ VII C (Forts.)

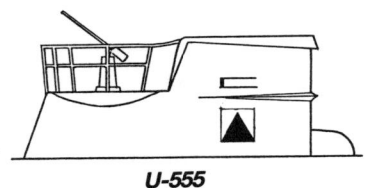

U-555

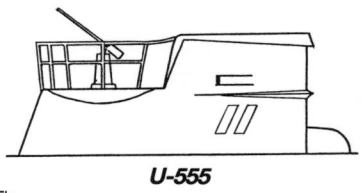

U-555

U-555 30. 1. 1941//24. u. 21. U-Fl.;
März 1945 a.D.

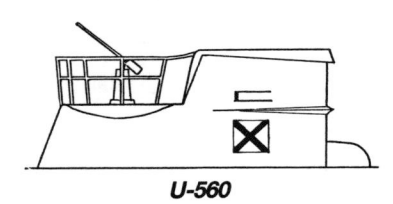

U-560

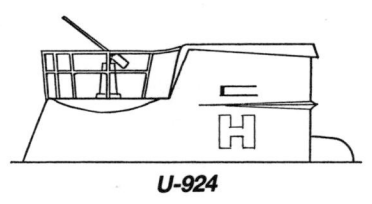

U-924

U-560 6. 3. 1941//24. u. 22. U-Fl.;
31. U-Fl.; Nov. 1941 vor Memel d.
Kollision; i.D.;
(↓) 3. 5. 1945 in Kiel

U-924 20. 11. 1943//22. U-Fl.; 31. U-Fl.
(↓) 3. 5. 1945 Kiel

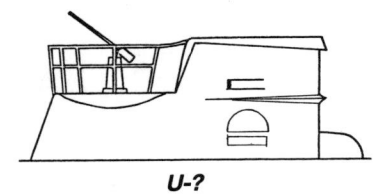

U-?

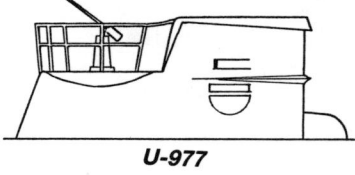

U-977

U-977 6. 5. 1943//5. U-Fl. –9. 1943; 21. U-Fl. –2. 1945; 31. U-Fl. – Ende. Mai
1945 auf Ausmarsch zur Feindfahrt. Weitermarsch nach Argentinien,
Mar del Plata am 17. 8. 1945 interniert. Nach USA. 2. 2. 1946 bei
Torpedoversuchen ↓..
KL Leilich –3. 1945; OL Schäffer Heinz.

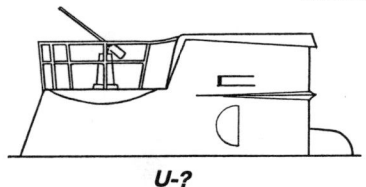

U-?

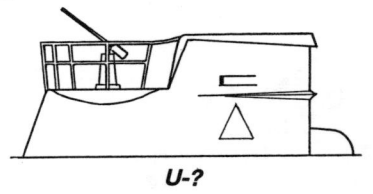

U-?

Weitere Schulboote VII C waren *U-1201* und *U-251*

UAK-Zeichen

UAK-Zeichen wurden beidseitig am Turm gefahren von der Indienststellung bis zur Abnahme durch das U-Boots-Abnahme-Kommando für die Kriegsmarine. Farben für Typ VII-Zeichen weiß, bzw. rot, für Typ IX weiß (!), beidseits d. Turmes ca. 14 Tage. Nach bisherigen Unterlagen von Karl GRÜTZEMACHER

Typ VII

Friedr.-Krupp-Germania-Werft

□	▽	○	⋈
	69	70	
71	72	201	203
204	205	202	207
206	208	213	209
214	215	216	218
217	210	211	212
221	222	223	224
225	226	227	228
229	230	231	232
235	236	237	238
239	240	241	1059
1060	1061	1062	242
243	244	247	235
248	249	250	245
246	1052	1053	1051
1054	1055	1056	1057
1058	1063	1064	1065
116	117	118	119
219	220	233	234

Vulkan, Bremen-Vegesack

| □ | ○ | ▽ | ⋈ |
=	=	=	=
73	74	75	76
77	78	79	80
81	82	132	133
134	135	136	251
252	253	254	255
256	257	258	259

260	261	262	263
264	265	266	267
268	269	270	271
272	273	274	275
276	277	278	279
280	281	282	283
284	285	286	288
289	290	291	292
293	287	294	295
296	297	298	299
300	1271	1272	1273
1274	1275	1276	1277
1278	1279		

Blohm & Voss, Hamburg

| □ | ○ | ▽ | ⋈ |
≡	≡	≡	≡
551	552	553	554
555	556	557	558
559	560	561	562
563	564	565	566
567	568	569	570
571	572	573	574
575	576	577	578
579	580	581	582
583	584	585	586
587	588	589	590
591	592	593	594
595	596	597	598
599	600	601	602
603	604	605	606

Blohm & Voss, Hamburg

□	○	▽	⋈
607	608	609	610
611	612	613	614
615	616	617	618
619	620	621	622
623	624	625	626
627	628	629	630
631	632	633	634
635	636	637	638
639	640	641	642
643	644	645	646
647	648	649	650
951	952	953	954
955	956	957	958
959	960	961	962
963	964	965	966
967	968	969	970
971	972	973	974
975	976	977	978
979	980	981	982
983	984	985	986
987	988	989	990
991	992	993	994
995	—	997	998
999	1000	1001	1002
1003	1004	1005	1006
1007	1008	1009	1010
1013	1014	1015	1016
1017	1018	1019	1020
1021	1022	1023	1024
1025			

Howaltswerke, Hamburg

□	○	▽	⋈
651	652	653	654
655	656	657	658
659	660	661	662
663	664	665	666
667	668	669	670
671	672	673	674
675	676	677	678
679	680	681	682
683			

Kriegsmarinewerft Wilhelmshaven

I□	I○	I▽	I⋈
751	752	753	754
755	756	757	758
759	760	761	762
763	764	765	766
767	768	769	770
771	772	773	774
775	776	777	778
779			

Howaltswerke, Kiel

III□	III○	III▽	III⋈
371	372	373	374
375	376	377	378
379	380	381	382
383	384	385	386
387	388	389	390
391	392	393	394
	396	397	398
399	400	1131	1132

Schiffbau-Ges. Flensburg

□I	○I	▽I	⋈I
351	352	355	356
353	354	357	358
359	360	361	362
363	364	365	366
367	369	370	368
1301	1303	1302	1304
1305	1307	1306	1308

Flenderwerft, Lübeck

☰▢	☰◯	☰▽	⧖☰
83	84	85	86
87	88	89	90
91	92	301	302
303	304	305	306
307	308	309	310
311	312	313	314
315	316	903	904
317	318	319	320
321	322	323	324

735	736	737	738
739	740	741	742
743	744	745	746
747	748	749	750
1191	1192	1193	1194
1195	1196	1197	1198
1199	1200	1201	1202
1203	1204	1205	1206
1207	1208	1209	1210

Deutsche Werke, Kiel

■	●	▼	⧖
145	146	149	150
147	148	151	152
451	452	453	454
455	456	457	458
459	460	461	462
463	464	465	466
467	468	469	470
471	472	473	–
475	476	477	478
479	480	481	482
483	484	485	486
487	488	489	490
491	492	493	

Danziger Werft

■	●	▼	⧖
401	402	403	404
405	406	408	407
409	410	411	412
413	414	415	417
418	416	419	420
421	422	423	424
425	426	427	428
429	430	1161	1162
1163	1164	1165	1166
1167	1168	1169	1170
1171	1172		

Schichau-Werft, Danzig

■	●	▼	⧖
431	432	433	434
435	436	437	438
439	440	441	442
443	444	445	446
447	448	449	450
731	732	733	734

Stülken-Werft, Hamburg

■	●	▼	⧖
701	702	703	704
705	706	707	708
709	710	711	712
713	714	715	716
717	718	719	720
721	722	905	907
906			

Nordsee-Werke, Emden

≡ (bar)	≡●	≡▼	≡✕
331	332	333	334
335	336	337	338
339	340	341	342

343	344	345	346
347	348	349	350
1101	1103	1102	1104
1105	1106	1107	1109
1110	1108		

Typ IX

Deschimag, Bremen

♠	♦	♣	♥
104	105	106	107
108	110	109	111
66	67	68	125
126	127	128	129
130	131	153	154
155	156	157	158
159	160	171	172
173	174	175	176
178	179	177	183
181	180	184	185
182	186	187	188
189	190	195	196
197	198	191	192
193	194	199	200
841	842	847	848
849	850	843	844
845	846	851	852
853	854	859	860
861	862	855	856
857	858	863	864
865	866	867	868
869	870	871	872
873	874	875	876
877	878	879	880
881		883	
889			

Deutsche Werft, Hamburg

♠	♦	♣	♥
501	502	503	504
505	506	507	508
509	510	511	512
513	514	515	516
517	518	519	520
521	522	523	524
525	526	527	528
529	530	531	532
533	534	535	536
537	538	539	540
541	542	543	544
545	546	547	548
549	550	1221	1222
1223	1224	1225	1226
1227	1228	1229	1230
1231	1232	1233	1234
1235			

Seebeck, Wesermünde

♠	♦	♣	♥
161	162	163	164
165	166	167	168
169	170	801	802
803	804	805	806

Die Boote der Typen XXI und XXIII trugen in der UAK-Zeit dagegen weiße Haken mit gegebenenfalls zugeordneten Werftbalken (siehe *U-2332, U-4701, U-4707*).

Nachtrag

5. U-Flottille

U-152

U-155
Lorient
(Okt. 1944)

10. U-Fl.

U-155

"HAB' SONNE IM HERZEN"

U-217

W. v. Kärnten (im Werftbuch)
U-221

U-255

Patenstadt Rostock
U-255

U-264

U-518

2. U-Flottille
U-518

U-746 (?)

Dr. v. MARBURG
U-753

311

Der fliegende Fisch von »U-732« (Carlsen)
Gereimt von Rolf Seider in der Karibik 1943

Ein Fisch der fliegen konnte – sicherlich
flog uns auf's Deck und sonnte sich.
Es war nicht weit von den Antillen
und jeder fragte sich im Stillen,
ist der nun Vogel oder Fisch?
Jedenfalls – er war noch frisch.

Der Ruppel Schorsch, er war so schlau,
stellte das »Wunder« uns zur Schau.
Ob Lord, ob Maat, ob Kommandant,
alle kamen angerannt.
Am Schwarzen Brett, in der Zentrale
hing er, wie an einem Pfahle.
Man sah ihn fast drei Tage lang
bis er plötzlich roch – dann stank.
U-Bootfahrer sind nicht prüde –
doch dieses Stinken machte müde.
Man hörte öfters lautes Fluchen:
»Das Stinktier hat hier nichts zu suchen!«

Der LI aus der Maschine
machte auch schon böse Miene.
Ohne nur ein Wort zu sagen –
packt' er den Stinker an dem Kragen –
warf ihn dann in weitem Bogen
in die stürmisch hohen Wogen.
Das hätt' das Fischlein wissen müssen,
wer auf ein Tauchboot fliegt – muß büßen.

Tiefensteuer-Meisterdiplom

Wir Herren der Zunft der
Lastigkeitsbändiger und L.J.-Folterknechte
tun hiermit kund,
daß der hochwohllöbliche

Ltn. (Ing.) Grütz*macher

heute vor Unterzeichneten ein Tauchboot
mittlerer Größe heil unter Wasser und
daselbst ohne Gefahr für die Kombüse und
den Mittagsschlaf des Ausbildungsleiters
in mäßigen Schwankungen auf- und abbewegte,
somit er nun für würdig befunden und in die
Innung der ruhmreichen Tauchbootsleute
aufgenommen sei. Gegeben am 6. II. Anno 1943.
Die L.-J.-Ausbildungsoffiziere der Agru-Front

(*sollte heißen Grütz*e*macher)

Die Urkunde wurde verliehen nach Beendigung der LJ-Ausbildung im Rahmen der AGRU-Front in Hela.

Bisher noch unbekannt

VII C Boot *U-575 – U-650* ?
ist nicht *U-270*

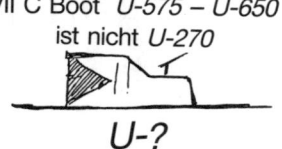

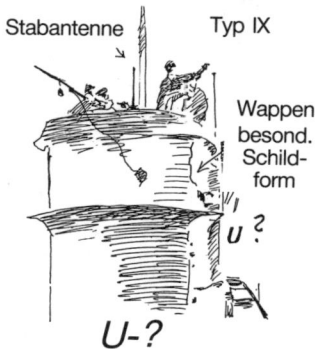

U-?

Stabantenne   Typ IX
Wappen besond. Schildform
u ?

U-?

U-133   Was stellt es dar?

U-?
Boot neben *U-306* Typ VII C
am 14. 10. 1943 in Brest

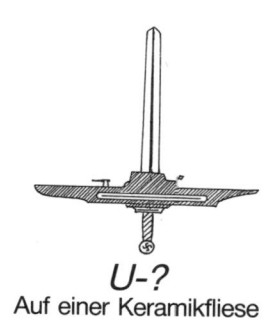

U-?
Auf einer Keramikfliese

U-409

Was sollte dieses metallene
Abzeichen bedeuten?

Lt. Mitteilung aus Canada I/19 soll
U-224 einen Pinguin am Turm
geführt haben.

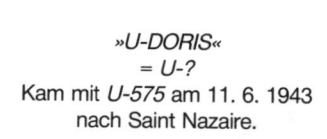

»*U-DORIS*«
= *U-?*
Kam mit *U-575* am 11. 6. 1943
nach Saint Nazaire.

U-1002
Deutung des Wappens
»Hans im Glück«?
Wer kann es bestätigen?

U-?

U - 758
Aus dem "Gäste"-Buch U-459
Anscheinend "Luftüberwachung "total""

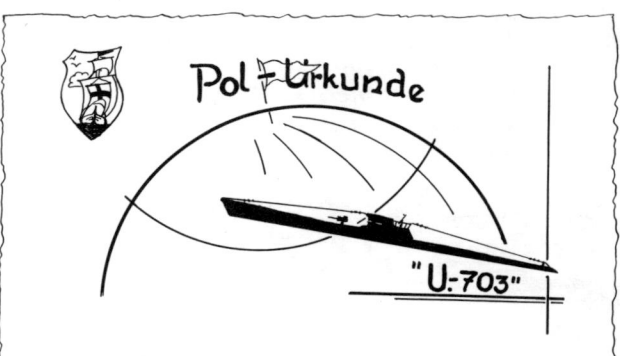

Pol-Urkunde

"U-703"

Dem **Ob. Maschn. Hans Noack**
wird hiermit bescheinigt, dass er am 25.8.1943 auf einem deutschen U.-Boot die Breite von

81° 30′ Nord

zum Nordpol hin, überschritten hat.

Der Obersteuermann Der Kommandant

Taufurkunde.

Ich, Neptun, Beherrscher aller Meere, Ströme und Gewässer, habe an den Masch: Obermaat Heinz Götze vom U-Boot 668 durch meine Gebieter im Hohen Norden, den drei Eisheiligen, die Polartaufe vollziehen lassen. Der so vom Schmutz der südlichen Breiten gereinigte Täufling darf sich zu allen Zeiten in der Polarzone meines Reiches aufhalten und ist meines besonderen Schutzes gewiß.

Kristallpalast 1944.

Neptun

Für die Richtigkeit

Kptlt. u. Kmdt

Unterseebootsfl...

Krieg